MW01324672

Sección de Obras de Antropología

GENÓMICA MESTIZA

Traducción
SONIA SERNA

Revisión técnica
CARLOS LÓPEZ BELTRÁN,
VIVETTE GARCÍA DEISTER, PETER WADE

Apoyo editorial
CAROLINA ESPINOSA, RODRIGO OCHOA,
JONATAN GARCÍA CAMPOS, ITZEL ÁVILA RUIZ,
CRISTINA URIBE MÁRQUEZ

Genómica mestiza

RAZA, NACIÓN Y CIENCIA EN LATINOAMÉRICA

Editores
CARLOS LÓPEZ BELTRÁN / PETER WADE /
EDUARDO RESTREPO / RICARDO VENTURA SANTOS

FONDO DE CULTURA ECONÓMICA

Primera edición en inglés, Duke University Press, 2014
Primera edición en español, 2017

López Beltrán, Carlos

Genómica mestiza. Raza, nación y ciencia en Latinoamérica / ed. de Carlos López Beltrán, Peter Wade, Eduardo Restrepo, Ricardo Ventura Santos ; trad. de Sonia Serna ; rev. técnica de Carlos López Beltrán, Vivette García Deister, Peter Wade. — México : FCE, 2017

432 p. : ilus. ; 21 × 14 cm — (Colec. Antropología)

Título original: Mestizo Genomics. Race Mixture, Nation, and Science in Latin America

ISBN 978-607-16-5071-9

1. Mestizos — América Latina 2. Genómica — Aspectos sociales — América Latina 3. América Latina — Relaciones raciales — Historia I. López Beltrán, Carlos, ed. II. Wade, Peter, ed. III. Restrepo, Eduardo, ed. IV. Ventura Santos, Ricardo, ed. V. Serna, Sonia, tr. VI. López Beltrán, Carlos, rev. VII García Deister, Vivette, rev. VIII. Wade, Peter, rev. IX. Ser.

LC F1419.A1 Dewey 305.800 98 g

Distribución mundial

Título original: *Mestizo Genomics. Race Mixture, Nation, and Science in Latin America*

Diseño de portada: Laura Esponda Aguilar

Carretera Picacho-Ajusco, 227; 14738 Ciudad de México
www.fondodeculturaeconomica.com
Comentarios: editorial@fondodeculturaeconomica.com
Tel. (55) 5227-4672

ISBN 978-607-16-5071-9

Impreso en México • *Printed in Mexico*

ÍNDICE

PREFACIO

Las raíces subyacentes al proyecto que originó este libro —de una manera quizá apropiada a la materia de estudio— datan de hace mucho tiempo. Como investigador posdoctoral que realizaba trabajo de campo en Colombia a mediados de la década de 1980, Peter Wade conoció a Eduardo Restrepo, quien era entonces un pasante universitario. La confluencia marcó el inicio de una amplia serie de encuentros que se extendió a lo largo de las décadas posteriores. No mucho tiempo después, mientras realizaba su doctorado en el Reino Unido, Carlos López Beltrán conoció a Peter Wade en Cambridge a través de un amigo mutuo, el mexicano Alfonso Martín del Campo. Tras una prolongada interrupción, sus relaciones se renovaron durante una conferencia sobre poblaciones de origen africano que tuvo lugar en Veracruz en 2008, a la par que López Beltrán, junto con su colega Francisco Vergara Silva, ya había escrito acerca del proyecto del genoma mexicano. Entretanto, Ricardo Ventura Santos le había enviado a Wade la copia de un artículo sobre raza y genómica en Brasil del que fue coautor, publicado en *Critique of Anthropology*.[1] Así que cuando Wade comenzó a jugar con la idea de un proyecto sobre genómica y raza en Latinoamérica, la infraestructura colaborativa ya tenía cimientos de alcance transnacional e interdisciplinario, era capaz de desdibujar las fronteras entre la antropología social, los estudios culturales, la historia y filosofía de la ciencia y la antropología biológica.

Afortunadamente, pudimos sincronizarnos con éxito y el Consejo de Investigación Social y Económica del Reino Unido (ESRC, por sus siglas en inglés) acogió el proyecto de manera favorable al aceptar financiarlo por 18 meses (RES-062-23-1914). El financiamiento cubrió los salarios de tres investigadores posdoctorales que radicarían en la Universidad de Manchester

[1] R. Santos y M. Maio, "Race, genomics, identity and politics in contemporary Brazil", *Critique of Anthropology,* 24, 2004, pp. 347-378.

(María Fernanda Olarte Sierra, Michael Kent y Vivette García Deister), así como el de tres asistentes de investigación de medio tiempo, que serían contratados en cada uno de los tres países latinoamericanos (Adriana Díaz del Castillo, Mariana Ríos Sandoval y Verlan Valle Gaspar Neto). También dispusimos de capital para financiar una variedad de talleres vinculados al proyecto y tuvimos el placer de contar con la compañía constante del biólogo mexicano Francisco Vergara Silva durante nuestras reuniones.

Después de tres meses de preparación en Manchester, el trabajo de campo se llevó a cabo en Latinoamérica durante nueve meses, principalmente a cargo de los posdoctorales, y resultó que también de los asistentes de investigación locales. El trabajo se enfocó en los genetistas y sus laboratorios e involucró la observación de los participantes en los laboratorios, entrevistas y análisis de material escrito. Como se describe en el apéndice, los métodos variaron un poco entre cada país: en México, el enfoque sobre el Instituto Nacional de Medicina Genómica (Inmegen), le permitió a García Deister establecer una relación a fondo en particular con un número reducido de científicos y técnicos del lugar. En Colombia, la diversidad en investigación genómica significó que Olarte Sierra y Díaz del Castillo tuvieran un recorrido más amplio, mientras que en Brasil, Kent viajó a todo lo ancho del país para recabar algo de su gran variedad en investigación genómica. En todos los casos, y como resultado de los métodos etnográficos empleados, nuestros investigadores terminaron concentrándose en un número pequeño de laboratorios y científicos, con un enfoque dirigido a la manera en que esos proyectos de genómica de poblaciones humanas operaban en la práctica, las categorías y métodos con los que procedían, las razones por las que tomaban tal o cual forma, y cómo circulaban sus resultados, incluyendo áreas más allá de los laboratorios.

Los talleres regulares, realizados cada tres meses durante el trabajo de campo y una vez luego de que éste concluyera, fueron fundamentales para el funcionamiento del proyecto. Uno de los revisores del manuscrito de este libro se interesó en la manera en que los intercambios transnacionales dentro del equipo de investigación influyeron en las ideas que aquí se presentan. De hecho, la composición transnacional del equipo fue menos significativa que las dimensiones comparativas de los datos emergentes. No fue como si cada miembro del equipo intentara comprender los cuestionamientos desde una aproximación nacional específica. Uno podía haber pensado que un concepto como el de raza habría sido una manzana de la discordia entre investigadores de academias británicas, holandesas, brasileñas, colombianas y mexicanas, pero, de hecho, como estudiosos de Latinoamérica —muchos de los cuales habíamos tenido ya experiencias transnacionales— operamos conforme a un entendimiento común del concepto y de sus caprichos en el contexto latinoamericano. Más fecunda fue la experiencia de ver cómo algunos aspectos de la genómica, especialmente en sus modos públicos, cambiaron en términos de los contextos nacionales en los que operaba el concepto: por ejemplo, el hincapié en la variedad regional en Colombia, la retórica nacionalista activa en la biomedicina mexicana, o el énfasis que algunos genetistas brasileños hacen en la inexistencia de la raza biológica y en la ilegitimidad del concepto de raza (biológica o social) como un sustento para cualquier norma pública, como la acción afirmativa. No obstante, también nos sorprendió la variedad dentro de cada país y las similitudes entre ellos; el uso de información genética para reforzar narrativas de género sobre los orígenes de la nación en el encuentro sexual entre hombres europeos y mujeres amerindias o africanas, por ejemplo, fue un tema en común.

Las distintas perspectivas disciplinarias que los miembros del equipo trajeron consigo fueron también una parte vital de los talleres. Sucedió que la genealogía de la genética como una disciplina fue de interés para varias personas, fueran historiadores, antropólogos sociales, biólogos o antropobiólogos de formación. Esa perspectiva histórica fue un recordatorio constante de los peligros del presentismo en el estudio de la genómica contemporánea y de cuánto de lo que observábamos, a pesar de las nuevas tecnologías empleadas, tenía raíces profundas en el pasado. Por otro lado, uno de los aspectos que tuvo escasa repercusión sobre la dinámica interna de nuestro equipo de investigación fueron las posturas opuestas en materia de leyes y política, como el valor de la acción afirmativa en la educación superior de Brasil. Aunque a algunos observadores les pareció extraño —o incluso sospechoso— ver a personas con diferentes posturas políticas colaborar juntas, este aspecto nos pareció fácil de negociar dentro del equipo.

Todos los talleres incluyeron sesiones abiertas a las que se invitó a académicos, estudiantes, prensa y público en general, como una manera de diseminar nuestra investigación. En Latinoamérica, todas las sesiones tuvieron una asistencia considerable. Se extendió la invitación a algunos de los genetistas con los que nos encontrábamos colaborando. Las relaciones con esos científicos fueron un asunto en potencia delicado. Nos interesaba conocer las maneras en que las categorías de raza encajaban en su trabajo, si era el caso. La mayoría de los científicos rechazó el concepto de *raza* como una categoría biológica válida y podían considerar cualquier implicación de que la raza se encontraba presente de cualquier forma en su investigación como errónea e incluso ofensiva. Investigadores como nosotros, quienes intentábamos descubrir los procesos subyacentes a la racialización, podíamos parecerles condescendientes y arrogantes, como si los científicos necesitaran de tales investigadores para mostrarles cosas de las que no estuvieran ya conscientes ellos mismos. En algunos casos, esto se ha mostrado como un sendero difícil de transitar en las etapas de análisis y escritura, y en un par de ocasiones algunos genetistas reaccionaron negativamente a nuestros argumentos (o lo que ellos pensaron que nuestros argumentos implicaban). Si por un lado estamos resueltos a entender la ciencia en sus propios términos y contexto, también sostenemos que algunos supuestos erigidos dentro de la práctica común de la genética pueden reinscribir —en una forma alterada— conceptos y características que se asemejan a los de raza, especialmente ante quienes no son genetistas. Durante el trabajo de campo con los genetistas, el hecho de que tomáramos en serio sus proyectos y prácticas y pasáramos tiempo adentrándonos en ambos facilitó el establecimiento de un diálogo productivo con ellos, como lo demuestran varios capítulos de este libro (véase, por ejemplo, el capítulo v).[2] Incluso cuando las reac-

[2] Véase también M. Bortolini, "Resposta ao trabalho de Kent e Santos: 'Os charruas vivem' nos Gaúchos: A vida social de uma pesquisa de 'resgate' genético de uma etnia indígena extinta no Sul do Brasil", *Horizontes Antropológicos,* 18 (37), 2012, pp. 373-378; M. Kent y R. Santos, "Genes, boleadeiras e abismos colossais: Elementos para um diálogo entre genética e antropolo-

ciones de los científicos fueron negativas surgieron procesos de diálogo, lo que nos hizo revisar varios pasajes del libro.

La segunda fase del proyecto se representa tan sólo marginalmente en el libro. Inició en agosto de 2001 con 18 meses de financiamiento otorgados por parte del Fondo Leverhulme (RPG-044), y se concentró en "el encuentro público con la investigación de raza y genética en América Latina", elaborado a partir de la primera fase, pero con un enfoque mayor en cómo el conocimiento científico sobre genética de poblaciones humanas circula en esferas científicas y no científicas, así como en qué tan diversos son los públicos que se involucran con ese conocimiento. Algunos cambios de personal tuvieron lugar en esa segunda fase, lo que se refleja en el capítulo II, de Ernesto Schwartz-Marín (investigador posdoctoral por parte de Colombia) y Roosbelinda Cárdenas (asistente de investigación por parte de Colombia).

Finalmente debemos aclarar que esta versión del libro en español no es idéntica a la que apareció en inglés en Duke University Press (2014). Para la traducción (realizada por Sonia Serna) se partió de un manuscrito ligeramente distinto, y posteriormente se han hecho numerosas adecuaciones y ajustes.

gia", *Horizontes Antropológicos,* 18 (37), 2012a, pp. 379-384, y M. Kent y R. Santos, " 'Os charruas vivem' nos Gaúchos: A vida social de uma pesquisa de 'resgate' genético de uma etnia indígena extinta no Sul do Brasil", *Horizontes Antropológicos,* 18 (37), 2012b, pp. 341-372.

AGRADECIMIENTOS

Estamos profundamente agradecidos con el Instituto de Investigación Económica y Social del Reino Unido y con el Fondo Leverhulme por su indispensable apoyo. De múltiples formas, todos estamos en deuda con familiares y parejas por apoyarnos durante la investigación. Sin algún orden en particular: Sue Wade, Paty Costas, Mónica Benítez, Juan Antonio Cruz y Manuel Cruz (un compañero constante y "producto" de este proyecto de investigación).

Queremos agradecer también a las siguientes personas e instituciones.

En el Reino Unido: al Liverpool Microarray Facility (Universidad de Liverpool), por la visita guiada de sus instalaciones que dieron a algunos de nosotros; a Jeanette Edwards y Penny Harvey (Universidad de Manchester), por su ayuda y apoyo; a John Pickstone (Universidad de Manchester), por su interés en el proyecto, y a Susan Lindee, Jenny Reardon, Gisli Pálsson, Amade M'charek y Andrew Smart, por su participación en una conferencia del proyecto realizada en Manchester en julio de 2011.

En Brasil: a Maria Cátira Bortolini, Francisco Salzano, Sidney Santos, Ândrea Ribeiro dos Santos, João Guerreiro, Sérgio Pena, Tábita Hünemeier, Rita Marrero, Vanessa Paixão Côrtes, Caio Cerqueira, Eduardo Amorim, Pablo Abdon, Elzemar Ribeiro, Eliseu Carvalho y muchos otros genetistas que generosamente nos abrieron sus puertas y donaron su tiempo en las Universidades Federales de Rio Grande do Sul, Pará y Minas Gerais, así como la Universidad Estatal de Rio de Janeiro. Adicionalmente, agradecemos a Antonio Carlos Souza Lima, Claudia Fonseca, Glaucia Silva, Jane Beltrão, Marcos Chor Maio, Peter Fry, Ruben Oliven, Penha Dubois y Thereza Menezes.

En Colombia: María Fernanda Olarte Sierra y Adriana Díaz del Castillo están en deuda con William Usaquén, Ángela Alonso, Andrea Casas, Leonardo Eljach, Verónica Rocha, Madelyn Rojas, Wilson Rojas, Vanessa Sarmiento y Blanca Shroeder, por abrirles las puertas de su laboratorio y de su vida diaria con generosidad; por responder sus preguntas pacientemente y otorgar explicaciones minuciosas; pero especialmente por respetar su trabajo y su análisis sobre ellos, entablar juntos discusiones fructíferas como colegas investigadores, algo que hizo del capítulo lo que es: una ida y vuelta de ideas y argumentos. Adicionalmente, agradecen a Stuart Blume, Tania Pérez-Bustos y Andrew Smart.

Eduardo Restrepo, Ernesto Schwartz-Marín y Roosbelinda Cárdenas desean agradecer a Gabriel Bedoya, William Arias y Claudia Jaramillo de Genmol de la Universidad de Antioquia por su disposición a aguantar repetidas visitas y preguntas interminables. Andrés Ruiz Linares, tanto en Colombia como en el Reino Unido, extendió su amabilidad y generosidad para apoyar sus esfuerzos. William Usaquén de la Universidad Nacional amablemente les concedió entrevistas prolongadas en su laboratorio. Del Instituto de Genómica Humana de la Universidad Javeriana, desean agradecer a Jaime Bernal, Alberto Gómez e Ignacio Zarante. De las oficinas de la policía nacional en Bogotá desean agradecer al personal de entrenamiento y a los directores de la Escuela Criminal de Investigaciones. Del Instituto Nacional de Medicina Legal y Ciencias Forenses (INMLCF), están en deuda con Patricia Gaviria, Aída Galindo, Esperanza Jiménez y Manuel Paredes por su generosidad. Finalmente, su trabajo no habría sido posible sin la generosidad y el arduo empeño de todos en el Instituto de Estudios Culturales y Sociales (Pensar) de la Universidad Javeriana. El personal del instituto y especialmente su director, Alberto Múnera, SJ, fueron una inquebrantable fuente de apoyo para el proyecto. Desean asimismo extender un agradecimiento especial a Silvia Bohórquez, Angélica Arias, María Fernanda Sañudo, Deimy Veloza, Gloria Chacón y Marlén Garzón.

En México el equipo entero agradece a Víctor Acuña, Rubén Lisker, Rafael Montiel, Andrés Moreno, Karla Sandoval, Ernesto Schwartz y especialmente a los investigadores, técnicos y personal del Inmegen (Irma Silva-Zolezzi, Juan Carlos Fernández, Fabiola Morales, Leticia Sebastián, Alejandra Contreras, Santiago March, Alejandro Rodríguez, José Bedolla y Enrique Hernández Lemus), quienes amablemente le permitieron a Vivette García Deister inmiscuirse en sus laboriosos días de trabajo e incluso hicieron un esfuerzo extra para satisfacer su curiosidad. De igual manera al Instituto de Investigaciones Filosóficas de la UNAM por su apoyo en las labores administrativas durante las reuniones del proyecto, particularmente a Guillermo Hurtado, Amelia Rodríguez y Amado Luna. Francisco Vergara Silva nos acompañó por todo el trayecto, mientras que los miembros del Seminario de Genómica Crítica de la UNAM nos dieron una excelente plataforma de discusión. Recibimos comentarios muy constructivos de Rasmus Winther, Edna Suárez, Ana Barahona, Fabrizzio Guerrero McManus, Juan Manuel Argüelles, Alejandro Sweet-Cordero, Miguel Ángel Cevallos Gaos, Federico Navarrete e Irma Aguilar y Delfín.

En el Fondo de Cultura Económica queremos agradecer a Tomás Granados Salinas y Édgar Krauss su confianza y apoyo.

Agradecemos también el apoyo económico del Conacyt (a través del proyecto 083177) por la traducción y trabajo editorial de esta edición.

Introducción
GENÓMICA, MESTIZAJE Y NACIÓN EN AMÉRICA LATINA

Carlos López Beltrán, Peter Wade,
Eduardo Restrepo, Ricardo Ventura Santos

En este libro presentamos los hallazgos derivados de un proyecto de investigación interdisciplinario llevado a cabo en años recientes en laboratorios de genética de Brasil, Colombia y México, y los contextualiza en una perspectiva de largo plazo de la investigación biomédica sobre la diversidad biológica humana y la historia de la antropología física en cada uno de esos países. Los científicos que trabajan en los laboratorios que estudiamos aquí se han esforzado en mapear la diversidad genómica de las poblaciones locales, ya sea para tratar de ubicar bases genéticas de enfermedades complejas o para reconstruir historias poblacionales. Muy a menudo, esos científicos buscan calcular las contribuciones ancestrales (o "ancestrías") europeas, africanas y amerindias de las poblaciones en términos genéticos para compararlas con muestras tomadas en poblaciones europeas y amerindias. En el proceso, y a veces explícitamente, sus hallazgos son vinculados con la identidad nacional, con la diferencia étnico-racial y con el (anti)racismo, lo que ha planteado inquietudes sobre la forma en que la genética incide en estas cuestiones y ha estimulado el debate público alrededor del tema.

En los capítulos que componen este libro los autores exploran cómo es que las ideas sobre raza, etnicidad y nación se integran a las tareas científicas —algo que ocurre a menudo afectado por la diferencia de género—, e indagan si en el proceso tales ideas son reproducidas, cuestionadas o reformuladas. Nuestro trabajo liga los adelantos más actuales en genética con cambios recientes en los tres países, dado que en las últimas dos décadas, como en casi toda Latinoamérica, en ellos se ha dado un giro oficial hacia el multiculturalismo.

La forma en que la genética apunta a crear nuevas comunidades genéticas imaginadas conforme a lineamientos étnico-raciales no sólo repercute en las cambiantes concepciones de raza, etnicidad y nación, también lo hace en las de ciudadanía e inclusión/exclusión social.

La creciente bibliografía sobre raza, identidad y genómica se dirige en su mayoría hacia los Estados Unidos y Europa. Sin embargo, América Latina, al contar con identidades nacionales basadas en el mestizaje, ofrece una fascinante y poco explorada contrapartida a tal tendencia.[1] Nuestro equipo de trabajo, compuesto por ocho latinoamericanos radicados en países de la América Latina y dos europeos en Europa —todos con gran experiencia en el contexto latinoamericano—, consiguió crear una interlocución con aquella bibliografía desde un ángulo diferente. Al ubicarnos en un contexto en el que la raza supuestamente se ha diluido debido a siglos de mestizaje, en el que se piensa que ésta aparece muy poco y/o de una forma culturalizada, y en el que la biología y la naturalización reciben poca atención, exploramos una realidad alternativa. Los estudios críticos sobre raza en América Latina han desafiado los mitos de la "democracia racial" que algunas veces han sido erigidos con base en estas características, demostrando que en América Latina hay gran diversidad respecto a las ideas y prácticas en torno a la raza.[2] Una visión situada de inicio en el sur lleva a considerar a la raza como algo menos obvio, que está inserto en el paisaje sociopolítico local de diferentes modos. El resultado es que cuestionamos, en el grano fino, lo que acontece cuando los conceptos de raza, etnicidad y nación se entrelazan en la investigación genética en esas localidades.[3]

[1] Véase, sin embargo, S. Gibbon, R. Santos y M. Sans (eds.), *Racial identities, genetic ancestry, and health in South America: Argentina, Brazil, Colombia, and Uruguay,* Palgrave Macmillan, Nueva York, 2011; y C. López (ed.), *Genes (y) mestizos: Genómica y raza en la biomedicina mexicana,* Ficticia, México, 2011. En ambos volúmenes intervinieron autores que participan en el presente libro.

[2] M. Maio y R. Santos (eds.), *Raça, ciência e sociedade,* Centro Cultural Banco do Brasil, Fiocruz, Rio de Janeiro, 1996; E. Restrepo, *Intervenciones en teoría cultural,* Universidad del Cauca, Popayán, 2012; P. Wade, *Race and ethnicity in Latin America,* 2a. ed., Pluto Press, Londres, 2010.

[3] La visión descolonizada desde el sur considera al racismo como fundamental para el colonialismo y para la modernidad (E. Restrepo, *op. cit.,* 2012,

Nuestra investigación indica que a pesar del hecho de que la mayoría de los genetistas en América Latina activamente niegan la validez de raza como una categoría biológica, la ciencia genética puede producir conocimiento e interpretaciones que, mientras aparecen como no raciales para los expertos en genética, pueden parecerse mucho a la manera en la que se entiende la raza entre los no expertos en genética. Esto ocurre en contextos sociales en los que la idea de raza tiene una presencia particularmente ambigua y contenciosa, y una serie de presupuestos que veremos en breve. Aunque los científicos explícitamente niegan la asociación entre inferencias ancestrales (ancestría) y la idea tradicional de raza, la forma en que el conocimiento en genética se presenta a la sociedad puede reforzar, sin pretenderlo, una noción de raza basada en la ancestría. Nos referimos, para ser específicos, a ancestrías biogeográficas de escala continental (africana, europea, amerindia) y que en un contexto en el que raza, o *raça*, evoca muchas ideas diferentes de origen, apariencia, cultura, clase, región y nación, fácilmente pueden confundirse con éstas. Al destacar la ancestría biogeográfica inferida por medio de una selección de marcadores en el ADN, la genética rechaza la vieja noción de raza basada en tipos bioculturales; aunque esto pueda ser interpretado (fuera del campo de la genética) como si recurriera y reforzara al sentido común que divide la diversidad humana en grupos separados por continentes de origen.

La inferencia ancestral (o ancestría) a partir de variantes genéticas no es la única manera en la que ideas acerca de raza pueden activarse o reciclarse. La ciencia genética en América Latina frecuentemente se enmarca en un espacio nacional. La nación ha sido en esta región un vehículo de la idea de raza como contrapartida, la noción de raza ha sido una categoría central en la formación de lo nacional. Por ello, evocar a la nación en el contexto de la genética humana también puede conllevar significados raciales. Otro aspecto crucial es el dis-

y W. Rojas, M. Parra, O. Campo *et al.*, "Genetic make up and structure of Colombian populations by means of uniparental and biparental DNA markers", *American Journal of Physical Anthropology,* 143 (1), 2010, pp. 13-20), sin que el análisis de la raza necesite tomar las experiencias de América del Norte como paradigmáticas.

curso de género (el mestizaje y la nación como producto de las relaciones sexuales entre varones europeos y mujeres indígenas o africanas), el cual es particularmente relevante en la genómica en América Latina. Mientras la genética poblacional de humanos en esta región se articule con base en la ancestría, sus asertos serán entendidos usando las claves de la nación y el género, de modo que se evocan y refuerzan los significados de raza y sus diversas connotaciones.

La noción de sentido común de raza se transforma al evocarse. La inferencia ancestral basada en la genética implica abstracción, medida, diferenciación y valoración —procesos analizados con detalle en las "Conclusiones"— y sus efectos son contradictorios: producen estabilidad y desestabilización, acuerdo y desacuerdo en el público. Las categorías de raza, etnicidad y nación se hacen presentes en las afirmaciones de la genómica a los ojos de los no expertos. Nuestras observaciones en estas regiones ponen de relieve, primero, la forma en que la genética opera para biologizar y naturalizar la noción de sentido común y otras ideas vagas de raza. Al mismo tiempo multiplica la diversidad de su significado. La forma en que el discurso de la genómica puede hacer esto es activando los conceptos de nación y de género patentes o latentes.

Como se verá a lo largo de este libro, las categorías utilizadas en la investigación genética están lejos de ser dispositivos técnicos neutrales —como es el caso de muchas categorías científicas—. Son, por el contrario, objetos naturales y culturales que circulan por los campos científicos y no científicos, desdibujando los límites entre ellos, y adquiriendo muchos y diferentes significados sujetos a diferentes interpretaciones.

La investigación sobre la diversidad humana y los estudios sobre la raza

Historia de la investigación sobre la diversidad humana

El interés en la diversidad humana tiene una larga historia. En ella, lo que llamamos lo cultural y lo biológico no han estado separados desde siempre, y menos de la manera en que estamos habituados a hacerlo en Occidente.[4] En el siglo XIX, cuando la biología y la antropología física empezaron a decantarse hacia los distintos campos de investigación en los que eventualmente se convertirían, la categorización de los humanos a partir de sus características físicas —esto es, su biología— pudo consolidarse como una tarea específica.[5] La biología fue concebida como imbricada no sólo con el ambiente, sino también con el hábitat y el comportamiento.

Tempranamente, entre los siglos XIII y XIV, la idea de *raza* surgió para referir linajes, variedades o estirpes de animales y humanos,[6] lo que vendría a entrelazarse con nociones de "limpieza de sangre" y afiliación religiosa, especialmente en el escenario de los conflictos ibéricos entre cristianos, judíos y mu-

[4] M. Hodgen, *Early anthropology in the sixteenth and seventeenth centuries*, University of Pennsylvania Press, Filadelfia, 1964; N. Jardine, J. Secord y E. Spary (eds.), *Cultures of natural history*, Cambridge University Press, Cambridge, 1996; C. López Beltrán, "Hippocratic bodies: Temperament and castas in Spanish America (1570-1820)", *Journal of Spanish Cultural Studies*, 8 (2), 2007, pp. 253-289; S. Thomson, "Was there race in colonial Latin America? Identifying selves and others in the insurgent Andes", en L. Gotkowitz (ed.), *Histories of race and racism: The Andes and Mesoamerica from colonial times to the present*, Duke University Press, Durham, NC, 2011a, pp. 72-91; P. Wade, *Race, nature and culture: An anthropological perspective*, Pluto Press, Londres, 2002b.

[5] S. Lindee y R. Santos, "The biological anthropology of living human populations: World histories, national styles and international networks", *Current Anthropology*, 53 (S5), 2012, pp. S3-S16; J. Marks, *Human biodiversity: Genes, race, history*, Aldine de Gruyter, Nueva York, 1995; F. Spencer (ed.), *History of physical anthropology: An encyclopedia*, Garland Publishing, Nueva York, 1997; G. Stocking, *Race, culture and evolution: Essays on the history of anthropology*, 2a. ed., Chicago University Press, Chicago, 1982; G. Stocking (ed.), *Bones, bodies, behavior: Essays on biological anthropology*, University of Wisconsin Press, Madison, 1988.

[6] M. Banton, *Racial theories*, Cambridge University Press, Cambridge, 1987; V. Stolcke, "Invaded women: Gender, race, and class in the formation of colonial society", en M. Hendricks y P. Parker (eds.), *Women, 'race,' and writing in the early modern period*, Routledge, Londres, 1994. Aunque la etimología de la palabra es cuestionada, probablemente proviene de términos relacionados con la crianza de caballos (G. Contini, "I più antichi esempî di «razza»", *Studi di filologia italiana. Bolletino annuale dell'Academia della Crusca, Firenze*, 17, 1959, pp. 319-327; A. Liberman, *The Oxford etymologist looks at race, class and sex*, OUPblog, 2009. Consultado el 27 de agosto de 2011, <http://blog.oup.com/2009/04/race-2/>; C. López Beltrán, *El sesgo hereditario: Ámbitos históricos del concepto de herencia biológica*, UNAM, México, 2004, p. 182).

sulmanes. Es importante señalar aquí que la relación de la limpieza de sangre y la raza en el sentido moderno es bastante compleja.[7] Así, durante el descubrimiento de América, pero sobre todo durante la Conquista, las diferencias y relaciones entre categorías que fueron resultado de los encuentros coloniales —negros/africanos, blancos/europeos, indios/nativos americanos (y asiáticos y otros no europeos)— se pensaron desde nociones sobre variedades, linajes y limpieza de sangre.[8] De esta forma las diferencias en la apariencia física que se registraban, así como las conductas, fueron naturalizadas en el ámbito de las ideas sobre la herencia.

Durante los siglos XVIII y XIX la idea de raza se desarrolló aún más, al punto de convertirse en una categoría conceptual clave mediante la cual los humanos fueron clasificados en tipos. En el siglo XIX, con el desarrollo de la biología y de la antropología física, esos tipos se entendieron como entidades físicas y biológicas distintas: se les consideró especies separadas y se jerarquizaron de acuerdo con valores biológicos y culturales.[9] Tal concepción de raza —asociada al llamado "racismo científico"— siguió siendo muy influyente en las primeras décadas del siglo XX. Sin embargo, según algunos relatos, el concepto comenzó a desmantelarse desde la década de 1920: se cuestionó con evidencia científica su validez como dispositivo

[7] M. Hering, " 'Limpieza de sangre': ¿Racismo en la edad moderna?", *Tiempos Modernos,* 9, 2003, pp. 1-16; S. Poole, "The politics of limpieza de sangre: Juan de Ovando and his circle in the reign of Philip II", *Americas,* 55 (3), 1999, pp. 359-389; A. Sicroff, *Los estatutos de limpieza de sangre: Controversias entre los siglos XV y XVII,* trad. de Mauro Armiño, Taurus, Madrid, 1985; J.-P. Zuñiga, "La voix du sang: Du métis à l'idée de métissage en Amérique espagnole", *Annales: Histoire, Sciences Sociales,* 54 (2), 1999, pp. 425-452.

[8] M. Martínez, *Genealogical fictions: Limpieza de sangre, religion, and gender in colonial Mexico,* Stanford University Press, Stanford, CA, 2008; J. Rappaport, "Buena sangre y hábitos españoles: Repensando a Alonso de Silva y Diego de Torres", *Anuario Colombiano de Historia Social y de la Cultura,* 39 (1), 2012, pp. 19-48; P. Villella, " 'Pure and noble Indians, untainted by inferior idolatrous races': Native élites and the discourse of blood purity in late colonial Mexico", *Hispanic American Historical Review,* 91 (4), 2011, pp. 633-663.

[9] M. Banton, *op. cit.;* E. Restrepo, *op. cit.,* 2012, pp. 153-173; A. Smedley, *Race in North America: Origin and evolution of a worldview,* Westview Press, Boulder y Oxford, 1993; N. Stepan, *The idea of race in science: Great Britain, 1800-1960,* Macmillan & St Antony's College, Oxford, Londres, 1982; G. Stocking, *op. cit.,* 1982.

clasificatorio y después del nazismo se le relegó al basurero de la ciencia. Aquí, las famosas declaraciones de la posguerra sobre la raza, promovidas por la UNESCO en 1950 y 1951, desempeñaron un papel vital, ya que con ellas se argumentó la falta de validez científica para sustentar la jerarquía biológica de los tipos raciales.[10]

La noción de raza se empezó a entender, desde entonces, como una construcción social, una noción que usaba la gente, y no los científicos, para darse una categoría a sí misma y a otra gente, quizá con la intención de referir más a la cultura que a la biología, quizá hasta evitando el uso del término mismo, pero usando como indicadores las clásicas señales fenotípicas esencialistas vinculadas a las categorías racializadas ya conocidas (negro, blanco, asiático, africano, europeo, mestizo, nativo americano, indio, etc.). Cuando hablamos de raza en este libro nos referimos precisamente a esa combinación de referencias a la apariencia física, a la herencia, a la cultura, y a esencias de grupos, así como a las categorías clasificatorias específicas surgidas durante la historia colonial, ligadas a todo ello.

Es un hecho que la raza, como una manera para pensar la diversidad humana, cuando no las jerarquías, no desapareció de las ciencias de la vida en el periodo posterior a la segunda Guerra Mundial.[11] Muchos científicos de la vida acumularon evidencia biológica, que incluía evidencia genética, para mostrar que los humanos no pueden dividirse biológicamente en entidades discretas separadas llamadas *razas*.[12] Los humanos son muy similares entre sí, y tratándose de una especie joven,

[10] E. Barkan, *The retreat of scientific racism: Changing concepts of race in Britain and the United States between the world wars,* Cambridge University Press, Cambridge, 1992; D. Haraway, *Primate visions: Gender, race and nature in the world of modern science,* Routledge, Nueva York, 1989; J. Reardon, *Race to the finish: Identity and governance in an age of genomics,* Princeton University Press, Princeton, 2005; N. Stepan, *op. cit.,* 1982.

[11] M. Maio y R. Santos (eds.), *op. cit.,* 1996; J. Reardon, *op. cit.,* 2005; L. Reynolds y L. Lieberman (eds.), *Race and other misadventures: Essays in honor of Ashley Montagu in his ninetieth year,* General Hall, Dix Hills, Nueva York, 1996.

[12] R. Brown y G. Armelagos, "Apportionment of racial diversity: A review", *Evolutionary Anthropology,* 10, 2001, pp. 34-40; A. Montagu, *Man's most dangerous mith: The fallacy of race,* Columbia University Press, Nueva York, 1942.

no produjo tipos claramente distintos ubicados en nichos geográficos y demográficos diferentes; aunado a esto, los humanos siempre se han movido e interactuado entre los diferentes grupos. Como alternativa, los científicos de la vida usaron y desarrollaron la idea de *población,* que puede entenderse en términos demográficos y/o genéticos; se trata de una noción dinámica cuyas fronteras no están delimitadas con claridad. Desde esa perspectiva, las poblaciones eran distinguibles sólo en función de sus frecuencias diferentes de ciertos rasgos y, en términos evolutivos, podían ser diferenciadas en grupos continentales similares superficialmente a las viejas razas; las razas parecían refiguradas, pero ahora en clave de frecuencias genéticas.[13] En un libro publicado en 1971, que se reimprimió en 1999, el influyente genetista Cavalli-Sforza y su colega Bodmer llegaron a postular una "definición genética de la raza" —una más precisa que aquella usada en la lengua común—,[14] aunque por otro lado Cavalli-Sforza también sostuvo que los grupos poblacionales no corresponden a razas.[15]

Con los avances en genética ese panorama se volvió cada vez más complejo. Por un lado, el hecho de que como humanos compartimos 99.9% de nuestro genoma se hizo un lugar común. Por otro lado, las nuevas tecnologías permitieron que los científicos pudieran explorar el restante 0.1%, donde están las diferencias y donde se finca mucha de la diversidad física. El interés en mapear los detalles de esa diversidad se manifestó muy pronto en el conocido Proyecto de Diversidad del Genoma Humano, que comenzó en 1991. Pese a su accidentada carrera este proyecto creó una base de datos que es ampliamente usada en la actualidad por científicos, entre los que están incluidos algunos con los que trabajamos. Inquietudes análogas han concurrido en otras iniciativas globales como Polymorphism Discovery Resource (1998), el Proyecto International HapMap (2002), el Proyecto Genográfico (2005) y el Proyecto de los 1000 Genomas (2008).

[13] A. M'charek, *The Human Genome Diversity Project: An ethnography of scientific practice,* Cambridge University Press, MA, Cambridge, 2005a.

[14] J. Reardon, *op. cit.,* 2005, pp. 54 y 70.

[15] L. Cavalli-Sforza, P. Menozzi y A. Piazza, *The history and geography of human genes,* Princeton University Press, Princeton, 1994, p. 19.

Se suele mapear la diversidad persiguiendo estos objetivos: *a)* entender los procesos evolutivos humanos y las migraciones que dispersaron a los grupos por todo el planeta. Esto puede conllevar cierto tipo de rescate de información genómica a través del muestreo de "poblaciones aisladas" que estén en riesgo de desaparecer o de perder sus supuestas particularidades genéticas;[16] *b)* contribuir al bienestar humano, sobre todo a la salud, ubicando componentes genéticos de ciertas enfermedades y trastornos mediante técnicas comparativas de diferentes poblaciones, o técnicas que exploren variantes genéticas relacionadas con la geografía, y *c)* desarrollar bases de datos que ayuden a la identificación forense de personas.

De estos objetivos, los que están relacionados con la medicina genómica resultan particularmente poderosos. Es sabido que los médicos tuvieron un influyente papel en el desarrollo tanto de la eugenesia como de las tipologías raciales, y lo siguen teniendo en los debates más recientes sobre el concepto de raza en genética, pues muchas de las discusiones giran alrededor de la salud y la enfermedad. Lo que se discute es si las variaciones en la incidencia de las enfermedades en humanos, y las respuestas de éstos a los medicamentos, están relacionadas de manera significativa con diferencias genéticas que podrían caracterizarse como raciales, étnicas o, más neutralmente, en términos de "ancestrías biogeográficas" de escalas continentales (escalas generalmente desagregadas en categorías como africano, europeo, asiático y amerindio).[17]

[16] N. Abu El-Haj, *The genealogical science: the search for Jewish origins and the politics of epistemology,* University of Chicago Press, Chicago, 2012; J. Marks, " 'We're going to tell these people who they really are': Science and relatedness", en S. Franklin y S. McKinnon (eds.), *Relative values: Reconfiguring kinship studies,* Duke University Press, Durham, NC, 2001; J. Reardon, "The Human Genome Diversity Project: A case study in coproduction", *Social Studies of Science,* 31 (3), 2001, pp. 357-388; R. Santos, "Indigenous peoples, postcolonial contexts and genomic research in the late 20th century", *Critique of Anthropology,* 22 (1), 2002, pp. 81-104; K. TallBear, "Narratives of race and indigeneity in the Genographic Project", *Journal of Law, Medicine & Ethics,* 35 (3), 2007, pp. 412-424.

[17] N. Abu El-Haj, "The genetic reinscription of race", *Annual Review of Anthropology,* 36 (1), 2007, pp. 283-300; E. Burchard, E. Ziv, N. Coyle *et al.,* "The importance of race and ethnic background in biomedical research and clinical practice", *The New England Journal of Medicine,* 348 (12), 2003, pp. 1170-1175; R. Cooper, J. Kaufman y R. Ward, "Race and genomics", *The New*

La incorporación de la raza a la investigación sobre diversidad genómica humana

Aunque muchos genetistas rechazan la noción de *raza* como una categoría biológica significativa, otros no lo hacen.[18] Hay genetistas latinoamericanos dirigentes que han realizado campañas explícitamente en contra del concepto de raza,[19] y todos los genetistas con los que nosotros colaboramos resistieron la idea de que sus trabajos de alguna manera revitalizan la idea de raza —sugerencia que a menudo entendieron como acusación de que reproducían el viejo estilo del racismo científico—. Esta resistencia produjo importantes intercambios entre nosotros y los genetistas, quienes nos ayudaron a clarificar nuestros argumentos.

Las ideas sobre la raza, o aquellas que invocan categorías afines a las raciales —cuando no el término mismo— pueden incorporarse a la genética de maneras distintas. En primer lu-

England Journal of Medicine, 348 (12), 2003, pp. 1166-1170; J. Fujimura, T. Duster y R. Rajagopalan, "Introduction: Race, genetics, and disease: Questions of evidence, matters of consequence", *Social Studies of Science,* 38 (5), 2008, pp. 643-656; D. Fullwiley, "The molecularization of race: Institutionalizing human difference in pharmacogenetics practice", *Science as Culture,* 16 (1), 2007a, pp. 1-30; D. Fullwiley,"The biologistical construction of race: 'Admixture' technology and the new genetic medicine", *Social Studies of Science,* 38 (5), 2008, pp. 695-735; B. Koenig, S. Lee y S. Richardson (eds.), *Revisiting race in a genomic age,* Rutgers University Press, New Brunswick, NJ, 2008; C. Nash, "Genetics, race and relatedness: Human mobility and difference in the Genographic Project", *Annals of the Association of American Geographers,* 102, 2012b, pp. 1-18; D. Skinner, "Racialised futures: Biologism and the changing politics of identity", *Social Studies of Science,* 36 (3), 2006, pp. 459-488; D. Skinner, "Groundhog day? The strange case of sociology, race and 'science'", *Sociology,* 41 (5), 2007, pp. 931-943; I. Whitmarsh y D. Jones (eds.), *What's the use of race? Modern governance and the biology of difference,* MIT Press, Cambridge, MA, 2010.

[18] C. Bliss, *The new science of race: Sociological analysis of the genomic debate over race,* tesis de doctorado, New School of Social Research, Nueva York, 2009b; E. Burchard, *op. cit.,* 2003.

[19] R. Lisker, *Estructura genética de la población mexicana: Aspectos médicos y antropológicos,* Salvat Mexicana de Ediciones, México, 1981; S. Pena, "Razões para banir o conceito de raça da medicina brasileira", *História, Ciências, Saúde - Manguinhos,* 12 (2), 2005, pp. 321-346; S. Pena, "Ciência, bruxas e raça", *Folha de São Paulo,* São Paulo, 2 de agosto de 2006. Consultada el 23 de junio de 2010, <http://www.jornaldaciencia.org.br/Detalhe.jsp?id=39579>; S. Pena, *Humanidade sem raças?,* Publifolha, São Paulo, 2008.

gar, la investigación sobre la diversidad genética humana usa con frecuencia estrategias de muestreo y etiquetado que parecerían evocar categorías raciales en tanto refieren a "poblaciones"[20] análogas a éstas. El proyecto de mapeo de haplotipos o HapMap, por ejemplo, usa muestras tomadas entre los yorubas de Ibadán en África y también otras entre individuos de Utah que tienen ancestría en el norte de Europa y las etiqueta continentalmente. Aunque el proyecto ha sido cauteloso a la hora de hacer generalizaciones, a menudo emplea esas muestras como si fueran, en efecto, representativas de ancestrías africanas y europeas, y no sólo instrumentos de mapeo.[21] Los organizadores del proyecto niegan cualquier referencia a la raza. Es difícil, sin embargo, que al tomar muestras de los yorubas que ocupen el sitio de África no se colapsen esas muestras de "africanos" en equivalentes de las ancestrías africanas en general.[22] En México encontramos que en algunos proyectos el ADN extraído de los individuos zapotecas es usado para indicar la ancestría amerindia, de nuevo abriendo la ventana semántica. El uso de los marcadores genéticos informativos de ancestrías (AIM) fue "diseñado para establecer una correspondencia entre ideas raciales y un ADN que se asume como neutral". A partir de muestras de poblaciones africanas, europeas o de nativos americanos, se definen "poblaciones de referencia que se suponen puras", y desde ellas se infieren las ancestrías genéticas de las poblaciones "mezcladas" (*admixed*) —que es como generalmente las llaman los genetistas—.[23] Para los genetistas los AIM son marcadores genéticos seleccionados por su eficacia para ayudar a inferir ancestrías geográficas. Los AIM no constituyen el perfil genético de una población completa y pueden no tener ninguna relación con las expresiones fenotípicas, puesto que están ubicados en las secciones no codifi-

[20] K. TallBear, *op. cit.*

[21] C. Bliss, "Genome sampling and the biopolitics of race", en S. Binkley y J. Capetillo (eds.), *A Foucault for the 21st century: Governmentality, biopolitics and discipline in the new millennium,* pp. 322-339, Cambridge Scholars, Boston, 2009a.

[22] J. Reardon, "Race without salvation: Beyond the science/society divide in genomic studies of human diversity", en B. Koenig, S. Lee y S. Richardson (eds.), *Revisiting race in a genomic age,* pp. 304-319, Rutgers University Press, New Brunswick, NJ, 2008, p. 314.

[23] D. Fullwiley, *op. cit.*, 2008.

cantes del ADN.[24] Por ello los genetistas asumen que el uso de esos marcadores aislados está muy distante de las ideas de raza de principios del siglo XX, es decir, de las unidades biológicas claramente definidas y asociadas a características de comportamiento.[25] No obstante, usar poblaciones de referencia para identificar ancestrías africanas, europeas o amerindias en poblaciones mezcladas (o mestizas), casi inevitablemente reinscribe las ideas raciales sobre la diferencia humana, ya que el supuesto de que pueden ser distinguidas biológicamente en poblaciones discretas reitera categorías que son coincidentes con ellas.

Por otro lado, esas poblaciones, y sus ancestrías, pueden estar asociadas a enfermedades o condiciones específicas. Al concederles a éstas una base genética nuevamente se evocan categorías raciales. Ejemplo de ello son los mexicoamericanos, o su ancestría mexicana, a la que se asocia la diabetes tipo 2;[26] otro sería la ancestría africana asociada a la frecuencia de asma,[27] lo que facilita que ciertos medicamentos puedan comercializarse dirigidos especialmente a los estadounidenses con ancestría africana.[28] A partir de problemas como éste, surgió la polémica sobre si —y más exactamente cómo— las etiquetas raciales y étnicas deberían ser usadas en la investigación médica y en la práctica clínica. Las diferencias pero sobre todo las desigualdades en materia de salud que están en muchos lugares ligados a pertenencias étnicas y raciales, pueden gestionarse y corregirse usando tales etiquetas. Sin embargo, de esa manera las explicaciones de las diferencias en la salud, que en principio pueden tener una raíz social y no genética, se naturalizan e, incluso, se genetizan.[29]

[24] El ADN no codificante (a veces llamado "ADN basura" o "junk DNA") es ADN que no codifica por proteínas, razón por la cual parecería no tener influencia directa en el fenotipo de un organismo. El ADN no codificante conforma un porcentaje bastante importante del genoma total de un organismo.

[25] N. Abu El-Haj, *op. cit.*, 2012.

[26] M. Montoya, *Making the Mexican diabetic: Race, science, and genetics of inequality*, University of California Press, Berkeley, 2011.

[27] D. Fullwiley, *op. cit.*, 2008

[28] J. Kahn, "Exploiting race in drug development: BiDil's interim model of pharmacogenomics", *Social Studies of Science*, 38 (5), 2008, pp. 737-758.

[29] L. Braun, A. Fausto-Sterling, D. Fullwiley *et al.*, "Racial categories in

El uso de etiquetas étnicas y raciales en la investigación biomédica puede llegar a estandarizarse. En su estudio sobre un laboratorio de genética en los Estados Unidos, Fullwiley[30] encontró que la raza funcionaba como una herramienta institucionalizada para organizar e interpretar la información porque operaba como clasificador ubicuo en los diferentes contextos estadounidenses.[31] La genómica, sin embargo, no necesariamente asocia enfermedades a categorías de tipo racial. De hecho, a menudo cuestiona tales asociaciones, como en el caso de la anemia falciforme en Brasil. Allí, el Estado, basándose en evidencias genéticas y a pesar de los fuertes vínculos discursivos entre esa condición y la "gente negra", da tratamiento indiscriminado a todos los miembros de la población.[32]

Como tercer elemento racializador en la genética encontramos la técnica de análisis de la "subestructura poblacional". La investigación biomédica, cuando busca una variante genética asociada a cierta condición patológica, compara casos de enfermos con controles sanos. Si los enfermos llegan a tener ciertas variantes genéticas ausentes en los controles, algunas de esas variantes podrían estar asociadas con la enfermedad; pero algunas, o todas, podrían no tener nada que ver con ella y las asociaciones estadísticas ser simplemente el resultado de procesos demográficos o evolutivos. Una de las posibles diferencias entre casos y controles sobre la que los investigadores han alertado es la causada por la ancestría genética diferenciada de las poblaciones contemporáneas que es enten-

medical practice: How useful are they?", *PLoS Medicine,* 4 (9): e271, 2007; G. Ellison, A. Smart, R. Tutton *et al.*, "Racial categories in medicine: A failure of evidence-based practice?", *PLoS Medicine,* 4 (9): e287, 2007; J. Kahn, "From disparity to difference: How race-specific medicines may undermine policies to address inequalities in health care", *Southern California Interdisciplinary Law Journal,* 15 (1), 2005, pp. 105-129; J. Kaplan y T. Bennett, "Use of race and ethnicity in biomedical publication", *Journal of the American Medical Association,* 289 (20), 2003, pp. 2709-2716; S. Koenig, S. Lee y S. Richardson (eds.), *op. cit.;* I. Whitmarsh y D. Jones (eds.), *op. cit.*

[30] D. Fullwiley, *op. cit.,* 2007a, p. 4.

[31] S. Epstein, *Inclusion: The politics of difference in medical research,* University of Chicago Press, Chicago, 2007.

[32] P. Fry, *A persistência da raça: Ensaios antropológicos sobre o Brasil e a África austral,* Civilização Brasileira, Rio de Janeiro, 2005a; véase también S. Pena, *op. cit.,* 2005.

dida en términos de ancestría biogeográfica. El hecho de que las poblaciones tengan diferentes perfiles genéticos en virtud de su ubicación geográfica ancestral produce una heterogeneidad que debe controlarse. Por esta razón, es importante asegurarse de que los casos y los controles coincidan en términos de combinación de ancestrías, pues si se comparan casos africanos con controles europeos se van a encontrar muchas correlaciones genéticas espurias y no será posible establecer cuáles son simples accidentes de la ancestría geográfica y cuáles efectivamente están vinculadas con el trastorno en cuestión.[33] Lo que se hace, entonces, es utilizar el conocimiento de su ancestría por los individuos y establecer una correspondencia básica pidiendo a las personas muestreadas que se autoidentifiquen en términos étnicos o raciales. Este procedimiento se ha estandarizado en la ciencia médica y en los tratamientos médicos en los Estados Unidos[34] y algunos otros lugares.

Para ciertas poblaciones la búsqueda de las correlaciones debe refinarse aún más, dado que en el contexto del mestizaje histórico, cuando se trata de muestras de, por ejemplo, "mexicanos" o controles "mexicanos", en ellas habrá personas con mezclas de ancestrías muy variadas. Aquí no funciona del mismo modo la autoidentificación. Pero por la genotipificación de cada persona, con base en la cual se cuantifican las ancestrías biogeográficas (en este caso amerindias y europeas, principalmente), es posible controlar estadísticamente el mestizaje para que los casos y controles se alineen con mayor precisión y se puedan comparar de igual a igual.[35] Se espera, así, que una variante genética vinculada a un trastorno —digamos el asma— pueda detectarse independientemente de otras variantes que estén asociadas estadísticamente con una ancestría dada. De lo que se trata es de tener la evidencia suficiente para demostrar que cierta variante genética está genuinamen-

[33] J. Fujimura y R. Rajagopalan, "Different differences: The use of 'genetic ancestry' versus race in biomedical human genetic research", *Social Studies of Science,* 41 (1), 2011, pp. 5-30.

[34] S. Epstein, *op. cit.*

[35] S. Choudhry, N. Coyle, H. Tang *et al.*, "Population stratification confounds genetic association studies among Latinos", *Human Genetics,* 118 (5), 2006, pp. 652-664.

te vinculada a una enfermedad, y de saber si esa variante es más frecuente en algunas poblaciones biogeográficas y está asociada a algunas ancestrías.

Los tres elementos expuestos muestran cómo la ancestría biogeográfica aparece en la genética una y otra vez en relación con poblaciones, y que éstas son entendidas como diferentes por sus historias evolutivas y demográficas, además de su ubicación geográfica. Es así que a través de la "geografía del genoma",[36] y pese a que los científicos involucrados niegan la validez biológica de la raza, se evocan continuamente categorías y configuraciones racialistas. Es importante resaltar que esas categorías, antes que simples reiteraciones de las tipologías raciales de comienzos del siglo xx, son racializaciones análogas no esencialistas. Las categorías mencionadas parten de poblaciones (que pueden ser bastante específicas), y las ancestrías se infieren a partir de poblaciones seleccionadas. Sin embargo, para el espectador común, las categorías racializadas como africano, europeo y amerindio, con sus connotaciones raciales comunes, se desprenden naturalmente de esas referencias específicas.

Una cuarta manera en la que el pensamiento racializado aparece en la genómica actual es a través de la idea de nación. Raza y nación han estado vinculadas durante mucho tiempo en la idea de las naciones como entidades biológicamente distinguibles, lo que a menudo ha significado recurrir para ello a clasificaciones racializadas. Así pues, lo británico o lo inglés pueden concebirse en términos de blanquitud, mientras que lo brasileño se concibe en términos de una ancestría mezclada.[37] En la medida en que la investigación genética intenta delimitar genómicas nacionales, es decir, crear biobancos para atender prioridades nacionales o para mapear la diversidad genética dentro de un territorio nacional, existe la posibilidad de que la idea de nación se connote genéticamente —aunque

[36] J. Fujimura y R. Rajagopalan, *op. cit.*, 2011.

[37] F. Anthias y N. Yuval-Davis, *Racialized boundaries: Race, nation, gender, colour and class and the anti-racist struggle*, Routledge, Londres, 1992; N. Appelbaum, A. Macpherson y K. Rosemblatt (eds.), *Race and nation in Modern Latin America*, University of North Carolina Press, Chapel Hill, 2003b; M. Foucault, M. Bertani, A. Fontana *et al.*, *Society must be defended: lectures at the Collège de France, 1975-76*, Picador, Londres, 2003.

lo haga de manera imaginada—, lo que reforzaría la idea racializada de la genómica.[38]

Raza, genómica y sociedad

Los modos específicos en los que la sociedad percibe los usos que se hacen de las categorías racializadas en la genómica necesitan contextualizarse en el ámbito de la percepción de lo genómico en la sociedad en cuestión. La bibliografía existente que aborda los cambios sociales desencadenados por la llegada de la "nueva genética humana" nos ofrece varias posibilidades.[39]

Se llama genetización "al proceso en curso en el que las diferencias entre los individuos se reducen a sus códigos de ADN",[40] y ampliando el registro podemos decir que en ella tanto la identidad como la pertenencia se conciben en términos genéticos. El apoyo en el determinismo genético se combina a veces con la elección personal y las decisiones de definición individual, como ocurre, por ejemplo, en las pruebas de ancestría llamadas "recreativas" que se adquieren libre-

[38] R. Benjamin, "A lab of their own: Genomic sovereignty as postcolonial science policy", *Policy and Society,* 28 (4), 2009, pp. 341-355; S. Gibbon, R. Santos y M. Sans (eds.), *op. cit.;* C. López Beltrán, *op. cit.*, 2011; M. Maio y R. Santos (eds.), *Raça como questão: História, ciência e identidades no Brasil,* Fiocruz, Rio de Janeiro, 2010; G. Pálsson, *Anthropology and the new genetics,* Cambridge University Press, Cambridge, 2007, caps. 4 y 5; P. Rabinow, *French DNA: Trouble in purgatory,* University of Chicago Press, Chicago, 1999; K.-S. Taussig, *Ordinary genomes: Science, citizenship, and genetic identities,* Duke University Press, Durham, NC, 2009.

[39] Véase también S. Franklin, "Biologization revisited: Kinship theory in the context of the new biologies", en S. Franklin y S. McKinnon (eds.), *Relative values: Reconfiguring kinship studies,* pp. 303-325, Duke University Press, Durham, NC, 2001; A. Goodman, D. Heath y S. Lindee (eds.), *Genetic nature/culture: Anthropology and science beyond the two-culture divide,* University of California Press, Berkeley, 2003; G. Pálsson, *op. cit.*, 2007; M. Strathern, *After nature: English kinship in the late twentieth century,* Cambridge University Press, Cambridge, 1992, y P. Wade (ed.), *Race, ethnicity and nation: Perspectives from kinship and genetics,* Berghahn Books, Oxford, 2007b.

[40] A. Lippman, "Prenatal genetic testing and screening: Constructing needs and reinforcing inequities", *American Journal of Law and Medicine,* 17 (1-2), pp. 15-50, 1991, p. 19.

mente en el mercado.[41] El "fetichismo genético" implica una reificación de los genes y la atribución a éstos de una poderosa capacidad de determinación; los vuelve iconos culturales.[42] La noción de "biosociabilidad" sugiere que entre las personas se establecerán cada vez más relaciones sociales basadas en la percepción de lazos biológicos, de similitudes y diferencias, y compartir desórdenes genéticos puede ser el vínculo.[43] La noción de "ciudadanía biológica", por otro lado, refiere el uso de rasgos genéticos para definir la pertenencia y los derechos a un Estado-nación.[44] Ocurre que en ciertas situaciones las clasificaciones biomédicas son cada vez más importantes, en especial cuando incluyen consideraciones genéticas.[45]

Todos estos y otros conceptos, diferentes como son, comparten la idea de que lo biológico, y por tanto lo genético, ha cobrado mayor relevancia en la vida social. Aunque esto es verdad en general, hay investigaciones que señalan que se tra-

[41] D. Bolnick, D. Fullwiley, T. Duster *et al.*, "The science and business of genetic ancestry testing", *Science,* 318 (5849), 2007, pp. 399-400; J. Comaroff y J. Comaroff, *Ethnicity, Inc.*, University of Chicago Press, Chicago, 2009, p. 40.

[42] D. Haraway, *Modest_Witness@Second_Millenium.FemaleManã_Meets_Oncomouse™*, Routledge, Londres, 1997; D. Nelkin y S. Lindee, *The DNA mystique: The gene as cultural icon,* W. H. Freeman, Nueva York, 1996.

[43] S. Gibbon y C. Novas (eds.), *Biosocialities, genetics and the social sciences: Making biologies and identities,* Routledge, Londres, 2007; P. Rabinow, "Artificiality and the enlightenment: From sociobiology to biosociality", en J. Crary y S. Kwinter (eds.), *Incorporations,* Zone Books, Nueva York, 1992, pp. 234-252; K.-S. Taussig, R. Rapp y D. Heath, "Flexible eugenics: Technologies of the self in the age of genetics", en A. Goodman, D. Heath y S. Lindee (eds.), *Genetic nature/culture: Anthropology and science beyond the two-culture divide,* University of California Press, Berkeley, 2003.

[44] N. Rose y C. Novas, "Biological citizenship", en A. Ong y S. Collier (eds.), *Global assemblages: Technology, politics, and ethics as anthropological problems,* Blackwell Publishing, Oxford, 2005, pp. 439-463.

[45] D. Heath, R. Rapp y K.-S. Taussig, "Genetic citizenship", en D. Nugent y J. Vincent (eds.), *A companion to the anthropology of politics,* Blackwell, Nueva York, 2007. Entre los ejemplos del uso de pruebas de ADN está la autenticación durante el trámite de visas de entrada para hijos de inmigrantes, o la identificación de hijos de desaparecidos en Argentina. Véase "DNA and Immigration", <http://www.immigene.eu/>, y V. Penchaszadeh, "Forced disappearance and suppression of identity of children in Argentina: experiences in genetic identification", en S. Gibbon, R. Santos y M. Sans (eds.), *Racial identities, genetic ancestry, and health in South America: Argentina, Brazil, Colombia, and Uruguay,* Palgrave Macmillan, Nueva York, 2011, pp. 213-243.

ta de un proceso irregular, que hay muchos segmentos sociales que interactúan poco con lo genético, y no es claro que sus sentidos de pertenencia e identidad resulten genetizados o biologizados.[46] Asumiendo que la genetización ha ocurrido en alguna medida, las consecuencias de este fenómeno no van en un solo sentido. El mayor temor de algunos es que podría haber un aumento en la sociedad del reduccionismo genético simplista,[47] lo que no concuerda con la ciencia genética reciente que tiende a ser más compleja y menos determinista.[48]

Las discusiones en curso sobre el concepto de raza son relevantes en relación con este panorama. Las ansiedades que provoca la reaparición de un pensamiento racializado en la genómica se relacionan con esos procesos de genetización y con el determinismo genético. El hecho de que la raza —entendida canónicamente como un esencialismo determinista— se revigorice en la genómica ha prendido las alarmas.[49] Sin embargo, algunos trabajos recientes sobre genética y sociedad sugieren que tal caracterización de la relación reciente entre la raza y la genómica es demasiado simplista. La genetización no necesariamente conduce a un mayor determinismo, en parte debido a que la separación entre naturaleza y cultura no es tan rígida como parece, y a que la misma genetización la vuelve difusa.[50] El concepto de raza, al ser un ensamblaje natural-cultural, no implica sólo determinantes biológicos (incorpora también, como siempre, determinantes del medio y de los hábitos culturales). Además, muchas de las variantes genéticas usadas para inferir ancestrías están en el ADN no

[46] J. Edwards y C. Salazar (eds.), *European kinship in the age of biotechnology,* Berghahn Books, Oxford, 2009; A. Hedgecoe, "Geneticization, medicalisation and polemics", *Medicine, Health Care and Philosophy,* 1 (3), 1998, pp. 235-243; P. Wade, *op. cit.,* 2007b.

[47] R. Lewontin, S. Rose y L. Kamin, "Geneticization, medicalisation and polemics", *Medicine, Health Care and Philosophy,* 1 (3), 1984, pp. 235-243.

[48] E. Keller, *Refiguring life: Metaphors of twentieth-century biology,* Columbia University Press, Nueva York, 1995; G. Pálsson, *op. cit.,* 2007, pp. 44-49.

[49] M. Montoya (*op. cit.,* 2011, p. 28), por ejemplo, sostiene que la biología y la genética son particularmente "reduccionistas y deterministas" y que el determinismo racial se ajusta a esos mismos patrones.

[50] Véase la bibliografía citada en la nota 2. También B. Latour, *We have never been modern,* trad. Catherine Porter, Harvester Wheatsheaf, Londres, 1993, y *Reassembling the social: An introduction to actor-network-theory,* Oxford University Press, Nueva York, 2005.

codificante y, probablemente, no determinan nada.[51] Vemos, entonces, que la reaparición de la raza no necesariamente conduce a un mayor determinismo, aunque podría tratarse de uno de los aspectos del relato.[52]

Raza, género y la investigación de la diversidad humana en América Latina

El análisis que acabamos de plantear aporta un marco crucial para los resultados de nuestro proyecto. Durante algún tiempo las poblaciones latinoamericanas han resultado atractivas, por un lado, debido a la presencia de poblaciones indígenas cuyos datos genéticos pueden ayudar a entender migraciones y procesos microevolutivos[53] y, por otro lado, debido a la presencia de poblaciones genéticamente mezcladas que sirven a los genetistas para hacer el seguimiento de algunas variantes genéticas que ayudan a sortear las causas de desórdenes complejos y también a hacer inferencias sobre las migraciones poblacionales.[54] El impacto de la investigación genética y de la

[51] N. Abu El-Haj, *op. cit.*, 2012, p. 23.

[52] C. Condit, R. Parrott, T. Harris *et al.*, "The role of 'genetics' in popular understandings of race in the United States", *Public Understanding of Science*, 13 (3), 2004, pp. 249-272; C. Condit, *The meanings of the gene: Public debates about human heredity*, University of Wisconsin Press, Madison, 1999; A. Nelson, *The meanings of the gene: Public debates about human heredity*, University of Wisconsin Press, Madison, 1999; D. Roberts, "Race and the new biocitizen", en I. Whitmarsh y D. Jones (eds.), *What's the use of race? Modern governance and the biology of difference*, MIT Press, Cambridge, MA, 2010; P. Wade, *op. cit.*, 2002b.

[53] F. Salzano y S. Callegari-Jacques, *South American Indians: A case study in evolution*, Clarendon Press, Oxford, 1988.

[54] E. Burchard, L. Borrell, S. Choudhry *et al.*, "Latino populations: A unique opportunity for the study of race, genetics, and social environment in epidemiological research", *American Journal of Public Health*, 95 (12), 2005, pp. 2161-2168; R. Chakraborty y K. Weiss, "Admixture as a tool for finding linked genes and detecting that difference from allelic association between loci", *Proceedings of the National Academy of Sciences of the United States of America*, 85 (23), 1988, pp. 9119-9123; A. Darvasi y S. Shifman, "The beauty of admixture", *Nature Genetics*, 37 (2), 2005, pp. 118-119; F. Salzano y M. Bortolini, *The evolution and genetics of Latin American populations*, Cambridge University Press, Cambridge, 2002; M. Sans, "Admixture studies in Latin

investigación sobre la diversidad humana en América Latina ha aumentado en los últimos 20 años.

Una de las conclusiones a las que llegamos en nuestro proyecto es que al trasladarse a la esfera pública, la genómica en América Latina aporta un lenguaje genético mediante el cual la sociedad más amplia entiende aspectos de lo racial. Pero esto no sucede de forma simple y unidireccional. De hecho esa genetización complica y matiza la noción común de raza. La reinscripción de los conceptos racializados es más novedosa y visible en sociedades en las que el discurso público sobre la raza se disimuló y marginó históricamente por razones ideológicas tras la máscara común del mestizo (como en México), o en las que se subsumió en los discursos sobre mestizaje o sobre una pretendida superación de la diferencia racial (como en Brasil), o en sociedades en las que el lenguaje biológico racializado —aunque no esté ausente, ya que la apariencia fenotípica resulta importante para hacer juicios racializados— ha sido históricamente menos evidente que en sitios como los Estados Unidos o Europa (más sobre esto en la siguiente sección).

Nuestros hallazgos muestran, sin embargo, que en esta región también la genética reconfigura la raza, haciendo que adopte una faceta molecular y bioinformática. Dijimos ya que algunos autores han sostenido que la genética reinscribe las categorías raciales y la idea misma de raza. Se ha puesto menos atención a las maneras en que la genética es capaz de transformar esas categorías e ideas. La genética, finalmente, ha sido una herramienta para cuestionar el concepto biológico de raza, de tal manera que si hoy resurgen en la genética nociones racializadas, éstas necesariamente adoptan formas diferentes. Como se dijo, Abu El-Haj[55] recuerda que la genética antropológica usa marcadores genéticos no codificantes, lo que en sí distancia a la genética actual de las ideas sobre raza de principios del siglo xx. Debido al tipo de análisis genético que le interesa a la genética poblacional humana, esos marcadores neutros sirven muy bien. En contraste, la genética médica busca, precisamente, vínculos entre enfermedades

America: From the 20th to the 21st century", *Human Biology,* 72 (1), 2000, pp. 155-177.

[55] N. Abu El-Haj, *op. cit.,* 2012.

(fenotipos) y ancestrías en forma de marcadores genéticos. El panorama ahí es irregular. La raza reaparece presentándose a veces con un rostro familiar, pero también se restructura bajo la figura de ancestría genética, de maneras que pueden ser muy sutiles, múltiples, y recurrir a distancias históricas que alcanzan a disimularle (véanse las "Conclusiones"). Se trata de un pensamiento racializado que combina de nuevas maneras elementos de reificación y estabilización con procesos de deconstrucción y desestabilización. El pensamiento racializado es un ensamblaje continuo de naturaleza y cultura que desde siempre ha combinado la naturalización determinista con la culturalización indeterminista. La genómica produce las mismas ambivalencias de nuevas maneras.

Un aspecto que no ha sido muy explorado en la bibliografía sobre raza y genética, pero que emergió en nuestros datos de forma contundente, es el papel del género en las intersecciones entre genómica y las ideas de raza, etnicidad y nación. Se sabe bien que los discursos y las prácticas sobre raza, etnicidad y nación están atravesados por la diferencia de género y sexo.[56] En muy pocos sitios, sin embargo, se evalúa cómo las intersecciones entre género y raza/nación operan en la investigación genética sobre la diversidad humana.[57] Sin embargo, como señala M'Charek,[58] el uso como marcadores genéticos del cromosoma Y y del ADN mitocondrial (ADNmt) —comunes en varios proyectos que estudiamos— son "tecnologías que nos brindan linajes genéticos sexualizados". Esto requiere una breve explicación.

Algunas de las pruebas de ADN (autosómico) estiman las contribuciones ancestrales buscando marcadores específicos en todo el ADN de una persona; marcadores que en principio la ligan a todos sus miles de ancestros. En contraste, el análisis de ADNmt (heredado sólo de la madre) y del cromosoma Y

[56] Véanse discusiones y referencias en J. Nagel, *Race, ethnicity, and sexuality: Intimate intersections, forbidden frontiers*, Oxford, Oxford University Press, 2003, y P. Wade, *Race and sex in Latin America*, Pluto Press, Londres, 2009.

[57] Véase, sin embargo, C. Nash, "Gendered geographies of genetic variation: Sex, gender and mobility in human population genetics", *Gender, Place and Culture*, 19 (4), 2012a, pp. 409-428. Consultado el 1º de noviembre de 2012, <http://dx.doi.org/10.1080/0966369X.2011.625085>.

[58] A. M'Charek, *op. cit.*, 2005a, p. 130.

del ADN (heredado sólo del padre) se centra en materiales genéticos que se transmiten en un sola línea de descendencia, sea materna o paterna. Lo que esa estrategia busca es dar con mutaciones específicas ocurridas en un antepasado más o menos remoto y que han sido transmitidas en una línea matrilineal o patrilineal de descendencia. La estructura inferencial con esa estrategia es más simple. Se conoce que, por ejemplo, muchos de los varones amerindios poseen una variante específica en el cromosoma Y (haplogrupo Q), y se infiere que éste se originó en un hombre que vivió en Asia entre 15 000 y 20 000 años atrás. Cerca de 50% de los varones de las poblaciones indígenas en las Américas tienen esa variante.[59] Que un individuo posea esa variante significa que es descendiente del ancestro original, que pertenece al haplogrupo Q, y que muy probablemente tiene ancestría indígena. Todo esto se deduce de esa conexión unilineal tan específica. Considérese que se está ubicando el origen ancestral de una porción ínfima del genoma de un individuo, que puede tener ancestrías muy variadas para sus otros elementos genéticos. Pertenecer al haplogrupo Q apunta a una ancestría indígena, pero la ausencia de ese haplogrupo no implica la inexistencia de la ancestría, ya que ésta puede ubicarse en cualquiera de los muchos otros (millones) posibles marcadores autosómicos. Inferencias unilineales de este tipo son una poderosa herramienta para reconstruir las migraciones de poblaciones prehistóricas, pues esas partes particulares del genoma también —al no sufrir recombinaciones— actúan como "relojes moleculares". Para poder rastrear con un foco microscópico un linaje continuo hacia un pasado muy distante, usan las tasas de mutación, que permiten deducciones robustas sobre el paso del tiempo.

La matrilinearidad y la patrilinearidad de segmentos del genoma permiten que genuinamente se rastreen hombres y mujeres (aunque los varones también tienen ADN mitocondrial) y podamos inferir patrones en las relaciones sexuales sostenidas entre ellos, puesto que el ADN se transmite mediante la reproducción sexual. La persistencia de un tipo de ADN indica que sus portadores se han reproducido continua-

[59] Véase "Y-DNA Haplogroup Q", disponible en <http://www.genetree.com/education/q>.

mente. Esto hace posible narrativas sobre las historias de las relaciones sexuales y de género, aunque la mayoría de las veces se trata de narrativas históricas ya existentes que se refuerzan al volverse a contar en el lenguaje genético.

La diferencia basada en el género fue un tema que apareció con frecuencia durante nuestra investigación. Para las poblaciones mestizas latinoamericanas, las investigaciones, como era de esperar, muestran altos niveles de variantes amerindias en el ADN mitocondrial y altos niveles de marcadores europeos en el cromosoma Y. Los patrones demográficos de la Conquista y la Colonia que ya conocían los historiadores lo explican. Esto es, durante la colonización, hombres europeos mantuvieron relaciones sexuales con mujeres indígenas y africanas (las últimas sobre todo en Brasil). Fue así que las ideas sobre el nacimiento de la nación a través del mestizaje se reiteraron en un lenguaje genético (Wade desarrolla estas ideas en las "Conclusiones").

Mestizaje, raza y nación en América Latina

Las ideologías y prácticas de la formación de naciones durante los procesos de mestizaje, cruzados por los conflictos de género y raza que se dieron en esos regímenes, ofrecen un marco general para entender los hallazgos de nuestras investigaciones. Como ya mencionamos, la nación es un importante escenario que no ha sido suficientemente analizado en la bibliografía sobre genética y raza. Mestizaje y mestizo fueron las palabras usadas en el siglo XVI para referirse, en las colonias españolas de las Américas, al hijo de un individuo europeo (usualmente varón) con un individuo indígena (usualmente mujer). Los términos, sin embargo, no tienen un significado meramente biológico, connotan también una mezcla cultural. En las colonias españolas y en Brasil emergió un complejo sistema para calcular la calidad y el estatus social: los españoles, los portugueses y otros blancos en la cima; los esclavos, los negros y los indígenas en el fondo; y en medio una serie de categorías cambiantes como mestizo, mulato, zambo, pardo, entre otras. La filiación genealógica era importante para determinar el lugar que se ocupaba en esa jerarquía, pero se combinaba con otras variables como la riqueza, la reputación y el oficio, variables que a su vez moldeaban las percepciones de la filiación.[60]

Las revoluciones de independencia anularon legalmente las discriminaciones en contra de los grupos subalternos, y la esclavitud fue finalmente abolida (aunque en Brasil apenas hasta 1888), permitiendo que se intentara crear órdenes sociales liberales al estilo europeo. Se eliminó el estatus institucional especial de los indígenas como tributarios coloniales, aunque en muchos lugares los indios mantuvieron algunos derechos especiales ante la ley. Durante el siglo XIX las élites reconocieron que sus nuevas naciones estaban básicamente pobladas por mestizos de diferentes tipos, lo que, conforme a las teorías europeas sobre la raza, se entendió como un problema, como un obstáculo para el progreso.[61] En 1861 el escritor colombiano José María Samper celebraba: "esa obra maravillosa de la mezcla de las razas, que debía producir toda una sociedad democrática, una raza de republicanos, representante al mismo tiempo de la Europa, del África y de Colombia, y que le da su carácter particular al Nuevo Mundo".[62]

[60] K. Bonil, *Gobierno y calidad en el orden colonial: Las categorías del mestizaje en la provincia de Mariquita en la segunda mitad del siglo XVIII,* Universidad de los Andes, Bogotá, 2011; J. Forbes, *Africans and Native Americans: The language of race and the evolution of red-black peoples,* University of Illinois Press, Urbana, 1993; M. Garrido, " 'Free men of all colours' in New Granada: Identity and obedience before Independence", en C. Aljovín de Losada y N. Jacobsen (eds.), *Political cultures in the Andes, 1750-1950,* pp. 165-183, Duke University Press, Durham, NC, 2005; L. Gotkowitz, "Introduction: Racisms of the present and the past in Latin America", en L. Gotkowitz (ed.), *Histories of race and racism: The Andes and Mesoamerica from colonial times to the present,* pp. 1-53, Duke University Press, Durham, NC, 2011b; I. Katzew y S. Deans-Smith (eds.), *Race and classification: The case of Mexican America,* Stanford University Press, Stanford, CA, 2009; M. Martínez, *op. cit.,* 2008; R. Schwaller, "'Mulata, hija de negro e india': Afro-indigenous mulatos in early colonial Mexico", *Journal of Social History,* 44 (3), 2011, pp. 889-914.

[61] N. Appelbaum, A. Macpherson y K. Rosemblatt, *op. cit.,* 2003b; L. Schwarcz, *O espetáculo das raças: Cientistas, instituições e questão racial no Brasil, 1870-1930,* Companhia das Letras, São Paulo, 1993; T. Skidmore, *Black into white: Race and nationality in Brazilian thought,* Oxford University Press, Nueva York, 1974; N. Stepan, *"The hour of eugenics": Race, gender and nation in Latin America,* Cornell University Press, Ithaca, Nueva York, 1991.

[62] J. Samper, *Ensayo sobre las revoluciones políticas y la condición social de las repúblicas colombianas (hispano-americanas): Con un apéndice sobre la*

Pero los relatos de viaje de Samper delatan un profundo menosprecio por la gente mezclada con la que se encontró personalmente, lo que no era para nada inusual: la veneración abstracta de la mezcla no excluía prejuicios en contra de los mestizos de piel oscura que, sumidos en la "barbarie", languidecían en las tierras bajas tropicales.[63]

En las primeras décadas del siglo XX se acudió a la glorificación del mestizaje para apuntalar el carácter nacional. La idea de la mezcla racial, el rasgo identitario latinoamericano, como una base para la igualdad se afincó en México y Brasil, donde se volvió parte del discurso del estado sobre la nación. En México la idea del mestizaje fue promovida como la base del carácter nacional por intelectuales como José Vasconcelos, político, educador y autor de *La raza cósmica*,[64] libro en el cual, en contra del pensamiento europeo dominante sobre la inferioridad de los individuos mestizos, defendía la superioridad de las naciones mezcladas.[65] En Brasil, Gilberto Freyre, autor de numerosos libros sobre la historia y la cultura de Brasil, también promovió la idea de una sociedad tropical mestiza con características únicas y valiosas, sobre todo con su influyente texto de 1933, *Casa grande e senzala*.[66] En Brasil, y en muchos otros lugares, la idea de mezcla se asoció con la idea de que la raza y el racismo no eran aspectos importantes en las sociedades latinoamericanas, una autoconsciencia desarrollada en referencia al segregacionismo de los Estados Uni-

orografía y la población de la Confederación Granadina, Imprenta de E. Thunot y Cia, París, 1861, p. 299.

[63] P. Wade, "Representations of blackness in Colombian popular music", en Jean M. Rahier, (ed.), Representations of blackness and the performance of identities, 172-191, Greenwood Press, Westport, Connecticut, 199, p. 178.

[64] J. Vasconcelos, *The cosmic race: A bilingual edition,* trad. Didier T. Jaén, Johns Hopkins University Press, Baltimore, 1997 [1925].

[65] A. Basave, *México mestizo: Análisis del nacionalismo mexicano en torno a la mestizofilia de Andrés Molina Enríquez,* FCE, México, 1992; M. Miller, *Rise and fall of the cosmic race: The cult of mestizaje in Latin America,* University of Texas Press, Austin, 2004. Véase también el capítulo III de este volumen.

[66] R. Benzaquen de Araújo, *Guerra e paz: Casa Grande e Senzala e a obra de Gilberto Freyre nos anos 30,* Editora 34, Rio de Janeiro, 1994; G. Freyre, *Casa-grande e senzala: Formação da familia brasileira sob o regime de economia patriarcal,* José Olympio, Rio de Janeiro, 1946 [1933]; M. Maio y R. Santos, *op. cit.,* 1996; M. Maio y R. Santos, *op. cit.,* 2010; M. Miller, *op. cit.;* M. Pallares-Burke, *Gilberto Freyre: Um vitoriano dos tropicos,* Editora UNESP, São Paulo, 2005.

dos.[67] La idea central era que en las sociedades donde el mestizaje había difuminado los límites de las fronteras raciales, la estratificación e identidades raciales no cobraron la misma importancia que en los Estados Unidos, Europa o Sudáfrica. A veces se hablaba de la pretensión de ser una "democracia racial", un eslogan asociado sobre todo con Brasil,[68] aunque sentimientos parecidos se encontraban en Colombia. El político y escritor Luis López de Mesa afirmó que Colombia no tendría más "la vieja democracia de la ciudadanía igualitaria sólo para la minoría conquistadora, sino una completa, sin distinciones de clase o estirpe".[69] En tanto, las políticas de inmigración en muchos países buscaron atraer europeos y limitar la entrada de africanos.[70]

Los negros y los indígenas, en general las clases trabajadoras, no aceptaron dócilmente esas formulaciones, y a menudo externaron posturas diferentes.[71] Desde la mitad del siglo XX, algunos académicos también asumieron visiones críticas de la pretendida democracia racial —como se le llamaría en Brasil— y mostraron cómo el mestizaje y la figura del mestizo funcionaban de modo ideológico para favorecer a la élite que de ese modo marginaba o borraba a negros e indígenas, alineando lo mestizo con la dominación blanca.[72] En análisis re-

[67] P. Fry, "Politics, nationality, and the meanings of 'race' in Brazil", *Daedalus,* 129 (2), 2000, pp. 83-118; A. Marx, *Making race and nation: A comparison of South Africa, the United States, and Brazil,* Cambridge University Press, Cambridge, 1998; M. Seigel, *Uneven encounters: Making race and nation in Brazil and the United States,* Duke University Press, Durham, NC, 2009.

[68] A. Guimarães, "Racial democracy", en J. Souza y V. Sinder (eds.), *Imagining Brazil,* pp. 119-140, Lexington Books, Lanham, MD, 2007; F. Twine, *Racism in a racial democracy: The maintenance of white supremacy in Brazil,* Rutgers University Press, New Brunswick, 1998.

[69] L. López de Mesa, *De cómo se ha formado la nación colombiana,* Bedout, Medellín, 1970 [1934], p. 7.

[70] R. Graham (ed.), *The idea of race in Latin America, 1870-1940,* University of Texas Press, Austin, 1990.

[71] G. Andrews, *Blacks and whites in São Paulo, Brazil, 1888-1988,* University of Wisconsin Press, Madison, 1991; J. Sanders, *Contentious republicans: Popular politics, race, and class in nineteenth-century Colombia,* Duke University Press, Durham, NC, 2004.

[72] R. Bastide y F. Fernandes, *Relações raciais entre negroes e brancos em São Paulo,* Anhembí, São Paulo, 1955; E. Telles, *Race in another America: The significance of skin color in Brazil,* Princeton University Press, Princeton, NJ, 2004; R. Stutzman, "El mestizaje: An all-inclusive ideology of exclusion", en

cientes el mestizaje ha estado sujeto a lecturas contradictorias, de modo que puede ser apropiado también como un discurso subalterno que permite diversas construcciones de negritud e indigenidad, en lugar de simplemente borrarlas.[73] Existen múltiples mestizajes y no una sola ideología ni un proceso único.

Como otras regiones del planeta, a partir de la década de 1990 muchos de los países de América Latina se han inclinado hacia el multiculturalismo. En varios de ellos esto se ha materializado en políticas constitucionales y reformas legales por las que se da un nuevo reconocimiento y se conceden derechos a las minorías afrodescendientes e indígenas.[74] El multiculturalismo permitió modificar hondamente la previa ideología paternalista del indigenismo; aquélla esencializaba y celebraba el pasado indígena al tiempo que buscaba asimilar a los grupos indígenas al grueso de los mestizos.[75] En Brasil y

N. Whitten (ed.), *Cultural transformations and ethnicity in modern Ecuador,* Urbana, University of Illinois Press, 1981, pp. 45-94; P. Wade, *op. cit.,* 2010; O. Gall, "Identidad, exclusión y racismo: Reflexiones teóricas y sobre México", *Revista Mexicana de Sociología,* 66 (2), 2004, pp. 221-259; J. Gómez, "Racismo y nacionalismo en el discurso de las élites mexicanas", en J. Gómez (ed.), *Caminos del racismo en México,* Plaza y Valdés, México, 2005, pp. 117-181; J. Rahier, "Introduction: Mestizaje, mulataje, mestiçagem in Latin American ideologies of national identities", *Journal of Latin American Anthropology,* 8 (1), 2003, pp. 40-50.

[73] N. Appelbaum, A. Macpherson y K. Rosemblatt, *op. cit.,* 2003b; M. de la Cadena, *Indigenous mestizos: the politics of race and culture in Cuzco, Peru, 1919-1991,* Duke University Press, Durham, NC, 2000; L. Gotkowitz (ed.), *Histories of race and racism: The Andes and Mesoamerica from colonial times to the present,* Duke University Press, Durham, NC, 2011a; F. Mallon, "Constructing *mestizaje* in Latin America: Authenticity, marginality and gender in the claiming of ethnic identities", *Journal of Latin American Anthropology,* 2 (1), 1996, pp. 170-181; P. Wade, "Rethinking mestizaje: ideology and lived experience", *Journal of Latin American Studies,* 37, 2005, pp. 1-19

[74] R. Sieder (ed.), *Multiculturalism in Latin America: Indigenous rights, diversity and democracy,* Palgrave Macmillan, Houndmills, Reino Unido, 2002; D. Van Cott, *The friendly liquidation of the past: The politics of diversity in Latin America,* University of Pittsburgh Press, Pittsburgh, 2000; D. Yashar, *Contesting citizenship in Latin America: The rise of indigenous movements and the postliberal challenge,* Cambridge University Press, Cambridge, 2005.

[75] A. Knight, "Racism, revolution and indigenismo in Mexico, 1910-1940", en R. Graham (ed.), *The idea of race in Latin America,* pp. 71-113, University of Texas Press, Austin, 1990; A. Ramos, *Indigenism: Ethnic politics in Brazil,* University of Wisconsin Press, Madison, 1998.

Colombia esas reformas multiculturales fueron bastante notables, sobre todo frente a los grupos afrodescendientes.[76] En general, el giro multicultural parece un importante distanciamiento de las anteriores ideologías oficiales de la "nación mestiza", especialmente en países en los que tal ideología se desarrolló persuasivamente al final del siglo XIX y durante el XX (como Brasil, Colombia y México). También ha habido críticos del giro multicultural, entre académicos e intelectuales, que se preguntan si realmente estas posturas han hecho contribuciones que transformen las políticas raciales y étnicas, así como las jerarquías económicas, pues parecen encajar cómodamente en las agendas neoliberales.[77] Si partimos del hecho de que el mestizaje refiere un proceso complejo, diverso y múltiple, podemos ver que el tránsito hacia el multiculturalismo no representó ninguna ruptura. De lo que no queda duda, sin embargo, es que con éste se alteró el escenario político y público, así como las políticas culturales y los imaginarios nacionales frente a los grupos indígenas y afrodescendientes. Estos últimos han ganado una nueva visibilidad pública nacional e internacional. Este libro muestra cómo ese panorama es crucial para entender el desarrollo de la genómica poblacional humana en la región.

[76] J. French, *Legalizing identities: Becoming black or Indian in Brazil's northeast,* University of North Carolina Press, Chapel Hill, 2009; M. Htun, "From 'racial democracy' to affirmative action: Changing state policy on race in Brazil", *Latin American Research Review,* 39 (1), 2004, pp. 60-89; E. Restrepo y A. Rojas (eds.), *Conflicto e (in)visibilidad: Retos de los estudios de la gente negra en Colombia,* Universidad del Cauca, Popayán, Colombia, 2004; P. Wade, "The Colombian Pacific in perspective", *Journal of Latin American Anthropology,* 7 (2), 2002a, pp. 2-3.

[77] A. Escobar, *Territories of difference: Place, movements, life, redes,* Duke University Press, Durham, NC, 2008; Ch. Hale, "Neoliberal multiculturalism: The remaking of cultural rights and racial dominance in Central America", *PoLAR: Political and Legal Anthropology Review,* 28 (1), 2005, pp. 10-28; J. Rahier, "From *invisibilidad* to participation in state corporatism: Afro-Ecuadorians and the constitutional processes of 1998 and 2008", *Identities: Global Studies in Power and Culture,* 18 (5), 2011, pp. 502-527; S. Speed, "Dangerous discourses: Human rights and multiculturalism in neoliberal Mexico", *PoLAR: Political and Legal Anthropology Review,* 28 (1), 2005, pp. 29-51.

Mestizajes múltiples y taxonomías

Los rostros múltiples del mestizaje se ponen de manifiesto también en las maneras plurales en que ideas sobre nacionalidad y mezcla se han desarrollado en los diferentes lugares de América Latina. Se trata de una diversidad que atraviesa transversalmente a la nación misma. En el caso de México, por ejemplo, se considera que el proceso clave del mestizaje tuvo lugar sobre todo entre españoles e indígenas (estos últimos suman 10% de la población) lo cual produjo el dominio de una taxonomía dual que divide a los mexicanos entre indígenas y mestizos.[78] La categoría de indígena, a su vez, se organiza y subdivide de acuerdo a identidades étnicas en los regiones, tales como maya o zapoteca. Los africanos, pese a que tuvieron una presencia significativa en la Nueva España colonial, fueron marginados en las representaciones de la nación.[79] Aunque el giro reciente hacia el multiculturalismo se ha concentrado en los derechos y en la autonomía para los grupos indígenas, también ha prestado atención a la que ha sido llamada "la tercera raíz [africana]" de la nación.[80] En México, la mayoría de la gente se identifica simplemente como mexicanos, pero se da por hecho que esa identificación es más o menos un sinónimo de mestizo, a tal punto que los afrodescendientes han sido recientemente eti-

[78] Sobre México, véase C. Lomnitz-Adler, *Exits from the labyrinth: Culture and ideology in the Mexican national space,* University of California Press, Berkeley, 1992; O. Hoffmann, "Negros y afromestizos en México: Viejas y nuevas lecturas de un mundo olvidado", *Revista Mexicana de Sociología,* 68 (1), 2006, pp. 103-135; O. Hoffmann y M. Rodríguez (eds.), *Retos de la diferencia: Los actores de la multiculturalidad entre México y Colombia,* Centro de Estudios Mexicanos y Centroamericanos (CEMCA), Centro de Investigación y Estudios Superiores en Antropología Social (CIESAS), Institut de Recherche pour le Développement (IRD), Instituto Colombiano de Antropología e Historia, Publicaciones de la Casa Chata, México, 2007; F. Mallon, *Peasant and nation: The making of postcolonial Mexico and Peru,* University of California Press, Berkeley, 1995; G. de la Peña, "A new Mexican nationalism? Indigenous rights, constitutional reform and the conflicting meanings of multiculturalism", *Nations and Nationalism,* 12 (2), 2006, pp. 279-302; G. Bonfil, *México profundo: Reclaiming a civilization,* trad. de Philip A. Dennis. Austin, University of Texas Press, Texas, 1996, y A. Basave, *op. cit.*

[79] G. Aguirre, *La población negra de México, 1519-1810: Estudio etno-histórico,* Ediciones Fuente Cultural, México, 1946, p. 350.

[80] O. Hoffmann, *op. cit.*

quetados como afromestizos, lo que va en contra de la tendencia general a señalarlos como negros o morenos.

En Brasil, el papel de la negritud en las ideologías del mestizaje es mucho mayor.[81] Iconos culturales como la samba y el carnaval, que tienen una clara asociación con las raíces afrobrasileñas, se unieron a lo nacional hace décadas, y prácticas religiosas de raíz africana como el *candomblé* son parte de la cultura popular en muchos lugares del país. Los indígenas, por su lado, conforman cerca de 0.4% de la población nacional. No obstante, la idea del indio es contundente y tiene un papel clave en la ideología del *mestiçagem*, aunque está ligada a la amazonia y, por tanto, es vista con distancia y exotismo. Desde la década de 1930 la imagen de Brasil como una sociedad tropical mestiza empezó a formar parte de la representación oficial de la nación, que a la fecha es una de las pocas en toda América Latina que ha incluido el "color" de la piel (o, más recientemente, el "color/raza") como categoría en sus censos.[82] Esto se debe a que en el discurso público el color se usa de modo más habitual que en México o en Colombia para referirse a tipos de gente. En el censo de 2010, 48% de la gente se identificó como *branco* (blanco), 43% como *pardo* (moreno) y 8% como *preto* (negro), mientras que los demás se identificaron como *amarelo* (amarillo) e indígena. *Pardo* es una etiqueta burocrática para referirse a los mestizos, pero el término *mestiço* suele ser usado también en la práctica cotidiana. Las maneras en que las ideas de mezcla racial funcionan en Brasil son variables y tienen sesgos regionales. El lejano sur, por ejemplo, es caracterizado como muy "blanco", mientras que el nordeste es caracterizado como muy "negro".

Las taxonomías sociales en Brasil tienden a ser particularmente heterogéneas. Coexisten diferentes sistemas de clasificación basados en la raza, el color y la genealogía. Una categoría

[81] Véase sobre Brasil: J. French, *op. cit.;* P. Fry, *op. cit.*, 2000; Peter Fry, "O significado da anemia falciforme no contexto da 'política racial' do governo brasileiro 1995-2004", *História, Ciências, Saúde – Manguinhos,* 12 (2), 2005b, pp. 370-374; A. Guimarães, *Racismo e anti-racismo no Brasil,* Editora 34, São Paulo, 1999; M. Maio y R. Santos, *op. cit.*, 1996; M. Maio y R. Santos, *op. cit.*, 2010; A. Ramos, *op. cit.*, y E. Telles, *op. cit.*, 2004.

[82] A. Morning, "Ethnic classification in global perspective: A cross-national survey of the 2000 census round", *Population Research and Policy Review,* 27 (2), 2008, pp. 239-272.

puede formar parte de múltiples sistemas.[83] Sin embargo, hay tensiones entre principios binarios de clasificación —blancos contra no blancos— y hay sistemas con múltiples categorías intermedias. Telles[84] identifica tres sistemas superpuestos: las categorías del censo, que son de uso popular; las categorías de la vida cotidiana, donde se usa ampliamente el término *moreno*; y las de las prácticas clasificatorias del Estado o del activismo afrobrasileño, que tienden a oponer blanco y negro. Las tensiones más recientes están relacionadas con las reformas multiculturales que ampliaron los derechos de las comunidades indígenas y, de manera más controvertida, implementaron programas de acción afirmativa en las admisiones universitarias para estudiantes que se autoidentificaran como negros (fueran *pretos* o *pardos*).

En las ideologías de la nacionalidad colombiana la negritud es más importante que en México, pero menos que en Brasil. La indigenidad, por su parte, tiene un papel similar al de la indigenidad brasileña: la población indígena, aunque pequeña (3.4%), figura ampliamente en las ideas sobre la nación y su historia, y ha sido uno de los protagonistas de las reformas multiculturales. En Colombia, los grupos indígenas no están concentrados solamente en la región amazónica; están dispersos por muchas zonas del país. Un tropo muy poderoso en las imágenes de la nación colombiana es el de las diferencias internas entre las zonas geográficas. Es común referirse a Colombia como un "país de regiones". Supuestamente, a cada región le corresponde una identidad típica de sus habitantes. De este modo, la blanquitud y lo mestizo están asociadas y se ubican —en el estereotipo— en las tierras altas. La negritud, por su parte, se ubica en las tierras bajas de las zonas costeras, mientras la indigenidad es asignada a las tierras altas (andinas) y las bajas (amazonia), y estereotipada como rural. En Colombia, y en contraste con Brasil, los mestizos son probablemente más asimilables a la blanquitud que a la negritud.[85]

[83] P. Fry, *op. cit.*, 2000; N. Santos, E. Ribeiro-Rodrigues, Â. Ribeiro-dos-Santos *et al.*, "Assessing individual interethnic admixture and population substructure using a 48-insertion-deletion (INSEL) ancestry-informative marker (AIM) panel", *Human Mutation*, 31 (2), 2009, pp. 184-190.

[84] E. Telles, *op. cit.*, 2004, p. 87.

[85] Sobre Colombia, véase P. Wade, *Blackness and race mixture: The dyna-*

Las múltiples formas que toma el mestizaje y las prácticas taxonómicas son importantes. Los tres países mantienen las ideologías del mestizaje como elemento fundamental del cuerpo nacional. Los procesos y los discursos de cada país no son, sin embargo, sencillos, ni son los mismos. Todo esto se ve reflejado en la manera en que la genética usa las categorías raciales y nacionales. Pero ello no ocurre conforme a un nacionalismo simple y acartonado, puesto que no hay, como hemos visto, una coincidencia palmaria entre nación y práctica científica.

El concepto de raza en América Latina

La *raza,* como término y como concepto, ha desempeñado papeles ambiguos en las ideologías y las prácticas del mestizaje en Brasil, Colombia y México. En las primeras décadas del siglo XX el término fue usado por los escritores latinoamericanos para referirse a entidades tan diversas como "la raza argentina", "la raza blanca", "la raza negra", la "raza india" y "la raza iberoamericana".[86] También tuvo un uso más genérico, como el que se le dio en el libro *Los problemas de la raza en Colombia*.[87] Esta variedad de usos indica el carácter diverso del término. Ese concepto que soporta tales variaciones —y que se remonta al siglo XIX— es muy similar al usado en las ciencias raciales y en los proyectos eugenésicos. Por la in-

mics of racial identity in Colombia, Johns Hopkins University Press, Baltimore, 1993; P. Wade, *op. cit.,* 2002a; Ch. Gros, *Colombia indígena: identidad cultural y cambio social,* CEREC, Bogotá, 1991; C. Leal, "Usos del concepto 'raza' en Colombia", en C. Mosquera, A. Laó Montes y C. Rodríguez (eds.), *Debates sobre ciudadanía y políticas raciales en las Américas Negras,* pp. 389-438, Universidad Nacional de Colombia, Bogotá, 2010; C. Mosquera y R. León (eds.), *Acciones afirmativas y ciudadanía diferenciada étnico-racial negra, afrocolombiana, palenquera y raizal. Entre Bicentenarios de las Independencias y Constitución de 1991,* Universidad Nacional de Colombia, Bogotá, 2010; J. Rappaport, *Intercultural utopias: public intellectuals, cultural experimentation and ethnic pluralism in Colombia,* Duke University Press, Durham, NC, 2005; E. Restrepo y A. Rojas (eds.), *op. cit.,* 2004, y M. Uribe y E. Restrepo (eds.), *Antropología en la modernidad: Identidades, etnicidades y movimientos sociales en Colombia,* Instituto Colombiano de Antropología, Bogotá, 1997.

[86] R. Graham (ed.), *op. cit.*

[87] M. Jiménez, L. López de Mesa, C. Torres *et al., Los problemas de la raza en Colombia,* El Espectador, Bogotá, 1920.

fluencia de Spencer y Haeckel, los intelectuales decimonónicos latinoamericanos concibieron a la raza de un modo más ambientalista e higienista, y menos aferrado al determinismo biológico hereditarista de los teóricos anglosajones, dejando en sus propuestas más espacio al mejoramiento a través de "la higiene" social.[88]

Esa aproximación favoreció la tendencia a evitar o minimizar el uso del término "raza" de un modo taxonómico, aun si persistía un pensamiento racialista. Algunos académicos han señalado la existencia de una tendencia, posterior a la segunda Guerra Mundial, sobre todo en Europa y los Estados Unidos, a transitar hacia un nuevo racialismo *(neo-racism)* más fincado en lo cultural *(cultural-racism)*. En éste se minimizan o desplazan las referencias a lo biológico en favor de un discurso culturalista.[89] En general, esto es importante recordarlo, la cultura y la biología o la cultura y la naturaleza siempre están imbricadas, por lo que es equívoco pensar que se haya dado una simple transición temporal de una visión a la otra.[90] Los énfasis en un aspecto o el otro sí que cambian, y en América Latina las referencias explícitas a los factores culturales se dieron antes que en Europa o en los Estados Unidos. Entre las décadas de 1920 y 1930 los eugenistas mexicanos se refirieron a los mestizos sin hacer alusión explícita a la raza o a los grupos raciales, invocando a un "sujeto sin raza o al mestizo genérico".[91] No había en ellos un discurso explícito de la raza, aunque la noción estaba implícita en el uso del término mestizo, que fusionaba ideas de mezcla racial y cultural.[92] Otros autores conservadores sí usaron insistentemente

[88] E. Restrepo, "Imágenes del negro' y nociones de raza en Colombia a principios del siglo xx", *Revista de Estudios Sociales,* 27, 2007, pp. 46-61; L. Schwarcz, *op. cit.;* N. Stepan, *op. cit.*, 1991.

[89] E. Balibar, "Is there a 'neo-racism'?", en Etienne Balibar e Immanuel Wallerstein (eds.), *Race, nation and class: Ambiguous identities,* Verso, Londres, 1991; V. Stolcke, "Talking culture: New boundaries, new rhetorics of exclusion in Europe", *Current Anthropology,* 36 (1), 1995, pp. 1-23.

[90] L. Gotkowitz (ed.), *op. cit.*, 2011a; P. Wade, *op. cit.*, 2002b.

[91] A. Stern, "Buildings, boundaries, and blood: Medicalization and nation-building on the U.S.-Mexico border, 1910-1930", *The Hispanic American Historical Review,* 79 (1), pp. 41-81, 1999, p. 63.

[92] J. Hartigan, "Looking for race in the Mexican Book of Life: Inmegen and the Mexican Genome Project", en J. Hartigan (ed.), *Anthropology of race: Ge-*

la palabra y el concepto de raza, especialmente asociado a la población indígena. Durante la década de 1920 en Perú se manifiesta una visión culturalista de la raza que aludía al "alma" o al "espíritu" de un grupo dado.[93] En Colombia pasaba lo mismo aunado al uso explícito de la palabra *raza*.[94] En Brasil, Gilberto Freyre, bajo la influencia de Franz Boas, separó la raza de la cultura, hizo hincapié en el papel del medio ambiente a la hora de moldear a las personas y minimizó la influencia de lo racial o "puramente genético".[95] Aunque no fue sino después de la segunda Guerra Mundial que la terminología explícita de la raza prácticamente se "abandonó",[96] al menos en el discurso político público —y aun así hubo excepciones en Brasil—, las iniciativas que iban por ese camino datan de décadas anteriores. La raza y el racismo, debido a ello, no ocupaban un lugar central en los debates públicos en esas décadas en Latinoamérica.

Las diversas ideologías de la democracia racial de los países latinoamericanos no han dejado nunca de tener críticos, pero sólo últimamente éstos han adquirido fuerza en Brasil y Colombia. En estos dos países el Estado ha admitido que existe un problema de racismo, lo que ha llevado a un incremento en los debates públicos acerca de la raza y las desigualdades raciales. En Brasil, la pregunta del censo sobre el color cambió en 1991 a una que pregunta por el "color o raza". En 2010 (después de 10 años de debate) se ratificó en el Congreso brasileño un Estatuto de Igualdad Racial. Han tenido lugar, por otro lado, debates sobre salud pública y políticas de la educación en los que la diferencia racial es abiertamente invocada y expuesta como un elemento que afecta la salud, la educación

nes, biology, and culture, pp. 125-150, School for Advanced Research Press, Santa Fe, NM, 2013a.

[93] M. de la Cadena, *op. cit.*, pp. 19 y 140.

[94] E. Restrepo, *op. cit.*, 2007, p. 53.

[95] G. Freyre, *op. cit.*, p. 18. Véase también M. Pallares-Burke, *op. cit.;* R. Benzaquen de Araújo, *op. cit.*, y M. Maio, "Estoque semita: A presença dos judeus em Casa Grande y Senzala", *Luso-Brazilian Review*, 36 (1), 1999, pp. 95-110.

[96] N. Appelbaum, A. Macpherson y K. Rosemblatt, "Introduction: racial nations", en N. Appelbaum, A. Macpherson y K. Rosemblatt (eds.), *Race and nation in modern Latin America*, pp. 1-31, University of North Carolina Press, Chapel Hill, 2003a, p. 8.

y que es, de una forma más general, responsable de la discriminación que lleva a la inequidad social, puesto que la población negra es la más excluida y por lo tanto la más necesitada de atención especial.[97] En Colombia, aunque en el censo de 2005 se usó la palabra *etnicidad*, y no se mencionó la raza, con esa noción se logró agrupar a los "afrocolombianos" y a los "indígenas" en escaños separados, y las estadísticas que se generaron a partir de ahí han sido usadas para cuantificar la discriminación y el racismo, y articular reclamos en relación con la "raza y los derechos".[98]

A pesar de todo lo expuesto, el uso del concepto de raza para hablar de identidad y de diferencias sociales resulta muy polémico.[99] Decir que alguien está haciendo investigación en América Latina sobre una cosa llamada raza —trátese de la movilidad social o de la genómica poblacional—, parece implicar que la raza se ha aceptado como la categoría adecuada para enmarcar a los grupos, lo que frecuentemente genera rechazo. En México, tanto en el discurso común como en el político, las diferencias raramente se cifran en términos de raza, ya que se usa la etnicidad. Esto se debe, sobre todo, a que con tal concepto se define a los grupos indígenas cuya identidad incluye la diferencia lingüística y cultural, además de la marginación. En Brasil ha habido, en tiempos recientes, álgidos debates sobre si las políticas de salud y los programas de acción afirmativa que se anclan en criterios raciales transgreden los principios de la meritocracia; o si, de modo más nocivo, son el producto de una imposición de categorías raciales extranjeras (por ejemplo, provenientes de los Estados Unidos) y amenazan con reforzar identidades y diferencias raciales que

[97] P. Fry, *op. cit.*, 2005a; A. Guimarães, *A desigualdade que anula a desigualdade, notas sobre a ação afirmativa no Brasil*, en A. Sant'Anna y J. Souza, *Multiculturalismo e racismo: Una comparação Brasil-Estados Unidos*, pp. 233-242, Paralelo 15, Brasilia, 1997; M. Maio y S. Monteiro, "Tempos de racialização: O caso da 'saúde da população negra' no Brasil", *História, Ciências, Saúde – Manguinhos*, 12 (2), 2005, pp. 419-446; M. Maio y R. Santos, *op. cit.*, 2010.

[98] C. Rodríguez, A. Sierra e I. Adarve, *Informe sobre discriminación racial y derechos de la población afrocolombiana: raza y derechos humanos en Colombia*, Universidad de los Andes, Facultad de Derecho, Centro de Investigaciones Sociojurídicas (Cijus), Observatorio de Discriminación Racial, Ediciones Uniandes, Bogotá, 2009.

[99] E. Restrepo, *op. cit.*, 2012, p. 181.

en el imaginario común tienen poca importancia:[100] "Lo que está en juego no son sólo las políticas sociales, sino la comprensión y representación del país mismo".[101] En Colombia, la prensa recientemente mostró que la gente en las calles de Bogotá no duda en afirmar que las razas existen en términos de diferencia biológica, y en muchos casos los entrevistados reconocieron pertenecer a alguna de ellas.[102] Para resumir: el término y el concepto de raza están presentes y ausentes en muchos escenarios, y son invocados y negados al mismo tiempo. Aunque el multiculturalismo ha abierto la posibilidad para que el término y el concepto se discutan y usen abiertamente, sobre todo en Brasil, la raza todavía produce sospecha y reacciones ambivalentes. La peculiar relación de América Latina con la racialización de la diversidad humana convierte a esta región en un importante espacio cultural para entender la manera en que las categorías racializadas se incorporan a las prácticas descriptivas de la ciencia genómica.

Género y mestizaje

El mestizaje es un territorio de prácticas y representaciones inherentemente sexualizado y atravesado por la diferencia de género: se refiere a la procreación como resultado de las relaciones sexuales entre hombres y mujeres pertenecientes a diferentes razas o etnicidades (cada una de estas palabras entendidas en el contexto de América Latina). Como habíamos señalado, la investigación genómica suele hallar en las poblaciones actuales evidencias moleculares del patrón de género de los primeros encuentros sexuales entre hombres europeos y mujeres indígenas o africanas, pero es importante matizar

[100] Véase M. Maio y R. Santos, "Política de cotas raciais, os 'olhos da sociedade' e os usos da antropologia: O caso do vestibular da Universidade de Brasília (UnB)", *Horizontes Antropológicos,* 11 (23), 2005, pp. 181-214, y otros debates en el mismo número de la revista *Horizontes Antropológicos*. Véase también E. Telles, *op. cit.,* 2004; P. Fry, *op. cit.,* 2000; M. Maio y R. Santos, *op. cit.,* 2010, y A. Guimarães, *op. cit.,* 1999.

[101] M. Htun, *op. cit.,* p. 61.

[102] Televidente capital, *Debates sobre raza y racismo en Colombia parte 1,* disponible en <http://www.youtube.com/watch?v=LDHXls8wdu0&p=292C776DB8B3121B>.

algunos de los significados culturales implicados en tales encuentros y comprender cómo fue que se desarrollaron históricamente.[103]

Desde la llegada a América de los europeos, las relaciones de poder estructuraron los encuentros sexuales, hayan sido éstos consentidos, obligados por las circunstancias o claramente forzados (*i.e.* violaciones). Aunque inicialmente los hombres blancos tenían relaciones con las indígenas y esclavas africanas, a las que dominaban directamente, con el paso del tiempo la demografía hizo más frecuente que tuvieran sexo con la creciente población de negras libres, con otras mujeres de piel oscura, con mestizas plebeyas (entre ellas las indígenas aculturadas) y, en los lugares en los que la esclavitud se mantuvo, con esclavas. Las proporciones de esos encuentros sexuales fueron bastante asimétricos de europeos a europeas, sobre todo al comienzo, aunque lentamente las mujeres europeas se irían incorporando a la sociedad de élite. Los hombres blancos se esforzaron en proteger el honor (sexual) de sus esposas, hermanas e hijas, y la legitimidad de su descendencia, pero simultáneamente mantuvieron relaciones sexuales y procrearon con las mujeres de piel oscura de la clase más baja, mujeres a las que no se les concedía ningún honor. En la América colonial ibérica ser mestizo a menudo equivalía a ser ilegítimo.[104] Sin embargo, el honor de los hombres nunca se vio mancillado por este tipo de relaciones. El llamado sistema dual de matrimonio fue bastante común en toda América Latina y en el Caribe, y a la fecha, aunque las connotaciones de honor no son idénticas, se mantiene ese patrón del hombre con un hogar oficial y una familia no oficial en la calle.[105] Los varones mestizos y en general las familias mestizas, que poco a poco fueron creciendo en peso demográfico, tuvieron otros patrones de apareamiento, donde el blan-

[103] Existe una vasta bibliografía al respecto. Para una guía, véase P. Wade, *op. cit.*, 2009. Véase también [S.] Martinez-Alier, *Marriage, colour and class in nineteenth-century Cuba: A study of racial attitudes and sexual values in a slave society*, 2a. ed., University of Michigan Press, Ann Arbor, 1989 [1974].

[104] L. Johnson y S. Lipsett-Rivera (eds.), *The faces of honor: Sex, shame, and violence in colonial Latin America*, University of New Mexico Press, Albuquerque, 1998; V. Stolcke, *op. cit.*, 1994.

[105] C. Smith, "The symbolics of blood: Mestizaje in the Americas", *Identities: Global Studies in Power and Culture*, 3 (4), 1997, pp. 495-521.

queamiento podía ser, o no, una motivación para el ascenso social.

Para las mujeres plebeyas de piel oscura las relaciones con hombres blancos y ricos representaban posibilidades de movilidad ascendente. Los hombres plebeyos, por su lado, tenían posibilidades más restringidas de mantener relaciones hipergámicas —aunque de todas formas las tuvieron—, sobre todo si ya se habían movido ascendentemente. Las relaciones "interraciales" estuvieron, y siguen estando, ancladas en esas jerarquías de poder y riqueza.[106] El escritor Octavio Paz ha planteado la fundación de la nación mexicana sobre un acto de violencia sexual original (la *chingada*) cuyo símbolo es el encuentro entre el conquistador Hernán Cortés y la Malinche. Así, la imagen de la Malinche se relaciona con traición a las raíces indígenas, por un lado, y con la heroica madre de la nación mestiza, por el otro. En Brasil, si un hombre negro se casa ascendentemente en términos de color, se asumirá que el hecho obedece a motivos de arribismo social.[107] En todo esto no debemos olvidar que, por razones simplemente demográficas, la mayor parte de la mezcla y del mestizaje se dio, durante los últimos tres siglos, en relaciones sexuales entre las mayorías no pertenecientes a ninguna de las castas o razas puras.

La investigación genómica que destaca los marcadores amerindios del ADN mitocondrial y los marcadores europeos en el cromosoma Y, y que infiere "encuentros sexuales asimétricos"[108] o "mezclas genéticas sexualmente sesgadas",[109] rememora esa historia en la estructura cultural pero pasa por alto o encubre los significados jerárquicos que estuvieron y que si-

[106] S. Caulfield, *In defense of honor: Sexual morality, modernity, and nation in early-twentieth-century Brazil,* Duke University Press, Durham, NC, 2000.

[107] L. Moutinho, *Razão, 'cor' e desejo: Uma análise comparativa sobre relacionamentos afetivo-sexuais 'inter-raciais' no Brasil e África do Sul,* Editora da UNESP, São Paulo, 2004.

[108] M. Bortolini, W. Araújo da Silva, D. Castro de Guerra *et al.*, "African-derived South American populations: A history of symmetrical and asymmetrical matings according to sex revealed by bi- and uni-parental genetic markers", *American Journal of Human Biology,* 11 (4), 1999, pp. 551-563.

[109] V. Gonçalves, F. Prosdocimi, L. Santos *et al.*, "Sex-biased gene flow in African Americans but not in American Caucasians", *Genetics and Molecular Research,* 6 (2), 2007, pp. 156-161.

guen estando en juego. Este asunto se discutirá con más detalle en las "Conclusiones".

Estudios de la ciencia

Al mismo tiempo que este libro es una contribución a los estudios sobre raza, nación y género en América Latina, es también una intervención en el campo de los estudios de la ciencia. Nuestra investigación se basa en etnografías de laboratorio, entrevistas con científicos y análisis de trabajos publicados, y presta particular atención a cómo ese trabajo científico trasciende las redes institucionales de la ciencia genética y circula en la esfera pública. Nos interesa ver desde los laboratorios cómo es que las ideas sobre raza, etnicidad, nación y género se incorporan al trabajo de la ciencia genómica; es necesario ubicar este proceso en el marco más amplio de las relaciones entre ciencia y sociedad.

Los estudios sociales de la ciencia y la tecnología han hecho patente el hecho de que las separaciones tradicionales entre lo social y lo científico son ilusorias, y que de hecho la ciencia es una práctica social y cultural como otras, aunque no deja de tener particularidades.[110] Entre otros, Latour[111] ha mostrado que es un error concebir a la sociedad o a lo social como una esfera separada o como un contexto que repercute en la ciencia o en la que ella toma forma. Para ese autor, las cosas (objetos, gente, palabras) se atan en cadenas de asociaciones que no están compartimentadas en esferas, creando así híbridos naturales-sociales. Sin embargo, la ciencia de los laboratorios y las metodologías científicas están organizadas específicamente para excluir la influencia de lo cultural y social, pues son percibidos como distorsionadores de la confiabilidad y de la reproducibilidad de los resultados. Los científicos

[110] A. Fausto-Sterling, *Sexing the body: Gender politics and the construction of sexuality,* Basic Books, Nueva York, 2000; D. Haraway, *op. cit.*, 1989; S. Jasanoff, *States of knowledge: The Co-Production of Science and Social Order,* Routledge, Londres, 2004b; B. Latour, *op. cit.*, 1993; B. Latour, *op. cit.*, 2005; B. Latour y S. Woolgar, *Laboratory Life. The Social Construction of Scientific Facts,* Princeton University Press, Princeton, NJ, 1986.

[111] B. Latour, *op. cit.*, 2005.

(y muchos no científicos) parten del supuesto de que los métodos usados en las ciencias conducen a hallazgos seguros y veraces. No hay duda de que en ocasiones específicas se han sesgado resultados a causa de supuestos errados, de una práctica mediocre o del uso de técnicas inadecuadas, pero la ciencia es asumida por los científicos (y por los no científicos) como un campo con suficiente poder reflexivo y autocrítica para develar sus propios errores y alcanzar resultados verdaderos, o al menos confiables. Los científicos reconocen que las categorías que usan para organizar su trabajo, esto es, los supuestos de los que parten, bien pueden derivarse en ocasiones de nociones de sentido común no específicamente científicas. Cuando esto ocurre, se asume que dichos supuestos son sólo el punto de partida: una decisión práctica para iniciar la indagatoria científica.[112] Cuando los científicos encuentran que esas categorías iniciales son deficientes, y que otras pueden conducir a mejores resultados, terminan por remplazarlas. Ocurre también que los científicos parten de posiciones éticas particulares y objetivos políticos concretos que orientan su trabajo; preocupaciones como el posible racismo, o la justicia social, o la equidad o la crisis ecológica pueden incidir en las decisiones.[113] Pero tales preocupaciones y las posturas asociadas no llegan a definir por completo los resultados de la práctica de la ciencia en el laboratorio. Es por ello que los científicos procuran mantener a la naturaleza y a la sociedad como asuntos distintos y separados, para no sobredeterminar los resultados.

Para Latour,[114] esa separación es característica de la "modernidad", en la que la naturaleza y la cultura se separan mediante actos de "purificación", mientras que tales separaciones son continuamente desestabilizadas durante la práctica de construir asociaciones y redes que ensamblan cosas su-

[112] Tal como afirma Montoya sobre los genetistas estadounidenses a los que estudió, y quienes usan categorías poblacionales étnicamente etiquetadas, esas categorías actúan como puntos de partida para explorar diferencias biológicas: "la suyas son afirmaciones pragmáticas" (M. Montoya, *op. cit.*, 2011, p. 162).

[113] C. Bliss, "Racial taxonomy in genomics", *Social Science and Medicine*, 73 (7), 2011, pp. 1019-1027; C. Bustamante, F. de La Vega y E. Burchard, "Genomics for the world", *Nature*, 475 (7355), 2011, pp. 163-165; D. Fullwiley, *op. cit.*, 2008.

[114] B. Latour, *op. cit.*, 1993.

puestamente pertenecientes a la naturaleza o a la sociedad. Esto no significa simplemente que los hallazgos de la ciencia sean falsos. El develamiento de procesos de ensamblaje no implica su desacreditación,[115] y tampoco muestra que lo que los científicos llaman hechos sean solamente artefactos sociales.[116] Significa más bien que la ciencia es un proceso de revelar verdades que necesita de complejos ensamblajes de gente, dinero, objetos, hechos y palabras. Todos esos elementos no son separables en las categorías discretas de naturaleza y cultura. Tales ensamblajes se disputan y generan controversia entre los científicos, y puesto que puede haber más de una manera de describir y articular la verdad y que algunas verdades son más duraderas que otras, algunos ensamblajes pueden estabilizarse, estandarizarse y darse por sentados. Los estudios sociales de la ciencia buscan, de este modo, mostrar que las separaciones purificadas entre naturaleza y sociedad, y los relatos teleológicos de una superación progresiva de sesgos y errores, no se adecuan a la realidad. En la práctica concreta de la ciencia, la naturaleza y la cultura se revuelven continuamente. Gracias al trabajo de diversos actores humanos y a la contribución de agentes no humanos, lo social y lo científico se combinan en ensamblajes semiótico-materiales cuya coherencia (o incoherencia) depende de qué tan robustos y convincentes se presenten ante las diferentes audiencias y qué puedan hacer por ellas.[117] No se trata simplemente de categorías sociales —como raza, población o región— que invaden o contaminan el laboratorio para moldear la práctica científica. El punto aquí es que esas categorías ya son en sí mismas combinaciones de naturaleza-cultura configuradas históricamente en complejos juegos de asociaciones móviles hechas entre científicos (naturalistas, antropólogos físicos, demógrafos, etc.), políticos, ingenieros, administradores, escritores, y todo tipo de gente. Es cierto que las influencias sociales se trasladan e inciden en el laboratorio, pero no es correcto verlas como conta-

[115] *Ibid.*, p. 43.

[116] B. Latour, "Why has critique run out of steam? From matters of fact to matters of concern", *Critical Inquiry*, 30 (2), 2004, pp. 225-248.

[117] B. Latour, *op. cit.*, 2005; J. Law, "Actor-network theory and material semiotics", en B. Turner (ed.), *The new Blackwell companion to social theory*, pp. 141-158, Blackwell, Oxford, 2008; J. Reardon, *op. cit.*, 2008.

minantes sociales externas. Desde el inicio ellas son parte integral de los ensamblajes híbridos que están siendo armados por los genetistas. La palabra coproducción captura ese proceso, puesto que no da prioridad a lo científico o a lo social y, en cambio, los ve como mutuamente constitutivos, a pesar de que los bordes o fronteras que se supone los separan sean reinscritos todo el tiempo.[118]

Una forma de evidenciar el proceso de revoltura y ensamblaje es mostrar las diferencias en acción al interior de la ciencia misma, algo que estamos en plena capacidad de hacer, dada la perspectiva comparativa de nuestro proyecto. Es muy difícil pensar que las cosas podrían haber sido diferentes cuando todo se ha estabilizado y cuando todos se han puesto de acuerdo. Sin embargo, la forma en que las categorías naturales-culturales se articulan en la práctica científica puede analizarse de modo que podamos ver que cierta realidad científica pudo haberse articulado de otra manera. Prueba de ello es que los científicos a menudo están en desacuerdo o, mejor aún, que usan datos iguales o similares para llegar a conclusiones divergentes. Esas variaciones internas no son sorprendentes y, de hecho, forman parte integral de la ciencia, y un modo en el que esto puede o suele relatarse es como un proceso inevitable en el que la verdad triunfa sobre la falsedad. Pero los estudios sociales de la ciencia exploran las trayectorias y las variaciones, y muestran cómo esas categorías naturales son también ensamblajes de naturaleza-cultura y cómo operan también fuera del laboratorio.

En este contexto, si retomamos la discusión sobre la raza en la genómica podemos analizar nuevamente, y con más detalle, la idea de población. En el estudio de la diversidad genética humana hay un debate acerca de si se deben muestrear poblaciones existentes definidas por criterios culturales (como el idioma, la identidad, la residencia, la historia, etc.) o por ancestría biogeográfica (como ya vimos), o si en cambio se debería tender una rejilla homogénea sobre cierta geografía para tomar muestras aleatorias dentro de ella, tal como se

[118] S. Jasanoff, "Ordering knowledge, ordering society", en Sheila Jasanoff (ed.), *States of knowledge: The co-production of science and social order,* pp. 13-45, Routledge, Londres, 2004a, p. 21.

hace con las moscas de la fruta.[119] Todos estos métodos pueden producir una imagen de cómo la diversidad genética humana varía en el espacio. Se trata, en cierto modo, de un asunto técnico sobre cuál método captura y refleja mejor la variación existente y cómo está estructurada. Pero los estudios sociales de la ciencia muestran que las complejas ideas naturales-culturales sobre las poblaciones están profundamente integradas a las prácticas científicas.[120] Como ya vimos, a menudo se considera que las poblaciones humanas se han desarrollado y prosperado en zonas geográficas particulares. Este supuesto se ve reflejado en la investigación genética sobre la diversidad humana, por ejemplo, cuando se muestrea sólo a personas cuyos abuelos nacieron en el lugar en donde se ubica la población. Esto impone una definición de lo que es esa población que excluye a los migrantes recientes. En ocasiones es posible muestrear ciertas poblaciones especiales, socialmente demarcadas, a través de representantes o intermediarios, como médicos locales, antropólogos o líderes comunitarios. Éstos negocian acuerdos individuales o colectivos sobre las muestras que pueden ser tomadas.[121] Esos asuntos, que son prácticos —y profundamente éticos— se basan en nociones fundamentales sobre la organización social humana y la diversidad cultural (nociones que no se aplican a las moscas de la fruta). A menudo no es óptimo, por ejemplo, trabajar con el método de la rejilla, que no asume unidades sociales particulares que puedan ser definidas en términos de su coherencia interna y de la de sus guardianes.

Partir de poblaciones discretas de un tipo o de otro y crear perfiles genéticos de ellas tiende a reproducir un modelo de poblaciones más o menos delimitadas (a menudo la de aquella con la que se empezó, superponiendo así poblaciones definidas socialmente con poblaciones definidas genéticamente). Partir de una rejilla, por su lado, tiende a producir gradientes

[119] C. Nash, *op. cit.*, 2012b; G. Pálsson, *op. cit.*, 2007, cap. 7; J. Reardon, *op. cit.*, 2008, p. 309; D. Serre y S. Pääbo, "Evidence for gradients of human genetic diversity within and among continents", *Genome Research*, 14 (9), 2004, pp. 1679-1685.

[120] J. Fujimura y R. Rajagopalan, *op. cit.;* A. M'charek, *op. cit.*, 2005a; J. Reardon, *op. cit.*, 2005.

[121] J. Reardon, *op. cit.*, 2008.

o clinas de variación gradual, y reduce la impresión de que las poblaciones están genéticamente localizadas, ya que la ausencia de límites sugiere movimiento continuo y mezcla biológica entre poblaciones.

Así, el concepto de *población* —un híbrido natural-cultural latouriano como pocos, que ha circulado históricamente dentro y fuera de la ciencia, del gobierno a la administración, a la naturaleza, a la estadística, a la demografía, a la biología evolucionista, a la genética, etc.— da forma a los proyectos y a sus metodologías de muestreo. Ello a su vez produce resultados que tienden a reafirmar el concepto inicial de población, ahora en un lenguaje genético. La diferencia entre uno y otro método parece un hecho nada excepcional, incluso banal, si no fuera porque cuando se parte de un punto diferente —la rejilla— se llega a representaciones diferentes. Podríamos estar tentados a ver la rejilla como un punto de partida en cierto sentido acultural, esto es, basado en la noción en apariencia puramente científica de toma aleatoria de muestras. Sin embargo, es una categoría natural-cultural basada en ideas sobre la homogeneidad humana: parte de la idea de que los humanos no están segmentados en grupos, sino que se encuentran en constante movimiento e intercambiando cosas, ideas, gametos.

En resumen, las poblaciones o sus representaciones/articulaciones son dispositivos bastante estables en los estudios sobre diversidad humana. Al servir como puntos de partida de la indagación se vuelven anclas tremendamente prácticas y poderosas. Son un "móvil inmutable",[122] o un "objeto frontera":[123] operan entre diferentes comunidades científicas —científicos sociales, doctores, genetistas— y evocan algunos supuestos comunes entre ellas, aunque también tengan aspectos diferentes. Poseen, simultáneamente, papeles específicos dentro de cada estilo y comunidad científicos, razón por la que producen objetos diferentes: una agrupación cultural localizada, un conjunto

[122] B. Latour, *Science in action: How to follow scientists and engineers through society,* Milton Keynes, Open University Press, Reino Unido, 1987.

[123] G. Bowker y S. Star, *Sorting things out: Classification and its consequences,* MIT Press, Cambridge, MA, 1999, p. 296; S. Star y James R. Griesemer, "Institutional ecology, 'translations' and boundary objects: Amateurs and professionals in Berkeley's Museum of Vertebrate Zoology, 1907-39", *Social Studies of Science,* 19 (3), 1989, pp. 387-420.

demográfico (que pueden, a veces, traducirse uno en el otro). El concepto de *población* tiene sentidos abstractos técnicos en teorías sofisticadas como la genética de poblaciones y sentidos comunes de uso en la administración pública o sanitaria. Las semánticas, sin embargo, están conectadas complejamente en los espacios de las prácticas como acabamos de relatar.

Esta diversidad en la práctica científica ayuda a develar la manera en que categorías naturales-culturales como población, raza, grupo étnico, nación o región operan en la práctica y en la producción científicas, y cómo la ciencia las incorpora y retoma al tiempo que las modifica. Los estudios de la genética de poblaciones humanas revelan claramente la forma en que categorías como mexicano, mexicoamericano, afroamericano, puertorriqueño, europeo, africano, alemán o turco sirven muy a menudo como puntos de partida para muestrear la diversidad humana, generalmente en el marco de proyectos vinculados a la búsqueda de variantes genéticas causantes de enfermedades o de identificaciones de ADN en el ámbito forense.[124] Esas categorías, que ya son de hecho construcciones naturales-culturales o biosociales, a menudo se biologizan y se genetizan, por un proceso en el que las disparidades de salud, por ejemplo, se vuelven diferencias biológicas y en el que se patologiza a ciertos grupos definidos etno-racialmente.[125] Pero los mismos estudios revelan disparidades y controversias en esos procesos. Aunque algunos científicos podrían oponerse a que se interpreten sus etiquetas de muestreo como étnicas, es posible que entre los editores de revistas científicas se pedirá que se haga.[126] Ocurre por ejemplo que en aras de establecer vínculos entre la ancestría africana y la predisposición a sufrir asma, algunos científicos batallen y acomoden sus da-

[124] Véase, por ejemplo, D. Fullwiley, *op. cit.*, 2007a, y *op. cit.*, 2008; A. M'charek, *op. cit.*, 2005a, y M. Montoya, *op. cit.*, 2011.

[125] *Ibid.*, p. 185. Véase también T. Duster, *Backdoor to eugenics*, 2a. ed., Routledge, Londres, 2003a, y "Comparative perspectives and competing explanations: Taking on the newly configured reductionist challenge to sociology", *American Sociological Review*, 71 (1), 2006a, pp. 1-15; A. Fausto-Sterling, "Refashioning race: DNA and the politics of health care", *Differences: A Journal of Feminist Cultural Studies*, 15 (3), 2004, pp. 1-37, y J. Kahn, *op. cit.*, 2005.

[126] M. Montoya, *op. cit.*, 2011, pp. 166-169.

tos para evitar que se cuestione tal relación.[127] Algo similar ocurre con las pruebas forenses de ADN. Éstas a veces se cuestionan en la corte, pues al vincular a algún sospechoso con el ADN encontrado en la escena de un crimen, se usan como referencia bases de datos étnicamente sesgadas.[128] No se trata de que la práctica científica esté necesariamente pervertida, ni de que reproduzca las categorías sociales existentes de forma inconsciente. Lo que ocurre es que la práctica está llena de contingencias e irregularidades en las que se pueden ver en acción, en los laboratorios, las categorías étnicamente arraigadas.

En genética, como en otras ciencias, los practicantes tienen metas compartidas (como la búsqueda de variantes genéticas subyacentes a complejos desórdenes capaces de apoyar inferencias históricas). Pero al enfocar la mirada en laboratorios y proyectos genómicos concretos pusimos de relieve, inevitablemente, la diversidad de programas y aproximaciones. La etnografía comparada de laboratorios no ha sido muy común en los estudios de la ciencia,[129] y los resultados de este proyecto señalan que puede ser un camino útil para diversos propósitos. En particular para ver cómo categorías generales como la de raza se incorporan de múltiples maneras en conjuntos de prácticas locales que a su vez se ligan a amplias redes transnacionales.

El método comparativo y la diversidad también permiten ver con claridad ciertos mecanismos de poder, prestigio y autoridad. Algunos ensamblajes y algunas categorizaciones tienen un mayor peso e influencia en diferentes contextos. Un ejemplo de ello es cuando un equipo científico de Colombia construye un conjunto de categorías étnico/ancestrales que encuentra adecuadas para clasificar sus muestras, pero a la hora de publicar en una revista extranjera opta por usar categorías simplificadas y estandarizadas. La decisión se debe a que es importante publicar en una revista de los Estados Unidos, aunque sea necesario sacrificar las categorías acuñadas es-

[127] D. Fullwiley, *op. cit.*, 2008.

[128] A. M'charek, "Technologies of population: Forensic DNA testing practices and the making of differences and similarities", *Configurations*, 8 (1), pp. 121-158, 2000, y *op. cit.*, 2005a, cap. 2.

[129] Aunque puede verse, por ejemplo, A. M'charek, *op. cit.*, 2005a, y D. Fullwiley, *op. cit.*, 2007a, y *op. cit.*, 2008.

pecialmente, pues éstas no resultarán lo suficientemente claras o aceptables para el contexto internacional (véase el capítulo v). Otro ejemplo ocurre cuando la investigación genómica actual en Colombia adopta un mayor interés en el mestizo, en contraste con los anteriores intereses por las poblaciones afrocolombianas y amerindias. Ese nuevo interés se relaciona sin duda con un reposicionamiento de la noción de mestizaje, que disminuye o cuestiona el enfoque multicultural que orientaba las miradas hacia las minorías negras e indígenas (véanse las "Conclusiones").

Investigación comparada

Al aislar unidades de comparación se pueden pasar por alto las interconexiones e interacciones entre esas unidades. Estas porciones, en vez de verse como elementos separados, podrían ubicarse como partes de una red.[130] Trabajos recientes en historia de la ciencia han enfatizado la necesidad de hacer "historias conectadas —en contraposición a historias comparadas— que abogan por conectar historias entre los imperios y las regiones geográficas".[131] En línea con las críticas al "nacionalismo metodológico",[132] que cuestionan el uso de la nación como unidad de estudio (y de comparación), ha crecido la atención que reciben los flujos transacionales que demuestran que lo que aparece como un contexto cultural autocontenido en realidad se ha formado a través de intercambios transnacionales.[133] En Sudamérica, por ejemplo, "las élites criollas forjaron relatos nacionalistas sobre la tierra y sus ruinas históricas". Pero "los movimientos políticos de la ciencia nacio-

[130] A. Gingrich y R. Fox (eds.), *Anthropology, by comparison,* Routledge, Nueva York, 2002.

[131] N. Safier, "Global knowledge on the move: Itineraries, Amerindian narratives, and deep histories of science", *isis,* 101 (1), pp. 133-145, 2010, p. 138.

[132] A. Wimmer y N. Glick, "Methodological nationalism and beyond: Nation-state building, migration and the social sciences", *Global Networks: A Journal of Transnational Affairs,* 2, 2002, pp. 301-334.

[133] J. Matory, "The 'New World' surrounds an ocean: Theorizing the live dialogue between African and African American cultures", en Kevin Yelvington (ed.), *Afro-Atlantic dialogues: Anthropology in the diaspora,* pp. 152-192, School of American Research Press, Santa Fe, NM, 2006; M. Seigel, *op. cit.*

nalista fueron en efecto transnacionales [...] los discursos de la ciencia nacionalista atravesaron diferentes Estados en Sudamérica".[134]

Nuestro proyecto usa un marco comparativo. Nos enfocamos en tres Estados nacionales pero tratamos de evadir el nacionalismo metodológico. Ponemos de relieve los flujos transnacionales de intereses y de conocimiento científico que conectan a las tres naciones entre sí y con la ciencia genómica internacional. Nos ocupamos de las trayectorias que ponen a científicos de toda América Latina, Norteamérica, Europa y Asia a colaborar y a publicar colectivamente. Mostramos, además, que algunos científicos latinoamericanos tienen preocupaciones críticas en torno al sitio que ocupan en las jerarquías de la ciencia genómica internacional y el efecto que esas dinámicas tienen en la subalternidad de la ciencia y de las poblaciones locales. También destacamos la diversidad de la ciencia al interior de cada nación.

Es importante recordar que nos vimos obligados a elegir unos cuantos laboratorios en cada país. En los tres países, y sobre todo en uno tan grande como Brasil, la investigación sobre la diversidad genética humana se ha llevado a cabo en muchos laboratorios que se han ocupado de analizar poblaciones contemporáneas y ADN antiguo con preguntas que emergen de campos como la genética evolutiva, la historia demográfica, la antropología genética y la medicina genómica. Los laboratorios que estudiamos fueron estratégicamente escogidos, de modo que conectaran con nuestras preguntas sobre la raza, la etnicidad y la nación. El enfoque etnográfico obligó a que dedicáramos más tiempo a estudiar unos laboratorios que otros. Procuramos ser cautos a la hora de extrapolar nuestros estudios particulares y no hacer generalizaciones sobre el estado de la genómica en un país u otro. Si bien observamos un grupo pequeño de laboratorios, las aproximaciones con que nos encontramos fueron diversas. Tuvimos siempre presentes los problemas del nacionalismo metodológico que podrían habernos conducido a hacer comparaciones nacionales demasiado abarcadoras (véanse las "Conclusiones").

[134] S. Sivasundaram, "Sciences and the global: On methods, questions, and theory", *isis,* 101 (1), pp. 146-158, 2010, p. 156.

Otra tentación fue la de exagerar el peso de los contextos nacionales sociopolíticos en la comprensión de las prácticas de laboratorios y proyectos concretos. Si bien nuestra mirada exige combinar espacios y contextos, sería muy fácil exagerar la importancia de, por ejemplo, los debates en Brasil sobre la acción afirmativa basada en la raza, y afirmar contundentemente que desde ahí ha de darse la investigación genómica sobre la diversidad humana en Brasil, en general. Si bien ése puede ser un factor en algunas investigaciones, tiene un peso menor en otras. No hay que olvidar que la red transnacional de la ciencia genómica se determina en un contexto amplio que define poderosamente casi todos los programas para los que los genetistas trabajan aquí y allá.

La estructura de este libro

Este libro está divido en tres partes. La primera tiene tres capítulos que brindan antecedentes históricos y contextuales sobre el estudio de la biología humana y la diversidad genética en cada uno de los tres países. En el capítulo I, Santos, Gaspar Neto y Kent analizan la trayectoria de los estudios sobre raza, mestizaje y diversidad genética humana en los campos de la antropología biológica y la genética de poblaciones en Brasil desde el final del siglo XIX hasta el presente. Ahí argumentan que a pesar de que en los pasados 150 años ha habido profundas transformaciones teóricas y metodológicas en el pensamiento científico, el mestizaje ha orientado crucialmente el estudio de la diversidad biológica de la población brasileña.

En el capítulo II, Restrepo, Schwartz y Cárdenas analizan los antecedentes históricos de los estudios sobre la diversidad humana y la diferencia racial en Colombia, destacando, por un lado, los cambiantes significados vinculados a construcciones como *negro* y, por el otro, la manera contundente en que el país se ha representado claramente diferenciado por regiones. En ese trabajo se presta especial atención a la Expedición Humana, un esfuerzo temprano (1988-1994), que remite a expediciones geográficas del siglo XIX, de mapear en términos genéticos y culturales la diversidad de los grupos humanos en Colombia.

En el capítulo III el equipo mexicano —López Beltrán, García Deister y Ríos Sandoval— concentra su atención en el Instituto Nacional de Medicina Genómica (Inmegen). Revisan la historia de su formación y de las campañas empeñadas en muestrear diferentes poblaciones del país con el fin de crear un mapa de la diversidad genómica mexicana. Tal análisis se enmarca en el interés en el mestizo como objeto científico. Este enfoque, se afirma, se conecta con la historia ideológica del país desde al menos el siglo XIX, y atraviesa estudios sobre mestizaje hechos durante el siglo XX, como los de León de Garay y Rubén Lisker. Antes que rastrear los cambios en las prioridades del Instituto que han tenido lugar después de la publicación de "Analysis of genomic diversity in Mexican Mestizo populations",[135] se analiza la manera en que el Inmegen ha construido su imagen pública.

La segunda parte de este libro contiene tres estudios de caso que parten de las etnografías de laboratorio y de las entrevistas hechas a los científicos por los tres investigadores posdoctorales del proyecto (Kent, Olarte Sierra y García Deister) en colaboración con los tres investigadores asistentes (Gaspar Neto, Díaz del Castillo y Ríos Sandoval). En cada estudio de caso se presentan en forma detallada las prácticas científicas de la investigación genética. En el capítulo IV, Kent y Santos se concentran en analizar un proyecto de investigación que tuvo como punto de partida la posibilidad de establecer una continuidad genética entre los charrúas, un grupo indígena extinto, y la población gaúcha contemporánea del estado de Rio Grande do Sul, Brasil, un grupo que es considerado culturalmente distinto y, según la hipótesis planteada por el proyecto, es genéticamente distinto también. Los autores sostienen que durante las diferentes fases del proceso de investigación hubo una importante continuidad en la idea central de una asociación genética entre charrúas y gaúchos. Sin embargo, esa idea generó múltiples iteraciones y se afirmó con diferentes grados de certeza. Este capítulo reconstruye el camino que recorrió la hipótesis desde que se

[135] I. Silva-Zolezzi, A. Hidalgo-Miranda, J. Estrada-Gil *et al.*, "Analysis of genomic diversity in Mexican Mestizo populations to develop genomic medicine in Mexico", *Proceedings of the National Academy of Sciences of the United States of America,* 106 (21), 2009, pp. 8611-8616.

planteó hasta llegar a una conclusión científica, y muestra cómo la peculiaridad de los gaúchos y la idea de continuidad genética aparecen una y otra vez en los datos y en sus interpretaciones.

Olarte Sierra y Díaz del Castillo se ocupan en el capítulo v de analizar un laboratorio genético universitario de Bogotá que llevó a cabo un proyecto de investigación en el noreste de Colombia. Las autoras observan que en ese proyecto las categorías poblacionales usadas para clasificar las muestras fueron el resultado de un crítico y generalizado proceso de negociación que implicó permanentes disputas por tener en cuenta la diversidad y reflexionar sobre las consecuencias de la práctica científica. En el proceso los científicos produjeron novedosas formas de categorizar a las poblaciones, diferentes de aquellas habitualmente usadas en la investigación genética (como mestizo, amerindio o afrocolombiano). Sin embargo, y a pesar del esfuerzo, se llegó a un punto en el que esos discursos y prácticas se aplanaron y simplificaron. Las categorías no sólo se volvieron discretas y estáticas, sino que, para poder interactuar con otros colegas en los ámbitos nacional e internacional, retomaron las clasificaciones tradicionales. El proceso estuvo sujeto a un debate autorreflexivo entre los mísmos genetistas, quienes, al final, decidieron restablecer las categorías. El capítulo destaca los procesos contradictorios de innovación local y estandarización transnacional.

En el capítulo vi, García Deister explora la vida en el laboratorio del mestizo mexicano. La autora se ocupa de analizar el trabajo interno del proyecto del Inmegen que mapeó y clasificó la diversidad genética de los mexicanos. Para ello, traza el viaje que ha hecho el mestizo mexicano desde la plaza pública o, mejor, desde el espacio universitario en el que fue reclutado, hasta el laboratorio húmedo y luego al laboratorio seco, pasando por las bases de datos y las nubes informáticas. García Deister se concentra en las transformaciones a las que está sujeto el mestizo mexicano durante ese proceso, y muestra las maneras en las que el discurso nacionalista del siglo xx influye en la relación que guardan el mestizo y el indígena en el laboratorio del Inmegen. Las particularidades de la relación indígena/mestizo son expuestas como el motivo para considerar las muestras de sangre mestizas "patrimonio genómico" y, finalmente, se describen los esfuerzos por atribuir al mestizo una identidad racial y étnica supranacional.

La segunda parte del libro finaliza con un intento de reunir insumos de los tres estudios de caso con datos extraídos de publicaciones científicas y recogidos en otros momentos de la investigación. El capítulo VII aborda la difícil pregunta acerca de cómo es que las categorías sobre la diversidad humana operan en la práctica de la ciencia genómica del laboratorio en etapas que van de los programas establecidos por los genetistas, pasan por la interpretación de los datos y llegan por fin a la publicación de los resultados. Exploramos el trabajo que hace la ciencia a la hora de crear ensamblajes naturales-culturales, y para ello sacamos provecho de las diferencias que tienen lugar al interior de la ciencia misma. El modo en que las categorías naturales-culturales se incorporan a la práctica científica puede mostrarse al hacer patente que cierta representación científica pudo haberse articulado de otro modo. Los científicos a menudo no coinciden en metas o fines específicos y no convergen. Ocurre que a veces usan datos iguales o similares para llegar a conclusiones diferentes. El enfoque es bastante específico. Para lograr este cometido, exploramos los procesos de investigación en el laboratorio: los programas establecidos, los procesos de muestreo y la interpretación de los datos.

Concluimos con una reflexión sobre preguntas más amplias abordadas por nuestro proyecto, que ha buscado evaluar la medida en que el tipo de investigación genética explorada subvierte, reproduce o transforma categorías como raza, etnicidad, nación, región y género. En las "Conclusiones", Wade analiza cómo la investigación genómica se relaciona con regímenes de gobernanza e imaginación de la diversidad cultural en México, Colombia y Brasil, incluyendo el reciente giro hacia el multiculturalismo. Evalúa las implicaciones de la emergencia de comunidades genéticas imaginadas para las nociones de ciudadanía, inclusión y exclusión. Finalmente, retoma la pregunta metodológica acerca de los estudios comparados para reflexionar sobre nuestra propia práctica, extrayendo los hallazgos más relevantes de nuestra investigación y relacionándolos con los debates vigentes en nuestro campo.

Primera Parte

HISTORIA Y CONTEXTO

I. DE LA DEGENERACIÓN AL PUNTO DE ENCUENTRO

*Visiones históricas de la raza, el mestizaje y la diversidad biológica de la población brasileña**

RICARDO VENTURA SANTOS, MICHAEL KENT, VERLAN VALLE GASPAR NETO

> Aquel que duda de lo nocivo de la mezcla de razas y está inclinado, desde una desencaminada filantropía, a romper las barreras entre ellas, que venga al Brasil. No podrá negar el deterioro producto de la fusión de las razas, más generalizada aquí que en cualquier otro país del mundo, que está borrando rápidamente las mejores cualidades del hombre blanco, negro e indio, y las remplaza con un tipo indefinido, descastado y escuálido, física y mentalmente.
>
> AGASSIZ Y AGASSIZ

> Ninguno de los diferentes tipos dentro de la población brasileña presenta estigma alguno de degeneración antropológica. Por el contrario, las características de cada uno de ellos son de lo mejor que se puede esperar.
>
> ROQUETTE-PINTO

* Partes de este capítulo se basan en trabajos publicados previamente, en particular R. Santos, "Guardian angel on a nation's path: Contexts and trajectories of physical anthropology in Brazil in the late nineteenth and early twentieth centuries", *Current Anthropology,* 53 (S5), 2012, pp. S17-S32, R. Santos y M. Maio, "Race, genomics, identity and politics in contemporary Brazil", *Critique of Anthropology,* 24, 2004, pp. 347-378, y "Anthropology, race, and the dilemmas of identity in the age of genomics", *História, Ciências, Saúde – Manguinhos,* 12, 2005, pp. 447-468.

> Si [...] contemplamos la estructura de nuestra población, vemos que Brasil representa un verdadero PUNTO DE ENCUENTRO [...] los brasileños conforman probablemente el grupo genéticamente más diverso entre los seres humanos de nuestro planeta y están más allá de cualquier intento de síntesis. Lo que pretendemos es simplemente describir y celebrar la diversidad.
>
> PENA

EN ESTAS tres citas, redactadas en diferentes momentos de los últimos 150 años, se puede apreciar el largo camino recorrido por las interpretaciones que antropólogos físicos y genetistas han hecho de la raza, el mestizaje y la diversidad biológica en Brasil. Desde el vehemente rechazo al mestizaje, por ser fuente de degeneración, hasta su efusiva celebración. En consonancia con el pensamiento racial que dominaba su época, Louis Agassiz, naturalista suizo y profesor de la Universidad de Harvard, a partir de sus viajes a Brasil entre 1865 y 1866 brindó una visión muy pesimista de la composición biológico-racial del país y advirtió sobre las consecuencias para la futura viabilidad de la población brasileña. Esos puntos de vista influyeron hondamente en intelectuales y políticos brasileños de la época. En la segunda cita, la del médico y antropólogo brasileño Edgard Roquette-Pinto, la diversidad biológica resultante del proceso de mestizaje es representada en términos más positivos. Pertenece a la década de los veinte, un periodo de marcado nacionalismo en el que los antropólogos físicos contribuyeron de manera significativa a que se hicieran interpretaciones positivas de la población brasileña, opuestas a las tesis previas sobre la degeneración. En la tercera cita —la más reciente—, el genetista molecular Sérgio Pena celebra la excepcionalidad de la diversidad biológica de la población brasileña en el contexto global. Los argumentos genéticos desarrollados por Pena sobre la inexistencia de la raza y el carácter intrínsecamente mestizo de todos los brasileños, han tenido un papel prominente en la primera década del siglo XXI, en debates públicos acalorados sobre políticas de acción afirmativa dirigidas a las poblaciones negras y mestizas.

El objetivo principal de este capítulo es, desde una perspectiva histórico-antropológica, analizar la trayectoria de estudios en antropología física y genética de poblaciones humanas, basados en la raza, el mestizaje y la diversidad biológica humana en Brasil desde la segunda mitad del siglo XIX hasta el presente. Lo haremos enfocándonos en tres periodos que han sido claves en el desarrollo del pensamiento científico sobre la raza y el mestizaje en Brasil, y en sus articulaciones con los debates sobre la identidad nacional: esto es aproximadamente de 1870 a 1915, de 1910 a 1930 y del año 2000 al presente. En concreto, analizaremos el trabajo de tres científicos representativos de cada periodo: João Baptista de Lacerda, Edgard Roquette-Pinto (ambos vinculados al Museo Nacional de Rio de Janeiro) y Sérgio Pena (Universidade Federal de Minas Gerais).[1] Los consideramos representativos tanto por los lugares que ocupan en el mundo académico y en los debates nacionales, como por la afinidad de sus ideas con el pensamiento dominante en el ámbito científico en sus respectivas épocas. Aunque este capítulo revela las profundas diferencias entre los autores en términos de las metodologías empleadas, el contenido de sus ideas y de los valores vinculados al mestizaje ponen sobre la mesa una serie de continuidades que atraviesan los diferentes periodos históricos. Estos elementos comunes tienen que ver con la centralidad del mestizaje en la definición de los programas de investigación de la antropología física y la genética de poblaciones humanas en Brasil, y con el muchas veces importante papel que desempeña el conocimiento generado por esos campos científicos en la construcción de la identidad nacional brasileña.

Como se ha argumentado en la introducción, el desarrollo del pensamiento científico sobre la raza y el mestizaje no se sostiene por sí solo: está articulado a amplios procesos sociales y a los debates públicos sobre raza e identidad tanto en el nivel nacional como en el latinoamericano. Por tanto, buscamos ubicar tal pensamiento científico en ese contexto general. Lo haremos explorando las correlaciones significativas entre los periodos identificados y la periodización histórica de los

[1] Por razones de espacio, el objetivo de este capítulo es ofrecer un amplio esbozo de la trayectoria del pensamiento científico sobre la raza y el mestizaje en Brasil, en lugar de abordar en detalle los trabajos de cada investigador.

discursos de la élite sobre la raza en América Latina creada por Appelbaum y sus colegas.[2]

Degeneración racial y blanqueamiento: João Baptista de Lacerda, 1870-1915

El primer periodo analizado va de finales del siglo XIX hasta el comienzo del siglo XX. Para ese momento muchos países de América Latina eran apenas unas jóvenes repúblicas en las que la esclavitud acababa de ser abolida. El sector agrícola dominaba la economía y el reto que enfrentaban las élites era cómo encontrar un sustituto para la mano de obra esclava. En Brasil, como en otros países, los intelectuales vieron a sus naciones racialmente heterogéneas e interpretaron las diferencias raciales como la base natural de las jerarquías sociales. El mestizaje fue explicado en términos negativos como una forma de degeneración[3] nociva para la idoneidad de las poblaciones nacionales y para su potencial productivo. Tales ideas estaban fuertemente influidas por las teorías europeas racialistas que veían en Brasil el máximo ejemplo de la degeneración producto del mestizaje de razas.[4] En este contexto, las políti-

[2] N. Appelbaum, A. Macpherson y K. Rosemblatt, "Introduction: racial nations", en N. Appelbaum, A. Macpherson y K. Rosemblatt (eds.), *Race and nation in modern Latin America,* pp. 1-31, University of North Carolina Press, Chapel Hill, 2003a.

[3] La noción de "degeneración" tiene una larga y compleja genealogía intelectual y política que se remonta en buena medida al pensamiento evolucionista y naturalista de la segunda mitad del siglo XIX (E. Chamberlin y S. Gilman (eds.), *Degeneration: The dark side of progress,* Columbia University Press, Nueva York, 1985; D. Pick, *Faces of degeneration: A European disorder, c. 1848-1918,* Cambridge University Press, Cambridge, 1989). Es un concepto polisémico que ha tenido particular influencia en las artes y la literatura, y en campos de la ciencia y la medicina como la psiquiatría y la antropología física. Estrechamente asociado a nociones de descenso-decadencia, en la antropología el concepto de degeneración se volvió central en las teorías sobre jerarquías y determinismos raciales y sobre los efectos del mestizaje. Véase N. Stepan, "Biology and degeneration: Races and proper places", en E. Chamberlin y S. Gilman (eds.), *Degeneration: The dark side of progress,* pp. 97-120, Columbia University Press, Nueva York, 1985.

[4] N. Stepan, *"The hour of eugenics": Race, gender and nation in Latin America,* Cornell University Press, Ithaca, Nueva York, 1991.

cas que procuraban el "blanqueamiento" de la población fueron entendidas cada vez más como un antídoto. Estimular la inmigración europea no sólo resolvería los problemas laborales, sino que a través de la europeización promovería lo que se imaginaba como el progreso sociocultural y económico. Entre la segunda mitad del siglo XIX y las primeras décadas del siglo XX, aproximadamente seis millones de inmigrantes europeos llegaron a Brasil, en su mayoría al sur del país.[5]

La trayectoria del médico y antropólogo João Baptista de Lacerda está estrechamente relacionada con el desarrollo de la investigación en el campo de la antropología física en el Museo Nacional de Rio de Janeiro[6] desde la década de 1870. Para ese momento, Rio de Janeiro era la capital de Brasil y uno de los principales centros de investigación y reflexión intelectual sobre la raza y la identidad de la población brasileña. En principio, Lacerda coordinó la investigación en antropología y fue director del Museo Nacional entre 1895 y 1915.

Las primeras investigaciones de Lacerda estuvieron dirigidas a las razas indígenas de Brasil. En el primer volumen de los Archivos do Museu Nacional publicó estudios sobre craneología[7] y características dentales indígenas.[8] Lacerda se adhirió a la escuela del científico francés Paul Broca,[9] la principal referencia teórico-metodológica en la investigación antropológica llevada a cabo en el Museo Nacional. La antropología física en Europa durante ese periodo —sobre todo en Francia— estaba en pleno crecimiento y expansión: apareció un gran cuerpo de bibliografía y se desarrolló una plétora de ins-

[5] N. Appelbaum *et al.*, *op. cit.*, 2003a; M. Maio y R. Santos (eds.), *Raça como questão: História, ciência e identidades no Brasil*, Fiocruz, Rio de Janeiro, 2010; L. Schwarcz, *O espetáculo das raças: Cientistas, instituições e questão racial no Brasil, 1870-1930*, Companhia das Letras, São Paulo, 1993; T. Skidmore, *Black into white: Race and nationality in Brazilian thought*, Oxford University Press, Nueva York, 1974; N. Stepan, *op. cit.*, 1991.

[6] El Museo Nacional fue creado en 1818, pero el desarrollo de la investigación antropológica empezó hasta la década de 1870 con el nombramiento de Lacerda.

[7] J. Lacerda y J. Rodriguez, "Contribuições para o estudo anthropologico das raças indigenas do Brazil", *Archivos do Museu Nacional*, 1, 1876, pp. 47-75.

[8] J. Lacerda, "Contribuições para o estudo anthropologico das raças indigenas do Brazil. Nota sobre a conformação dos dentes", *Archivos do Museu Nacional*, 1, 1876, pp. 77-83.

[9] J. Lacerda y J. Rodriguez, *op. cit.*, 1876, p. 48.

trumentos para la caracterización morfológica del cuerpo humano.[10] En las investigaciones de Lacerda y sus colegas se describió detalladamente la morfología y las medidas de los huesos con el objetivo de construir "una historia del hombre fósil brasileño".[11] Las preguntas centrales de investigación buscaban determinar el número de razas indígenas, su edad, sus características anatómicas específicas y si eran poblaciones indígenas del Nuevo Mundo.

En sintonía con la tradición antropológica de la segunda mitad del siglo XIX, en esas obras se apuntó a inferir los atributos intelectuales y morales de las personas con base en sus características físicas.[12] En una época en la que estaba teniendo lugar un intenso debate acerca de la mano de obra brasileña a causa de la inminente abolición de la esclavitud,[13] Lacerda emitió un juicio desfavorable sobre la posición de los indios en la jerarquía racial de Brasil y sobre su capacidad de participar eficazmente en la construcción de la nación. A sus ojos, en las medidas craneales estaba la prueba de la inferioridad biológica del indígena: "la parte del órgano pensante tiene proporciones minúsculas".[14] Lacerda, basado en el estudio de tres hombres indígenas xerentes y dos botocudos, concluyó:

[10] C. Blanckaert, " 'L'anthropologie personnifiée': Paul Broca et la biologie du genre humain", en C. Blanckaert (ed.), *Paul Broca: Mémoires d'anthropologie*, pp. i-xliii, Éditions Jean-Michel Place, París, 1989; S. Gould, *The mismeasure of man*, Norton, Nueva York, 1996; J. Harvey, *Races specified, evolution transformed: The social context of scientific debates originating in the Société d'Anthropologie de Paris*, Harvard University Press, Cambridge, MA, 1983; B. Massin, "From Virchow to Fischer: Physical anthropology and 'modern race theories' in Wilhelmine Germany", en G. Stocking Jr. (ed.), *Volksgeist as method and ethic: Essays on Boasian ethnography and the German anthropological tradition*, pp. 79-154, University of Wisconsin Press, Madison, 1996; G. Stocking Jr., *Race, culture and evolution: Essays in the history of anthropology*, Free Press, Nueva York, 1968.

[11] J. Lacerda, "Documents pour servir à l'histoire de l'homme fossile du Brésil", *Mémoires de la Societé d'Anthropologie de Paris*, 2, 1875, pp. 517-542.

[12] Véase S. Gould, *op. cit.;* G. Stocking Jr., *op. cit.*, 1968, y C. Blanckaert, *op. cit.*

[13] La abolición de la esclavitud en Brasil tuvo lugar en 1888.

[14] J. Lacerda, "A morphologia craneana do homem dos sambaquis", en M. Moraes (ed.), *Revista da Exposição Anthropologica Brasileira*, Typographia de Pinheiro & C., Rio de Janeiro, 1882c, p. 23.

> Son salvajes, no tienen ningún tipo de arte ni inclinación alguna hacia el progreso y la civilización [...] El indio es sin duda inferior al negro respecto al trabajo físico [...] Medimos la fuerza muscular de los adultos con el dinamómetro [...] y el instrumento detectó una fuerza que es inferior a la que generalmente se observa en personas blancas o negras.[15]

En el pensamiento brasileño de la segunda mitad del siglo XIX, la pregunta por las relativamente desconocidas poblaciones indígenas y la inquietud sobre cómo integrarlas a la nación fueron una constante. La investigación científica de la época brindó visiones muy pesimistas de dichas poblaciones al establecer un "contraste entre el indio histórico, vientre de la nacionalidad, tupi por alcurnia, de preferencia extinto, y el indio contemporáneo, miembro de 'hordas salvajes' que vagan por incultas tierras baldías".[16] Las investigaciones realizadas por antropólogos físicos del Museo Nacional en la segunda mitad del siglo XIX mezclaron los análisis raciales con ideas evolucionistas. Al situar a los indios en los niveles más bajos de la jerarquía racial, reflejaron las tesis populares de determinismo racial pregonadas por influyentes intelectuales europeos como Henry Buckle, Arthur de Gobineau y Louis Agassiz.[17] Durante el mismo periodo, otros académicos brasileños usaron las nociones de raza, algunos esquemas evolucionistas y la antropología criminal, en sus investigaciones del sector negro de la población. En particular lo hizo el médico y antropólogo Raimundo Nina Rodrigues, al estudiar a la población del estado de Bahia.[18] Fue así que, en concordancia con el pensamiento científico contemporáneo, se generó un esquema interpretativo fincado en la inferioridad de las razas indígenas y negras.

En la última etapa de su carrera científica Lacerda desvió su atención hacia el mestizaje y la población mestiza del Bra-

[15] J. Lacerda, *Fastos do Museu Nacional do Rio de Janeiro: Recordações historicas e scientificas fundadas em documentos authenticos e informações veridicas,* Imprensa Nacional, Rio de Janeiro, 1905, pp. 100-101.

[16] J. Monteiro, "As 'raças' indígenas no pensamento brasileiro do Império", en R. Santos y M. Maio (eds.), *Raça, ciência e sociedade,* Fiocruz, Rio de Janeiro, 1996, p. 15.

[17] T. Skidmore, *op. cit.*

[18] M. Corrêa, *As ilusões da liberdade: A escola Nina Rodrigues e a antropologia no Brasil,* tesis de doctorado, Universidade de São Paulo, 1982.

sil. En 1911 participó como representante oficial del Brasil en el Primer Congreso Universal de las Razas en Londres.[19] Allí presentó su tratado "Sur les Métis au Brésil".[20] Este trabajo se hizo conocido por abogar por un proceso de blanqueamiento. En él, Lacerda sostenía que Brasil era una nación racialmente viable debido a que su población estaba en camino a convertirse en una raza blanca. No obstante, según Lacerda, era preciso superar aún ciertos obstáculos. El primero tenía que ver con el destino de los indios y los negros y, en particular, de aquellos cuyos vicios "se inocularon en blancos y mestizos".[21] Esos grupos, según Lacerda, estaban destinados a desaparecer mediante un proceso de "reducción étnica" y debido a su inherente inferioridad racial: ya que los trazos raciales blancos eran más fuertes que los trazos negros o indígenas. El mestizaje inevitablemente llevaría al blanqueamiento de la población. El segundo obstáculo se refería al enorme contingente de mestizos: la barrera más difícil, según Lacerda. Describió a los mestizos brasileños como moralmente inestables y físicamente inferiores a los negros. Intelectualmente, sin embargo, resultaban comparables a los blancos. Explicó que por el proceso de "selección intelectual" los "dueños de esclavos generosos" habían alentado a los que tenían una mayor propensión intelectual a participar de la vida social, lo que produjo una población mestiza diferenciada.

El argumento principal de Lacerda en su tratado se centraba en que Brasil seguiría el camino hacia el blanqueamiento dado que los mestizos, a pesar de no constituir una "raza estable", mostraban una tendencia a tener hijos con gente blanca gracias a la "selección sexual", un proceso especialmente común en Brasil, debido a que en este país la "procreación no obedece a reglas sociales precisas y que los mestizos tienen toda la libertad para mezclarse con los blancos".[22] Además de esta dinámica interna de la transformación racial, Lacerda llamó la atención sobre el papel de la inmigración

[19] Véase I. Fletcher, "Introduction: New historical perspectives on the First Universal Races Congress of 1911", *Radical History Review*, 92, 2005, pp. 99-102.

[20] J. Lacerda, *Sur les métis au Brésil* ["Sobre el mestizo en Brasil"], Imprimerie Devouge, París, 1911.

[21] *Ibid.*, p. 12.

[22] J. Lacerda, *op. cit.*, 1911, p. 8.

como un factor que aceleraría el proceso de blanqueamiento al introducir poblaciones con "sangre europea/aria".

El tratado de Lacerda puede verse como un intento por conciliar la realidad social brasileña del mestizaje con las teorías científicas que descalifican al mestizaje. El blanqueamiento se volvió un camino para la redención de la población brasileña. Durante el congreso de Londres, Lacerda anticipó que, pasado un siglo, la población negra habría de desaparecer por completo del Brasil. Tal como Seyferth señala,[23] "la tesis de blanqueamiento refleja la preocupación de la élite republicana de principios de siglo sobre el problema del mestizaje y sus implicaciones en el contexto de la historia del Brasil".[24]

Raza, mestizaje y redención nacional: Edgard Roquette-Pinto, 1910-1930

El segundo periodo en el desarrollo del pensamiento científico sobre la raza, el mestizaje y la diversidad de la población brasileña comprende las décadas de 1910 y 1920. En este periodo surgieron en muchos países de América Latina proyectos nacionalistas opuestos a las ideas europeas y norteamericanas que condenaban el mestizaje. Los discursos en que se privilegiaba la armonía y las características comunes adquirieron mayor protagonismo en los debates sobre raza e identidad nacional. Los intelectuales empezaron a reproducir relatos que invertían los supuestos sobre la inferioridad de los mestizos. Las ideas sobre las jerarquías raciales y la degeneración, comunes en las décadas previas, fueron perdiendo peso en Brasil y en América Latina, y fueron remplazados por una conceptualización del mestizaje en términos neutros o positivos.[25]

[23] G. Seyferth, "A antropologia e a teoria do branqueamento da raça no Brasil: A tese de João Batista de Lacerda", *Revista do Museu Paulista,* 30, pp. 81-98, 1985, p. 96.

[24] Véase también O. Cunha, *Intenção e gesto: Pessoa, cor e a produção cotidiana da (in)diferença no Rio de Janeiro (1927-1942),* Arquivo Nacional, Rio de Janeiro, 2002, pp. 271-275; L. Schwarcz, *op. cit.,* y T. Skidmore, *op. cit.,* pp. 64-65.

[25] N. Appelbaum *et al., op. cit.,* 2003a; M. Maio y R. Santos (eds.), *op. cit.,* 2010; R. Santos, *op. cit.,* 2012; L. Schwarcz, *op. cit.;* T. Skidmore, *op. cit.;* N. Stepan, *op. cit.,* 1991.

Uno de los intelectuales brasileños más influyentes en este nuevo periodo fue Edgard Roquette-Pinto, quien sustituyó a Lacerda como el antropólogo principal del Museo Nacional de Rio de Janeiro. Al igual que su predecesor, Roquette-Pinto comenzó su carrera investigando a las poblaciones indígenas y sólo después se ocupó de asuntos relacionados con la población mestiza del Brasil y su viabilidad futura. En 1917 publicó *Rondonia (antropología-etnografía)*, libro que resultó de su investigación con indígenas del centro del Brasil en el marco de la expedición de la Comisión Rondon de 1912. En contraste con las investigaciones antropológicas de gabinete previas, coordinadas por Lacerda, los estudios de Roquette-Pinto representaron uno de los primeros pasos hacia el trabajo de campo etnográfico en el Museo Nacional.

Rondonia se aparta mucho de los análisis e interpretaciones anteriores sobre los indígenas en Brasil. La raza es un eje de esa obra, pero Roquette-Pinto le atribuye una influencia mucho menor sobre otros aspectos de la vida física y social. Para él, el principal obstáculo en la incorporación de los indios a la "civilización" moderna y a la nación brasileña era su cultura "inferior, primitiva, atrasada" y no sus características biológicas:[26]

> No deberíamos estar preocupados por hacerlos ciudadanos de Brasil. Todos sabemos que el indio es un indio; y que los brasileños son brasileños. La nación debería proteger a los indios e incluso apoyarlos [...] sin imposiciones, de este modo no se perturbaría su evolución espontánea.[27]

El positivismo francés, particularmente el trabajo de Augusto Comte, fue una fuente importante en esa visión. Una premisa central del pensamiento positivista era la comprensión de las sociedades humanas de todo el mundo a partir de sucesivas etapas evolutivas. Si se daban las condiciones co-

[26] Véase N. Lima, R. Santos y C. Álvares, "Rondonia de Edgard Roquette-Pinto: Antropologia e projeto nacional", en N. Lima y D. Miranda de Sá (eds.), *Antropologia brasiliana: Ciência e educação na obra de Edgard Roquette-Pinto*, pp. 99-121, UFMG y Fiocruz, Belo Horizonte y Rio de Janeiro, 2008.

[27] E. Roquette-Pinto, *Rondonia (anthropologia – ethnographia)*, Archivos do Museu Nacional, 20, Imprensa Nacional, Rio de Janeiro, 1917, pp. 200-201.

rrectas los indios progresarían naturalmente hacia niveles más avanzados en la escala evolutiva. Esta visión positivista y su noción de la "incapacidad relativa" de las poblaciones indígenas y de su necesidad de "tutela" de parte del Estado tuvo mucha influencia en las políticas hacia los indígenas de Brasil durante el siglo xx.[28]

A partir de la década de 1920, Roquette-Pinto se vio inmiscuido cada vez más en debates sobre el mestizaje y la identidad nacional. Realizó un estudio con soldados de diferentes regiones del Brasil, que vivían en bases militares en Rio de Janeiro, que se tradujo en una publicación de 1929: "Nota sobre os typos anthropologicos do Brasil".[29] Nacionalista en su concepción —puesto que se planeó como una contribución para la celebración de los 100 años de la declaración de la independencia de Brasil en 1922—[30] dicho estudio se proponía evaluar "si las [...] características antropológicas [de los mestizos] muestran signos de degeneración anatómica o fisiológica".[31]

Roquette-Pinto respondió a esa pregunta retórica con un "no" rotundo. Le interesó destacar la necesidad de poblar el extenso territorio brasileño y explotar su riqueza.[32] En la introducción del libro, el autor rechazó enérgicamente las políticas de inmigración y los enfoques antropológicos previos que habían priorizado "la búsqueda, a precio de oro, de los blancos, sin discernimiento, sin supervisión".[33] Según Roquette-Pinto, tales políticas habían conducido a la "indigencia a los mejores elementos de la nación". Su libro fue un intento por demostrar que los brasileños mestizos tenían la capacidad necesaria para poblar y explotar las riquezas de su nación y

[28] T. Diacon, *Stringing together a nation: Cândido Mariano da Silva Rondon and the construction of a modern Brazil, 1906-1930,* Duke University Press, Durham, NC, 2004; T. Skidmore, *op. cit.;* A. Souza-Lima, *Um grande cerco de paz: Poder tutelar, indianidade e formação do Estado no Brasil,* Vozes, Petrópolis, 1995.

[29] E. Roquette-Pinto, "Nota sobre os typos anthropologicos do Brasil", en *Actas e trabalhos do primeiro congresso brasileiro de eugenia,* 1, Rio de Janeiro, 1929.

[30] L. Castro-Faria, "Pesquisas de antropologia física no Brasil", *Boletim do Museu Nacional,* 13, pp. 1-106, 1952.

[31] E. Roquette-Pinto, *op. cit.,* 1929, pp. 123-124.

[32] *Ibid.,* p. 119.

[33] *Idem.*

no carecían de la capacidad biológica necesaria. "La deficiencia no es racial", para él ésta debería buscarse en la falta de organización social y política en el ámbito nacional.[34]

Con la respuesta a la pregunta central planteada en el libro, Roquette-Pinto puso en cuestión tanto las interpretaciones negativas sobre la población del país, hechas anteriormente por académicos brasileños, como las teorías más recientes e influyentes sobre la limitada viabilidad biológica e intelectual de los mestizos, desarrolladas en Europa y en los Estados Unidos. En el primer cuarto del siglo XX dominaba en el campo científico mundial la idea hereditarista de que las razas humanas diferían tanto mental como físicamente, y que el mestizaje entre personas de razas muy distintas era dañino biológicamente.[35] Esta aproximación, aunque conserva importantes continuidades con la tradición antropológica de la segunda mitad del siglo XIX, se basó en una nueva modalidad de explicación biológica: el mendelismo.

El redescubrimiento en 1900 de las leyes de Mendel —en particular la idea de que los caracteres hereditarios se transmiten por genes— hizo que en la investigación genética sobre la herencia humana, las más diversas características físicas y de comportamiento se interpretaran como el resultado directo de la acción genética.[36] Las ideas sobre la degeneración, y otras evaluaciones negativas del mestizaje se reactualizaron, en términos genéticos, con las nuevas teorías mendelianas. Científicos influyentes, como el genetista estadounidense Charles Davenport y el biólogo noruego Jon Alfred Mjoen, alertaron sobre los muchos peligros físicos y psicológicos por la "falta de armonía" que resulta de mezclar personas de razas

[34] *Ibid.*, p. 123.

[35] W. Provine, "Geneticists and race", *American Zoologist,* 26, 1986, pp. 857-887. Véase también E. Barkan, *The retreat of scientific racism: Changing concepts of race in Britain and the United States between the world wars,* Cambridge University Press, Cambridge, 1992; S. Gould, *op. cit.*, y W. Provine, "Geneticists and the biology of race crossing", *Science,* 182, 1973, pp. 790-796.

[36] P. Bowler, *Evolution: The history of an idea,* University of California Press, Berkeley, 1989, pp. 270-281; E. Mayr, *The growth of biological thought: Diversity, evolution, and inheritance,* Harvard University Press, Cambridge, MA, 1982, pp. 727-731.

diferentes.[37] Según Davenport, por ejemplo, "Uno a menudo ve entre los mulatos ambición y empuje combinado con insuficiencia intelectual, lo que crea un híbrido infeliz, insatisfecho con su destino y molesto para los demás".[38] Estas posturas tuvieron fuerte influencia en algunos intelectuales brasileños que protagonizaron los debates en ese periodo sobre el futuro de la nación y su población. Entre ellos Oliveira Viana y miembros del movimiento eugenésico como Renato Kehl compartían la opinión pesimista de que los brasileños estaban condenados al atraso a causa de su naturaleza mestiza.[39]

Aunque Roquette-Pinto estuvo muy influido por los esquemas mendelianos, al explicar la amplia diversidad racial existente incluso dentro de una misma familia en el Brasil[40] prescindió del pesimismo de Davenport y Mjoen respecto a la viabilidad física y mental de los mestizos. En su "Nota sobre os typos anthropologicos do Brasil" quiso ir más allá de la negación de lo que concibió como "sombrías fantasías retóricas".[41] Al analizar las características físicas, fisiológicas y mentales/psicológicas de "los hombres jóvenes de todos los estados, hijos y nietos de los brasileños, de 20 a 22 años de edad, todos sanos y sujetos a las mismas condiciones de vida", [42] Roquette-Pinto concluyó que "ninguno de los diferentes tipos dentro de la población brasileña presenta estigma alguno de degeneración antropológica. Por el contrario, las características de todos ellos son mejores de lo que se podría desear".[43] Lo mismo puede decirse de los privilegiados "mulatos", dado que "ninguna de las características estudiadas [...] permitió considerarlos como un tipo degenerado".[44] Para Roquette-Pinto la

[37] Davenport, 1917, en W. Provine, *op. cit.,* 1973, p. 791; J. Mjoen, "Cruzamento de raças", *Boletín de Eugenía,* 3 (32), pp. 1-6, 1931, p. 3.

[38] Davenport, 1917, en W. Provine, *op. cit.,* 1973, p. 791.

[39] Para un análisis más extenso de esos autores véase, en particular, M. Maio y R. Santos (eds.), *op. cit.,* 2010; L. Schwarcz, *op. cit.;* T. Skidmore, *op. cit.,* y N. Stepan, *op. cit.,* 1991.

[40] Véase, por ejemplo, E. Roquette-Pinto, *op. cit.,* 1929, pp. 138-139, y R. Santos, *op. cit.,* 2012.

[41] E. Roquette-Pinto, *op. cit.,* 1929, p. 147.

[42] *Ibid.,* p. 124.

[43] *Ibid.,* p. 145.

[44] *Ibid.,* p. 129.

solución a los problemas del Brasil estaba en la creación de las condiciones necesarias —en particular mediante las políticas de educación y de salud— para hacer posible que los "tipos brasileños" mostraran su potencial: "la antropología demostró que el hombre, en Brasil, tenía que ser estudiado y no remplazado".[45]

Las ideas de Roquette-Pinto están vinculadas en gran medida con el movimiento nacionalista que surgió en Brasil después de la primera Guerra Mundial (1914-1918).[46] Según Skidmore,[47] la guerra en Europa dejó claro que la fuerza de un país deriva de su capacidad para movilizar recursos: gente, tierra e industria. Los intelectuales y políticos brasileños tuvieron que plantearse cuáles eran las posibilidades de que el Brasil se volviera una nación importante en el escenario mundial. Durante este periodo, el asunto racial impregnó el debate público sobre la identidad nacional. Desde la perspectiva dominante del determinismo racial, la viabilidad del Brasil como nación se veía limitada porque uno de sus elementos básicos —la gente— se consideraba lastrado por una débil constitución (racial): faltaba "coherencia biológica". Se trataba de "'masas sin raza' —temibles y heterogéneas mescolanzas— en lugar de unidades biológicas".[48] El nacionalismo de la década de 1910 y 1920 significó la búsqueda de una liberación ideológica de las ataduras impuestas por la ideología racista.[49] Oliveira da cuenta de la "militancia" en ese nacionalismo que "implicó la búsqueda de una nueva identidad y [cuyos] parámetros fueron el rechazo a los modelos biológicos que subyacen en el pensamiento racista".[50]

Un ejemplo concreto del "nacionalismo militante" fue la llamada "Liga pro saneamiento", un movimiento político-intelectual que desde 1916 hasta 1920 "proclamó que la enferme-

[45] *Ibid.*, p. 147. En su obra posterior, Roquette-Pinto criticó abiertamente las interpretaciones de Davenport y Mjoen sobre los efectos del mestizaje (E. Roquette-Pinto, *Ensaios de anthropologia brasiliana,* Companhia Editora Nacional, São Paulo, 1933).

[46] L. Oliveira, *A questão nacional na primeira república,* Brasiliense, São Paulo, 1990; T. Skidmore, *op. cit.;* N. Stepan, *op. cit.*, 1991.

[47] T. Skidmore, *op. cit.*

[48] N. Stepan, *op. cit.*, 1991, p. 105.

[49] T. Skidmore, *op. cit.*, p. 146.

[50] L. Oliveira, *op. cit.*, p. 145.

dad era el principal problema del país y el mayor obstáculo para la civilización".[51] Los intelectuales que participaron en ese movimiento se opusieron al determinismo racial y climático, y consideraron las enfermedades endémicas rurales el principal obstáculo del proyecto brasileño de redención.[52] La mayoría de esos intelectuales habían participado en expediciones a las zonas rurales del Brasil, zonas que retrataron como aisladas y abandonadas por las élites. Los intelectuales del movimiento pro saneamiento perpetuaron la imagen del Brasil como un país enfermo y atribuyeron a las ciencias, más específicamente a la medicina, un importante papel en el proceso de reorganización nacional.[53]

Roquette-Pinto estuvo involucrado estrechamente con el proyecto de redención nacional durante las primeras décadas del siglo XX. Con evidencia científica contrarrestó la percepción, hasta entonces dominante, de la inferioridad racial de las poblaciones indígenas, primero, y de las mestizas, después, y contribuyó a la redefinición de la población brasileña y de su diversidad biológica en términos más positivos. Además, ubicó los problemas claves del Brasil en el ámbito social y ambiental desmarcándolos de la raza o de la biología. Por

[51] N. Lima y G. Hochman, "Condenado pela raça, absolvido pela medicina: O Brasil descoberto pelo movimento sanitarista da Primeira República", en M. Maio y R. Santos (eds.), *Raça, ciência e sociedade,* pp. 23-40, Fiocruz, Rio de Janeiro, 1996, p. 23; N. Lima, "Public health and social ideas in modern Brazil", *American Journal of Public Health,* 97, 2007, pp. 1209-1215.

[52] S. Kropf, N. Azevedo y L. Ferreira, "Biomedical research and public health in Brazil: The case of Chagas' disease (1909-1950)", *Social History of Medicine,* 6, 2003, pp. 111-129; N. Lima, *op. cit.;* N. Lima y G. Hochman, *op. cit.,* pp. 29-30; R. Santos, "A obra de Euclides da Cunha e os debates sobre mestiçagem no Brasil no início do século XX: Os Sertões e a medicina-antropologia do Museu Nacional", *História, Ciência, Saúde – Manguinhos,* 5 (suplemento), 1998, pp. 237-253.

[53] L. Castro-Santos, "O pensamento sanitarista na Primeira República: Uma ideologia de construção da nacionalidade", *Dados. Revista de Ciências Sociais,* 28 (2), 1985, pp. 193-210; N. Lima, *op. cit.;* N. Lima y N. Britto, "Salud y nación: Propuesta para el saneamiento rural. Un estudio de la *Revista Saúde* (1918-1919)", en M. Cueto (ed.), *Salud, cultura y sociedad en América Latina,* pp. 135-158, Instituto de Estudios Peruanos, Organización Panamericana de la Salud, Lima, 1996; N. Lima y G. Hochman, *op. cit.;* N. Stepan, *op. cit.,* 1991; E. Thielen, F. Alves y J. Benchimol, *A ciência a caminho da roça: Imagens das expedições científicas do Instituto Oswaldo Cruz (1903-1911),* Fiocruz, Rio de Janeiro, 1991.

tanto, defendió las políticas reformistas centradas en la salud y la educación.[54] Las claves antropológicas sobre la población del movimiento nacionalista se basaron en gran medida en el trabajo de Roquette-Pinto. Con éste se allanó el camino hacia la celebración abierta del mestizaje y de su producto: el mestizo, cuya importancia crecería desde la década de 1930, en particular a través de la obra de Gilberto Freyre[55] y de las políticas nacionalistas de la administración de Getulio Vargas. Esos puntos de vista se consolidaron posteriormente como la ideología de la "democracia racial", que se basaba en el argumento de que el mestizaje intenso y en gran medida consensuado de las tres poblaciones originarias ha desvanecido las diferencias, de tal modo que en el presente no existen distinciones tajantes entre ellas. En su lugar hay un gradiente racial que va desde el individuo más blanco hasta el más oscuro. Esta posición ha sido a menudo elaborada para afirmar que la ausencia de divisiones claras permitió que Brasil se volviera una democracia racial en la que las relaciones entre personas de colores diferentes son relativamente igualitarias, y el racismo tiene una presencia disminuida. Esta concepción se ha repetido de diversas maneras hasta nuestros días.[56]

[54] E. Roquette-Pinto, *Seixos rolados,* Mendoça, Machado, Rio de Janeiro, 1927; del mismo autor, *op. cit.,* 1933, y *Ensaios brasilianos,* Cia. Editora Nacional, São Paulo, 1942.

[55] G. Freyre, *Casa-grande e senzala: Formação da familia brasileira sob o regime de economia patriarcal,* José Olympio, Rio de Janeiro, 1946 [1933].

[56] P. Fry, *A persistência da raça: ensaios antropológicos sobre o Brasil e a África austral,* Civilização Brasileira, Rio de Janeiro, 2005a; A. Guimarães, "A desigualdade que anula a desiguladade, notas sobre a ação afirmativa no Brasil", en A. Sant'Anna y J. Souza (eds.), *Multiculturalismo e racismo: Una comparação Brasil-Estados Unidos,* Paralelo 15, Brasilia, 1997, pp. 233-242; A. Guimarães, "Racial democracy", en J. Souza y V. Sinder (eds.), *Imagining Brazil,* pp. 119-140, Lexington Books, Lanham, MD, 2007; K. Munanga, *Rediscutindo a mestiçagem no Brasil: Identidade nacional versus identidade negra,* Vozes, Petrópolis, 1999; L. Sansone, *Blackness without ethnicity: Constructing race in Brazil,* Palgrave Macmillan, Nueva York, 2003.

Mezcla genética y la inexistencia de la raza: Sérgio Pena, 2000 al presente

Un tercer y último periodo, en el que la interpretación biológica de la población brasileña ha desempeñado un importante papel en el debate sobre la identidad nacional, corresponde a la primera década del siglo XXI. En abril del año 2000 y como parte de las conmemoraciones de los 500 años del descubrimiento de Brasil por los portugueses, el genetista Sérgio Pena publicó su "Retrato Molecular do Brasil".[57] Como profesor de la Universidade Federal de Minas Gerais, en Belo Horizonte, Pena publicó en la siguiente década una serie de estudios sobre el perfil genético de la población brasileña y, en particular, sobre las proporciones relativas de las contribuciones africanas, amerindias y europeas. Su investigación se enfocó en la alta proporción de mestizaje en el ámbito genético, lo que consideró una evidencia biológica de la inexistencia de razas distintas. Lo que se aúna a la ausencia de correlación significativa entre la ancestría genética y la apariencia física en Brasil.

Antes de discutir en detalle el trabajo de Pena es necesario ofrecer una visión general de las profundas transformaciones conceptuales que se han producido en el pensamiento científico y social sobre la raza y la diversidad biológica humana en el periodo intermedio. La raza, a partir de la segunda Guerra Mundial, fue desplazada gradualmente del discurso público. El concepto del mestizo en Brasil se volvió, como en la mayoría de los países de América Latina, la figura unificadora y se ubicó en el centro de los procesos de construcción de la nación. Las diferencias raciales y la realidad omnipresente de la discriminación se fueron borrando progresivamente del discurso oficial sobre la nación y su población. La idea de que Brasil era una democracia racial devino hegemónica.[58] El concepto de *raza* se desplazó también del dominio político como

[57] El título de ese artículo evoca el de la obra de Paulo Prado (*Retrato do Brasil. Ensaio sobre a tristeza brasileira,* Oficinas Gráficas Duprat-Mayenca, São Paulo, 1928) en la que se interroga en términos históricos y culturales el carácter nacional.

[58] M. Maio, "UNESCO and the study of race relations in Brazil: Regional or national issue?", *Latin American Research Review,* 36 (2), 2001, pp. 118-136.

resultado de las identificaciones basadas en la clase, y fue remplazado por *etnicidad,* un concepto menos cargado.

En contraste con los primeros periodos descritos en este capítulo, las interpretaciones basadas en lo biológico de la población brasileña no desempeñaron un papel tan relevante en los debates nacionales durante el nuevo intervalo. Tal desplazamiento se debió a una combinación de varios factores. Primero, el crecimiento de la importancia a partir de la década de 1930 de las interpretaciones de las ciencias sociales en la construcción de una identidad nacional, sobre todo a partir de la obra de Gilberto Freyre. Segundo, el descrédito generalizado de la eugenesia después de la segunda Guerra Mundial. Finalmente, las encuestas y los debates promovidos por la UNESCO sobre la raza, en las cuales Brasil fue uno de los principales estudios de caso, produjeron un abandono del uso de categorías biológicas para referirse a identidades de las poblaciones humanas y la adopción, en su lugar, de nociones de las ciencias sociales.[59]

Desde la década de 1980 los movimientos sociales que han basado sus estrategias políticas en el reconocimiento de las identidades raciales y étnicas diferentes se fortalecieron en toda América Latina. En Brasil el movimiento negro puso de relieve la existencia duradera de desigualdades raciales y desafió la noción de democracia racial. En esto estuvo acompañado por un número importante de científicos sociales. A raíz de tales esfuerzos, en el sector público se adoptaron políticas de acción afirmativa dirigidas a la población negra, siendo las más publicitadas las cuotas universitarias. Esta racialización de la política pública se ha traducido en un contramovimiento por parte de las élites intelectuales, de los partidos políticos (principalmente del centro-derecha, pero también de la extrema izquierda) y de los medios de comunicación, quienes cuestionan la relevancia de acciones afirmativas basadas en criterios raciales.[60]

En el campo científico la noción de raza se desplazó de manera similar después de la segunda Guerra Mundial. Mien-

[59] *Idem.*

[60] N. Appelbaum *et al., op. cit.,* 2003a; P. Fry, *op. cit.,* 2005a; A. Guimarães, *Racismo e anti-racismo no Brasil,* Editora 34, São Paulo, 1999, y *op. cit.,* 2007; K. Munanga, *op. cit.;* L. Sansone, *op. cit.;* véase el análisis a continuación.

tras que a principios del siglo xx se adoptó el valor heurístico de la raza, la creencia en la realidad biológica de la raza se abandonó casi por completo hacia finales del siglo. Las diferencias biológicas entre distintas razas habrían de interpretarse en términos neutrales, en lugar de servir como soporte de órdenes jerárquicos. El uso del concepto de *raza* aplicado a la especie humana fue desafiado de manera gradual, en particular gracias a la rápida expansión de la genética de poblaciones desde la década de 1960.[61] Se analizaban grupos sanguíneos, enzimas y proteínas —los llamados marcadores genéticos clásicos— para el estudio de la diversidad biológica humana, lo que desplazó a los análisis basados en la morfología. El estudio clásico comparativo de Richard Lewontin[62] sobre la frecuencia de los grupos sanguíneos y otros marcadores entre poblaciones de diversas partes del mundo se volvió particularmente influyente. Reveló que una abrumadora mayoría de la diversidad biológica de la especie humana —cerca de 90%— se encuentra al interior de los llamados grupos raciales, y no entre ellos. La investigación genética mostró, entre otras cosas, el origen común de la especie humana en África y el número muy limitado de genes que son responsables de la variedad fenotípica en la que se basan las clasificaciones raciales, como el color de piel y la morfología craneal. Como resultado, hacia la década de 1990 la idea de que la raza no existe desde el punto de vista biológico se volvió central en los debates genéticos.[63] Sin embargo, y como se señala en otras partes de este libro, con el cambio de siglo sobrevino una nueva adopción de la noción de raza en la investigación genética.

En este contexto de transformaciones teóricas y metodológicas en la investigación sobre la diversidad biológica humana se inició en Brasil en torno a 1960 la investigación en la genética de poblaciones humanas.[64] Desde entonces, en un

[61] Como han mostrado en años recientes los investigadores en los estudios sobre ciencia y tecnología, esa transición no fue abrupta y las miradas racialistas y tipológicas sobrevivieron en el terreno de la genética de poblaciones humanas (véase J. Reardon, *Race to the finish: Identity and governance in an age of genomics,* Princeton University Press, Princeton, 2005).

[62] R. Lewontin, "The apportionment of human diversity", *Evolutionary Biology,* 6, 1972, pp. 381-398.

[63] J. Reardon, *op. cit.,* 2005; véase la introducción de este volumen.

[64] V. Souza, C. Coimbra Jr., R. Santos y R. Dornelles, "História da genética

número creciente de universidades se han llevado a cabo muchos estudios basados en los marcadores genéticos "clásicos", utilizados en investigaciones que buscan entender la formación y evolución de la composición de la población brasileña desde el punto de vista genético.[65] Este cuerpo de investigación suele referirse como "investigación sobre la mezcla racial" y apunta, en particular, a establecer las contribuciones relativas de los grupos blancos/caucásicos, negros y de las poblaciones indias al acervo genético de los brasileños. Autores clave como Francisco Salzano, Pedro Saldanha y Newton Freire-Maia hicieron hincapié en la importancia de la diversidad genética de la población brasileña para entender el mestizaje y las relaciones interétnicas a escala global.[66] Si bien en este enfoque el uso del concepto de raza como categoría analítica central se mantuvo, tal uso tuvo un explícito mensaje antirracista: las diferencias biológicas entre los grupos raciales son neutrales y no pueden, de ningún modo, ser usadas para sostener teorías racistas.[67]

En la década de 1990 se experimentó un cambio metodológico dirigido hacia el análisis del ADN molecular. Con este cambio sobrevino también una rápida expansión de la investigación sobre ancestrías genéticas en Brasil. Las preocupaciones centrales de ese tipo de investigaciones, sin embargo, siguieron siendo las mismas: el mestizaje, la diversidad biológica de la población brasileña y las contribuciones relativas de las poblaciones fundadoras al acervo genético de la población, pero ahora redefinidas en términos más geográficos que raciales como africanos, amerindios y europeos. A la fecha hay varios centros de investigación enfocados en estos temas, incluyendo la Universidade Federal de Rio Grande do Sul, en Porto Alegre (véase el capítulo v), la Universidade Federal do Pará,

no Brasil: Um olhar a partir do 'Museu da Genética' da Universidade Federal do Rio Grande do Sul (UFRGS)", *História, Ciências, Saúde – Manguinhos,* 20 (2), 2013, pp. 675-694.

[65] Véase F. Salzano y N. Freire-Maia, *Populações brasileiras: Aspectos demográficos, genéticos e antropológicos,* Editora Nacional-EDUSP, São Paulo, 1967.

[66] *Idem.*

[67] E. Azevedo, "Subgroup studies of black admixture within a mixed population of Bahia, Brazil", *Annals of Human Genetics,* 44 (1), 1980, pp. 55-60; N. Freire, *Brasil: Laboratório racial,* Vozes, Petrópolis, 1973; F. Salzano y N. Freire, *op. cit.,* 1967.

en Belém y la Universidade Federal de Minas Gerais, en Belo Horizonte. La investigación dirigida por Sérgio Pena en el último instituto ha tenido un efecto particularmente acentuado en la esfera pública y en los debates contemporáneos sobre la identidad nacional brasileña.[68]

Desde 2000 hasta la fecha, Pena y sus colegas han publicado una serie de estudios basados en muestras tomadas en diversas regiones del país que analizan marcadores en el ADNmt, el cromosoma Y, y el ADN autosómico. El objetivo central ha sido desenmarañar la historia de la formación de la población brasileña desde un punto de vista biológico. Las publicaciones de Pena revelan, por un lado, una continuidad discursiva con los estudios de mestizaje anteriores, sobre todo porque refiere la composición de la población brasileña como "única y fascinante" debido a su alto grado de mestizaje. Por el otro lado, sin embargo, hay también un importante elemento de ruptura: Pena rechaza explícitamente el concepto de raza. Para él los altos niveles de diversidad genética existente en Brasil son prueba de la inexistencia de la raza como realidad biológica.

A través de la secuenciación de porciones de ADN mitocondrial y cromosoma Y de aproximadamente 250 hombres autoidentificados como blancos en diversas regiones del país, Pena y sus colegas[69] presentaron inicialmente un panorama comparativo de la distribución geográfica y de los patrones de ancestría paterna y materna. Publicado por primera vez en *Ciência Hoje*, la revista de la Sociedad Brasileña para el Pro-

[68] Sidney Santos de la Universidad Federal de Pará también llevó a cabo una investigación sistemática sobre el perfil genético de las poblaciones brasileñas. Entre las décadas de 1980 y 1990 se enfocó en las poblaciones amazónicas. Sin embargo, él y sus colaboradores principales han desplazado cada vez más su atención al ámbito nacional. Al igual que Sérgio Pena, ha desarrollado sus propios conjuntos de marcadores genéticos, tanto para el análisis forense como para la investigación sobre ancestrías, entre ellos un conjunto de 48 marcadores autosómicos de inserción-deleción. Como se analizará brevemente en el capítulo VII, existen diferencias importantes en términos de enfoque y de resultados entre las investigaciones de Santos y de Pena. En este capítulo nos centramos en el trabajo de Pena dada su gran participación e influencia en los debates públicos del Brasil. La trayectoria de investigación de Santos se discutirá en detalle en otra parte.

[69] S. Pena, D. Carvalho-Silva, J. Alves-Silva *et al.*, "Retrato molecular do Brasil", *Ciência Hoje*, 27 (159), 2000, pp. 16-25.

greso de la Ciencia, ese estudio reveló que la herencia paterna de los hombres blancos muestreados era casi exclusivamente europea (98%). La herencia materna, por su lado, mostró una situación más compleja: linajes 33% amerindios y 28% africanos.[70] Pena y sus colegas hicieron hincapié en la "sorprendentemente alta" contribución materna amerindia y africana como prueba del carácter mestizo de los brasileños blancos. Explicaron este patrón de "reproducción asimétrica" (entre hombres europeos y mujeres en su mayoría africanas y amerindias) haciendo referencia a la historia de la colonización desde el siglo XV. "Los primeros inmigrantes portugueses no trajeron a sus mujeres y los registros históricos indican que empezaron rápidamente el proceso de mestizaje con las mujeres indígenas. Con la llegada de los esclavos, desde la segunda mitad del siglo XVI, el mestizaje se extendió a las mujeres africanas."[71]

Los trabajos de Sérgio Pena han mantenido un mensaje a lo largo de los años: dicho coloquialmente, buscan demostrar que las apariencias son engañosas cuando se confrontan con pruebas genéticas. Muchos de sus estudios reiteran el argumento de que en Brasil la correlación entre la apariencia física de las personas (su color o raza) y su ancestría genética es débil. El argumento se explicita en un estudio publicado en 2003 sobre el ADN autosómico de aproximadamente 170 muestras tomadas en una comunidad rural de Minas Gerais. Al revelar las superposiciones significativas entre las subcategorías de personas clasificadas como blancas, mestizas o negras —y la dificultad para distinguirlas en el ámbito genómico— los autores concluyeron que "en Brasil, a nivel individual, el color como algo determinado por la inspección física, es un indicador poco confiable de ancestría genómica africana, según estimaciones de marcadores moleculares".[72]

[70] Los resultados de los análisis del ADNmt y del cromosoma Y fueron, además, publicados por separado en dos revistas de genética internacionales (J. Alves-Silva, M. da Silva, P. Guimarães *et al.*, "The ancestry of Brazilian mtDNA lineages", *American Journal of Human Genetics,* 67, 2000, pp. 444-461; D. Carvalho-Silva, F. Santos, J. Rocha *et al.*, "The phylogeography of Brazilian Y-chromosome lineages", *American Journal of Human Genetics,* 68, 2001, pp. 281-286).

[71] S. Pena *et al., op. cit.,* 2000, p. 25.

[72] F. Parra, R, Amado, J. Lambertucci *et al.*, "Color and genomic ancestry

A través de publicaciones dirigidas a un público más amplio —libros y artículos de divulgación científica—, Pena conscientemente ha buscado establecer puentes entre su investigación genética y los debates sobre raza e identidad nacional brasileña. Las interpretaciones que sobre sus investigaciones han hecho los medios de comunicación, han insistido en que éstas confirman las conclusiones sobre la población brasileña de Gilberto Freyre, Darcy Ribeiro y otros autores vinculados a la teoría de la democracia racial, al revelar tanto los altos niveles de mestizaje como la dificultad de diferenciar individuos en términos de raza.[73] Además, en el "Retrato molecular" los autores presentan la investigación genética como un posible antídoto al racismo: "si los muchos brasileños blancos que tienen ADNmt amerindio y africano fueran conscientes de tal cosa, valorarían más la exuberante diversidad genética de nuestra población y quizá podrían construir una sociedad más justa y armoniosa en el siglo XXI".[74] Si bien en esta primera fase Pena resaltó que los brasileños blancos no eran tan europeos como se podría pensar, en su obra posterior se orientó a desestabilizar las asociaciones entre la negritud y la ancestría africana. Su trabajo más reciente analiza el ADN autosómico de muestras de cuatro de las cinco macrorregiones del Brasil a partir de un conjunto de 40 marcadores de inserción-deleción que Pena mismo desarrolló. Su conclusión principal es que la población brasileña en todas las regiones del país, aunque altamente diversa, es en su mayoría de origen europeo, incluso aquellos que son considerados "no blancos" —es decir, *pretos* y *pardos*—.[75] En otra parte, Pena atribuyó tal cosa al "gran efecto poblacional del programa de 'blanqueamiento' del Brasil, que implicó la inmigración de cerca de seis millones de europeos".[76]

in Brazilians", *Proceedings of the National Academy of Sciences of the United States of America,* 100 (1), pp. 177-182, 2003, p. 177.

[73] S. Pena *et al., op. cit.,* 2000; S. Pena, L. Bastos-Rodrigues, J. Pimenta *et al.,* "DNA tests probe the genomic ancestry of Brazilians", *Brazilian Journal of Medical and Biological Research,* 42 (10), 2009, pp. 870-992.

[74] S. Pena *et al., op. cit.,* 2000, p. 25.

[75] S. Pena, G. di Pietro y M. Fuchshuber-Moraes *et al.,* "The genomic ancestry of individuals from different geographical regions of Brazil is more uniform than expected", *Plos One,* 6: e17063, 2011.

[76] S. Pena *et al., op. cit.,* 2009, p. 875. Esta perspectiva parece confirmar

Ya para ese momento, Pena se había involucrado en el debate público sobre el papel de la raza y el racismo en la producción de las desigualdades sociales en Brasil. Durante las administraciones de los presidentes Fernando Henrique Cardoso (1995-2002) y Luiz Inácio Lula da Silva (2003-2010) se implementaron una serie de políticas de acción afirmativa concebidas en términos raciales y dirigidas a las poblaciones negras, con especial atención en las áreas de la educación, la salud y el mercado laboral. Para que algunas de estas políticas, como las cuotas raciales, puedan ser implementadas en la elección de estudiantes para ingresar a las universidades, es necesario identificar beneficiarios específicos (los estudiantes negros, por ejemplo). En el campo de la salud hay que recordar las discusiones sobre la creación de programas sobre la anemia falciforme dirigidos a la población negra del Brasil. Estas políticas desencadenaron acalorados debates públicos y recibieron fuertes críticas provenientes de diversos sectores de la sociedad brasileña, incluyendo varios partidos políticos, los grandes medios de comunicación y una parte de la élite intelectual nacional. Un punto central de las críticas apuntan a que, en el caso de Brasil, las desigualdades son de naturaleza más socioeconómica que racial, a lo que se suman las dificultades para definir quién es "negro" en un país en el que las fronteras de color/raza son notoriamente difusas.[77]

pronósticos relacionados con políticas de blanqueamiento de larga duración en Brasil, con la diferencia, sin embargo, de que esos efectos son conceptualizados en términos de "europeización" y coexisten con una visión persistente de la población brasileña como muy diversa. Tal enfoque emergente sobre la "europeización" biológica de la población brasileña desde la perspectiva de Pena, se examinará con más detalle en otro lugar (M. Kent, R. Santos y P. Wade, "Negotiating imagined genetic communities: Unity and diversity in Brazilian science and society", *American Anthropologist,* 116, 2014, pp. 736-748. Consultado el 20 de enero de 2016, <http://onlinelibrary.wiley.com/doi/10.1111/aman.12142/full>).

[77] Véase, por ejemplo, P. Fry, *A persistência da raça: ensaios antropológicos sobre o Brasil e a África austral,* Civilização Brasileira, Rio de Janeiro, 2005a; P. Fry, Y. Maggie, M. Maio *et al.* (eds.), *Divisões perigosas: Políticas raciais no Brasil contemporâneo,* Civilização Brasileira, Rio de Janeiro, 2007; M. Grin, *"Raça": Debate público no Brasil,* Mauad-FAPERJ, Rio de Janeiro, 2010; D. Magnoli, *Uma gota de sangue: História do pensamento racial,* Contexto, São Paulo, 2009; M. Maio y R. Santos (eds.), *op. cit.,* 2010; N. Santos, E. Ribeiro-Rodrigues, Â. Ribeiro-dos-Santos *et al.,* "Assessing individual interethnic admixture

En ese complejo escenario político el trabajo de Pena contribuyó a que se elaboraran argumentos sofisticados en contra de las acciones afirmativas al vincularlos a las pruebas sobre la inexistencia de la raza en el nivel genético y sobre la dificultad de distinguir claramente a las personas blancas de las negras. La articulación entre la evidencia genética y los argumentos políticos ofrecida por las ideas de Pena ha resultado central en la reincorporación del conocimiento biológico en los debates sobre la identidad nacional, si consideramos que este tipo de conocimiento se había mantenido al margen durante décadas. El papel de los grandes medios de comunicación ha resultado fundamental en la difusión de la investigación de Pena y en la reincorporación de la genética al debate público. Impregnados con la autoridad conferida por el aura "mística" del ADN,[78] los argumentos basados en la genética han provocado feroces controversias entre genetistas, científicos sociales, políticos y voceros de la comunidad negra.

La nueva genética (o genómica), ha generado una revolución tecnocultural que ha transformado tecnologías, instituciones, prácticas e ideologías en un rango decreciente de los dominios sociales.[79] El conocimiento y las tecnologías basados en la nueva genética no sólo han redefinido el *locus* biológico, cultural y social de los entornos personales, sino que de hecho han reconfigurado relaciones sociales, históricas y polí-

and population substructure using a 48-insertion-deletion (INSEL) ancestry-informative marker (AIM) panel", *Human Mutation,* 31 (2), 2009, pp. 184-190, y C. Steil (ed.), *Cotas raciais na universidade: Um debate,* UFRGS, Porto Alegre, 2006.

[78] D. Nelkin y S. Lindee, *The DNA mystique: The gene as cultural icon,* W. H. Freeman, Nueva York, 1996; G. Pálsson, *Anthropology and the new genetics,* Cambridge University Press, Cambridge, 2007.

[79] A. Goodman, D. Heath y S. Lindee (eds.), *Genetic nature/culture: Anthropology and science beyond the two-culture divide,* University of California Press, Berkeley, 2003; D. Haraway, *Modest_Witness@Second_Millenium.FemaleManã_Meets_Oncomouse™,* Routledge, Londres, 1997; A. Lippman, "Prenatal genetic testing and screening: Constructing needs and reinforcing inequities", *American Journal of Law and Medicine,* 17 (1-2), 1991, pp. 15-50; M. Maio y R. Santos (eds.), *op. cit.,* 2010; G. Pálsson, *op. cit.,* 2007; P. Rabinow, "Artificiality and the enlightenment: From sociobiology to biosociality", en J. Crary y S. Kwinter (eds.), *Incorporations,* pp. 234-252, Zone Books, Nueva York, 1992; R. Santos y M. Maio, *op. cit.,* 2005; P. Wade, *Race, nature and culture: An anthropological perspective,* Pluto Press, Londres, 2002b.

ticas de largo alcance. El antropólogo Paul Brodwin[80] ha destacado el entrelazamiento creciente entre el desarrollo de las tecnologías genéticas, las relaciones sociopolíticas y la construcción de identidades diferenciadas en el mundo contemporáneo. De cara al creciente valor dado a la genética, los modelos de identidad históricamente reconocidos pueden, dependiendo de los resultados de la secuenciación del ADN, adquirir más legitimidad o ser cuestionados, o incluso pueden surgir otras propuestas que en el pasado no fueron socialmente reconocidas. En lo que a las políticas de la identidad de los movimientos sociales concierne, las evidencias genéticas se han usado tanto para apoyar las estrategias de construcción de identidades étnicas o raciales esencializadas como para socavar estrategias de este tipo, en particular por parte de los científicos sociales. Un ejemplo notable de esto último es la obra de Paul Gilroy. En su libro *Against race,* Gilroy argumenta respecto a la importancia de tomar en consideración la evidencia genética reciente en la reflexión sobre lo que él llama "la crisis de la raciología". Al abogar por una "renuncia deliberada y consciente" de la raza como criterio para categorizar y dividir a la humanidad, Gilroy[81] insiste en que la revolución biotecnológica reciente requiere un cambio en la manera en que se entienden conceptos como raza, especie y especificidad humana. Al mismo tiempo, sin embargo, Gilroy resalta el "tono utópico"[82] de su argumento y reconoce que su rotunda posición "antirracial" puede poner en peligro (o incluso traicionar) la posición de los movimientos sociales y otros grupos cuyas demandas legítimas se basan en formas de solidaridad y de acción política que toman forma de acuerdo con las identidades inicialmente impuestas por sus opresores.

En su esfuerzo por establecer conexiones con los debates en las ciencias sociales, Pena frecuentemente ha hecho referencia al libro de Gilroy. Ha denunciado enfáticamente la noción de raza, ha asumido la misión de "desinventarla", y la ha

[80] P. Brodwin, "Genetics, identity and the anthropology of essentialism", *Anthropological 6 Quarterly,* 75, 2002, pp. 323-330.

[81] P. Gilroy, *Against race: Imagining political culture beyond the color line,* Harvard University Press, Cambridge, MA, 2000, p. 17.

[82] *Ibid.,* p. 7.

comparado con antiguas creencias en la brujería.[83] Los títulos de algunas de las publicaciones de Pena en revistas de ciencias sociales ilustran tanto sus ideas como sus esfuerzos por contribuir al debate social y político en el Brasil contemporáneo. Éstos incluyen: "Razones para desterrar el concepto de raza de la medicina brasileña",[84] "¿Puede la genética definir quiénes deben beneficiarse del sistema universitario de cuotas y otras acciones afirmativas?"[85] e "Inexistencia biológica versus existencia social de las razas humanas: ¿puede la ciencia instruir el ethos social?"[86]

Desde el principio, la acogida pública de la investigación y argumentos de Pena ha sido ambivalente. En algunos círculos su "Retrato molecular" fue celebrado por su potencial para dilucidar la historia biológica de la población brasileña[87] y por ofrecer "prueba científica de lo que Gilberto Freyre formuló en términos sociológicos",[88] puesto que reafirma las interpretaciones de la sociedad brasileña relacionadas con la idea de democracia racial. En contraste, varios activistas del movimiento negro interpretaron negativamente la investigación de Pena por razones similares. Según Athayde Motta, por ejemplo, los estudios de los genetistas son una "reformulación científicamente respaldada" del mito de la democracia racial brasileña. Además, argumentó que los resultados darían lugar a "posibilidades casi infinitas para la manipulación", con el potencial de ser usados para "una campaña pro democracia racial [...] un discurso político e ideológico cuya princi-

[83] Pena tomó prestada la idea de "des-inventar" de una canción del músico brasileño Chico Buarque (S. Pena, *Humanidade sem raças?*, Publifolha, São Paulo, 2008, p. 18).

[84] S. Pena, "Razões para banir o conceito de raça da medicina brasileira", *História, Ciências, Saúde – Manguinhos*, 12 (2), 2005, pp. 321-346.

[85] S. Pena y M. Bortolini, "Pode a genética definir quem deve se beneficiar das cotas universitárias e demais ações afirmativas?", *Estudos Avançados*, 18 (50), 2004, pp. 31-50.

[86] T. Birchal y S. Pena, "The biological nonexistence versus the social existence of human races: Can science instruct the social ethos?", en S. Gibbon, R. Santos y M. Sans (eds.), *Racial identities, genetic ancestry, and health in South America: Argentina, Brazil, Colombia, and Uruguay*, Palgrave Macmillan, Nueva York, 2011, pp. 69-99.

[87] Véanse referencias en R. Santos y M. Maio, *op. cit.*, 2004.

[88] E. Gaspari, "O branco tem a marca de Nana", *Folha de São Paulo*, p. A14, 16 de abril de 2000.

pal función es mantener el estado de desigualdad racial en Brasil".[89]

Desde entonces, Sérgio Pena y sus argumentos genéticos se han desplazado cada vez más hacia el centro del escenario en el debate sobre las cuotas raciales, en la medida que se han apropiado de sus puntos de vista políticos, científicos sociales y medios de comunicación como parte de su particular posicionamiento en contra de las políticas de acción afirmativa. De una manera similar a la de Paul Gilroy, varios científicos sociales han hecho uso de la evidencia genética proporcionada por Pena para argumentar contra lo que percibieron como la racialización creciente de las identidades colectivas como parte de la implementación de políticas de acción afirmativa.[90] Los resultados de la investigación de Pena han ocupado un lugar destacado en el manifiesto anticuotas lanzado en 2008 por un grupo de académicos, políticos, artistas y otras figuras públicas.[91] En 2010 el mismo Pena participó en las audiencias públicas de la Suprema Corte, en las que se debatió la constitucionalidad de las cuotas raciales, dando argumentos en contra de esas políticas al reafirmar su punto de vista sobre la inexistencia de la raza. Por tanto, sus opiniones políticas e investigaciones científicas forman parte intrínseca de una corriente contemporánea más amplia en la sociedad brasileña que destaca y valora el mestizaje, al contradecir las tendencias que producen las identificaciones raciales y étnicas diferenciadas, y que se expresan por ejemplo en el movimiento negro y en el diseño de las políticas de acción afirmativa. El rechazo explícito a los argumentos genéticos de Pena por parte de los

[89] A. Motta, "Genética para as massas", 2000a. Consultado el 11 de octubre de 2000, <www.afirma.inf.br>; del mismo autor, "Genética para uma nova história", 2000b. Consultado el 11 de octubre de 2000, <www.afirma.inf.br>; "Saem as raças, entram os genes", 2002. Consultado el 15 de septiembre de 2002, <www.afirma.inf.br>; "Contra a genética, o conhecimento", 2003. Consultado el 4 de febrero de 2003, <www.afirma.inf.br>; R. Santos y M. Maio, *op. cit.*, 2004, p. 351.

[90] Véase, en particular, P. Fry, *op. cit.*, 2005a; P. Fry *et al.*, *op. cit.*, 2007; D. Magnoli, *op. cit.;* M. Maio y R. Santos (eds.), *op. cit.*, 2010; N. Santos *et al.*, *op. cit.*, 2009, y C. Steil, *op. cit.*

[91] Véase <http://www.petitiononline.com/antiraca/petition.html>. Consultada en diciembre de 2010>, o "Adesões à Carta de Cento e Treze Cidadãos anti-racistas contra as leis raciais, Petición Online.

defensores de las cuotas raciales no se ha hecho esperar. Éstos se han enfocado en negar la relevancia de la genética en un debate sobre las desigualdades raciales que tienen su origen en los procesos sociales de un país en el que la discriminación racial se basa en la apariencia fenotípica —principalmente en el color de la piel— y no en la ancestría o la genética. Además, una crítica más elaborada de las ideas de Pena apareció en la respuesta de los procuotas al manifiesto anticuotas.[92] Vemos pues cómo la genética se ha vuelto cada vez más un elemento central en los debates públicos alrededor de la identidad nacional y racial, y de la constitución de la población brasileña.

OBSERVACIONES FINALES: UNA IMAGEN, MÚLTIPLES INTERPRETACIONES

En este capítulo se han puesto de manifiesto tanto las diferencias importantes como las continuidades significativas en la trayectoria de las investigaciones en antropología física y en genética de poblaciones humanas en Brasil durante el último siglo y medio. A pesar de los profundos cambios teórico/ideológicos y de las transformaciones metodológicas, este tipo de investigaciones no ha dejado de enfocarse en el tema de la raza, el mestizaje y la diversidad biológica de la población brasileña. Al operar en la interfaz de la ciencia, la raza y la política —por lo menos en los periodos aquí analizados— se basan simultáneamente en la concepción social existente sobre el mestizaje y las relaciones raciales en Brasil, y ofrecen apoyo científico para tal concepción y para las propuestas de política pública que en ellas se inspiran. Además, el conocimiento producido sobre la población brasileña en los museos de historia natural y, más recientemente, en los laboratorios de biología molecular, a menudo ha estado en el núcleo de los debates sobre la identidad nacional brasileña.

Tanto los cambios como las continuidades en la trayectoria de las investigaciones sobre la diversidad biológica de la

[92] A. Nascimento *et al.*, "120 anos da luta pela igualdade racial no Brasil: Manifesto em defesa da justiça e constitucionalidade das cotas", 2008. Consultado el 22 de julio de 2013, <http://media.folha.uol.com.br/cotidiano/2008/05/13/stf_manifesto_13_maio_2008.pdf>.

población brasileña están bastante bien ilustrados en las múltiples interpretaciones hechas sobre el famoso cuadro de 1895 *A Redenção de Cam* [La redención de Cam], del pintor hispano-brasileño Modesto Brocos y Gómez.[93] En la pintura se representan cuatro personajes que tienen en el fondo una pared de barro, una característica común en las regiones pobres de Brasil. De pie, a la izquierda, una anciana negra mira hacia arriba con los brazos parcialmente levantados, como si estuviera dando gracias al cielo. Sentado a la derecha, y con la espalda ligeramente girada, hay un hombre de unos 30 años. Su tez blanca lo revela como un inmigrante del sur de Europa. Al centro del cuadro hay una pareja compuesta por una madre y su hijo: la madre (mulata fenotípicamente) parece una madona renacentista que sostiene al niño Jesús (de piel blanca) en su regazo. Brocos y Gómez pintó la obra en 1895, siete años después de la abolición de la esclavitud en Brasil. *A Redenção de Cam* suele interpretarse como una expresión del ideal de "blanqueamiento": la mujer negra agradece que su hija, una mulata de piel clara (por lo tanto parcialmente "blanqueada"), se hubiera casado con un inmigrante blanco y tuviera un hijo de tez blanca.[94]

En 1911 Lacerda usó la pintura de Brocos y Gómez para ilustrar sus argumentos presentados en "Sur les métis au Brésil".[95] Como hemos comentado, Lacerda creía que Brasil estaba camino al "blanqueamiento": a través del mestizaje se podría resolver el problema racial del Brasil. Según él, después de 100 años la gente negra en Brasil ya no existiría. Desde esta perspectiva, el niño blanco en los brazos de su madre mulata representa la encarnación del ideal de Lacerda.

En abril de 2000, *A Redenção de Cam* reapareció en el "Retrato molecular" publicado por Sérgio Pena y colegas. Para los genetistas, el niño en la pintura y sus orígenes familiares ilustran los argumentos sobre los altos niveles de mezcla genética de la población brasileña. Las interpretaciones genéticas de Pena, simbólicamente hablando, sugieren que el niño,

[93] Figura I.1; véase también M. Maio y R. Santos (eds.), *Raça, ciência e sociedade*, Centro Cultural Banco do Brasil, Fiocruz, Rio de Janeiro, 1996, y R. Santos y M. Maio, *op. cit.*, 2004.

[94] G. Seyferth, *op. cit.*, 1985.

[95] *Idem;* T. Skidmore, *op. cit*.

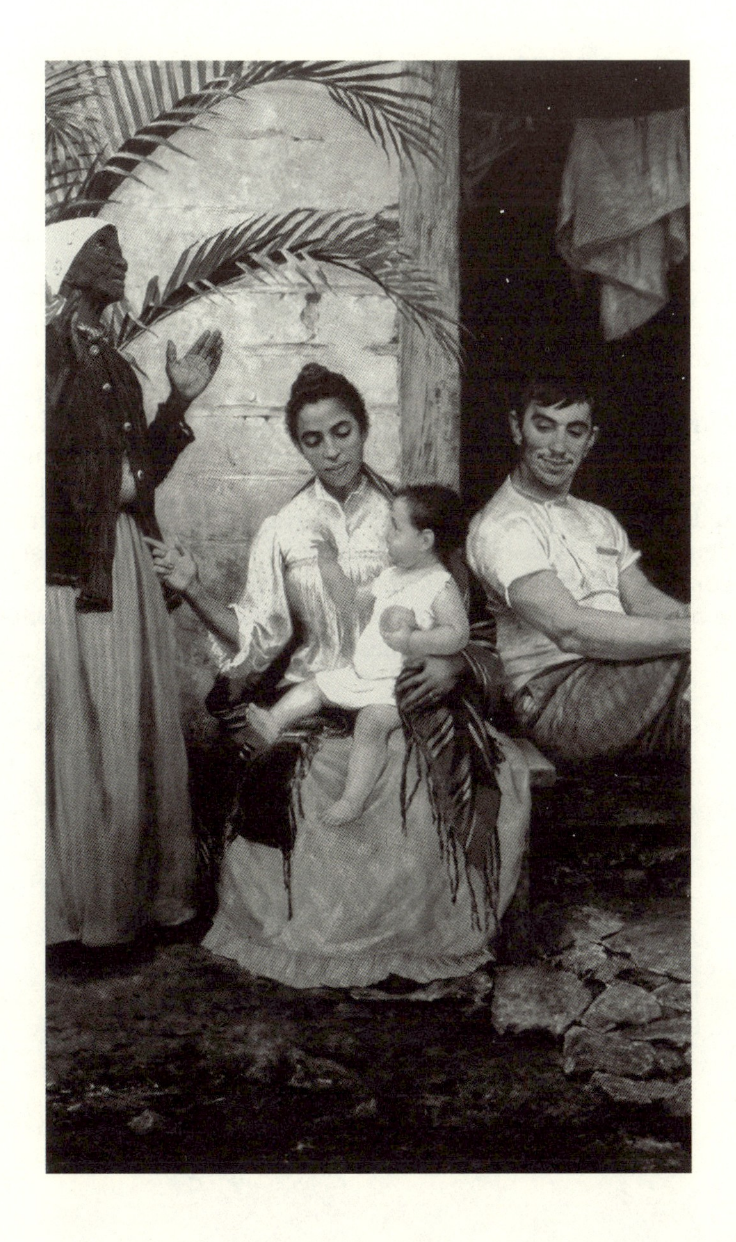

Figura i.1. A Redenção de Cam *["La redención de Cam"], de Modesto Brocos y Gómez, 1895, Museo Nacional de Bellas Artes, Rio de Janeiro.*

en representación de la población blanca brasileña de comienzos del siglo XXI, está lejos de ser exclusivamente europeo. Bien puede ser blanco en apariencia, pero en el ámbito genético —contradiciendo las apariencias— es mestizo.

Estas interpretaciones de la misma imagen son tan diametralmente opuestas como la primera y tercera citas que aparecen al comienzo de este capítulo. Mientras que Lacerda leyó la obra hacia el futuro, con el fin de predecir que los brasileños serían todos blancos en el año 2010, Sérgio Pena en el "Retrato molecular" leyó la misma imagen hacia atrás, con el fin de desafiar tales pronósticos y de reivindicar las importantes proporciones de ancestría africana y amerindia en los brasileños blancos contemporáneos. Así, si en el pasado el niño en la pintura de Brocos y Gómez simbolizó el camino hacia la redención del "mal de la mezcla de razas" —en los términos de Agassiz y Agassiz—,[96] desde la perspectiva de los genetistas contemporáneos se convirtió en la encarnación de la heterogeneidad biológica de la población brasileña, lo que constituye, en palabras de Sérgio Pena, un "punto de encuentro".

[96] L. Agassiz y E. Agassiz, *A journey in Brazil,* Osgood, Houghton, Boston, 1879.

II. NACIÓN Y DIFERENCIA EN LA IMAGINACIÓN GENÉTICA EN COLOMBIA

Eduardo Restrepo, Ernesto Schwartz Marín,
Roosbelinda Cárdenas

El proyecto científico conocido como Expedición Humana representa un hito para la investigación genética en Colombia. Este proyecto, realizado en el siglo xx desde finales de los años ochenta hasta la primera mitad de los noventa, buscó explorar la diversidad de la población colombiana en términos de genética molecular, así como en aspectos más bien culturales. Para tal propósito los investigadores realizaron múltiples "expediciones" a "comunidades aisladas" (principalmente comunidades indígenas y negras) ubicadas en la periferia del país.

El proyecto Expedición Humana (eh) revela la forma en que un número significativo de genetistas imaginaron la relación entre diferencia y nación en un determinado momento de la historia colombiana. A pesar de que sus ideas reproducen representaciones sedimentadas históricamente sobre la diferencia, también se acomodan dentro de un nuevo conjunto de argumentos y tecnologías que supuestamente revelan una realidad que había permanecido escondida hasta ahora. Para estos investigadores, la diferencia se ha vuelto visible a nivel molecular por primera vez en la historia de Colombia.

El eh no fue el único proyecto relevante de investigación genética realizado durante los años ochenta y noventa. Otros proyectos de investigación en genética de poblaciones, asociados principalmente con Emilio Yunis —uno de los pioneros en investigación genética en Colombia— se enfocaron en el análisis de poblaciones mestizas. En contraste con el foco en las "comunidades aisladas" de Expedición Humana, esos proyectos estaban principalmente interesados en el análisis de la mezcla genética de los colombianos según las regiones. Esto iba de acuerdo con las ideas de mestizaje que concebían la diversidad nacional en términos de variaciones espaciales de la "composición triétnica" del mestizo (negro, indígena y europeo). En los años ochenta dominaba en Colombia la ideología del mestizaje, basada en la noción de que todos los colombianos están racialmente mezclados —aunque con diferentes proporciones de los grupos raciales originales—. Por lo tanto, gran parte de la investigación en genética de poblaciones que se realizó durante ese periodo asumía el mestizaje como el punto de arranque. A pesar de ello, no puede decirse que la identidad nacional del colombiano haya estado estrechamente asociada con la noción de mestizo, como sucede en otros países latinoamericanos, como México. Aunque pocos colombianos utilizarían el término *mestizo* como el identificador más inmediato para referirse a ellos mismos o a la población colombiana, la idea de que la mayoría de los colombianos están mezclados ha circulado por décadas como parte del sentido común. La idea de una conformación triétnica de la diversidad contrasta, aunque no diametralmente, con las ideas que proliferaron después de 1990 sobre una diversidad multicultural, en la que se concibe a la nación colombiana como un mosaico de grupos poblacionales más diversos y discretos. A pesar de las reformas culturales recientes, entender a Colombia como una mezcla racial es una idea que permanece firme hasta hoy. En la actualidad, como antes, al preguntar sobre el carácter étnico de la nación es común escuchar a las personas decir cosas como "Aquí en Colombia estamos muy mezclados".

Comenzaremos con una breve recapitulación de las trayectorias de la investigación genética en poblaciones humanas en Colombia, y posteriormente ofreceremos una descripción a profundidad del programa del proyecto EH, examinando la repercusión de éste en la manera en que la relación entre nación y diferencia se imagina en Colombia. Después, contrastaremos el EH con otros proyectos de investigación en genética de poblaciones humanas a cargo de Yunis y sus colaboradores. Finalmente, señalamos algunos cambios considerables que están teniendo lugar en la investigación genética en Colombia como resultado de un enfoque reciente en las ciencias forenses. En los últimos años los imaginarios nacionales genéticos emergen de la búsqueda pragmática de maneras de identificar cuerpos humanos dentro de un contexto de conflicto armado intensificado. Aunque las prioridades de la genética de poblaciones han cambiado, la genética forense también proviene y reconfigura nociones del pasado de diferencias moleculares entre las poblaciones de la nación.

Inicios de la genética humana en Colombia

De acuerdo con sus propios protagonistas,[1] la historia de la genética en Colombia se originó gracias a figuras fundacionales que organizaron el campo alrededor de líneas de investigación e instituciones específicas. El primero de estos fundadores es el doctor Emilio Yunis Turbay,[2] quien describe sus primeros años de genetista "autodidacta" como un correr entre laboratorios para usar la centrífuga y el microscopio que se encontraban en laboratorios en pisos diferentes.[3] Su historia fundacional se vincula con la Universidad Nacional y con el primer laboratorio que realizó pruebas de paternidad en Colombia, el Instituto Colombiano de Bienestar Familiar (ICBF), a finales de la década de los sesenta. Yunis es pionero en el campo de la genética clínica en Colombia al momento en que el objetivo principal de esta pujante disciplina era investigar la posible carga genética de enfermedades desconocidas o poco estudiadas. También, por su papel en la institucionaliza-

[1] La narrativa histórica de este capítulo es producto de los relatos de genetistas colombianos de Medellín y Bogotá en las siguientes universidades: Universidad de los Andes, Universidad Javeriana, Universidad Nacional y Universidad de Antioquia. Además, incorporamos relatos de genetistas que trabajan en instituciones estatales como el Instituto de Medicina Legal, Instituto Colombiano de Bienestar Familiar y la Policía Nacional.

[2] El trabajo del doctor Hugo Hoenigsberg (de Uniandes) y la doctora Margarita Zuleta (de la Universidad de Antioquia) antecede de hecho los trabajos pioneros de Emilio Yunis en genética clínica y poblacional en Colombia. Sin embargo, ninguno de ellos hacía genética humana y su trabajo se enfocaba más bien en moscas de fruta. Margarita Zuleta estudió genética de poblaciones con Hermann Müller (Nobel 1946) y, de acuerdo con el doctor Gabriel Bedoya, ella podría ser considerada una de las primeras genetistas de poblaciones en Colombia.

[3] *Cf.* L. Fog, "Emilio Yunis Turbay, perfiles de personajes científicos destacados", *Universia*, 2006. Consultado el 5 de abril de 2013, <http://especiales.universia.net.co/galeria-de-cientificos/ciencias-de-la-salud/emilio-yunis-turbay.html>.

ción de las pruebas de paternidad basadas en ADN dentro del ICBF, Yunis fue clave para el comienzo de la genética forense en Colombia.

Al mismo tiempo, apareció en escena otra figura crucial de la genética colombiana: el doctor Jaime Bernal Villegas. Bernal fue el primer colombiano en obtener un doctorado en genética humana y, tras terminar sus estudios en la Universidad de Newcastle en el Reino Unido, regresó a Colombia y se convirtió en el principal impulsor de la unidad de genética de la escuela de medicina de la Pontificia Universidad Javeriana (PUJ) al inicio de los años ochenta. Durante la siguiente década esa unidad se convirtió en el Instituto de Genética Humana (IGH-PUJ).

En 1979 el doctor Hugo Hoenigsberg y la doctora Helena Groot, quienes fueron parte de la primera generación de genetistas colombianos, fundaron el Laboratorio de Genética Humana (LGH-Uniandes) en la Universidad de los Andes (Uniandes) con María Victoria Monsalve. Durante sus primeros años ese laboratorio realizó investigación en genética de poblaciones utilizando grupos sanguíneos y enzimas "para establecer las divergencias genéticas entre diferentes grupos étnicos en el país".[4]

Una vez institucionalizados como campo disciplinario, los laboratorios de genética humana produjeron una segunda generación de genetistas que comenzaron a utilizar nuevos marcadores biológicos, como el complejo HLA (sistema mayor de histocompatibilidad), grupos sanguíneos ABO y diferentes tipos de proteínas, además de ADN mitocondrial y del cromosoma Y. Esta segunda generación, mucho más numerosa que la primera, se ha interesado en entender la dinámica poblacional de la nación colombiana, con propósitos tanto de diagnóstico clínico como antropológicos. Los intereses de la nueva generación se extendieron hacia nuevos campos de investigación, como el análisis de enfermedades complejas (por ejemplo, depresión y diabetes), criminalística y ciencias forenses. Fueron los genetistas de esa segunda generación quienes transformaron por completo los espacios universitarios. Crearon una disciplina con un perfil principalmente clínico y aca-

[4] Laboratorio de Genética Humana, Uniandes <http://geneticahumana.uniandes.edu.co/Laboratorio_Genetica_Humana/Bienvenida.html>.

démico e instituyeron a la genética humana como el campo de investigación legítimo para explicar la relación entre diferencia y nación en Colombia.

A pesar de que la institucionalización de la genética humana fue promovida por investigadores provenientes de varios laboratorios a lo largo del país, el programa Expedición Humana, respaldado por el IGH-PUJ, dejó una marca profunda en la segunda generación de genetistas colombianos y, en general, en la genética colombiana. Lo que comenzó como un proyecto de genética de poblaciones realizado por un pequeño grupo de expertos se convirtió en un programa de investigación y servicio interdisciplinario, que primero se conoció como Expedición Humana 1992 (1988-1992) y posteriormente como la Gran Expedición Humana (1993-1994).

A la Zaga de la América Oculta: el programa Expedición Humana

Expedición Humana A la Zaga de la América Oculta fue un programa ambicioso que involucró a estudiantes y profesionistas de varios campos, principalmente de la Universidad Javeriana. El objetivo principal, como lo sugiere el subtítulo, era la revelación de una verdad que por mucho tiempo había permanecido oculta. En sus palabras, el programa consistió en "expediciones" a áreas marginales con el fin de "visitar comunidades aisladas" (muchas de ellas comunidades indígenas) y realizar estudios que eran acompañados de un equipo médico y dental que ofrecía servicios gratuitos. Docenas de "expedicionarios" o miembros de las expediciones llegaban a esos lugares remotos para realizar investigaciones o participar como miembros de la "misión médica". El programa buscaba conocer más y valorar la "diversidad" de la "población colombiana". A pesar de que la investigación genética era el centro de los objetivos del programa, éste no era el único aspecto considerado.

Según el doctor Jaime Bernal, principal promotor del programa, la idea del EH surgió en 1987. En un artículo publicado en el periódico nacional *El Tiempo*[5] y en el boletín interno del

[5] 5 de mayo de 1991.

proyecto, *Boletín Expedición Humana 1992,* Bernal escribe: "Hace cuatro años [en 1987], ante un semáforo y rumbo al hospital, anoté en mi libro: 'A la zaga de la América oculta, Expedición Humana 1992' y supe entonces que había encontrado la manera de dar aun mayor impacto a la genética, en la que venía haciendo investigación y trabajo clínico desde que era estudiante de medicina..."[6]

Expedición Humana 1992 también debe su origen a la convergencia de múltiples factores y a la acumulación de varios años de investigación clínica y en genética de poblaciones, realizada en la Unidad de Genética Clínica de la Universidad Javeriana. En cierto sentido, el programa era una extensión natural de una práctica de investigación interdisciplinaria que se había vuelto común en el campo de la genética en Colombia. Como explica uno de los genetistas del IGH, "A partir del séptimo año de salidas de campo [...] se comenzó a hablar de Expedición Humana con la intención de ofrecer un marco conceptual [común] a las investigaciones en curso, las cuales desbordaban ya en esta época, el ámbito genético para adentrarse en aspectos culturales tales como la música, la arquitectura, el arte y la sociología".[7]

Otros factores externos también pueden ayudarnos a entender el surgimiento del programa y por qué tomó tal configuración. Entre éstos está la creciente visibilidad de la investigación molecular en poblaciones humanas. El Proyecto del Genoma Humano (Human Genome Project), que comenzó en 1990, dio a la investigación genómica internacional un empuje sin precedentes y alimentó los imaginarios genéticos sociales y políticos que circulaban entre los no expertos. A raíz de esto emergieron otros proyectos a gran escala como el Proyecto de la Diversidad del Genoma Humano (Human Genome Diversity Project, HGDP) y el HapMap.[8]

[6] J. Bernal, "Qué me ha dado la Expedición Humana", *Boletín Expedición Humana 1992,* núm. 9, 1991b, p. 2.

[7] A. Gómez, *Al cabo de las velas: Expediciones científicas en Colombia, s. XVIII, XIX y XX,* Instituto Colombiano de Cultura Hispánica, Bogotá, 1998, p. 132.

[8] El proyecto Expedición Humana, no obstante, no estableció lazos directos con el Proyecto del Genoma Humano ni con el de la Diversidad del Genoma Humano. En una entrevista, Jaime Bernal resaltó que: "No hay absolutamente ninguna relación con el PGH y el PDGH [...] no solamente no tengo nada que ver, sino que conscientemente nunca he tenido nada que ver; en una reu-

Con la efervescencia internacional de la investigación en genética humana, no es sorprendente que el programa de Expedición Humana 1992 haya establecido relaciones con instituciones paralelas en otras partes del mundo, creando una red de intercambio y colaboración. Un artículo de ese periodo afirma: "El proyecto [ha] despertado un inusitado interés de otros grupos de investigación en el mundo, y se han firmado convenios de colaboración académica con estos centros".[9] De entre numerosas relaciones con instituciones internacionales, la establecida con la Academia Real de las Ciencias Exactas Físicas y Naturales de España es digna de atención. Esa colaboración se describe como la participación de la Expedición Humana en un proyecto sobre "la génesis biológica" de "nuestras poblaciones", es decir las poblaciones de México, Venezuela, Chile, Argentina y Colombia.[10] En este proyecto, en el que participaron colegas provenientes de esos países, se buscaba la identificación y el estudio "de algunos marcadores biológicos e involucrar poblaciones aisladas".[11]

En Colombia, el creciente interés mundial en la genética de poblaciones no pasó desapercibido. Conforme la genómica humana se convertía en un campo de investigación de vanguardia, los centros de investigación competían por encabezar la lista de instituciones genéticas colombianas. Por consi-

nión de genetistas en Río de Janeiro, hace unos años, antes de que empezara el debate, fueron a nombrar la comisión de genetistas latinoamericanos que integrarían la junta del proyecto de Diversidad del Genoma Humano, yo me salí de la conferencia, sabía que si me quedaba, me nombrarían de Colombia, y a mí no me interesaba participar en eso" (entrevista citada por C. Ramos, *Controversia en torno al proyecto "Expedición Humana" del Instituto de Genética Humana de la Universidad Javeriana: ¿Sangre para DracUSA?,* tesis de licenciatura, Universidad Nacional de Colombia, Bogotá, 2004, p. 15).

[9] PUJ, "A la Zaga de la América Oculta: Gran Expedición Humana 1992", *Innovación y Ciencia,* 1 (1), pp. 14-19, 1992, p. 14.

[10] En una publicación de 1994 aparece una lista de "las instituciones nacionales y extranjeras" que trabajan en asocio [instituciones nacionales y extranjeras asociadas] con el Instituto de Genética Humana (J. Bernal y M. Tamayo, *Instituto de Genética Humana (1980-1994),* Pontificia Universidad Javeriana, Bogotá, 1994, pp. 39, 41). Entre las extranjeras se contaban instituciones de los Estados Unidos, Francia, Italia, Portugal, España, Escocia e Inglaterra. Uno de los investigadores del programa Expedición Humana, Genoveva Keyeux, era miembro del comité de bioética de las Naciones Unidas.

[11] *Boletín Expedición Humana 1992,* julio de 1989, p. 4.

guiente en los comienzos de los años noventa el programa Expedición Humana de la Universidad Javeriana era uno entre varios proyectos de investigación en genética de poblaciones en el país. De acuerdo con Catherine Ramos:

> En Colombia existían proyectos similares en otras universidades como la Universidad de Antioquia, la Universidad del Valle y la Universidad Nacional, pero la envergadura era similar al primer proyecto Expedición Humana 1992 y su difusión se daba sólo a nivel de publicaciones científicas y muy poco en otros niveles. En la Universidad de Antioquia, Andrés Ruiz Linares de la Facultad de Medicina, era responsable del proyecto "Estudio de la estructura genética de la población amerindia colombiana con marcadores clásicos y de ADN". Ruiz Linares había trabajado con el profesor Cavalli-Sforza, principal científico del Proyecto Diversidad del Genoma Humano (PDGH) que junto con Sérgio Pena, científico brasileño, crearon un comité en América Latina para impulsar el PDGH regionalmente. En el Instituto de Genética de la Universidad Nacional, se llevaron a cabo varios proyectos relacionados con la estructura genética de las comunidades indígenas, pero no se conoce ninguna relación o diálogo con su homólogo de la Universidad Javeriana.[12]

Por lo tanto, la diferencia principal entre Expedición Humana e investigaciones similares radicó en su escala y el hecho de que su institución de origen se involucró ampliamente. Aunque parecía no haber mucho diálogo ni intercambio con otros grupos dedicados a la investigación en genética de poblaciones, el programa EH estableció vínculos con otras entidades, como el Instituto Colombiano de Cultura Hispánica:

> Se firmó ya el Convenio entre la Universidad Javeriana y el Instituto Colombiano de Cultura Hispánica para el desarrollo de la Geografía Humana de Colombia. La obra pretende recoger toda la información sobre las diversas etnias colombianas, su historia, su cultura y su estructura biológica. Se han diseñado inicialmente seis tomos de 500-600 páginas, siguiendo un formato úni-

[12] C. Ramos, *op. cit.*, p. 14.

co que recopilará los aspectos más importantes de cada grupo humano.[13]

Lo interesante de este acuerdo es que señala el papel central que el programa Expedición Humana desempeñó en definir, tanto en el ámbito conceptual como editorial, una colección de textos cuyo primer objetivo era describir los diversos "grupos humanos" colombianos.[14]

Otro factor importante que ayuda a explicar la emergencia de Expedición Humana 1992 es la coyuntura histórica del quinto centenario:

> La Universidad Javeriana convocó, a partir del 12 de octubre [de 1988], la Expedición Humana 1992, con la cual pretende adelantar todo un proceso investigativo interdisciplinario que lleve a un conocimiento real de lo que es la población colombiana 500 años después de la llegada de los españoles a América. Expedición Humana es entonces una de las actividades con las cuales la Universidad Javeriana conmemorará el Quinto Centenario del Encuentro de Dos Mundos.[15]

La asociación explícita entre EH y la conmemoración del quingentésimo aniversario se ve simbolizada en la elección del 12 de octubre como fecha oficial de apertura del programa. En varios documentos internacionales del programa hay una referencia recurrente a la contribución del proyecto en la construcción del mapa genético de la población colombiana. En 1994 ese objetivo se presentaba de la siguiente manera:

[13] *Boletín Expedición Humana 1992,* abril de 1990, p. 8.

[14] De hecho, uno de los volúmenes de esa colección lleva por título "Variación biológica y cultural en Colombia" y presenta los resultados más directos del programa Expedición Humana en 29 capítulos que cubren una gran gama de temas, algunos ya publicados en otros lugares como la revista *América Negra,* que fue la publicación oficial de la expedición (A. Ordóñez [ed.], *Variación biológica y cultural en Colombia,* vol. 1, *Geografía humana de Colombia,* Instituto Colombiano de Cultura Hispánica, Bogotá, 2000). El Instituto Colombiano de Antropología e Historia (ICANH) también participó en el diseño de la colección. El ICANH es una entidad gubernamental encargada de realizar proyectos de investigación relacionados con grupos indígenas y de administrar el "patrimonio arqueológico" de la nación.

[15] J. Bernal, "Editorial", *Boletín Expedición Humana 1992,* núm. 1, 1989, p. 1.

"Expedición Humana es un proceso interdisciplinario de investigación y servicio, centrado alrededor del mapa genético de la población colombiana, buscando con esto dar una explicación biológica a la actual estructura de nuestras poblaciones, entendidas no sólo como un asentamiento humano sino como un proceso dinámico de interacción entre el hombre y su ambiente".[16] Posteriormente, la meta se desglosa en un conjunto de objetivos:

> Los objetivos primordiales de la Expedición Humana son:
> –Realzar con elementos científicos la diversidad humana y cultural de nuestro país.
> –Buscar en nuestros grupos humanos problemas cuyo estudio pueda hacer aportes importantes al conocimiento universal.
> –Mirar la historia humana de nuestro país con las tecnologías modernas para generar o confirmar hipótesis históricas.
> –Tratar de generar una conciencia de nuestra identidad biológica y cultural en el contexto universal.[17]

Varios aspectos de entre los objetivos del proyecto llaman la atención. Primero, la intervención científica es vista como capaz de resaltar la diversidad biológica y cultural de la nación. Los científicos se presentan como mediadores clave que facilitan el descubrimiento y la valoración de la diversidad. Segundo, se asume la relación entre los particulares "problemas de nuestros grupos humanos" y la posibilidad de contribuir a la producción de "conocimiento universal". Esto sugiere que los investigadores del EH creían en la existencia de "conocimiento universal" (algo que es común en ciertos marcos epistemológicos y en la ciencia más ampliamente) y estaban convencidos de que ciertos "problemas" de "nuestros grupos humanos" (el "nuestros" de esta oración es claramente una figura nacionalista) podían ser traducidos por la labor del experto en el lenguaje de lo "universal". Una tercera idea es que las "tecnologías modernas" pueden emplearse para responder a las preguntas históricas de "nuestro país" y que son una fuente decisiva de verdad capaz de confirmar o desacredi-

[16] J. Bernal y M. Tamayo, *op. cit.*, p. 33.
[17] *Ibid.*, p. 37.

tar hipótesis respecto al origen, parentesco, rutas migratorias y características de diferentes poblaciones. El desciframiento genético aparece como un archivo sin precedentes e indiscutible de "la historia humana de nuestro país". Para finalizar, los investigadores de EH utilizaron argumentos provenientes de la genética humana y pretendieron penetrar dentro del plano más profundo del individuo y su composición molecular, y apuntalar la idea de la singularidad de "nuestra identidad cultural y biológica". Como veremos más adelante, estos objetivos apelaban en repetidas ocasiones a la idea de un "nosotros", y contribuyeron a la modificación de las nociones sobre la colombianidad al fomentar la toma de conciencia sobre "la diversidad del país". Este hincapié en la diversidad estaba en sintonía con un cambio general en las ideas sobre la conformación de la nación colombiana, posterior a la constitución de 1991, y el giro multicultural que lo acompañó y que dio forma al imaginario político y teorético desde el inicio de los noventa.

Algunos años antes de eso, los objetivos de investigación del IGH no habían sido presentados en estos términos. Algunos de los proyectos del programa, como el que llevaba por título "Estudios antropogenéticos en poblaciones aisladas colombianas", describe sus objetivos como sigue: "El objetivo general de este proyecto consiste en acometer una investigación conjunta antropogenética, para continuar la delineación de la estructura genética de las poblaciones colombianas, esbozada en nuestros anteriores proyectos de investigación..."[18] Otro ejemplo de ese cambio hacia la diversidad cultural y biológica es evidente en la forma en que Alberto Gómez, el entonces director del laboratorio de la Unidad de Genética Clínica, describió el programa de EH: "el proyecto denominado 'Expedición Humana 1992 [...] busca identificar el fondo genético que define las razas amerindia, negra y mestiza que habitan en nuestro territorio, así como la etnografía del hombre colombiano".[19]

[18] J. Bernal, "Expedición Humana 1992. A la zaga de la América Oculta. Estudios antropo-genéticos en poblaciones aisladas colombianas", manuscrito sin publicar (propuesta de investigacion enviada a Coleciencias), 1991a, p. 1.

[19] A. Gómez, "El Banco Biológico Humano", *Revista Javeriana,* 118 (586),

Tres años después de haber iniciado, los miembros del programa Expedición Humana 1992 habían realizado aproximadamente 30 viajes de trabajo de campo y habían visitado 34 "comunidades indígenas aisladas",[20] localizadas en áreas periféricas como la Orinoquía y las cuencas del río Amazonas, las regiones del sur occidente, el Pacífico y el Caribe, en gran parte alejadas de las ciudades capital. Con excepción de algunas "poblaciones negras" en Chocó, San Andrés y Providencia en el Caribe, y una "comunidad campesina" en Saboya (Boyacá), todos los lugares visitados fueron comunidades indígenas. Tanto en términos cualitativos como cuantitativos, la recopilación de información biológica, trabajo de campo, y análisis asociado del programa estuvo centrada en los grupos indígenas.

La Gran Expedición Humana: la genética del rescate y del reconocimiento

En 1992 el programa Expedición Humana se expandió y se convirtió en la Gran Expedición Humana (GEH). Este proyecto se puso en marcha desde el 12 de octubre de 1992 hasta el 13 de julio de 1993, tiempo durante el cual cerca de 400 estudiantes y profesores realizaron 60 proyectos interrelacionados. La primera de las cinco fases de la expedición comenzó en Bogotá con rumbo hacia el suroeste a Tumaco, continuando su avanzada a través de varias de las regiones más periféricas del país. Las "expediciones" de la GEH visitaron "más de 50 comunidades indígenas, negras y aisladas alrededor del país. Se recolectaron datos de un total de 8 815 individuos de los diversos grupos étnicos que conforman la población colombiana, distribuidos en 5 989 indígenas, 558 mestizos, 1 675 negros y 593 colonos. Dentro de los grupos indígenas se abarcaron 37 etnias diferentes".[21]

pp. 9-11, 1992, p. 10. Este mismo tipo de redacción puede encontrarse en varios textos; véase, por ejemplo, J. Bernal y M. Tamayo, *op. cit.*, p. 31.

[20] PUJ, *op. cit.*, p. 14.

[21] R. Mendoza, I. Zarante y G. Valbuena, *Aspectos demográficos de las poblaciones indígenas, negras y aisladas visitadas por la Gran Expedición Humana* (Terrenos de la Gran Expedición Humana. Serie de Reportes de Investigación 6), Pontificia Universidad Javeriana, Bogotá, 1997, p. 5.

La GEH incluía una misión médica y dental como parte del programa interdisciplinario de investigación. Los archivos incluyen una descripción de los suministros médicos utilizados al tratar a cientos de pacientes:

> Como la asistencia médica y odontológica a las comunidades era otro de los objetivos de la Expedición, en los 17 viajes se distribuyeron a los pacientes: 150 400 cápsulas de antiamebiano, 5 525 cajas de antibiótico, 28 000 tabletas de analgésico, 2 100 tratamientos antiparasitarios y 25 500 tabletas de vitaminas. Y toda esta infraestructura permitió que se atendieran alrededor de 8 000 pacientes en los lugares más apartados de nuestro país.[22]

Como sucedió con Expedición Humana 1992, la GEH también emergió en la coyuntura del quinto centenario. Esta vez, sin embargo, la amplitud y el alcance de la GHE fueron presentados como un esfuerzo hercúleo realizado por una comunidad académica interdisciplinaria para visibilizar a las "comunidades aisladas" del país, haciendo a los colombianos conscientes de su "riqueza multiétnica". También fue visualizado como una manera de construir puentes entre esas "comunidades aisladas" y "otros colombianos", en un esfuerzo por encontrar soluciones a las necesidades más apremiantes:

> El Quinto Centenario del Encuentro de los Dos Mundos se presta entonces para dar un paso importante en Expedición Humana que dé sentido a todo el conocimiento que se ha adquirido en estos años, llamando la atención de Colombia hacia la situación que viven nuestras comunidades aisladas y buscando fuentes de solución a algunas de sus más importantes necesidades. Para tal efecto se ha programado una Gran Expedición que cubra todos los territorios ya visitados, con el fin de continuar nuestro proceso de investigación, conseguir que nuestras comunidades aisladas encuentren interlocutores que les ayuden en su proceso de autogestión y dejar un registro gráfico que permita al resto de Colombia forjarse una idea clara sobre su multietnicidad.[23]

[22] I. Zarante, "Cifras de la Gran Expedición Humana", 2013. Consultado el 5 de abril de 2013, <www.javeriana.edu.co/Humana/cifras.html>.

[23] *Boletín Expedición Humana 1992,* núm. 13, p. 7.

Fieles a un estilo reminiscente de los dos proyectos científicos paradigmáticos de lo que es hoy Colombia, la Expedición Botánica del siglo XVIII y la Comisión Corográfica del siglo XIX, la GEH contrató a un artista que estuvo a cargo de producir un registro de las caras, lugares, objetos y situaciones atestiguadas en varias expediciones. Se consideró que la fotografía y los medios audiovisuales no poseían las cualidades artísticas ni estéticas necesarias para retratar adecuadamente los hallazgos de una expedición científica con pretensiones históricas.

La naturaleza interdisciplinaria, el compromiso de servicio y la participación significativa de los estudiantes como expedicionarios son ejemplos del compromiso de la universidad con el programa, lo que se explica en parte por los esfuerzos exitosos del director, Jaime Bernal, en la recaudación de fondos. Otra característica del programa es el hecho de que sus participantes produjeron numerosas representaciones de la empresa (como la afirmación reiterada de que la GEH era heredera y estaba en el mismo plano que la Expedición Botánica y la Comisión Corográfica).[24] Esto sugiere un deseo de ser hipervisibles, mismo que se hizo evidente mediante numerosos artículos publicados en los medios impresos nacionales, incontables publicaciones para un amplio espectro de públicos (desde un artículo en la revista académica de mayor reputación internacional hasta libros escritos en lenguaje accesible dirigidos al público no experto), y la producción de muchos otros materiales que no necesariamente estaban ligados a la investigación genética.

La noción de *expedición* y el uso del término *expedicionarios* revela el posicionamiento particular de los diseñadores del programa como gente urbana, de clase media y educación superior; posición desde la cual se imaginan los destinos del programa como geografías remotas y hábitats de personas olvidadas (de "comunidades aisladas").[25] Varios de los informes publicados están escritos en un tono aventurero, lo cual revela

[24] Sobre ese tema, véase A. Gómez, *op. cit.*, 1998.

[25] Esto es una reminiscencia de la noción de marginalidad, que se ha construido cultural y políticamente en oposición a ideas de un ser urbano y dominante *(mainstream)*. La ruptura con lo dominante, según Tsing, no es un simple aislamiento sino un proceso heterogéneo que es "origen de restricción y

el sentido expedicionario al enfrentar lo desconocido: "Muchos viajes se han hecho desde entonces; hemos caminado por días en Nariño, recorrido en una cuatro por cuatro los más remotos lugares de la Guajira, navegado horas enteras por el Atrato, el Vaupés o el Caquetá; a caballo hemos llevado largas jornadas y los aeropuertos se han vuelto nuestra rutina diaria".[26]

En gran número de publicaciones ese tono de aventura se hace evidente en relatos en primera persona que retratan a un grupo de personas de la ciudad, los expedicionarios, penetrando en áreas remotas para descubrir con sus propios ojos y los de "todos los colombianos" las geografías, naturalezas y "comunidades aisladas" asociadas con la "otra Colombia", la habitada por los "colombianos aún no descubiertos".[27] Estos recuentos narran "anécdotas que contrastaron la visión citadina de los expedicionarios" y revelan cómo éstos descubrieron "los lugares y las personas de un mundo diferente totalmente alejado del que habían vivido cotidianamente".[28]

Los resultados del programa de Expedición Humana son muchos. Uno de los más prominentes fue la creación del banco biológico de tejido humano (que en algunos artículos recibe el nombre de Banco Biológico Amerindio o Banco Biológico Americano). Este banco fue creado a inicios de los noventa para conservar en lo posible el material biológico colectado proveniente del trabajo realizado en la Unidad de Genética Clínica y en Expedición Humana, pero también ha proveído de servicio de almacenamiento a médicos e investigadores que desean depositar muestras allí:[29]

> Se ha creado recientemente en la Universidad Javeriana el Banco Biológico Amerindio, con miras a recoger y guardar allí todas las muestras biológicas recopiladas durante el proceso de Expe-

creatividad" (A. Tsing, *In the realm of the diamond queen: Marginality in an out-of-the-way place,* Princeton University Press, Princeton, 1993, p. 18).

[26] J. Bernal, *op. cit.*, 1991b, p. 2.

[27] La Universidad aún conserva una copia de un documento de Ignacio Zarante titulado "Equipo personal para viajar en una Gran Expedición" (Instituto de Genómica Humana, Universidad Javeriana, <http://www.javeriana.edu.co/Humana/equipo.html>). El documento revela aspectos sobre cómo se imaginaban y realizaban esos viajes.

[28] C. Ramos, *op. cit.*, p. 8.

[29] A. Gómez, *op. cit.*, 1992, p. 11.

dición Humana 1992. Estas muestras tienen particular importancia científica por la dificultad para su consecución y la rareza de algunos de los trastornos genéticos encontrados, y estarán entonces a disposición de todo aquel que tenga interés en algún aspecto investigativo no cubierto en el trabajo de la expedición. El Banco tiene ya cerca de 2 000 muestras de plasma y hemolisado, y en breve tiempo saldrá a la luz el catálogo de todas estas muestras y sus características biológicas y estudiadas. Un aspecto muy interesante del Banco será la inmortalización de linfocitos de los individuos estudiados, lo cual permitirá recurrir incluso a células vivas muchos años después de terminada Expedición Humana 1992.[30]

Un año después Alberto Gómez escribió lo siguiente: "Uno de los proyectos que están en curso actualmente es el que hemos denominado Banco Biológico Americano. En éste se plantea la necesidad de depositar en un lugar seguro una muestra orgánica representativa de tres razas que simbolizan este programa".[31] Algunos años después, la existencia del banco, así como las prácticas de colecta asociadas con éste, se convertirían en objeto de un violento debate iniciado por el movimiento indígena, involucrando directamente al programa Expedición Humana.[32]

La pléyade de proyectos que emergieron a partir del programa Expedición Humana es uno de sus resultados más notables. A pesar de que algunos de esos trabajos fueron publicados como libros o artículos, la mayoría permanecen sin publicar, muchos de ellos son tesis de licenciatura y maestría. En su libro *Al cabo de las velas: expediciones científicas en Colombia,*

[30] *Boletín Expedición Humana 1992,* noviembre de 1990, p. 1.

[31] A. Gómez, "Entre los embera-epena", *Boletín Expedición Humana 1992,* núm. 10, 1991, p. 8.

[32] Para una descripción y análisis detallados de ese debate véase C. Ramos, *op. cit.;* C. Uribe, *Estudio sobre la interdisciplinariedad en la Universidad Javeriana. El caso de la Facultad de Estudios Interdisciplinarios,* sin publicar, 2010, y C. Barragán, "Molecular vignettes of the Colombian nation: The place(s) of race and ethnicity in networks of biocapital", en S. Gibbon, R. Santos y M. Sans (eds.), *Racial identities, genetic ancestry, and health in South America: Argentina, Brazil, Colombia, and Uruguay,* pp. 41-68, Palgrave Macmillan, Nueva York, 2011.

S. XVIII, XIX y XX, Alberto Gómez[33] presenta un anexo con una lista detallada de todos los resultados de los proyectos de investigación vinculados con EH (publicados y no publicados). Éstos van desde estudios de investigación genética (clínica y poblacional) hasta estudios en ciencias médicas y biológicas. También hay un número menor de proyectos de investigación en otros campos disciplinares.

La genética de poblaciones es una de las líneas de investigación más productivas del programa Expedición Humana y probablemente en donde se han sembrado las expectativas más ambiciosas del programa. Un periódico nacional, por ejemplo, escribió: "De todos sus resultados [del EH] se diseñará el mapa genético y la geografía humana del país, y se podrá tener una idea clara de *esa otra nación que también es Colombia*".[34] A pesar de que no podemos decir que el programa EH provee de un "mapa genético" del país, algunos de los elementos necesarios para su creación sí fueron producidos. Algunas de las publicaciones que surgieron de EH presentan aspectos de genética de poblaciones entre poblaciones indígenas y negras (las últimas provenientes del Chocó e Isla Providencia). En algunas ocasiones éstos se han contrastado el uno con el otro y en otras contra los grupos "mestizos", "colonos" y "caucasoides" (esas categorías serán estudiadas con detalle más adelante).

Para los académicos y activistas interesados en el estudio de la población negra en Colombia, la publicación de la revista *América Negra* fue probablemente el resultado más visible del programa Expedición Humana. En agosto de 1990 el primer número de la revista —que inicialmente llevaba por nombre *América Negra y Oculta* fue anunciado públicamente—. Un año más tarde, el 4 de julio de 1991, el primer número de *América Negra*, editado por Nina S. de Friedemann, Jaime Arocha y Jaime Bernal, fue presentado oficialmente. La Universidad Javeriana y el ICFES (Instituto Colombiano para la Evaluación de la Educación) anunciaron públicamente su compromiso como patrocinadores financieros de la revista. Se publicaron un total de 15 números entre esa fecha y diciem-

[33] A. Gómez, *op. cit.*, 1998.

[34] *El Tiempo*, 1° de febrero de 1993, cursivas nuestras.

bre de 1998.[35] La revista era una publicación internacional que aceptaba "manuscritos de cualquiera de las disciplinas que se ocupan de la descripción de poblaciones humanas, destacando, sin embargo, las comunidades negras e indígenas del continente americano y sus relaciones con poblaciones en otros lugares del mundo..."[36] Durante este tiempo, un gran número de los resultados de los proyectos de investigación asociados con el programa Expedición Humana aparecieron en las páginas de *América Negra*.

Otra publicación menos visible incluyó la serie Terrenos de la Gran Expedición Humana, que imprimió una docena de libros con resultados de investigaciones de la Expedición Humana 1992 y la GEH. Otra publicación fue la serie Artes y Crónicas de la Gran Expedición Humana, que produjo cuatro números, un disco compacto llamado *Itinerario musical por Colombia* y el libro *Diseño indígena*. Asimismo, el programa Expedición Humana participó en la recientemente creada Asociación Latinoamericana de Antropología Biológica, cuya publicación oficial es la revista *Antropología Biológica*. En 1992 Jaime Bernal fue el secretario de la asociación y la editorial de la Universidad Javeriana publicó el primer número de *Antropología Biológica,* con Jaime Bernal como editor en jefe.

En una carta dirigida a Luis Guillermo Vasco, un profesor de la Universidad Nacional, en respuesta al debate desatado en relación con el trabajo genético del programa Expedición Humana, Bernal presenta un resumen de los logros del programa así como una descripción del marco general dentro del cual operaba:

> creo que nuestra investigación ha permitido hacer un juicioso diagnóstico de la precaria situación nutricional, educativa, de salud, moral, etc., de muchas de las comunidades más aisladas del país (que hemos divulgado a todos los niveles y que es indispensable para ejercer acciones que respondan realmente a las necesidades de estas personas), desvelar, aunado a los estudios de otros serios investigadores como el doctor Emilio Yunis, algo del pasado de nuestras gentes, generar alguna inquietud sobre la

[35] La sorpresiva muerte de Nina S. de Friedemann, en octubre de 1998, interrumpió la publicación de *América Negra*.

[36] *Boletín Expedición Humana 1992,* núm. 6, agosto de 1990, p. 4.

importancia de nuestra riqueza étnica (a través de exposiciones de arte de nuestros pintores, publicaciones, foros de estudiantes, etc.), generar y apoyar el desarrollo del conocimiento sobre las poblaciones afrocolombianas en el contexto nacional y universal (con la publicación de *América Negra* y la participación en múltiples foros de toda índole) y, finalmente, mostrar la maravillosa diversidad biológica y cultural de nuestro país, que he presentado personalmente, como lo han hecho también muchos otros participantes en estas investigaciones, en múltiples audiencias internacionales y colombianas, donde hago especial énfasis en la necesidad de conocernos si queremos convivir en razonable armonía, pues no se quiere lo que no se conoce y no se tolera lo que no se quiere.[37]

Esto resume la forma en que los creadores de EH, así como varios de los expedicionarios asociados, veían el trabajo que realizaban. Desde su punto de vista, éste no era un esfuerzo científico limitado a lo genético, sino uno que buscaba revelar la verdadera historia de la nación, así como la riqueza cultural y biológica contenida en sus diversas poblaciones humanas.

Nación y diferencia

Nina S. de Friedemann, una reconocida antropóloga colombiana que ha realizado investigación en poblaciones negras en diferentes partes del país desde 1960, se unió al equipo de Expedición Humana al inicio de los noventa. Para Friedemann Expedición Humana fue una oportunidad para continuar en su lucha contra lo que ella llama la "invisibilidad" de los "grupos negros" en Colombia:[38]

en el ámbito académico universitario, el clamor de los grupos negros en torno a la necesidad de obtener espacios de progra-

[37] J. Bernal, "Carta a Luis Guillermo Vasco", *Kabuya: Crítica Antropológica,* 2, pp. 6-7, 1996, p. 6.

[38] N. Friedemann, "Estudios de negros en la antropología colombiana", en J. Arocha y N. Friedemann (eds.), *Un siglo de investigación social: Antropología en Colombia,* pp. 507-572, Etno, Bogotá, 1984. Éste es el término utilizado para referirse a esas poblaciones hasta la década de 1990. Después, aumentó el uso del término afrocolombianos.

mas de enseñanza e investigación específicas, comparables a los de la etnia india, nunca ha tenido respuesta en aquellas dependencias que enseñan antropología como ciencia que explica al hombre [...] Afortunadamente, el clamor por la oportunidad reclamada por los grupos negros en Colombia tuvo eco en la Unidad de Genética de la Pontificia Universidad Javeriana dentro de un programa que para este proyecto hace honor a su nombre A la Zaga de la América Oculta.[39]

Además del contraste entre "grupos negros" y "el grupo étnico indio" que parece reproducir una distinción racial clara (negro/indio), esta cita muestra que la entusiasta participación de Friedemann en Expedición Humana debe entenderse dentro del contexto de sus desacuerdos entre antropólogos y sus esfuerzos por posicionar el estudio de los "grupos negros", visibilizando su presencia histórica y cultural y sus contribuciones a la nación: "Con todo, el logro más importante de este proyecto en el trayecto de Expedición Humana 1992 [...] es la integración de los grupos negros como sujeto de estudio de la América Oculta. La marginación que en el ámbito universitario y de investigación han sufrido los grupos negros empezará a doblegarse".[40]

Las expectativas concretas que Friedemann tenía respecto a Expedición Humana son expresadas claramente en su presentación de un proyecto de investigación en el que participó directamente y que llevaba por nombre Perfiles Etnomédicos y Genéticos en el Litoral Pacífico:

> Este proyecto interdisciplinario de antropología-genética y farmacología constituye un esfuerzo para comprender la visión etnomédica de grupos negros en el litoral, en el ámbito de la patología genética. Dentro de este propósito se considera factible una interpretación del fenómeno némico sobre el escenario de conceptos y métodos biocientíficos. Desde luego que en el diseño del proyecto se tuvieron en cuenta consideraciones tales como la posibilidad de conocer algunas de las razones que yacen en la

[39] N. Friedemann, "La América negra y también oculta: Perfiles etnomédicos y genéticos en el Litoral Pacífico", *Boletín Expedición Humana 1992*, núm. 5, p. 1, 1990, p. 1; las cursivas son del original.

[40] *Idem.*

> asimetría demográfica indio-negra en el litoral. Los negros en un hábitat extraño y bajo el yugo de una esclavitud de varios siglos sobrevivieron con éxito al punto de cambiar el rostro aborigen del litoral por el negro. El conocimiento de la estructura genética de los grupos podría ofrecer algunas claves. Asimismo, la eventualidad de delinear algunos orígenes de la población desde su diáspora africana, tanto como los resultados del proceso de migraciones internas en el país y de aglutinamientos regionales.[41]

La esperanza de Friedemann de poder rastrear los lugares de origen específicos de las poblaciones afrodescendientes, así como de identificar las líneas de parentesco y distancias genéticas utilizando estudios genéticos, fueron fomentadas por las afirmaciones de los genetistas de Expedición Humana. Por ejemplo, uno de sus colegas en el proyecto en el Chocó, el genetista molecular Ignacio Briceño, escribió:

> Según análisis lingüísticos de Germán de Granada *[sic]*, el origen de los habitantes de la costa del Pacífico es fantiashanti. Edward Bendix y Jay Edwards anotan que el archipiélago de San Andrés y Providencia tienen la misma influencia y Carlos Patiño Roseli *[sic]* señala que la lengua criolla del Palenque de San Basilio tiene elementos del idioma del Congo y Angola. Expedición Humana, mediante estudios de marcadores genéticos entre los que se encuentra el HLA, aportará una evidencia biológica objetiva que pueda ayudar a dilucidar la composición genética de los grupos y con ello realzar la identidad biológica y cultural del pueblo colombiano. Para esto se están adelantando investigaciones en el Chocó, donde se tomaron muestras que se compararán con los estudios de Providencia, ya adelantados, y los que se practiquen en el futuro.[42]

Jaime Bernal también remarcó que la genética era una fuente de información para rastrear los procesos históricos de los asentamientos de las poblaciones del país. Para él, la genética permitía a los historiadores y lingüistas pintar el cuadro de "la historia y prehistoria de nuestro país" con brochazos más

[41] *Ibid.*, p. 1.

[42] I. Briceño, La Expedición Humana en el Chocó, *Boletín Expedición Humana 1992,* núm. 4, 1990, p. 2.

finos, aunque complementarios, de los que se utilizaban hasta ahora. Esto es evidente en el siguiente fragmento, donde Bernal explica el deslumbrante terreno de la ciencia a los neófitos:

> La biología nos permite entonces, gracias a las nuevas tecnologías, tratar de hacer viva la historia de nuestro país, para entenderla y hacerla propia. Ahora bien, para poder hacer todo esto requerimos estudiar la estructura genética de cada uno de estos grupos y desde muy distintos ángulos. Desde el nivel más sencillo al más complejo, nos interesa tipificarlos para conocer sus grupos sanguíneos, las variaciones en sus proteínas del suero o de los glóbulos rojos, las distintas formas que presentan de antígenos del HLA, y finalmente, su variación en las secuencias del ADN, tanto en el núcleo como en la mitocondria. Todos estos datos permiten análisis para generar modelos matemáticos de relación entre los grupos humanos, tendientes a elaborar un dendrograma o árbol de relaciones filogénicas que, interpretado en el contexto de hechos culturales o lingüísticos conocidos, puede finalmente darnos esa visión coherente que buscamos de la prehistoria de nuestro país.[43]

Para muchos de los autores asociados con Expedición Humana, el estudio de la diversidad humana (biológica y cultural) era urgente: desde su perspectiva, la diversidad estaba en riesgo de desaparecer frente a las transformaciones tecnológicas y el mestizaje acelerado al que se enfrentaban esas poblaciones aisladas. Uno de los argumentos para la creación del Banco Biológico Humano se expuso en los siguientes términos: "La conservación de todo ese patrimonio biológico es realmente urgente, puesto que las diferentes etnias pueden diluirse en el mestizaje progresivo de estas culturas".[44] En una propuesta de investigación presentada a la agencia estatal de financiamiento científico, Colciencias, Bernal explicó la relevancia del proyecto denunciando la desaparición inminente de las poblaciones indígenas aisladas:

[43] J. Bernal, "Presentación", en A. Ordóñez (ed.), *Variación biológica y cultural en Colombia*, vol. 1, *Geografía humana de Colombia*, pp. 9-21, Instituto Colombiano de Cultura Hispánica, Bogotá, 2000, p. 14.

[44] PUJ, *op. cit.*, p. 16.

> A nadie se oculta que las poblaciones que habitaron nuestro continente antes de la llegada de Colón han venido extinguiéndose, bien por aculturización e incorporación a ciudades y pueblos, o por la alta morbimortalidad de las enfermedades infecciosas y la desnutrición, que han venido como resultado del trastorno de su hábitat por el colono "blanco". El estudio médico y genético de estas poblaciones es entonces urgente, más cuando se tiene en cuenta que los asentamientos indígenas de otras partes del continente han venido siendo objeto de este tipo de estudios durante los últimos 20 años, sin que algo similar se haya llevado a cabo en Colombia.[45]

Este tipo de genética de salvamento es heredera de la angustia antropológica de mediados del siglo XX, preocupada por la evidente desaparición de los grupos indígenas tradicionales.[46] La misma angustia fue la fuerza motora de incontables etnografías de salvamento que, en nombre de la ciencia y la humanidad, buscaron crear un registro de aquellas poblaciones que supuestamente estaban desapareciendo. En la disciplina antropológica, ese acercamiento fue muy cuestionado, pero en Expedición Humana pareció resurgir con rostro nuevo y registro diferente, como una finalidad que justifica la investigación clínica y genética de poblaciones humanas. Al igual que los antropólogos de los años cuarenta que veían en la modernización la causa de la pérdida de los estilos de vida tradicional, los científicos de EH pensaron que los efectos homoge-

[45] J. Bernal, *op. cit.*, 1991a, p. 3.

[46] Es claro que los esfuerzos de la antropología de salvamento tienen una larga historia que precede a la antropología como disciplina y es heredera de la destrucción y fascinación simultánea del Otro que fue forjada por los encuentros coloniales. Aunque el término fue acuñado en la década de los sesenta como una crítica a las prácticas coloniales dentro de la disciplina, la lógica de la antropología de salvamento ha continuado motivando la recopilación de elementos culturales (y en ese caso, biológicos) que se perciben como amenazados por el avance de la civilización occidental. Como señalan algunos académicos críticos, su lógica continúa reverberando a través del tiempo y del espacio (*cf.* S. Stephens, "Physical and cultural reproduction in a post-Chernobyl Norwegian Sami community", en F. Ginsburg y R. Rapp (eds.), *Conceiving the new world order: The global politics of reproduction,* pp. 270-288, University of California Press, Berkeley, 1995).

neizadores de la globalización desempeñan un papel análogo de eliminación de la diversidad cultural:

> En el primer caso habrá que hacer una reflexión sobre la riqueza de los conceptos de cada comunidad visitada, para entender la importancia de la diversidad cultural en una sociedad que se encuentra sometida a presiones homogeneizantes, como aquel medio de comunicación social denominado Internet. Es posible que, en pocos años, los avances de la técnica pongan en la mano de la mayoría de los habitantes del planeta este nuevo medio de comunicación, a la manera de lo que ya sucedió con la radio y la televisión. En este momento, la gran diversidad cultural de la Tierra se verá reducida a algunos pabellones en museos que mostrarán cómo, en otro tiempo, la gente era muy diferente entre sí y la diferencia enriquecía la humanidad como los colores y sonidos enriquecen el paisaje. Esta triste predicción futurista nos infunde ánimo para seguir en la corriente trazada por Expedición Humana, de reunir elementos para exaltar la diversidad que existe aún hoy en día.[47]

Como han mostrado estudios antropológicos sobre la globalización,[48] las cosas son mucho más complejas de lo que sugieren las lecturas apocalípticas de la amenaza ineludible de la homogeneización cultural. Sin embargo, este tipo de representaciones de peligro inminente acompañan perfectamente a los argumentos que justifican la existencia del programa Expedición Humana: "Es así como, ayudada por ojos expertos en múltiples disciplinas y jóvenes en formación, esta última expedición sobre el siglo XX, busca describir las características de las comunidades aisladas que resultaron atractivas no sólo a taxonomistas o a sabihondos estudiantes de antropología, sino a cualquier ser humano".[49]

En su opinión, la diversidad humana colombiana se encontraba principalmente en aquellos lugares remotos donde habitan los "colombianos desconocidos". "La zaga de la América oculta" significó entonces realizar el trabajo necesario

[47] A. Gómez, *op. cit.*, 1998, p. 145.

[48] *Cf.* J. Inda y R. Rosaldo, *The anthropology of globalization: A reader,* Blackwell, Oxford, 2002.

[49] A. Gómez, *op. cit.*, 1998, p. 27.

para revelar la Colombia escondida, la Colombia de "poblaciones aisladas", de "geografías inaccesibles", de "tiempos remotos". Durante la clausura de la GEH realizada el 27 de septiembre de 1993, Bernal afirmó: "EH ha atravesado aún más barreras, para ponernos en contacto con la otra Colombia, con la Colombia de los colombianos que no conocemos, la Colombia que se mueve a pie, mula o bote, la que no puede conocer el avión, y a la que el único esfuerzo estatal que le llega es una maestra que aparece y no se amaña".[50] La Zaga de la América Oculta denota un tono de descubrimiento científico de aquellas realidades que han permanecido ocultas y que requieren la mediación del conocimiento experto de un científico para salir a la luz y ser reconocidas.

Dentro de este contexto se concibió a la diversidad como existiendo principalmente en "comunidades aisladas" a las que sólo se podía acceder atravesando largas distancias y superando múltiples vicisitudes y aventuras. En un lugar distinto al laboratorio, en la antípoda de los lugares y personas transformados por la civilización, es donde podemos encontrar esas comunidades aisladas, que fueron vistas como fuente (elementos constitutivos) y como momento histórico previo de "mestizaje cultural y genético". Gómez describió esto como el esfuerzo de Bernal para "aglutinar un número cada vez mayor de iniciativas de investigación en torno a la premisa principal de salir del claustro y llegar hasta los recónditos lugares en donde se han refugiado miles de seres que no quieren, o no pueden, integrarse a la civilización predominante, y que guardan en su seno las fuentes de nuestro mestizaje genético y cultural".[51]

En esos remotos parajes que señalan la existencia de personas desconocidas, uno puede descifrar las claves del país verdadero, la "Colombia profunda". Aunque esto suena similar a la bien conocida noción de Bonfil Batalla, "México profundo", que él contrasta con un México "imaginario" modelado en la modernidad europea, los dos conceptos no son análogos. Para Bonfil Batalla,[52] el entramado cultural indíge-

[50] J. Bernal, "Hay mucho más en nuestro Aleph: Acto de Clausura de la Gran Expedición Humana", *América Negra,* 6, pp. 153-156, 1993, p. 155.

[51] A. Gómez, *op. cit.,* 1998, pp. 133-134.

[52] *México profundo: Reclaiming a civilization,* trad. de Philip A. Dennis, Austin, University of Texas Press, Texas, 1996.

na es la fuente de la verdadera mexicanidad, y todos los mexicanos lo poseen aunque generalmente esté implícito, inadvertido y suprimido constantemente. Para EH la "Colombia profunda" no se aloja en todos los colombianos, ni se encuentra en el corazón de la colombianidad mestiza. Más bien es una otra nación históricamente anterior y por lo tanto estática, que permanece en los márgenes de la Colombia dominante, la nación euroandina que, por su dominancia, no necesita ser investigada ni descrita. De acuerdo con el vicepresidente académico de la Universidad Javeriana, que hizo la siguiente declaración durante el momento más efervescente del programa Expedición Humana, ese proyecto buscaba "el redescubrimiento del ser nacional contemporáneo":

> Hoy, sesenta investigadores de las más variadas disciplinas se vuelcan sobre el fragmentario mapa de Colombia para dibujarlo en su realidad genética, social, cultural, política y económica. La Expedición visita los más apartados lugares, levanta el plano, lo relaciona con otros, lo integra y lo publica. Así se va construyendo la nueva carta del país real, de su sociedad viviente.[53]

A la medida de las actividades del programa, un periódico nacional describió el proyecto utilizando el lenguaje de "la otra nación", la Colombia oculta. Con el discurso propio de EH, el artículo retrataba una nación con una riqueza étnica extraordinaria que puede encontrarse en aquellas áreas rurales remotas más cercanas a la naturaleza y que han permanecido sin contaminación ambiental ni moral. En resumen, nos presenta una rearticulación de los discursos del noble salvaje y la naturaleza prístina:

> Colombia no es sólo el país de los paisas, los costeños, los cachacos.[54] Ni es la tierra donde predominan la contaminación ambiental, la indiferencia o la intolerancia. Es también el segundo país más rico en diversidad étnica en el mundo, con más de

[53] J. Sanín, "Editorial: La Gran Expedición Humana", *Revista Javeriana*, 118 (586), 1992, pp. 7-8.

[54] Esos términos se utilizan para referirse a personas de diferentes regiones. Básicamente, los *paisas* son del departamento de Antioquia y los alrededores, los *costeños* de la costa del Caribe y los *cachacos* de Bogotá.

ochenta grupos indígenas y comunidades de origen africano, asiático y europeo. Muchos de ellos conforman la otra nación, aquella acostumbrada a andar a pie, en mula o en lancha, a pisar la tierra, sentirla y por lo tanto a cuidarla. Aquella que ama la naturaleza, el mar, el agua [...] En esa otra nación hay lugares a donde aún no llega la polución, ni la contaminación ambiental. Es más, conforman el gran paisaje, el motivo para vivir entre el aire puro, la naturaleza y sus riquezas. Hay pueblos en donde no se conoce la envidia ni el engaño; donde viven tranquilos y trabajan arduamente. Aunque sufren, porque hacia afuera pocos se percatan de su existencia [...] Su proyecto, Expedición Humana, lo asumió la Universidad Javeriana y es dirigido por el genetista Jaime Bernal Villegas. Su propósito es, precisamente, redescubrir y dar a conocer esa otra Colombia.[55]

El hincapié en comunidades aisladas fue más allá de los intereses nacionales de la Expedición Humana y resonó entre los socios internacionales del proyecto. El proyecto conjunto de EH con la Academia Real de las Ciencias Exactas Físicas y Naturales en Madrid, por ejemplo, "se centró básicamente en la detección y estudio de algunos marcadores biológicos" en "poblaciones aisladas" de México, Venezuela, Chile, Argentina y Colombia".[56] Este proyecto de investigación colaborativa continuó hasta 1994, lo que sugiere que la atención en las comunidades aisladas —entendidas como expresiones de la diversidad biológica— al definir unidades de análisis para explicar formaciones nacionales particulares, no fue una particularidad del programa Expedición Humana.[57] Al final, lo que estaba en juego en EH fue el fortalecimiento de una identidad nacio-

[55] *El Tiempo,* 1º de febrero de 1993.

[56] *Boletín Expedición Humana,* núm. 2, julio de 1989, p. 4.

[57] En el *Boletín Expedición Humana 1992,* de abril de 1990, el artículo titulado "Génesis biológica de las nacionalidades hispanoamericanas" afirma que el objetivo de la investigación "es colaborativo entre varios centros latinoamericanos" con el objetivo de "dar una idea global de las características genéticas de nuestros pueblos" (p. 8). La revista *América Negra* (núm. 3, junio de 1992) publicó una lista de proyectos de investigación afiliados al programa Expedición Humana que incluía un proyecto llamado "Génesis biológica de las nacionalidades hispanoamericanas", supervisado por Jaime Bernal y la Real Academia de Ciencias Físicas y Naturales de España.

nal mediante el estudio molecular de la población colombiana.[58] Desde la perspectiva del genetista, esto significaba mapear la composición genética de la población colombiana, incluso si inicialmente esto se enfocaba en las "comunidades aisladas". Gómez señaló que "Uno de los derroteros definidos por el director de la EH fue el de elaborar el mapa genético colombiano. Esto quiere decir que, tomando suficientes muestras representativas de los diferentes grupos étnicos nacionales, se podría llegar hipotéticamente a elaborar un panorama global del contenido de genes de nuestra población".[59]

Para los genetistas de Expedición Humana, el reconocimiento y la valorización de la enorme diversidad existente en la población colombiana era fundamental para fortalecer la identidad nacional. Durante una entrevista con Nina S. de Friedemann y Diógenes Fajardo en 1993, Bernal se declaró de forma explícita:

> NSF: ¿Es esa búsqueda de la diversidad la justificación, el punto de partida para la Expedición Humana?
>
> JB: Sí. Ahí nace. Para observar la diversidad asombrosa en Colombia, en el mundo, el segundo país más rico en ella. Aquí el genetista tiene un paraíso excepcional por la variedad étnica, con la posibilidad de tratar de entenderla, de verla, de percibirla desde muchos niveles, desde la apariencia de los ojos hasta la estructura de sus genes [...] Buscar la causa de la diversidad es lo que los genetistas estamos haciendo en el fondo. ¿Por qué somos distintos? ¿Qué sentido tiene que seamos distintos? ¿Por qué es importante que seamos distintos? ¿Cuáles y qué tanto esas diferencias influyen [en] nuestra forma de vivir?[60]

El segundo país más diverso en el mundo, Colombia es visto como el paraíso de un genetista capaz de asomarse a esa variedad étnica, que se manifiesta en el cuerpo y es evidente a simple vista u observable en los genes y por lo tanto sólo legible en realidad para el experto. Para alguien como Bernal se

[58] A. Gómez, *op. cit.*, 1998, p. 201.

[59] *Ibid.*, p. 148.

[60] N. Friedemann y Diógenes Fajardo, "La herencia de Caín: Entrevista con el médico genetista Jaime Bernal Villegas", *América Negra,* 5, pp. 207-215, 1993, p. 211.

trata de un hecho histórico y biológico que necesita ser desentrañado mediante el uso del saber genético, aunque no exclusivamente con este tipo de conocimiento. En su versión de la nación colombiana, la diversidad se disimula como diversidad "étnica" cuyas encarnaciones por antonomasia son las "comunidades indígenas" y los "grupos negros". Las poblaciones negras e indígenas se convirtieron en sinónimos de "comunidades aisladas", aquellas que en el programa de Bernal funcionaron como los principales referentes de la diversidad. Esta fusión, en muchos casos implícita, es clara en la siguiente cita de Gómez: "Expedición Humana viaja frecuentemente al encuentro de poblaciones aisladas en nuestro país, principalmente negras y amerindias".[61]

Hasta finales de la década de los ochenta, la noción de *diversidad humana,* como hemos dicho, era fácilmente entendida bajo esquemas clasificatorios racializados típicos que consideraban tres raíces: negros, mestizos e indígenas.[62] Esto se transparenta en el logotipo de Expedición Humana (véase la figura II.1), que es una alusión a esta racialización radical de la diferencia. Vemos en él el perfil de tres hombres (no mujeres, no niños), uno junto al otro para resaltar ciertos marcadores somáticos, como la textura del cabello, la forma de la nariz, de los ojos, de los labios. Las figuras tienen la misión de representar, de manera obvia, una cara indígena, una blanca y una negra. La racialización del logo ocasionalmente se vuelve explícita: "En éste se plantea la necesidad de depositar en un lugar seguro una muestra orgánica representativa de tres razas que simbolizan este programa".[63]

El logotipo fue utilizado por primera vez en julio de 1989 como encabezado del segundo número del boletín del programa, *Boletín Expedición Humana 1992.* El anuncio de esa creación se realizó como sigue: "Encabeza este boletín el nuevo

[61] A. Gómez, *op. cit.,* 1992, p. 10.

[62] Esta clasificación es racializada, aunque el término "raza" no se utiliza de manera explícita y a pesar de la insistencia en la inexistencia de la "raza" biológica. Es racializada porque utiliza nociones históricamente racializadas, por ejemplo *negro, indígena* y *blanco* (o sus sustitutos: caucásico, africano, europeo y amerindio) como referentes para pensar la diferencia cultural y biológica del país.

[63] A. Gómez, *op. cit.,* 1991, p. 8, cursivas nuestras.

logosímbolo de la expedición, amablemente diseñado por el maestro Antonio Grass. El maestro captó y plasmó en el logosímbolo, de manera inmejorable, la idea central del proyecto" (p. 4). El logotipo de Expedición Humana fue creado antes de que se experimentara en el ámbito colombiano el efecto multicultural de la constitución de 1991, y se conservó a lo largo del programa y en publicaciones como *América Negra,* hasta la desaparición de la revista en 1998.

En una publicación titulada *Aspectos demográficos de poblaciones indígenas, negras y aisladas visitadas por la Gran Expedición Humana,* tres expedicionarios hacen referencia a la metodología utilizada para recopilar información de campo. Se diseñó una encuesta que funcionó como protocolo de investigación genético para los propósitos de la GEH. En el subtítulo: *Descripción metodológica,* Mendoza, Zarante y Valbuena afirmaron que los instrumentos de investigación eran el resultado de "reuniones con varios grupos de trabajo de los proyectos de investigación participantes, por lo que los cuestionarios llenados durante cada visita podían responder adecuadamen-

FIGURA II.1. *Logotipo de expedición humana.*

te a las necesidades de cada grupo".[64] Estas encuestas, que estaban acompañadas de recolección de muestras, incluían el nombre del informante, la edad, el sexo y lugar de origen, que debía ser especificado "indicando la comunidad, población o municipalidad de la cual provenían".[65] Más interesante aún es que se preguntaba por el grupo racial y la etnicidad del encuestado:

> *Grupo racial:* Señalando en esta parte el grupo al cual pertenece cada individuo ya fuera Indígena, Mestizo, Negro o Colono. Se comprendieron en este grupo como mestizos todos aquellos individuos con un ancestro indígena dentro del primer grado de consanguinidad y como colonos a los individuos que no tenían conocimiento o documentación de familiares indígenas [...]
>
> *Etnia:* En los individuos indígenas se obtuvo el grupo étnico al cual pertenecen, por medio de la pregunta abierta: de esta manera fue que cada individuo se refirió al grupo al cual pertenecía.[66]

De este modo, los grupos raciales incluían la categoría de "colonos", pero lo interesante es que el colono era distinguido del mestizo por medio del criterio de tener ancestría indígena en primer grado. La "etnicidad", por otro lado, sólo se aplicaba a los indígenas, ya que en 1992-1993 cuando la GEH estaba en operaciones, los "grupos negros" no eran por lo común imaginados como alteridades étnicas.

Yunis y la regionalización de la raza

Como hemos mencionado antes, en la década de los noventa existían en Colombia varios proyectos de investigación en genética de poblaciones humanas. Sobresale entre éstos el de Emilio Yunis, una de las figuras de referencia de la genética humana en Colombia. Entre sus estudios destaca aquel en el que analizó a más de 60 000 individuos que participaron en pruebas de paternidad en el ICBF (Instituto Colombiano de Bienestar Familiar) entre 1975 y 1992. Tomando el lugar de na-

[64] R. Mendoza, I. Zarante y G. Valbuena, *op. cit.*, 1997, p. 23.
[65] *Ibid.*, p. 25.
[66] *Idem.*

cimiento del individuo como origen geográfico, esa investigación analizó "ocho sistemas genéticos que agrupan 23 genes alelos, todos grupos sanguíneos distribuidos en el territorio nacional de acuerdo con el origen de cada uno de los individuos".[67]

Estas pesquisas se propusieron rastrear el mestizaje ocurrido históricamente en Colombia, mostrando cómo las proporciones del mestizaje cambiaban según las regiones del país:

> Es evidente la no homogeneidad genética de la población colombiana y la distribución por parches de los diferentes componentes étnicos, que muestran sin ninguna duda la existencia de regiones que se distinguen por los aportes genético-raciales, de los que se ha hecho una valoración diferencial, valoración racial, en última y en primera instancia, que se ha impuesto.[68]

Esta idea de Colombia como un "mosaico racial" se apoya en una clara regionalización de la raza. Para Yunis, tales estudios "mostraron una distribución en mosaico de esos aportes [genéticos] como algo que sólo podía interpretarse como el resultado de un mestizaje excluyente y opresivo, que podía tener de todo, menos de libre y espontáneo". Este patrón fue interpretado como evidencia de que "el mestizaje era una 'regionalización de la raza'".[69]

En su libro *¿Por qué somos así?,* Yunis presenta un conjunto de mapas que dan cuenta de la "estructura genética" de la población colombiana. Estos mapas, divididos de acuerdo con cada una de las cinco "regiones naturales", muestran el porcentaje de componente "negro", "caucásico" e "indígena" en cada región de una Colombia mezclada. Yunis argumenta que "el mosaico colombiano, en cuanto al aporte genético de las tres etnias consideradas, negra, indígena y caucásica, cobra las mayores características cuando consideramos su aporte en las diferentes regiones políticas en que está dividido el país…"[70] En su libro anterior, *¡Somos así!* subrayaba: "Hemos

[67] E. Yunis, ¿Por qué somos así? ¿Qué pasó en Colombia? Análisis del mestizaje, 2a. ed., Temis, Bogotá, 2009 [2003], p. 94.

[68] *Idem.*

[69] *Ibid.,* p. 312.

[70] *Ibid.,* pp. 88-89.

afirmado que Colombia es un mosaico genético producto del mestizaje selectivo y la regionalización de la raza, razón por la cual coexisten en el país zonas negras, otras de preferencia mulata, mestizos de predominio indígena, zonas que han hecho la representación de ser blancas, construyendo una pretendida pureza de la raza..."[71]

En el capítulo "Sobre el origen de la población colombiana", escrito con su hijo José Yunis Londoño, el genetista hace referencia a nuevas investigaciones en genética de poblaciones. Específicamente, detalla los estudios de haplotipos de cromosoma Y y ADN mitocondrial, no sólo para reafirmar su argumento acerca de que los componentes genéticos que forman a las poblaciones mestizas varían dependiendo de la geografía, sino también para explicar cómo difieren las ancestrías materna y paterna. Al referirse a las ancestrías paternas de poblaciones "amerindias", "afrodescendientes" (de la región del Chocó) y "caucasoides" de la región andina, Yunis identifica muy poca influencia caucasoide para las dos primeras. Al mismo tiempo afirma que en "la población caucasoide de la región andina [hay] un predominio de haplotipos de cromosoma Y de origen europeo, principalmente de origen español, que corresponden a las regiones de Andalucía, Castilla y Extremadura, con muy bajo aporte de linajes afrodescendientes y amerindios".[72] Respecto a los componentes de la "población amerindia" afirma que "hay una contribución muy pequeña de poblaciones caucasoides y afrodescendientes". Para la población afrocolombiana del Chocó "los resultados mostraron que los linajes paternos se conservan como linajes de origen africano, con muy bajos aportes de poblaciones caucasoides y amerindias".[73] En resumen, los marcadores de ancestría paterna de esas diferentes "poblaciones" varían considerablemente.

Con base en el análisis de ADN mitocondrial, Yunis[74] identifica la frecuencia de los haplogrupos mitocondriales amerindios en "poblaciones mestizas" en 11 departamentos,[75] así como

[71] E. Yunis, *¡Somos así!*, Bruna, Bogotá, 2006, p. 289.

[72] *Ibid.*, p. 271.

[73] *Idem.*

[74] *Ibid.*, pp. 288-290.

[75] En Colombia los departamentos son las unidades político-administrati-

"el haplogrupo L mitocondrial, que identifica el ADN mitocondrial de origen africano" en los mismos departamentos.[76] Concluye que "con los resultados de estos estudios definimos un predominio en el rastro amerindio para todas las regiones de Colombia, que va desde 73.9%, el menor, hasta 96.5%, el mayor, con un promedio general de 85.5%, lo que significa que el ADN mitocondrial transmitido por las madres colombianas actuales es amerindio en su más alto porcentaje. El aporte de otras madres es minoritario..."[77] En relación con los porcentajes de los componentes encontrados en haplogrupo mitocondrial de "origen africano", Yunis subraya:

> Por supuesto, la entrada e imposición de la esclavitud es de gran significación, de nuevo, por el mestizaje selectivo y opresivo que se instauró con la población negra. Ésa es la razón para que el aporte de las madres negras, por vía del ADN mitocondrial, se vea reflejado en el gráfico respectivo, que lo muestra, desde el ángulo de la transmisión de la molécula de madre a hijo, con las diferencias de una región a otra, evidentes para quien conozca de manera elemental el país, resultados que deben interpretarse ligados a la existencia de minas, *palenques*, población *zamba*, entre otros.[78]

En las narrativas que hemos examinado, es claro que Yunis articula la relación entre nación y diferencia mediante la noción de *raza* y la existencia de una regionalización. Insiste en que existen "poblaciones mestizas" que varían geográficamente de acuerdo con las diferentes proporciones de los tres "componentes étnicos" o "razas" (caucásico/europeo, negro/africano, indígena/amerindio) que históricamente han poblado cada región. A partir de esto elabora una noción de "mestizo

vas más grandes. Chocó no está incluido en esos departamentos, pero sí Meta, Cundinamarca, Boyacá, Nariño, Santander, Norte de Santander, Tolima, Valle del Cauca, Córdoba, Sucre, Atlántico y Antioquia.

[76] E. Yunis, *op. cit.*, 2006, pp. 288-290.

[77] *Ibid.*, p. 289.

[78] *Idem.* Yunis se refiere de forma implícita a los patrones histórico-geográficos de esclavitud en Colombia, mismos que se centraron en la minería de oro de la cuenca del Pacífico. Alude también las comunidades de esclavos fugitivos o palenques y los procesos de miscegenación indígena-negro en la región que produjeron "poblaciones *zambas*".

caucásico" o "poblaciones mestizas caucásicas".[79] Sin embargo, no está claro si las categorías de "amerindio" y "afrodescendiente" que Yunis identifica también entran dentro de su diferenciación de poblaciones mestizas.[80] De acuerdo con Yunis, las poblaciones mestizas de la nación pueden diferenciarse espacialmente. Las regiones y departamentos, por ejemplo, son la materialización de los procesos históricos por medio de los cuales se situaron marcadores raciales diferenciables. Además, las historias de los marcadores de ancestría de cada población tienen una relación específica con el género. Por ejemplo, mientras que la presencia de marcadores europeos se asocia de forma apabullante con los padres y los marcadores maternos son principalmente indígenas y africanos, las proporciones cambian de lugar en lugar. Por lo tanto, la composición de género de la ancestría varía conforme movemos la mirada de "poblaciones amerindias colombianas" a "poblaciones afrodescendientes del Chocó".[81]

Violencia y genética forense

En la última década, la genética de poblaciones en Colombia ha cambiado de forma sustancial tanto en orientación como en tecnología.[82] En la actualidad varios laboratorios universitarios que hacen genética de poblaciones o antropología gené-

[79] Por ejemplo, E. Yunis, *op. cit.*, 2009, pp. 130, 131.

[80] Entre los mapas que Yunis presenta, es claro que la población de la región del Pacífico, la cual incluye el departamento del Chocó, tiene componentes genéticos indígenas y caucásicos, como las poblaciones mestizas en general (E. Yunis, *op. cit.*, 2009, pp. 360-366).

[81] Esta perspectiva hace eco de dos nociones históricas en Colombia. La primera es la idea de que Colombia es una nación de regiones. La segunda, que una de las diferencias más salientes entre esas regiones es su composición racial. Juntas, ambas ideas promueven una regionalización persistente de la raza y una racialización de las regiones (naturalizadas), herederas de un determinismo ambiental, racismo biológico y excepcionalismo nacional, que han sido componentes recurrentes, cuando dinámicos, de los imaginarios de la unicidad colombiana.

[82] Para un análisis de ese periodo de investigación genética en Colombia, véase el capítulo v de este volumen, y M. Olarte y A. Díaz del Castillo, "'We are all the same, we all are mestizo': On populations, nations, and discourses in genetics research in Colombia", *Science as Culture*, 18 de octubre de 2003.

tica financian su investigación con trabajo que realizan en disciplinas médicas y forenses. Desafortunadamente, ese cambio hacia la diversificación del campo de la genética en Colombia es el resultado del reciente acrecentamiento del conflicto armado. Iniciativas como el Plan Colombia[83] propiciaron la aparición de nuevos estándares y tecnologías de investigación genética para identificar a las víctimas y perpetradores de actos violentos. En este sentido, la motivación principal de la búsqueda de diferencias moleculares entre las poblaciones colombianas se ha movido hacia tecnologías que se enfocan en la identificación individual y que puede utilizarse en informes forenses.[84]

El famoso CODIS (Combined DNA Index System) desarrollado por el FBI en los Estados Unidos, que integra tecnologías moleculares, como repeticiones microsatelitales y su adscripción "geográfico-racial" para identificar cuerpos, ha sido incorporado a la investigación forense colombiana. En ese campo, Manuel Paredes, un estudiante de Yunis, fue el primer genetista en crear un laboratorio forense en el Instituto de Medicina Legal para investigación criminalística. Expedicionarios como Bernal y Zarante ayudaron también a crear un laboratorio de genética forense dentro de la policía nacional y entrenaron a la primera generación de investigadores criminales en ese ámbito.[85]

La práctica forense se ha convertido así en una nueva área en la que se aplica la genética para activar y desarrollar nociones de diferencia y nuevas maneras de describir a la nación

[83] El Plan Colombia es un acuerdo bilateral entre los gobiernos de los Estados Unidos y Colombia, que comenzó en el año 2000 y continúa vigente. Tiene como fin proveer financiamiento estadounidense a la milicia en las dos guerras internas del Estado colombiano: "la guerra contra las drogas" y "la guerra contra el terrorismo".

[84] Aunque las pruebas de paternidad se han realizado desde la década de 1970, fue hasta los años noventa que la preocupación del Estado colombiano por la intensificación de la guerra fomentó el desarrollo de nuevas tecnologías genéticas forenses. Inicialmente, luego de la aprobación de la Ley 75 en 1968, se utilizaban grupos sanguíneos en los casos de paternidad, mientras que en los ochenta se comenzaron a utilizar nuevas tecnologías como el HLA.

[85] Véase E. Schwartz-Marín, P. Wade, E. Restrepo *et al.*, "Colombian forensic genetics as a form of public science: The role of race, nation and common sense in the stabilisation of DNA populations", sin publicar, 2013.

colombiana. La producción de la diferencia genética dentro de las disciplinas forenses resalta la noción de un país de regiones racializadas en las cuales uno puede claramente distinguir patrones genéticos de acuerdo con los diferentes departamentos.[86] Las investigaciones en genética de poblaciones que han sido desarrolladas desde una perspectiva forense en los últimos 10 años operan con esa presuposición, y de esta forma se nutren del sentido común ya arraigado de una Colombia regionalizada y racializada,[87] y lo ahondan.

Conclusión

Mientras que Expedición Humana buscaba comunidades aisladas "para trazar el verdadero mapa genético de la población colombiana, el grupo de trabajo de Yunis realizaba el "primer gran estudio de mestizaje en Colombia",[88] subrayando los porcentajes variantes de los componentes raciales de negro, caucásico e indígena en relación con divisiones geográficas (regiones), unidades administrativas políticas (departamentos) y otros procesos históricos espacializados (como la colonización antioqueña).[89] En ambos casos, estaban investigando la

[86] M. Paredes, A. Galindo, M. Bernal *et al.*, "Analysis of the CODIS autosomal STR loci in four main Colombian regions", *Forensic Science International,* 137 (1), 2003, pp. 67-73.

[87] Gran parte de esas investigaciones se han adelantado en forma de tesis de maestría, en los programas de genética o de biología con hincapié en genética de la Universidad Nacional, Javeriana, Antioquia, del Valle y Andes. Algunas de esas tesis (por ejemplo L. Díaz, *Análisis de 17 loci de STR de cromosoma Y en las poblaciones de Bogotá y Santander con fines genético poblacionales y forenses,* tesis de maestría, Universidad Javeriana, Bogotá, 2010, y G. Terreros, *Determinación de la variación de las secuencias de las regiones HVI y HVII de la región control del DNA mitocondrial en una muestra de la población Caribe colombiana,* tesis de maestría, Universidad Javeriana, Bogotá, 2010) son financiadas por el Instituto Nacional de Medicina Legal y Ciencias Forenses.

[88] E. Yunis, *op. cit.,* 2009, p. 94.

[89] Aunque aquí no hablamos en detalle de esa espacialización de la diferencia racial, nos referimos al tropo común de antioqueñidad que se reproduce en el trabajo de Yunis. Se piensa que Antioquia, un departamento del noroeste de Colombia y sus habitantes, conocidos como paisas, son la parte más blanca y trabajadora de Colombia. La identidad *paisa,* que presenta un acentuado nacionalismo, ha sido estudiada ampliamente (P. Wade, *Blackness and race mixture: The dynamics of racial identity in Colombia,* Johns Hopkins Uni-

diversidad molecular, un tipo particular de diversidad que no puede ser percibida a simple vista y que, por lo tanto, requiere competencias en conocimiento y tecnología genética y genómica. Para ellos, las comunidades aisladas y las variaciones espaciales de las poblaciones mestizas representaban los lugares privilegiados para analizar y entender la diversidad molecular y los ladrillos con los que se imagina la nación colombiana.

A pesar de sus diferencias, en ambos casos la diversidad molecular nacional fue racializada y acomodada en espacios diferentes. Por un lado., en el trabajo de Yunis y colaboradores, el uso del término *raza* y su regionalización es explícito. Su trabajo, primero con marcadores sanguíneos y posteriormente con marcadores de ancestría (haplogrupos) en ADN mitocondrial y del cromosoma Y, opera con una lógica racializada que es evidente en los términos que se utilizan para describir la diferencia: caucásico/europeo, negro/africano, indígena/amerindio. En contraste, aunque en el programa Expedición Humana las referencias claras a la raza fueron ocasionales, éstas son rechazadas actualmente por algunos de los participantes del proyecto.[90] Sin embargo, como hemos mostrado, hay en sus documentos ejemplos claros de menciones explícitas de las tres razas y referencias implícitas pero obvias a las razas como en el caso del logotipo del programa. Por su historia particular y sus afiliaciones (Nina S. de Friedemann, por mencionar una), en las publicaciones de Expedición Humana y los docu-

versity Press, Baltimore, 1993) y proviene de una narrativa histórica fundacional. De acuerdo con esa narrativa, la ingenuidad y el afán natural de los paisas estimuló su colonización de las áreas vecinas.

[90] A. Gómez, I. Briceño y J. Bernal, "Patrones de identidad genética en poblaciones contemporáneas y precolombinas", Fundación Alejandro Ángel Escobar, 2011. Consultado el 5 de abril de 2013, <http://www.faae.org.co/html/resena/2011-identidad-genetica.html?keepThis=true&TB_iframe=true&height=380&width=628>. Así, por ejemplo, en la presentación de los resultados parciales de la investigación "Genómica, raza y nación", en la Universidad Javeriana el 9 de diciembre de 2010, la intervención de Alberto Gómez fue terminante en el cuestionamiento de la relevancia del término "raza", desmarcando la investigación genética de cualquier reduccionismo racialista. Véase también A. Gómez, "Entrevistas con científicos galardonados. Premio de Ciencias Exactas, Físicas y Naturales", Fundación Álejandro Ángel Escobar, 2011. Consultado el 5 de abril de 2013, <http://www.faae.org.co/html/ganadoresanoc.htm>.

mentos internos podemos ver que el floreciente discurso del multiculturalismo se utiliza cada vez con más frecuencia, lo que lleva a remplazar el término *raza* por *cultura* y por *etnicidad,* actualmente más políticamente correctos. No estamos afirmando que Expedición Humana o Yunis estén trabajando desde la perspectiva del reduccionismo genético, una visión a la que ambos se han opuesto explícitamente en repetidas ocasiones. Tampoco les atribuimos el tipo de pensamiento racial característico del pensamiento de comienzos del siglo XX, que establecía correlaciones entre características biológicas de las poblaciones y comportamientos específicos y capacidades morales o intelectuales. Pero, en cambio, creemos que si entendemos que hay procesos de racialización que no requieren la continua iteración explícita del término *raza,* podemos ver que el concepto de raza aparece y funciona cada vez que se movilizan categorías discretas de diferencia y se establece una distinción entre indígenas, negros y mestizos. En este sentido podemos afirmar que en ese proyecto de genética humana en Colombia hay una clara articulación racial de la diferencia, independientemente de si se menciona la palabra *raza* o no.

La espacialización de la diferencia es también un tropo central en la imaginación genética de la nación colombiana. En el programa de la Expedición Humana, tan sólo la idea de expedición —la necesidad apremiante de viajar a lugares remotos que permanecen ocultos y deben ser inmediatamente descubiertos por la mirada científica— pone en evidencia un imaginario geográfico de la diferencia. Igualmente, para Yunis y sus colaboradores, las poblaciones mestizas no son todas iguales, dado que han sido marcadas históricamente por una geografía fragmentada de regiones naturales que ha resultado en una clara espacialización de diferencia racializada.

III. EL MESTIZO EN DISPUTA
La posibilidad de una genómica nacional en México

Carlos López Beltrán, Vivette García Deister,
Mariana Ríos Sandoval

El objetivo de este capítulo es proveer un marco histórico y analítico para situar y darle sentido al episodio del Instituto Nacional de Medicina Genómica (Inmegen) en el que se produjo el así llamado "mapa del genoma del mestizo mexicano". Exploramos la peculiar retórica nacionalista en la que dicho proyecto se inscribió, así como las razones políticas y científicas de sus alcances y limitaciones. En particular nos ocupamos del papel central que el Inmegen le otorgó a la figura del mestizo mexicano como icono de la población nacional que se propuso analizar.

Desde el siglo xix el mestizo en México ha sido un constructo identitario poderoso, complejo, hondamente arraigado, e ideológicamente propicio para ocupar un papel central en la construcción de la nación. Su éxito se debe en parte a que constituye un referente igualitario de "el mexicano" invocado para ahuyentar la heterogeneidad étnica y racial y las diferencias económicas y políticas disruptivas. Como en muchos otros aspectos de la modernidad mexicana, existe una creciente percepción de que el mestizo como eje de la identidad mexicana se encuentra en crisis. Según algunos sociólogos e historiadores contemporáneos, el mestizo se ve cada vez más como una construcción artificial incapaz de seguir haciendo su trabajo de cimentar la identidad nacional, mientras que los aspectos negativos de su papel como homogeneizador racial se hacen cada vez más evidentes.[1] En lo que sigue esbozamos una breve historia política de la ideología mestizante para lue-

[1] J. Aguilar, "Ensoñaciones de unidad nacional: La crisis en la identidad nacional en México y Estados Unidos", *Política y Gobierno,* 8 (1), 2001, pp. 195-222; C. Lomnitz, *El antisemitismo y la ideología de la Revolución mexicana,* fce, México, 2010a (Centzontle); M. Tenorio, "Del mestizaje a contrapelo:

go recorrer históricamente las figuraciones biológica y antropológica del mestizo mexicano.

Nos interesan las formas en que las comunidades científicas nacionales e internacionales hispanoamericanas han reivindicado al mestizo, cada una con su sesgo particular. Comenzamos con una breve recapitulación histórica de la trayectoria en ascenso del mestizo al estatus icónico como portador de una identidad nacional. Luego nos orientamos hacia un momento especial en esta historia, cuando el mestizo se transformó en un objeto científico dentro de la antropología y la biomedicina. La sucesión de biotecnologías y el uso de marcadores racializados desde la serología, la inmunología, la genética y más recientemente la genómica han producido de manera consistente descripciones diferenciadas del indio y del mestizo mexicano. Nuestro objetivo es clarificar cómo y por qué la genética, y más recientemente la genómica, se han abocado al mestizo y lo han revestido con los más recientes atributos científicos que permiten asignarle porcentajes específicos de ancestría amerindia, europea y africana. A través de la lente de esta última iteración como unidad de análisis genómico, nos proponemos entender las continuidades y rupturas en relación con indagaciones análogas en el pasado, y mostrar algunas de las dinámicas que surgen entre ciencia e ideología.

El mestizo como icono ideológico nacional

La historia detallada del mestizaje y del mestizo en México está por escribirse. Tenemos ya un recuento fragmentario de esa historia,[2] pero carecemos de una narrativa más amplia y completa. Muchos historiadores han hecho esbozos básicos, consistentes de una serie de hitos y nodos históricos que necesitarían hilarse en una interpretación completa. Entre esos

Guatemala y México", *Istor,* 24, 2006, pp. 67-94; J. Viqueira, "Reflexiones contra la noción histórica de mestizaje", *Nexos,* 1° de mayo de 2010, pp. 76-83.

[2] G. Aguirre, *La población negra de México, 1519-1810: Estudio etno-histórico,* Ediciones Fuente Cultural, México, 1946; A. Basave, *México mestizo: análisis del nacionalismo mexicano en torno a la mestizofilia de Andrés Molina Enríquez,* FCE, México, 1992; S. Alberro, *Del gachupín al criollo: O de cómo los españoles de México dejaron de serlo,* El Colegio de México, México, 2006.

elementos formativos, los siguientes han definido los parámetros de un paradigma histórico académico: los encuentros reproductivos desiguales durante la invasión europea de las Américas;[3] la esclavización de los pueblos africanos y su emplazamiento en muchos sitios americanos y también en la Nueva España;[4] el desarrollo de la sociedad de castas colonial, así como su progresiva disrupción durante el periodo Borbón del siglo XVIII;[5] y el largo periodo de diferentes valoraciones de (y soluciones para) el mestizaje después de la Independencia.[6]

Tal historia no puede suponer relaciones invariables entre raza, mestizaje y movilidad social en diferentes periodos históricos. En México los componentes de la llamada "pigmentocracia" (la valoración de la blanquitud en demérito de la piel oscura) que describió Humboldt en 1822, fueron reconfigurados para generar en su momento versiones eurocéntricas o indocéntricas de la "mestizofilia", una ideología legitimadora forjada en las disputas ideológicas de la segunda mitad del siglo XXI.[7]

El periodo virreinal (o colonial, del siglo XVI al XVIII) vio el surgimiento de un principio estructurador que organizaba la gran variedad de castas, o mestizajes raciales, y se imponía sobre el escenario social y político. Existían castas básicas de primer orden (mestizo, mulato y lobo) y también había otras castas inestables y móviles de segundo orden, etiquetadas con numerosos calificativos juguetones o despectivos. Dentro del

[3] A. Salas, *Crónica florida del mestizaje de las Indias, siglo XVI,* Losada, Buenos Aires, 1960.

[4] G. Aguirre, *op. cit.*

[5] N. Chong, "Symbolic violence and sexualities in the myth making of Mexican national identity", *Ethnic and Racial Studies,* 31 (3), 2008, pp. 524-542; I. Katzew, *Casta painting: Images of race in eighteenth-century Mexico,* Yale University Press, New Haven, CT, 2005 [2004].

[6] F. S. Teresa de Mier, "Sobre el origen de los españoles y la mezcla de su sangre", en *Cartas de un americano, 1811-1822,* Secretaría de Educación Pública, México, 1987 [1811], y M. Tenorio, *op. cit.*

[7] A. Basave, *op. cit.;* E. Sánchez-Guillermo, "Nacionalismo y racismo en el México decimonónico: Nuevos enfoques, nuevos resultados", *Nuevo Mundo. Mundos Nuevos,* 30 de enero de 2007. Consultado el 13 de septiembre de 2012, <http://nuevomundo.revues.org/3528>; J. Izquierdo y M. Sánchez, *La ideología mestizante, el guadalupanismo y sus repercusiones sociales. Una revisión crítica de la "identidad nacional",* Universidad Iberoamericana de Puebla, Lupus Inquisitor, Puebla, 2011.

orden en su conjunto operaba una trayectoria de blanqueamiento normativo, que colocaba al tipo físico español como ideal. Sin embargo, otras trayectorias irregulares y aparentemente aleatorias surgieron también durante ese periodo, las cuales se encuentran ejemplificadas en la tradición de las pinturas de castas. Los cuerpos de castas indisciplinados, no blanqueados, eran percibidos en tales pinturas como indianizados o africanizados, y etiquetados con una riqueza vernácula de nombres curiosos y degradantes como *coyote*, *zambaigo* o *torna atrás*.[8] Las categorías racializadas de mestizaje en México comenzaron a estabilizarse hacia el final del periodo virreinal dentro de las siguientes categorías principales: españoles o, para aquellos nacidos en América, criollos-mestizos, e indios. Se siguió por un periodo llamando castas a todos los otros tipos o apariencias no fácilmente clasificables.[9]

En el siglo XX, durante y después del periodo transformador de la Revolución mexicana, la categoría colonial de mestizo fue reapropiada por el Estado mexicano como recurso ideológico. El eje demográfico del indio-mestizo sirvió como principio organizador tanto para administrar interacciones étnicas como para legitimar la política poblacional del Estado mexicano. Los científicos, especialmente antropólogos y médicos, reforzaron esa taxonomía dual y las polaridades que ésta engendraba en sus estudios sobre la geografía humana de México. La sucesión de biotecnologías y marcadores racializados de la serología, inmunología, genética y, más recientemente, la genómica, han producido constantemente descripciones diferenciadas del indio mexicano y del mestizo mexicano. La genética y la genómica han revisitado al mestizo en nuestros días, restaurando la figura sobre bases científicas, organizándola con base en porcentajes de ancestría amerindia, europea y africana, amarrados a marcadores genéticos.

[8] C. López Beltrán, "Hippocratic bodies: Temperament and castas in Spanish America (1570-1820)", *Journal of Spanish Cultural Studies,* 8 (2), 2007, pp. 253-289; C. López y F. Gorbach, "Sangre y temperamento: Pureza y mestizajes en las sociedades de castas americanas", en C. López Beltrán, y F. Gorbach (eds.), *Saberes locales: Ensayos sobre historia de la ciencia en América Latina,* pp. 289-342, El Colegio de Michoacán, Zamora, México, 2008.

[9] G. Aguirre, *op. cit.*

El desenlace de la historia ha sido ese papel muy especial del mestizo en la política identitaria mexicana. A pesar de que en retrospectiva el mestizo era sólo una entre las varias importantes categorías de casta durante el virreinato, esa figura tuvo siempre un sitio especial. Siendo el nombre que los españoles usaron para señalar a aquellos individuos nacidos de una pareja española e india, el mestizo se presentaba tanto como un potencial aliado o pariente (como un medio hermano) y como un serio rival para el control hispánico de la tierra y el poder, en la medida en que las primeras generaciones de mestizos tenían legalmente derecho a heredar las tierras y prerrogativas de sus padres españoles.[10] El mestizo fue una figura crucial en el sistema de castas, al desempeñar el papel de amortiguador/intermediario entre la élite española y criolla y el resto de las castas. Fue en ese papel que los mestizos experimentaron el declive de sus derechos y prerrogativas. Fue sólo después de que las opacas complejidades y transparentes injusticias del sistema de castas se disolvieran parcialmente en la época de la Independencia, que el mestizo se convirtió progresivamente en una categoría paraguas para todo mexicano que no era ni blanco europeo ni indio. La población mestiza se incrementó constantemente durante los siglos XIX y XX tanto por la continua interacción entre los distintos sectores y clases de la población mexicana como a causa de la regionalización de muchos de sus integrantes. Por ello la figura del mestizo (y el proceso de mestizaje) se tornó un asunto demográfico y poblacional central para el México independiente.

La época posterior a la Independencia, a pesar de la abolición del sistema de castas y de la esclavitud, no fue testigo de la destrucción del poder de la matriz civilizatoria europea, sino más bien de su revaloración. La política y la cultura mexicanas durante el siglo XIX estuvo fracturada por la escisión entre aquellos que querían preservar el cuerpo "blanco" europeo como el ideal regulador de la nación y de las políticas de migración y demográficas para procurar una homogeneidad, y aquellos que creían que era más realista mover ese ideal hacia un cuerpo y complexión que se pareciera más a la mayoría de los mexicanos. En otras palabras, el tipo de mesti-

[10] A. Salas, *op. cit.*

zo blanqueado se posicionó contra el mítico mestizo moreno original, descendencia del indio y el español.[11]

Casi todos en los círculos de hacedores de políticas en el siglo XIX coincidían en que la homogeneización racial era esencial para la sobrevivencia de México. Pero el tipo racial del ciudadano mexicano modelo en la nueva nación, y la fórmula política que la fraguaría, era fuente de profundo disentimiento. El programa de la mayoría criolla era radicalmente distinto en su orientación de la política de mestizar a los mexicanos, especialmente con respecto a los grupos indios originarios. Una estrategia era aislar a los indios y dejarlos al proceso darwiniano de extinción en la lucha por la supervivencia; mientras tanto, la política de la migración europea selectiva mejoraría y blanquearía la base mestiza existente.

Adecuando un poco la conocida noción de Agustín Basave, podemos llamar a esa estrategia *mestizofilia blanca*. Otra estrategia, la cual podríamos llamar *mestizofilia morena*, adoptó una visión más tolerante con los grupos indígenas, y se propuso incorporarlos al cuerpo mestizo principal en todas partes del país, por medio de la fusión racial y la aculturación. Las facciones liberales se asociaron con esa segunda estrategia, y era probablemente la única realista, debido al hecho de que la migración europea masiva, como la que ocurrió en los Estados Unidos y Argentina, nunca se materializó en México.[12]

El nacionalismo mexicano vencedor durante el siglo XIX tuvo así este tenor mestizofílico moreno. El cuerpo mexicano ideal pasó a identificarse con el mestizo moreno como resultado del hecho de que los liberales antiespañoles ganaron su lucha política contra los conservadores proespañoles y usaron esa imagen idealizada del mestizo moreno (distinto del más claro, mestizo europeo blanqueado) para generar una ideología nacional organizada alrededor de la mestizofilia, haciendo del mestizo más moreno el emblema de la unidad racial, cul-

[11] R. Falcón, *Españoles y mexicanos a mediados del siglo XIX*, El Colegio de México, México, 1996.

[12] C. Lomnitz, "Los orígenes de nuestra supuesta homogeneidad: Breve arqueología de la unidad nacional en México", *Prismas*, 14 (1), 2010b, pp. 17-36; M. Saade Granados, *El mestizo no es "de color". Ciencia y política pública mestizófilas (México, 1920-1940)*, tesis de doctorado, ENAH-INAH, México, 2009.

tural y política.[13] La categoría supuestamente inclusiva del mestizo fue adoptada con entusiasmo por los ideólogos de la Revolución mexicana.

El mestizo como figura de identidad nacionalista nunca fue, a pesar de la mitología aceptada en su redor, totalmente igualitaria e incluyente. Para empezar, no dejaba ningún espacio legítimo en México para extranjeros e individuos de distintos orígenes étnicos, como los africanos, los judíos o los asiáticos.[14] Toleraba la "otredad" solamente en los extremos típicos de la mezcla poblacional aceptada: los blancos europeos y los indios mexicanos.[15] Sin embargo, mientras que los blancos europeos tenían el capital político y económico para protegerse, la planeada e "inevitable" erradicación de los indios a través de la "aculturación" y la asimilación al mestizo mostró el lado oscuro, intolerante e inequitativo del proyecto nacional de la mestizofilia. De hecho, la política indigenista posrevolucionaria hizo del binomio mestizo/indio una arena en la que los indios podían ser convertidos en mestizos.[16] La educación y programas sanitarios diseñados para desempeñar un papel clave en la visión posrevolucionaria de la sociedad y Estado modernos fueron cruciales en ese esfuerzo.[17]

[13] A. Basave, *op. cit.;* A. Stern, *Mestizophilia, biotypology, and eugenics in post-revolutionary Mexico: Towards a history of science and the state, 1920-1960,* University of Chicago, Mexican Studies Program, Center for Latin American Studies, Chicago, 2000.

[14] C. Lomnitz, *op. cit.,* 2010b, y "Por mi raza hablará el nacionalismo revolucionario (arqueología de la unidad nacional)", *Nexos,* febrero, 2010c, pp. 42-51.

[15] J. Lara, *Los chinos en Sonora: una historia olvidada,* Instituto de Investigaciones Históricas, Universidad de Sonora, Hermosillo, 1990; G. Renique, "Sonora's anti-Chinese racism and Mexico's postrevolutionary nationalism, 1920s-1930s", en N. Appelbaum, A. Macpherson y K. Rosemblatt (eds.), *Race and nation in modern Latin America,* pp. 212-236, University of North Carolina Press, Chapel Hill, 2003b.

[16] F. Navarrete, *Las relaciones interétnicas en México,* vol. 3, *La pluralidad cultural en México,* UNAM, México, 2004.

[17] C. Agostoni, "Estrategias, actores, promesas y temores en las campañas de vacunación antivariolosa en México: Del Porfiriato a la Posrevolución (1880-1940)", *Ciência & Saúde Coletiva,* 16 (2), febrero de 2011, pp. 459-470; E. Aréchiga, "Educación, propaganda o 'dictadura sanitaria': Estrategias discursivas de higiene y salubridad públicas en el México posrevolucionario, 1917-1945", *Estudios de Historia Moderna y Contemporánea de México,* 33 (033), 2009, pp. 57-58.

La sinergia entre el icono del mestizo moreno y la ideología nacionalista de la primera parte del siglo XX era evidente en el imaginario posrevolucionario, el cual representaba oficialmente a la población nacional alrededor de un eje indio/mestizo. Bajo el régimen del presidente izquierdista Lázaro Cárdenas (1934-1940) fue reforzado el proyecto indigenista, con la meta de resolver de una vez por todas el viejo problema del indio. El proyecto fue encabezado por eminentes antropólogos que restauraron y reforzaron las categorías de indio y mestizo de una manera más acotada y aparentemente más precisa.[18] Para este fin, se privilegiaron los criterios lingüísticos (español versus lenguas originarias) y culturales. En los años sesenta, una generación de intelectuales mexicanos influidos por el marxismo se rebeló contra ese paradigma, argumentando que la interpretación paternalista y nacionalista de las nociones de indio y mestizo eran una fachada bajo la cual las relaciones económicas capitalistas penetraban en la totalidad de la esfera social mexicana.[19]

El momento marxista pasó, pero no ha habido tregua en la arremetida contra el papel histórico y contemporáneo del mestizo mexicano como icono identitario, encabezada por una nueva generación de historiadores, antropólogos y críticos culturales, quienes argumentan que el mestizo ha sobrevivido a su utilidad ideológica como herramienta de homogeneización y estabilización social, y quienes también exponen el racismo oculto, las políticas excluyentes y las asimetrías de poder antidemocráticas que esa imagen condona.[20] Acorde

[18] G. Aguirre y R. Pozas, *La política indigenista en México,* Instituto Nacional Indigenista, México, 1981; M. Saade, *op. cit.;* L. Villoro, *Los grandes momentos del indigenismo en México,* El Colegio de México, México, 1950; R. Bartra, *Anatomía del mexicano,* Debolsillo, Random House Mondadori, México, 2005; G. Bonfil, "Sobre la ideología del mestizaje", en G. Valenzuela (ed.), *Decadencia y auge de identidades,* Plaza y Valdés, México, 2004, pp. 88-96.

[19] A. Warman, *De eso que llaman antropología mexicana,* Nuestro Tiempo, México, 1970; F. Vergara, " 'Un asunto de sangre': Juan Comas, el evolucionismo bio-info-molecularizado, y las nuevas vidas de la ideología indigenista en México", en J. Mansilla y X. Lizárraga (eds.), *Miradas plurales al fenómeno humano,* Instituto Nacional de Antropología e Historia, México, 2013; A. Medina y C. García, *La quiebra política de la antropología social en México: La polarización (1971-1976),* UNAM, México, 1983.

[20] O. Gall, *Racismo, mestizaje y modernidad: Visiones desde latitudes diver-*

con los tiempos finiseculares, varios académicos y críticos humanistas defienden el multiculturalismo y la multietnicidad como una visión más realista y emancipadora de la historia mexicana y la sociedad contemporánea.[21]

El mestizo es modulado por la ciencia

La historia de la ciencia racial en el siglo XX es la historia de la difícil empresa de seguir aplicando conceptos añejos y pertinaces estrategias clasificatorias a las sociedades humanas. Todos los criterios o marcadores científicos que se han usado en una ininterrumpida sucesión para demarcar las diferencias raciales físicas y hereditarias, la coloración de la piel, las medidas craneales, los tipos sanguíneos, las proteínas sanguíneas, las variantes genéticas, el coeficiente intelectual, etc., generaron cada vez más preguntas acerca de cómo valorar el mestizaje racial.[22] En países definidos como mestizos, los científicos locales han siempre tratado de usar diferentes criterios taxonómicos para diagnosticar la mezcla y sus efectos. Los científicos mexicanos repetidamente han hecho investigación para determinar el grado de heterogeneidad de la población nacional en términos raciales. En la primera mitad del siglo XX esa actividad se enmarcaba en el contexto de la defensa que hacía el Estado de la imagen del mestizo. Valorar al mestizo era valorar al mexicano. Los científicos mexicanos, entonces, partieron del supuesto de que debería existir una uniformidad mestiza básica subyacente debido al mestizaje histórico de gran escala. La categoría de mestizo en México perdió su lastre de diferencia exotizante y se volvió el punto

sas, UNAM, México, 2007; C. Lomnitz, *op. cit.*, 2010b; J. Izquierdo, *op. cit.;* J. Viqueira, *op. cit.;* J. Aguilar, *op. cit.;* M. Tenorio, *op. cit.*

[21] F. Navarrete, *op. cit.;* C. Oehmichen, "La multiculturalidad de la Ciudad de México y los derechos indígenas", *Revista Mexicana de Ciencias Políticas y Sociales,* 189, 2003, pp. 147-169.

[22] L. Gannett, "The biological reification of race", *British Journal for the Philosophy of Science,* 55 (2), 2004, pp. 323-345; J. Marks, *Human biodiversity: Genes, race, history,* Aldine de Gruyter, Nueva York, 1995; M. Sans, "Admixture studies in Latin America: From the 20th to the 21st century", *Human Biology,* 72 (1), 2000, pp. 155-177.

común, sin marcaje ni atractivo antropológico, en una antropología neocolonial.

Es por ello que entre 1900 y 1950 el estudio de grupos indígenas contemporáneos definió el contenido y estilo de la antropología en México.[23] Los grupos mestizos urbanos y campesinos, por otra parte, fueron raramente objetos de tal estudio. No fue sino hasta después del final de la década de los cuarenta que el mestizo se constituyó de nuevo como sujeto de reflexión e investigación filosófica y psicológica, en el despertar de la ola de teoría continental que pasaba a través de la academia. Dos generaciones de sofisticados autores mexicanos, de José Vasconcelos a Octavio Paz (incluyendo la excepcional contribución de los discípulos de José Gaos y Samuel Ramos), crearon un género de análisis teórico alrededor de la conformación ideológica, psicológica y física de "el mexicano". Se enfocaba en el típico mestizo, de piel oscura, ingenioso, holgazán, apasionado, inestable, creativo y melancólico y tímido. La mezcla corporal y espiritual de sangre española e india —se presumía— produjo un conjunto paradójico de características. Puede decirse que *El laberinto de la soledad* de Octavio Paz es la destilación literaria de todo ese género.[24]

Al mismo tiempo, el cambio influyó en antropólogos físicos y médicos. De la fijación en el indio, voltearon la atención al cuerpo mestizo, buscando enmarcar en términos físicos y biológicos el fruto de generaciones de mestizaje racial. La base teórica de esos científicos no era la búsqueda ontológica de los filósofos, sino los avances en genética y biología evolutiva de la primera mitad del siglo, los cuales culminaron con los modelos basados en ADN, pero que usaron antes marcadores basados en técnicas moleculares de serología sanguínea, o del complejo de histocompatibilidad, o la bioquímica de proteínas. La genética de poblaciones neodarwinista pudo enmarcar todo esto. Las categorías raciales, lejos de abandonarse, se redefinieron usando las técnicas moleculares que prometían perfeccionar los marcadores raciales sobre bases científicas y

[23] M. Rutsch, *Entre el campo y el gabinete. Nacionales y extranjeros en la profesionalización de la antropología mexicana (1877-1920)*, INAH-UNAM, 2007.

[24] R. Bartra, *Cultura y melancolía. Las enfermedades del alma en la España del Siglo de Oro*, Anagrama, Barcelona, 2001, es una útil antología que captura algunos de esos trabajos.

revelar la conformación biológica mestiza de la población mexicana.

Como en muchas regiones del planeta, en México el estudio molecular de sus subpoblaciones (mestiza y amerindia) se llevó a cabo importando y aplicando las novedosas técnicas de marcadores y reacciones moleculares desarrolladas en Europa y los Estados Unidos. El uso de técnicas, serológicas, inmunológicas y electroforéticas por científicos mexicanos fue similar al de otros lados.[25] Racializar la distribución geográfica de variantes fue un rasgo común. Aunque después de la guerra las declaraciones de la UNESCO sobre el abuso de las razas humanas como categorías científicas marcaron un cambio de rumbo y la ciencia racializada perdió parte de su reputación, ésta siguió practicándose. El financiamiento para la ciencia racialista disminuyó, y la observación científica de las poblaciones humanas y su diversidad se reformó parcialmente para reflejar el rechazo a la ideología de la raza superior, o las visiones despectivas del mestizaje.[26]

Esto ocurrió en algunas disciplinas como la antropología y la biomedicina, pero otras, como la sociología y la criminología, siguieron usando pertinazmente las categorías racializadas de siempre. En genética de poblaciones en particular, la habilidad técnica para usar variantes moleculares y polimorfismos de grupos sanguíneos y hemoglobinas permitió la investigación de grano fino sobre variación biológica entre poblaciones humanas.[27] Las hipótesis dinámicas de la genética de poblaciones permitieron a los investigadores intentar responder preguntas sobre la historia molecular de grupos humanos, usando técnicas como la cromatografía y la electroforesis

[25] E. Suárez y A. Barahona, "La nueva ciencia de la nación mestiza: Sangre y genética humana en la Posrevolución mexicana (1945-1967)", en C. López (ed.), *Genes (y) mestizos. Genómica y raza en la biomedicina mexicana,* pp. 65-96, Ficticia, México, 2011.

[26] A. Montagu, *Man's most dangerous myth: The fallacy of race,* Columbia University Press, Nueva York, 1942; M. Maio, "UNESCO and the study of race relations in Brazil: Regional or national issue?", *Latin American Research Review,* 36 (2), 2001, pp. 118-136.

[27] P. Mazumdar, *Species and specificity: An interpretation of the history of immunology,* Cambridge University Press, Cambridge, 1995; S. Chadarevian, *Designs for life: Molecular biology after World War II,* Cambridge University Press, Cambridge, 2002.

para diferenciar entre hemoglobinas normales y anormales. Esto se tornó parte del arsenal de la biología de poblaciones humanas y la biomedicina. En México esos nuevos métodos no se avenían del todo con el estilo de investigación de la antropología física local, con su resistencia a cualquier antropología que redujera la autonomía de la cultura a modelos biológicos humanos. Sólo unos cuantos antropólogos mexicanos usaron las técnicas moleculares. El hueco dejado por esa actitud se llenó con médicos. Los genetistas humanos, de manera más prominente Rubén Lisker y León de Garay,[28] comenzaron a investigar molecularmente a poblaciones mestizas, buscando marcadores de mestizaje a partir de frecuencias en los tipos sanguíneos o variantes moleculares (hemoglobinas) y la enzima G6PD (glucosa-6-fosfato deshidrogenasa de los eritrocitos). A esta lista se añadieron antígenos de inmunidad. Todos estos factores abrieron una nueva ventana molecular a la diversidad del mestizo.[29]

Los trabajos pioneros en genética médica de León de Garay y Rubén Lisker[30] y los de Rocío Vargas en antropología molecular tomaron prestada la dicotomía poblacional de los sociólogos entre el mestizo/indio para enmarcar sus preguntas y respuestas de investigación. Paradigmáticamente, esos estudios usaron marcadores moleculares para intentar cuantificar los componentes europeo, amerindio y africano de los grupos mestizos en cada región, y además tratar de ubicar mutaciones locales peculiares de potencial importancia patológica y étnica. Por razones que habría que esclarecer, la frase "población mestiza mexicana" se convirtió pronto en un denominador común de los mexicanos no indígenas que capturaba la idea básica de que la población mexicana podía verse en términos de dos grupos básicos. Uno de ellos era el de los mestizos (racialmente mezclados e ideológicamente identificados con el mexicano). En contraste, los pueblos indígenas

[28] A. Barahona, *Historia de la genética humana en Mexico (1870-1970)*, UNAM, México, 2009.

[29] C. Gorodezky, L. Terán y A. Escobar, "HLA frequencies in a Mexican Mestizo population", *Tissue Antigens*, 14 (4), 1979, pp. 347-352; J. Arellano, M. Vallejo, J. Jiménez *et al.*, "HLA-B27 and ankylosing spondylitis in the Mexican Mestizo population", *Tissue Antigens*, 23 (2), 1984, pp. 112-116.

[30] A. Barahona, *op. cit.;* E. Suárez y A. Barahona, *op. cit.*, pp. 65-96.

que estaban mestizados en un grado significativamente menor. Desde un punto de vista dinámico, el porcentaje de la población mestiza se extendía cada vez más con la idea de llegar a la totalidad. La imagen científica confirmaba esa descripción. En la posrevolución, el imaginario apuntaba a que todas las instituciones posrevolucionarias (la escuela, el hospital, el partido político) eran dirigidas por y para mestizos, y cualquier mexicano común caminando por la calle era casi con toda certeza un mestizo. Se esperaba que el escrutinio científico en el ámbito molecular confirmara las características mestizas del grueso de la población.

Esta serie de lugares comunes aceptados sobre el mestizo mexicano se reprodujeron por todo el espectro de los grupos de investigación, científicos preocupados por la población mexicana. En biomedicina, el mestizo se convirtió en la categoría estándar para agrupar a todas las muestras de individuos tomadas principalmente de pacientes de la población mexicana en general, frecuentemente vinculadas a los servicios de salud nacionales.[31] De manera similar, varios artículos aparecieron en publicaciones especializadas cuantificando el porcentaje asignado a diferentes grupos ancestrales dentro del mestizaje mexicano típico (europeo e indio y, en un menor grado, africano).

El estudio genético del mestizaje (o "todos somos mestizos, pero algunos son más mestizos que otros")

El proyecto de crear una imagen biológica exacta de los mestizos se volvió posible durante el siglo XX. Se imaginó que con las técnicas analíticas adecuadas era posible descubrir la contribución genética proporcional de dos o más grupos ances-

[31] R. Lisker, R. Perez-Briceño, J. Granados *et al.*, "Gene frequencies and admixture estimates in a Mexico City population", *American Journal of Physical Anthropology,* 71 (2), 1986, pp. 203-207; R. Cerda-Flores, M. Villalobos-Torres, H. Barrera-Saldaña *et al.*, "Genetic admixture in three mexican mestizo populations based on D1S80 and HLA-DQA1 loci", *American Journal of Human Biology: The Official Journal of the Human Biology Council,* 14 (2), 2002, pp. 257-263.

trales (asumidos como genéticamente diferentes) por medio del análisis de muestras y el uso de procedimientos de estadística inferencial para una población de mestizaje reciente. Ese tipo de investigación fue de especial interés para los científicos que trataban con la genética de poblaciones latinoamericanas. Al principio la idea básica era usar datos de frecuencia alélica en una población mestiza supuestamente derivada de dos poblaciones progenitoras, usando un simple modelo de dilución.[32]

La pregunta sobre cuáles eran los grupos mestizos y cuáles los progenitores era, por supuesto, respondida independientemente al hacer referencia a narrativas históricas o tradicionales tomadas de otros campos. Esto permitió a los investigadores asumir como relevantes a poblaciones ancestrales definidas por criterios históricos más o menos confiables. El hecho de que las poblaciones ancestrales originales necesarias en el análisis como grupos de contraste hubiesen naturalmente desaparecido, se resolvía tomando como representante estadístico de éstas a algún grupo o grupos contemporáneos que se pensaba descendían "directamente" de la supuesta población ancestral. Una muestra contemporánea de ese grupo serviría como aproximación para las frecuencias de marcadores genéticos que se habrían encontrado en el grupo ancestral.

Muchos métodos analíticos fueron ideados y usados para ese fin. De acuerdo con Salzano y Bortolini,[33] todos ellos dependen de dos supuestos básicos: *1)* no hay error de hecho en la elección de los grupos equivalentes a los progenitores o en sus frecuencias génicas, y *2)* podemos descontar cambios en las frecuencias alélicas (p. ej. deriva génica), que ocurren independientemente del flujo genético asumido, por ser estadísticamente triviales. Un supuesto más es necesario para ese paradigma de investigación: que el vínculo ancestro-descendencia entre

[32] F. Ottensooser, "Cálculo do grau de mistura racial através dos grupos sangüíneos", *Revista Brasileira de Biologia*, 4, 1944, pp. 531-537; F. Bernstein, *Die geographische Verteilung der Blutgruppen und ihre anthropologische Bedeutung*, Comitato Italiano per lo Studio dei Problemi della Popolazione-Istituto Poligrafico dello Stato, Roma, 1932.

[33] F. Salzano y M. Bortolini, *The evolution and genetics of Latin American populations*, Cambridge University Press, Cambridge, 2002.

los supuestos grupos parentales y el supuesto grupo mestizo proporcionados por los recuentos históricos es válido empíricamente, lo cual no es fácil de certificar en el marco de muchas trayectorias históricas.

Durante el siglo XX los métodos de análisis de mestizaje (*admixture studies*) fueron mejorados técnicamente varias veces, así como ha ocurrido con el acceso técnico disponible para la variación genética y sus detalles. Hasta hace muy poco esas indagaciones se hacían a partir de sólo unos cuantos marcadores alélicos, lo cual amplificaba el margen de error de cualquier conclusión. Para la población mestiza de México (un grupo típicamente "mestizo"), distintos métodos y protocolos de investigación daban porcentajes de contribuciones europeas y amerindias a la mezcla mestiza que variaban entre sí, tanto en el país entero como entre las regiones geográficas consideradas.[34]

Con el incremento exponencial de la potencia de las computadoras, los procedimientos de secuenciación genotípica han aumentado de manera explosiva el número de variantes que pueden ser analizadas simultáneamente. A su vez, la precisión de los modelos de mestizaje se ha incrementado. Las características de los análisis de mestizaje se han integrado a potentes programas bioinformáticos de agrupamiento como STRUCTURE.[35] Pero aunque la precisión y el espectro del análisis han mejorado, los grupos de datos aún se derivan de los mismos supuestos empíricos que autorizaron la validez de las inferencias de mestizaje anteriores; los supuestos básicos sobre la población mestiza mexicana siguen siendo lo que eran en los inicios de la antropología molecular y la biomedicina.

Se asume que un trasfondo de homogeneidad mestiza incluye a la mayor parte de la población nacional. Además, se considera que los porcentajes de cada componente racial parental son modulados regionalmente pero resultan muy similares de todos modos. Esas dos premisas posibilitan que la relativa heterogeneidad regional del mestizaje sea contrastada con la similitud mestiza subyacente. De este modo, las narra-

[34] *Idem;* R. Lisker, *Estructura genética de la población mexicana: Aspectos médicos y antropológicos*, Salvat Mexicana de Ediciones, México, 1981.

[35] N. Patterson, A. Price y D. Reich, "Population structure and eigenanalysis", *PLoS Genetics*, 2 (12): e190, 2006.

tivas locales de mestizaje diferencial en cada región refuerzan, y se alimentan de, la narrativa mestiza nacional de homogeneidad de mestizaje racial mexicana, y viceversa. Por lo tanto, la visión dual del mestizo mexicano (como nacionalmente homogéneo y regionalmente heterogéneo) parece ser la expectativa que se cumple cada vez más.[36]

Se presume que los dos ingredientes principales del mestizaje en México son el europeo y el amerindio, mientras que las contribuciones africanas son marginales, y concentradas en las costas de Guerrero y Veracruz. La población nacional se estructura alrededor de la misma división histórica y cultural mestizo/indio análoga a la que se fraguó en términos antropológicos y culturales, que enmarcaba la agenda indigenista del régimen posrevolucionario.[37]

A partir de los años sesenta del siglo XX, los genetistas médicos mexicanos y los antropólogos físicos fueron acumulando datos y cuantificaciones del mestizaje que convergían aproximadamente en los mismos porcentajes de ancestría europea, amerindia y africana con ligeras variaciones para las diferentes regiones. La gráfica III.1 muestra el crecimiento de la producción científica en la que, en ese periodo, se hicieron estimaciones genéticas de la mezcla racial en la "población mestiza mexicana". La mayoría de esos estudios operaba con restricciones técnicas y financieras, a menudo subordinados a otros proyectos médicos o antropológicos, y disponiendo de muestras limitadas. Las impresionantes capacidades de secuenciación genómica y de procesamiento bioinformático que llegaron con la biotecnología reciente abrieron para algunos una ventana de oportunidad para finalmente estimar las realidades del mestizaje genético dentro de las fronteras de México. Gerardo Jiménez Sánchez y el Inmegen consideraron política y técnicamente factible ofrecer el uso de dichas nuevas tecnologías para hacer una estimación mucho más detallada del mestizaje desde el punto de vista genético. Nadie hasta entonces había hecho la medición definitiva de los componentes genéticos del mestizo mexicano. Jiménez Sánchez percibió ese vacío, y para llenarlo formuló el "Proyecto del Mapa del Geno-

[36] R. Lisker, *op. cit.*, 1981.
[37] G. Aguirre, *op. cit.*

ma de los Mexicanos", quizá injustamente presentado. Tal gesto fue visto como arrogante por miembros de la élite científica (especialmente la generación más vieja de médicos genetistas), pero era consistente con el programa del Inmegen de usar la nueva genética y la retórica de los proyectos genómicos para posicionar al instituto como un centro de investigación de alta tecnología y de avanzada, independiente del *establishment* biomédico norteamericano, y capaz de ocuparse de la investigación entre las poblaciones mestizas al sur de los Estados Unidos.[38]

Durante la administración de Jiménez Sánchez en el Inmegen se reivindicó como propio un universo poblacional de individuos como objetos de estudio (y futuros *pacientes genómicos*) que habitan[39] dentro de los límites políticos y territoriales de México. Esto contrasta con el diseño de otros proyectos no nacionalistas, que apuntan a capturar la variación genética sin fronteras. En esa variación de homogeneidad étnica resaltan grumos de homogeneidad genética asociados a lo étnico para contrastar su diferenciación relativa con otras poblaciones. En tal espacio, el cuerpo mestizo al que Michael Montoya[40] estudió como el diabético, representa una población genéticamente marcada localizada al norte del Río Grande, siendo definida su homogeneidad "al grado de que ciertos

[38] B. Ruha ("A lab of their own: Genomic sovereignty as postcolonial science policy", *Policy and Society,* 28 (4), 2009, pp. 341-355) fue una de las primeras autoras en examinar el surgimiento de la soberanía genómica como una "política científica poscolonial". Describió precisamente las paradojas inherentes al proyecto nacionalista del Inmegen, las cuales (re)biologizaban el Estado-nación para ejercer una forma de soberanía que garantizaba la autonomía científica, y al mismo tiempo invertía tiempo y esfuerzo para atraer capital extranjero y trabajar la relación con redes de conocimiento globales.

[39] C. López Beltrán (ed.), *Genes (y) mestizos: Genómica y raza en la biomedicina mexicana,* Ficticia, México, 2011, emplea el término "paciente genómico" para describir a la persona que —de acuerdo con los promotores de la medicina genómica— se beneficiará de los servicios de salud personalizados derivados de la conformación genética individual. El paciente genómico es proyectado como uno que asumirá un diagnóstico, tratamiento e intervención como se derivan de la información de su genoma. Véase también la noción de "perpetual patient" de G. Pálsson, *Anthropology and the new genetics,* Cambridge University Press, Cambridge, 2007.

[40] M. Montoya, *Making the Mexican diabetic: Race, science, and the genetics of inequality,* University of California Press, Berkeley, CA, 2011.

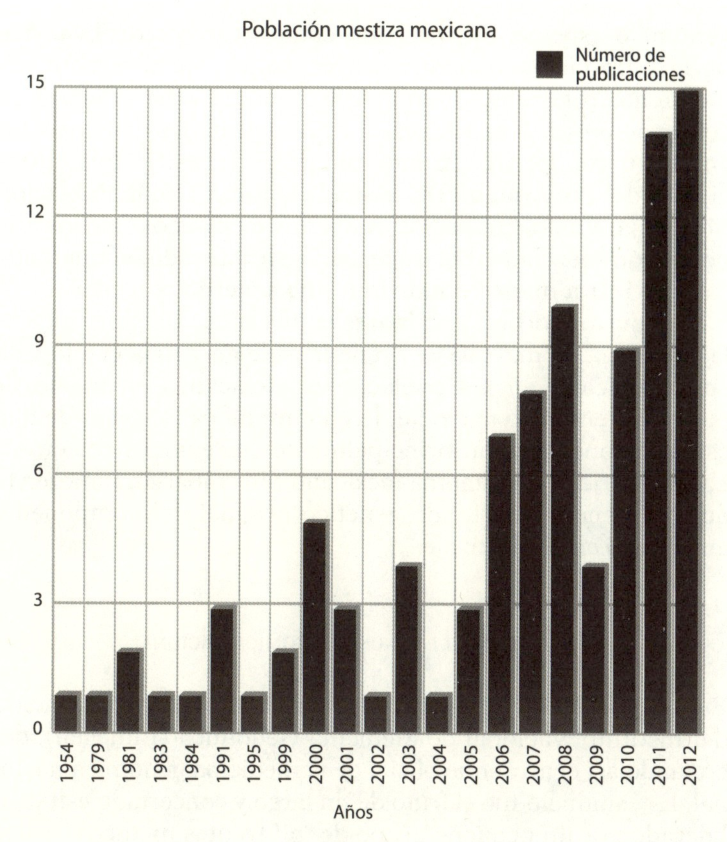

FIGURA III.1

datos obtenidos del ADN mexicano/a resultan homólogos a los de otros mexicanos y por tanto son representativos de los mismos".[41] Esta descripción coincide con sólo uno de los lados de la moneda del cuerpo mestizo. En contraste, la representación genética del mestizo mexicano en Inmegen es interpretada por los genetistas como relativamente heterogénea por regiones, pero racialmente homogénea en el ámbito nacional.

Los científicos del Inmegen durante un tiempo señalaron que existen peculiaridades genéticas que confieren un valor

[41] *Ibid.*, p. 93.

genómico especial al mexicano como el resultado histórico de la hibridación reciente de tres grupos raciales originalmente heterogéneos, y uno de ellos —el indígena— lleno a su vez de heterogeneidad genética y peculiaridades no existentes en otra parte del orbe. Como uno de los investigadores principales del Proyecto de Diversidad Genómica de la Población Mexicana señaló en una entrevista, los mexicanos "somos una población mezclada, heterogénea y estructurada, y tengo que caracterizar a nuestros individuos de acuerdo con esto".

La mayor sorpresa en la nueva investigación genómica es la presencia de marcadores genéticos de ancestría catalogada como africana en las poblaciones mexicanas en la mayor parte del territorio nacional, lo cual modifica la visión de que éstos se concentraban principalmente en regiones costeras.[42] La singularidad del genoma mexicano, sin embargo, Inmegen la quiso asociar al trasfondo genético original del componente amerindio en el mestizaje.

El escenario para una genómica nacional

En julio de 2004 el gobierno de México anunció la fundación del Instituto Nacional de Medicina Genómica (Inmegen), decretando así el arranque oficial de la medicina genómica nacional. Este anuncio fue el fruto de un largo y concertado esfuerzo liderado por un pequeño grupo de influyentes médicos/políticos que en 1999 se reunieron y concluyeron que la biomedicina mexicana tenía que sacar provecho de la reciente oleada de

[42] R. Cerda-Flores, *op. cit.*, pp. 257-263; L. Green, J. Derr y A. Knight, "mtDNA affinities of the peoples of North-Central Mexico", *American Journal of Human Genetics*, 66 (3), 2000, pp. 989-998; R. Lisker, E. Ramírez y V. Babinsky, "Genetic structure of autochthonous populations of Meso-America: Mexico", *Human Biology*, 68 (3), 1996, pp. 395-404. Véanse en el capítulo VII de este volumen ejemplos de cómo las representaciones dominantes de la nación como dividida en regiones a menudo se codifican racial y étnicamente. En México, encontrar marcadores de origen africano repartidos a lo largo del territorio resultó sorprendente en tanto que chocaba con la geografía racializada en uso: en ésta la población "más blanca" tiende a ocupar el norte y la mayoría de las poblaciones indígenas tienden a ocupar el sur, mientras que las regiones costeras del Pacífico y el Golfo de México son los únicos enclaves de ancestría africana.

espectaculares avances en la investigación genómica. El consenso dentro de ese grupo era que la investigación genómica era un gran proyecto científico que debería desarrollarse en una nueva sede. Desde el comienzo el Inmegen destinó montos sustanciales de su presupuesto a una campaña muy activa para promover la imagen pública del nuevo instituto y la de su primer director, el pediatra-genetista Gerardo Jiménez Sánchez, un joven emprendedor de cuidada apariencia. Esta campaña se lanzó con frecuentes anuncios publicitarios, entrevistas y notas periodísticas resaltando el plan del Inmegen de realizar lo que llamaban el "Mapa del Genoma de los Mexicanos", su proyecto insignia. Aun antes de que el Inmegen se fundara, los promotores de la institución hicieron campaña para que el público mexicano tuviera clara la conexión entre sus actividades y el Proyecto del Genoma Humano. Después, la publicidad versaba sobre la participación de México en el Proyecto, el mapa internacional de haplotipos, liderado por el conocido HapMap Project. El manejo estratégico de la imagen pública del Inmegen priorizó la combinación de una agenda nacionalista con una participación de frontera en la ciencia internacional. El objetivo de esa proyección dual era garantizar el apoyo financiero del gobierno federal al Inmegen.

Bajo la dirección de Jiménez Sánchez el proyecto insignia del Inmegen fue justificado recurriendo a dos supuestos con respecto a las características de las poblaciones mexicanas: *1)* que son racialmente mestizas, y por ende genéticamente heterogéneas y estratificadas, lo cual resulta en una singularidad genética de la población mexicana, y *2)* que las diferencias entre la incidencia de ciertas enfermedades en los mexicanos y la incidencia en otras poblaciones se explica sobre todo por diferencias en las frecuencias de ciertas variantes genéticas que predisponen a esas enfermedades. La idea es que el mestizo mexicano ha acumulado ciertas variantes peligrosas. El proyecto se basó en la hipótesis de que las asociaciones haplotipo-enfermedad para enfermedades comunes serían descubiertas por la investigación.[43] Se asume que, debido a su

[43] G. Jiménez-Sánchez, B. Childs y D. Valle, "Human Disease Genes", *Nature*, 409 (6822), 2001, pp. 853-855; J. Hirschhorn y M. Daly, "Genome-wide association studies for common diseases and complex traits", *Nature Reviews Genetics*, 6 (2), 2005, pp. 95-108.

historia de mestizaje reciente, las poblaciones de mestizos representan una oportunidad para ese tipo de estudios, pero a la vez éstos tienen que hacerse más detalladamente ya que la apariencia de asociación genética puede deberse a dos causas distintas, una espuria, debido a la estratificación, y una genuina. Puesto que se sabe que el mestizaje genético y la estratificación poblacional resultante incrementan la tasa de error en estudios de asociación, los investigadores del Inmegen tomaron inicialmente el mapeo de mezclas de la heterogénea mezcla genética del mestizo como una herramienta valiosa para la optimización del diseño y análisis de futuros estudios de asociación genética en la población mexicana.[44]

Llamado en sus inicios Proyecto de Estructura Genética y Mapa de Haplotipos de la Población Mexicana,[45] y posteriormente renombrado como Proyecto de Diversidad Genómica de la Población Mexicana (de ahí las siglas que usaremos para referirnos a él: PDGPM), el proyecto, en su fase inicial, buscaba generar una primera valoración de diversidad genética de genoma completo dentro de una población mestiza. Sin embargo, aunque la noción de consecución del genoma total de una población mestiza latinoamericana fue útil para posicionar el proyecto con mayor repercusión en los medios nacionales e internacionales, en realidad éste tuvo fines más modestos. Se puede decir que complementó otros esfuerzos biomédicos similares desarrollados simultáneamente por grupos en los Estados Unidos.[46] Incluso durante el periodo de planeación y cabildeo que precedió al Inmegen, existía una preocupación latente entre sus promotores de que México estuviera perdien-

[44] I. Silva-Zolezzi, A. Hidalgo-Miranda, J. Estrada-Gil *et al.*, "Analysis of genomic diversity in Mexican Mestizo populations to develop genomic medicine in Mexico", *Proceedings of the National Academy of Sciences of the United States of America,* 106 (21), 2009, pp. 8611-8616.

[45] E. Schwartz-Marín e I. Silva-Zolezzi, " 'The map of the Mexican's genome': Overlapping national identity, and population genomics", *Identity in the Information Society,* 3 (3), 2010, pp. 489-514.

[46] Por ejemplo, E. González, L. Borrell, S. Choudhry *et al.*, "Latino populations: A unique opportunity for the study of race, genetics, and social environment in epidemiological research", *American Journal of Public Health,* 95 (12), 2005, pp. 2161-2168, y S. Wang, N. Ray, W. Rojas *et al.*, "Geographic patterns of genome admixture in Latin American mestizos", *PLoS Genetics,* 4 (3): e1000037, 2008.

do la carrera para obtener muestras mestizas e indígenas de fuentes mexicanas ante investigadores extranjeros; aún peor, estaba el temor de que esos resultados eventualmente llevaran a una pérdida de independencia y a una subordinación genómica.[47] Así como en el caso de Francia, del cual Paul Rabinow hace una crónica en su libro *French DNA*,[48] la postura nacionalista marcó el *ethos* temprano del Inmegen. La campaña intentaba que el Instituto Nacional de Medicina Genómica en México fuera favorecido por una generosa inyección de recursos públicos a fin de establecerse como un sitio de paso esencial para genetistas de poblaciones humanas de dentro y fuera de México, especialmente en todo lo relacionado con las poblaciones mexicanas indígenas y mestizas. Parte del ejercicio político apuntaba que se debía conferir al instituto el control legal sobre cualquier actividad de muestreo biológico en humanos relacionada con proyectos de genómica humana dentro del territorio mexicano, tanto en el ámbito nacional como internacional. Dicho propósito fue ligado a la noción de "soberanía genómica" que manejaron investigadores del Inmegen, pero cuya definición resultó complicada. Con ella el doctor Jiménez Sánchez apuntó a rechazar la "investigación de safari" (es decir, la toma ilegal de recursos biológicos y muestras nacionales). La soberanía genómica pasó de ser un tema de cabildeo a ser un concepto legal cuando el proyecto del Inmegen consiguió apoyo en el Congreso, y cierta voz en los foros destacados de la investigación genómica internacional. En cierto modo, el término ayudó a disipar algunas de las tensiones y a organizar la cooperación entre los actores con intereses distintos.[49] Cualquier colección de muestras biológicas humanas dentro del territorio nacional sin autorización del Estado y su exportación a laboratorios extranjeros para su procesamiento fue definida por la ley como una afrenta a la soberanía de México. Tal vez debido a la publicidad emanada de

[47] Véase E. Schwartz-Marín, *Genomic sovereignty and the "Mexican genome": An ethnography of postcolonial biopolitics*, tesis de doctorado, University of Exeter, 2011.

[48] P. Rabinow, *French DNA*, University of Chicago Press, Chicago, Londres, 2002.

[49] G. Jiménez-Sánchez, *Mapa del genoma de los mexicanos. Resumen ejecutivo 2009*, Informe interno, Inmegen, México, 2009.

diversos proyectos genéticos de otros países, enmarcados en la idea de "bases de datos genéticos nacionales",[50] el acceso a una muestra de población mestiza mexicana se definió como un bien público nacional o patrimonio, sobre el cual el Inmegen debería tener derechos legítimos y preferenciales, así como la de los propios grupos indígenas, aunque estos últimos presentaban la complejidad añadida de los derechos identitarios étnicos.

La retórica mestiza nacionalista, hermanada al reforzamiento técnico y legal de la soberanía genómica, envolvió la empresa de investigación del Inmegen en una nube de nacionalismo. Aunque ésta no se tradujo rápidamente en resultados. La organización de la investigación concreta se encontraba rezagada con respecto a la ofensiva retórica y política; mientras que reclamaba derechos de propiedad sobre el genoma mexicano, caracterizar dicho genoma resultó ser mucho más dilatado y complejo de lo esperado.

Durante muchos meses, al inicio de la actividad del Inmegen, los avances del instituto se medían sólo por la constante presencia mediática de Jiménez Sánchez en espacios públicos, entrevistas a periódicos y televisoras, portadas de revistas de perfiles de famosos, y cápsulas de radio y televisión. Le tomó al Inmegen otros dos años, después del término de la primera fase, enfocados en las llamadas Jornadas Nacionales de Muestreo (2005-2007), producir una publicación adecuada para una revista científica internacional que pudiera presentarse con cierta verosimilitud como el Mapa Genómico del Mestizo Mexicano que habían anunciado. La obvia resonancia de ese nombre con el Proyecto del Genoma Humano y con el Proyecto Internacional HapMap había sido buscada por el lenguaje usado desde el inicio en la publicidad. En realidad, el primer conjunto de resultados del proyecto mexicano, los cuales fueron oficialmente entregados por el Inmegen al entonces presidente de México, Felipe Calderón, fueron mucho menos grandiosos. Lo que el presidente Calderón recibió fue una descripción tentativa y preliminar de las frecuencias haplotípicas genómicas (y sus variaciones) entre los mestizos muestreados, así como un esbozo también preliminar de las

[50] Véase G. Pálsson, *op. cit.*, para el caso de Islandia.

similitudes y diferencias con respecto a otras poblaciones del mundo. Tomar algunas variaciones como marcadores particulares de ancestría permitió a los investigadores apoyar su muy anunciada evaluación de las proporciones de mestizaje con una explicación histórica probable bajo una hipótesis de mestizaje trihíbrido (amerindio, africano y europeo).

El mapa en cuestión hizo su primera aparición pública en mayo de 2009, cinco años después de la fundación del Inmegen, cuando Gerardo Jiménez Sánchez entregó personalmente, en la residencia presidencial de Los Pinos, a Felipe Calderón el artículo científico recién impreso frente a un contingente de prensa. El artículo científico, junto con algunos materiales de apoyo/promocionales peculiares, fue empacado en una caja conmemorativa dispuesta especialmente para la ocasión, coloreada en un azul colonial sólido y adornada con una vivaz cadena de ADN rosa mexicano impreso en su cubierta.[51]

Varios representantes gubernamentales de alto rango asistieron a la formal ocasión en que fueron celebrados tanto el primer gran logro del Inmegen como el compromiso del gobierno con el bienestar y mejoramiento de la salud de los ciudadanos mexicanos. La ceremonia fue ampliamente cubierta por la prensa; aunque algunos en los medios notaron una irónica yuxtaposición entre, por un lado, la develación del mapa y el posicionamiento explícito de México como potencia de investigación y, por el otro, el estado de alerta declarado ante el amenazante brote de influenza AH1N1, el cual en ese momento causaba cierto pánico. Algunos interpretaron la ceremonia como una maniobra oportunista para sustentar la imagen pública del gobierno de Calderón como exitoso, efectivo y con el control de la situación. La oportuna publicación en *Proceedings of the National Academy of Sciences* (*PNAS*) de los Estados Unidos coincidió con la necesidad de mostrar osten-

[51] El diseño y contenido de dicha caja merecería un análisis semiótico en sí mismo. Además de una línea de tiempo gráfica que situaba los logros del Inmegen a la par de los chícharos de Mendel, la hélice de Watson y Crick, y similares; la versión en español del artículo (que reproducía el formato de *Proceedings of the National Academy of Sciences of the United States of America*) estaba rodeada de una serie de anuncios estratégicamente colocados en publicaciones internacionales que Jiménez Sánchez usaba para reforzar la presencia internacional, la mayoría de los cuales eran más políticos que científicos en su contenido.

siblemente el compromiso gubernamental con la investigación biomédica en un momento crítico. Por la atención internacional, tal vez los publicistas de Inmegen y de Calderón pensaron que podían reforzar la valoración pública del manejo que hizo el gobierno del estado de emergencia debido a la epidemia de influenza. La ocasión fue enmarcada en consecuencia como un suceso crucial en la vida pública nacional.

Al recibir el artículo científico ofrendado por el Inmegen, el presidente Calderón proclamó que el "desciframiento" del Mapa del Genoma de los Mexicanos constituía un paso significativo en el avance de la investigación científica y la salud en México. En el resto del discurso se concentró en la epidemia de influenza, señalando:

> Hoy que tengo la oportunidad de estar con ustedes en este evento tan singular, quiero agradecer y felicitar nuevamente a todos los mexicanos por la enorme labor de solidaridad, de prevención, de responsabilidad, como la que han realizado, para evitar y reducir la velocidad de la propagación del nuevo virus de AH1N1 de influenza [...] En el siglo XXI México enfrenta retos sanitarios que no se pueden ignorar, y para enfrentarlos y superarlos necesitamos investigación científica y una medicina acorde a las necesidades de cada población y de cada grupo social, una medicina más predictiva y más preventiva; ésa es, precisamente, la ventaja que ofrece, entre otras cosas, la medicina genómica [...] Este esfuerzo en salud nos permitirá enfrentar con rapidez y eficacia emergencias como la que hemos vivido en los últimos días.[52]

Calderón pudo aprovechar la retórica nacionalista en la cual el Inmegen había enmarcado al PDGPM[53] y así conectar el esfuerzo nacional para hacer frente a la epidemia de influenza con el esfuerzo nacional para desarrollar la medicina genómica. La sincronía de la entrega de la publicación en *PNAS* con una crisis sanitaria creó una pantalla para proteger al Inmegen de los críticos que acaso habrían cuestionado la falta de aplicaciones médicas inmediatas de la investigación; en

[52] Felipe Calderón, 2009.

[53] Este proyecto se analiza a profundidad en el capítulo VI de este volumen.

vez de eso, el PDGPM adquirió un poderoso tono de urgencia y oportunidad.

En todo caso, la prensa cubrió el lanzamiento del Mapa Genómico del Mestizo Mexicano de manera muy positiva, reproduciendo las frases más llamativas, cuyo contenido era casi idéntico al de aquellas previamente recicladas en cada entrevista, nota informativa, informe ejecutivo y material promocional producido por el Inmegen. Los voceros de la institución aseguraban al público repetidamente que el mapa era el primer gran paso hacia una medicina genómica mestiza mexicana. Esta nueva medicina tenía un carácter nacionalista: podía ser ajustada a las peculiaridades de nuestro ADN mestizo *nacional*. Prometía no sólo ser preventiva sino también predictiva y más *mexicana*. Ya que la investigación genómica médica ajustaba terapias a la población mexicana, el Estado mexicano podría atender dos de los mayores retos que tiene México en salud pública: el aumento de enfermedades crónicas (transicionales) como la obesidad y la diabetes, y los limitados fondos de los que dispone el gobierno para sostener el sistema de salud, y sobre todo de los que dispondrá en el futuro, cuando la epidemia sea gigantesca. La ciencia ofrendada estaba hecha en México, por mexicanos y para los mexicanos, y pondría a México a la vanguardia de la salud pública, no sólo regional sino globalmente.

La relativa facilidad con la cual una moderna institución nacional como el Inmegen pudo blandir la acentuadamente racializada categoría de mestizo en el espacio público y hacerla el elemento definitorio en la descripción científica de la población mexicana, generó algunas preguntas entre la opinión pública. Aunque los científicos parecían habitar el mismo sentido común colectivo en el que la mayoría de los mexicanos se ubican, mexicano es sinónimo de mestizo, para muchos esta categoría es más histórica y social que propiamente científica. Cierto, en algunos círculos científicos, la crítica se encaminó a lo inadecuado que era mezclar genómica de poblaciones con identidad nacional, y los procedimientos de muestreo que entrañaban ese supuesto.[54]

[54] C. López Beltrán y F. Vergara, "Genómica nacional: El Inmegen y el genoma del mestizo", en C. López Beltrán (ed.), *Genes (y) Mestizos: Genómica y raza en la biomedicina mexicana*, pp. 99-142, Ficticia, México, 2011.

Los primeros resultados científicos del Inmegen a partir del análisis de la diversidad genómica de sus muestras de mestizos mexicanos fueron publicados, después de varios retrasos, finalmente en mayo de 2009 en *Proceedings of the National Academy of Sciences* en los Estados Unidos. Una de las pruebas realizadas muestra que las diferencias pequeñas entre los mestizos mexicanos de diferentes regiones en México se deben a diferencias en el porcentaje de sus contribuciones europeas y amerindias ancestrales, es decir en su mestizaje.[55] La intención explícita de los investigadores del Inmegen fue sentar las bases para un "mapa genómico de los mexicanos" a partir del cual se apoyaran todos los trabajos de investigación genética futuros relacionados con mexicanos, tanto mestizos como indios. Una referencia obligada, un sitio controlado por el Inmegen mismo. Esta intención no resultó tan asequible, pues con gran rapidez se han acumulado resultados similares (algunos con mayor densidad genómica) que analizan la genética de poblaciones de mestizos mexicanos y mexicano-latinos de los Estados Unidos. La acumulación de esos resultados en un contexto internacional hace que la existencia de un solo mapa concentrado en una sola base de datos centralizada y nacional sea una quimera. El propósito de presentar la investigación biomédica del Inmegen como la construcción de un recurso nacional bajo un control monopólico estuvo vinculado con un proyecto estratégico de Estado, inmerso estratégicamente en una retórica nacionalista. Es aún muy pronto para decir si ese posicionamiento conseguirá proteger de algún modo la llamada soberanía genómica de intervención de la ciencia mundializada.[56]

La nueva etapa del Inmegen

Las instalaciones temporales del Inmegen se localizaron en su primera fase en Periférico Sur 1424, una ruidosa arteria vial no muy lejos de la zona de obras en que se construía el edificio para alojar definitivamente a la institución, con un costo

[55] I. Silva-Zolezzi *et al., op. cit.,* 2009.

[56] E. Schwartz-Marín e I. Silva-Zolezzi, *op. cit.,* pp. 489-514; C. López Beltrán y F. Vergara, *op. cit.,* pp. 99-142.

de 739 millones de pesos (66 millones de dólares). Los laboratorios con lo que entonces era tecnología de punta se acompañaron de oficinas, salas de conferencia, una biblioteca, un auditorio y un gran estacionamiento subterráneo. Cuando Gerardo Jiménez Sánchez cumplió cinco años como director, en 2009, el edificio llevaba ya un retraso de tres años, y tardó varios más en terminarse. Los informes de inspección de la construcción fueron desfavorables, ya que describieron fugas de agua, daño estructural y placas de mármol defectuosas. Además, circulaban algunas historias sobre gastos fraudulentos en el ejercicio del presupuesto de construcción. El edificio inacabado se erguía a un lado de la vía rápida como el símbolo de las promesas científicas grandilocuentes hechas por Jiménez Sánchez durante su dirección en el Inmegen. En la blogósfera apareció un sitio creado ex profeso para denunciar los despropósitos del Inmegen. Entre otras linduras lo llamó un "elefante blanco". El (la o los) bloguero(s) parecía(n) tener información privilegiada sobre las enormes instalaciones semiabandonadas, que requerían muchos cuidados y gastos y que generaban pocas ganancias. El secretario de Salud de México también estaba insatisfecho con la administración del Inmegen, y después de una auscultación que reveló dudas sobre el desempeño de Jiménez Sánchez, éste fue remplazado por Xavier Soberón, otro privilegiado investigador, como director general. La primera época de la institución había llegado entonces a un abrupto final.

Desde la llegada de Xavier Soberón[57] a la dirección en noviembre de 2012, el Inmegen ha experimentado varios cambios organizacionales, el más conspicuo de todos es la reducción de su presencia pública. Hubo también cambios importantes en el personal de investigación, lo que ocasionó cierta conmoción entre los investigadores de la primera época. Se dio, por ejemplo, entrada a algunos científicos que habían sido críticos de las estrategias iniciales. Xavier Soberón ya había demostrado su capacidad como profesor de biomedicina y director del Instituto de Biotecnología de la UNAM. Pudo así usar sus contactos para reclutar a varios investigadores universitarios

[57] Xavier Soberón no es pariente del principal promotor político del Inmegen, Guillermo Soberón.

de diversos campos (antropología, medicina, biología) como asesores científicos. El Inmegen dejó de priorizar su conversión en jugador central en la partida de la genómica internacional. Presumiblemente, eso tuvo que ver con cuestiones metodológicas, con la lejanía en el tiempo de la producción de medicamentos genómicos prometidos tan ruidosamente por Jiménez Sánchez, y con cambios en el escenario internacional de la investigación genética, que no dejó de acelerarse y cuya tecnología no dejó de abaratarse y cambiar.

En los últimos años, la investigación genómica ha tenido importantes éxitos diagnósticos: ha identificado varias asociaciones más o menos robustas entre variantes genéticas específicas y enfermedades humanas complejas.[58] Mientras que la secuenciación de genomas completos se ofrece como la manera más efectiva de acorralar genes involucrados en enfermedades complejas, los críticos señalan que los polimorfismos de un solo nucleótido (SNP, por sus siglas en inglés) descubiertos por los estudios de asociación dan cuenta solamente de una fracción de la variación genética significativa de los fenotipos complejos en poblaciones humanas.[59] Aunado a esto, la hipótesis variante común/enfermedad común que informa el PDGPM es controvertida, y está siendo reexaminada en algunos círculos.[60] Las críticas se centran en la genuina productividad médica de ese enfoque y en los límites de ese tipo de investigaciones. Un motivo de preocupación para los grandes promotores científicos del PDGPM constituye la evidencia creciente de que las variantes raras que no tienen cabida en los mapeos de poca resolución pueden desempeñar un papel más significativo en las enfermedades complejas que las variantes comunes.[61]

[58] J. Hardy y A. Singleton, "Genomewide association studies and human disease", *New England Journal of Medicine,* 360 (17), 2009, pp. 1759-1768; L. Hindorff, P. Sethupathy, H. Junkins *et al.*, "Potential etiologic and functional implications of genome-wide association loci for human diseases and traits", *Proceedings of the National Academy of Sciences of the United States of America,* 106 (23), 2009, pp. 9362-9367.

[59] J. Yang, B. Benyamin, B. McEvoy *et al.*, "Common SNPs explain a large proportion of the heritability for human height", *Nature Genetics,* 42 (7), 2010, pp. 565-569.

[60] J. McClellan y M.-C. King, "Genetic Heterogeneity in Human Disease", *Cell,* 141 (2), 2010, pp. 210-217.

[61] T. Manolio, F. Collins, N. Cox *et al.*, "Finding the missing heritability

Algunos de los colaboradores cercanos de Soberón defienden como mejor estrategia la búsqueda de variantes raras, o de SNP que, a pesar de estar presentes en muy bajas frecuencias en las poblaciones de referencia del HapMap, se encuentra en altas frecuencias en la población indígena de México. Según ellos, ésta es una mejor forma de abordar las preguntas sobre las mezclas genéticas relacionadas con la propensión a ciertas enfermedades. De esa visión surgió un nuevo proyecto institucional para hacer la primera secuenciación completa y densa del genoma indígena ("nativo mexicano").[62] Uno de los investigadores del Inmegen, afirmó recientemente que "la identificación de variantes utilizando estudios de asociación tendrán poca repercusión en la población mexicana; la información obtenida por medio de la secuenciación de genoma completo, y la identificación de variantes raras dentro de población indígena será en cambio de gran importancia para la medicina genómica y la nutrigenómica en México".[63]

Aparte de este cambio metodológico dentro del Inmegen, pocos investigadores nacionales o extranjeros han expresado interés en hacer estudios de asociación con las herramientas derivadas del PDGPM. Sólo algunos investigadores de esa institución están haciendo ese tipo de análisis en la población mexicana. El primer artículo científico que describió las variantes

of complex diseases", *Nature,* 461 (7265), 2009, pp. 747-753; J. Tennessen, A. Bigham, T. O'Connor *et al.,* "Evolution and functional impact of rare coding variation from deep sequencing of human exomes", *Science,* 337 (6090), 2012, pp. 64-69; M. Nelson, D. Wegmann, M. Ehm *et al.,* "An abundance of rare functional variants in 202 drug target genes sequenced in 14,002 people", *Science,* 337 (6090), 2012, pp. 100-104.

[62] De acuerdo con uno de nuestros informantes, sin embargo, ese proyecto institucional fue concebido originalmente bajo la dirección de Jiménez Sánchez. "Ganó momentum" y ahora es económica y tecnológicamente factible en el Inmegen, entonces "el nuevo director decidió continuar con él". Otro informante clave hizo notar que "el proyecto de resecuenciación indígena es el paso que sigue naturalmente a los estudios de asociación de genoma completo". A pesar de esta reivindicación de continuidad, los científicos del Inmegen hacían referencia en forma recurrente a la preferencia de Soberón por tratar con genomas procariontes más "sencillos"; se le cita frecuentemente diciendo "yo odio los haplotipos" al referirse a la "compleja" genómica humana.

[63] S. Canizales-Quinteros, "Genética de la obesidad en la población mexicana", trabajo presentado en el Simposio Internacional Inmegen-Nestlé de Nutrigenómica, México, 29-30 de septiembre de 2011.

funcionales de un gen involucrado en el metabolismo de drogas comunes usando datos de las poblaciones mestizas del PDGPM se publicó en 2011 por investigadores del Inmegen.[64] Otra investigación de susceptibilidad a drogas se llevó a cabo por investigadores del PDGPM, empleados anteriores y actuales del Inmegen, que utilizaron el panel del mestizo mexicano para explorar la frecuencia de un alelo asociado a reacciones adversas a una droga antirretroviral comúnmente utilizada para paciente con VIH/sida.[65]

Cuando nuestro equipo indagó sobre el grado al cual la base de datos del PDGPM (disponible en línea) había sido consultada (entre 2009 y 2013), y presumiblemente aplicada, el anterior jefe de la Dirección de Enseñanza y Divulgación comentó que en dos años había sido descargada por 80 instituciones, de las cuales solamente cinco eran mexicanas. La mayoría de las descargas las hicieron instituciones de investigación fuera de México y América Latina, sobre todo en Europa, Asia, India y los Estados Unidos. Este comportamiento sugiere que la influencia del Inmegen en los centros de investigación en países desarrollados se da sobre todo a través de sus bases de datos. El valor del Inmegen hasta ahora se encuentra en el mercado relativamente abierto de los datos producidos e intercambiados lejos de la pretendida soberanía genómica.[66]

La comunicación entre el Inmegen e instituciones latinoamericanas utiliza otras vías; por ejemplo, el gobierno peruano solicitó, vía canales diplomáticos, apoyo del Inmegen para diseñar un proyecto de investigación para estimar la diversidad genómica de su población. Las relaciones entre el instituto y otras dependencias mexicanas adquieren también formas distintas, desde "alianzas estratégicas" establecidas ho-

[64] A. Contreras, T. Monge-Cazares, L. Alfaro-Ruiz *et al.*, "Resequencing, haplotype construction and identification of novel variants of CYP2D6 in Mexican Mestizos", *Pharmacogenomics,* 12 (5), 2011, pp. 745-756.

[65] E. Sánchez-Giron, B. Villegas-Torres, K. Jaramillo-Villafuerte *et al.*, "Association of the genetic marker for abacavir hypersensitivity HLA-B*5701 with HCP5 rs2395029 in Mexican Mestizos", *Pharmacogenomics,* 12 (6), 2011, pp. 809-814.

[66] Véase el capítulo VI de este volumen sobre la continuidad epistémica entre muestras y datos, la cual echa luz sobre las políticas de intercambio entre el Inmegen y otras instituciones.

rizontalmente entre institutos nacionales de salud o entre el Inmegen y centros de investigación de universidades públicas, o colaboraciones individuales entre grupos de investigación específicos en sitios distintos. También hay esquemas mixtos de iniciativa privada/pública para promover el avance de la medicina genómica en América Latina entre la población en general, como la iniciativa Slim en medicina genómica, la cual también involucra el Broad Institute del MIT.

La grandilocuencia con que fue presentado el Mapa del Genoma de los Mexicanos (el preciado producto del PDGPM) creó sin duda expectativas y es válido hacerse la pregunta: ¿por qué no ha sido utilizado más ampliamente? Indagando obtuvimos algunas respuestas. "En México", comentó un informante, "el proyecto removió las aguas, causó antagonismo en muchos grupos de investigación, aun así, las contribuciones hechas han sido ampliamente reconocidas". El que no haya sido retomado por más grupos incomoda a varios de quienes trabajaron en el proyecto desde el inicio. En entrevistas y grupos de discusión, expresaron desconcierto respecto de la falta de seguimiento y aplicaciones por parte de la comunidad científica. Al reflexionar sobre las formas en que el PDGPM es percibido actualmente en el Inmegen, una técnica de laboratorio afirmó: "Tenemos mucha información en el servidor que no está siendo usada. Es una lástima que los extranjeros tengan más interés en usarla que los científicos mexicanos. A fin de cuentas, el objetivo principal del proyecto —que todos lo usáramos y le encontráramos aplicaciones clínicas— parece haberse perdido".

Al hablar de las implicaciones de compartir información en bases de datos abiertas al público, otro informante dijo: "Estamos publicando datos y los que cosechan los beneficios son los grupos internacionales [...] antes de servir al mundo esta información debería servirle a México [...] si fuéramos una universidad privada esto no sería un problema, pero somos un instituto nacional de salud y estamos usando fondos federales". Después agregó: "La reciente cooperación entre el Inmegen y universidades en los Estados Unidos responde en parte a que ambos grupos quieren beneficiarse; si los Estados Unidos se van a beneficiar con nuestros datos —y las preguntas interesantes surgen a partir del conocimiento de esos datos— es mejor que ambos nos beneficiemos de la colaboración". El nuevo abordaje de establecer empresas conjuntas de investigación con los Estados Unidos contrasta notablemente con la retórica nacionalista del periodo de Jiménez Sánchez en los inicios del Inmegen, cuando se hablaba de hacerlo todo nosotros mismos, a pesar de que se buscaba la exposición mediática internacional, y se anhelaba constantemente posicionar a México "a la vanguardia de la medicina genómica" a fin de evitar la futura colonización de la farmacogenómica local por parte de los Estados Unidos.

Contrastando entonces algunas de las promesas del proyecto con las opiniones de investigadores que siguen hoy trabajando en Inmegen, existen preguntas genuinas sobre el actual valor de uso de los resultados del PDGPM para la comunidad científica mexicana. ¿Acaso el carácter nacionalista del PDGPM y su retórica soberanista lastimó su reputación, y sigue lastimándola después de su publicación? ¿Existe algún marco científico en el cual tenga sentido una genómica nacional, o será que el concepto está fatalmente cargado de una hibridación insostenible de política y biomedicina?

Cuando el PDGPM llegaba a su fin —como quizá era inevitable— sus investigadores principales establecieron contacto con varios proyectos multinacionales, con los cuales podían intercambiar datos valiosos y experticia en el manejo de dichos datos. El hecho de que muchos de aquellos proyectos estuvieran dirigidos por prominentes investigadores latinoamericanos que trabajan en los Estados Unidos o en Gran Bretaña (p. ej., Carlos Bustamante en Stanford, Andrés Ruiz Linares en University College London), o investigadores estadunidenses de origen hispano (*e. g.*, Esteban González Burchard en la University of California, San Francisco) nos dice mucho sobre la geografía de los recursos humanos de la comunidad internacional de investigación. Al hablar de la posición del Inmegen en el ámbito internacional, su anterior jefe de la Dirección de Enseñanza y Divulgación comentó:

> Inmegen es un interlocutor para las instituciones de genómica de países industrializados, no es un seguidor, les habla de tú a tú. Y al mismo tiempo Inmegen es el vehículo de ciertas iniciativas para aquellos países latinoamericanos que están rezagados en el

> desarrollo de la genómica. Cuando un país industrializado busca integrar consorcios en América Latina contacta primero al Inmegen. Nosotros damos acceso a herramientas informáticas, eventos académicos, creamos sinergias [...] Yo visualizo al Inmegen como un nodo coordinador que puede dar apoyo a otras iniciativas [genómica poblacional] en América Latina.

Lo que resulta claro, ahora que el Inmegen se ha alejado del PDGPM para enfocarse en otros proyectos, es que el perfil centralizado y particularmente nacionalista que tuvo bajo la dirección de Jiménez Sánchez no tiene cabida dentro de la estructura reticular con tendencia a los consorcios de la investigación genómica contemporánea, donde se tienden a difuminar las fronteras nacionales haciendo difícil distinguir las ciudadanías tanto de investigadores como de sujetos bajo investigación.

Conclusiones

El Instituto Nacional de Medicina Genómica fue concebido y materializado mediante un plan llevado a cabo por Gerardo Jiménez Sánchez, Guillermo Soberón, Julio Frenk Mora y un grupo de otros influyentes cabilderos, que consiguieron que la creación de un instituto de investigación médica nacional, dedicado a la medicina genómica en México, fuese visto por los políticos en turno como una prioridad nacional. Los cabilderos tuvieron éxito muy pronto, y obtuvieron el financiamiento del Estado para construir instalaciones millonarias, adquirir costosas tecnologías de punta y emprender campañas de muestreo en gran escala, cubriendo una porción importante de la población nacional. La retórica nacionalista bajo la cual se proyectó el instituto en esa fase inicial fue efecto de la decisión estratégica de centrar las energías del primer Inmegen en un proyecto de genómica poblacional capaz de llamar poderosamente la atención de todo México. No sólo estaba la publicidad del proyecto y la institución densamente cargada de tintes nacionalistas y racialistas, sino que también lo estuvieron, inevitablemente, los términos de la investigación poblacional misma.

En particular, el proyecto del Genoma Mexicano gravitaba en torno a la densamente cargada noción de *mestizo,* figura icónica en el imaginario de esa región, por la cual se disimulan las bases racialistas del tejido social e identitario nacional mexicano, a partir de la Revolución mexicana. Al centrar su retórica el Inmegen en brindar una imagen científica del orgullo mestizo, el instituto intentó sintonizar con la opinión pública para, entre otras cosas, hacer aceptable el gasto del erario público, pues éste ayudaría a afirmar el control de los mexicanos sobre su propio patrimonio genético. La conexión de la genética poblacional local con la narrativa del origen mestizo de la nación, y la manera en que ciertas enfermedades complejas pueden estar fincadas ahí, se procuró una y otra vez. Sin embargo, el uso de esa retórica nada simple ni inocente chocó con la investigación biomédica misma; provocó distorsiones y malentendidos tanto en la esfera pública como en la científica. Entre otras cosas, se exageró el alcance, la importancia biomédica y la utilidad inmediata del proyecto. El Proyecto de Diversidad Genómica de la Población Mexicana —modesto en sus alcances científicos— fue inflado en la esfera pública como Mapa del Genoma de los Mexicanos y la panacea para el futuro de la salud de los mestizos mexicanos.

En un ámbito puramente científico, los investigadores a cargo del esfuerzo se vieron afectados por las elevadas expectativas que erigió la máquina publicitaria del Inmegen. Sus credenciales fueron cuestionadas y se les exigió niveles de excelencia de los que no eran capaces, por juventud, inexperiencia y falta de condiciones. Enmarcado en su verdadera dimensión, el PDGPM obtuvo resultados más que adecuados. Un esfuerzo de muestreo y genotipificación, que lejos de ser perfecto fue sin embargo muy útil, produjo una base de datos importante, la cual está demostrando ahora ser útil para investigaciones posteriores. Un buen artículo comparativo basado en análisis de punta de haplotipos y variación de SNP dentro y entre las muestras regionales mexicanas del Inmegen fue concluido y publicado. Varios otros análisis interesantes de esa etapa han sido publicados o están en camino. Sin embargo, tales resultados no se corresponden con la gran pompa y ambición científica bajo la cual fue anunciado el proyecto. En la práctica, la publicidad desproporcionada del proyecto probablemente tuvo un efecto contraproducente en la investigación. Y su marco racialista tuvo sólo el efecto de confundir y distorsionar la naturaleza del esfuerzo.

En el contexto histórico y social más amplio que hemos presentado, el proyecto revela una aparente confusión y desenfoque entre las categorías geopolíticas y científicas al procurar hacer cálculos de la diversidad genómica de poblaciones en una matriz racialista. En ese caso, hemos subrayado cómo se movilizó la noción táctica e ideológicamente aglomerada del mestizo mexicano que preexistía al proyecto. La investigación científica en genómica poblacional fue cifrada en un lenguaje que refleja el consenso ideológico posrevolucionario bajo al que se apuntó a una noción de ciudadanía mestiza mexicana, cultural y corporalmente homogénea que, asumieron los científicos, reflejaba la realidad biológica nacional. El abordaje del Inmegen durante la dirección de Jiménez Sánchez entró en tensión con abordajes más comunes de la genética de poblaciones humanas de la región, en los que las fronteras nacionales no son criterio de demarcación. La genómica poblacional, como la investigación posterior del Inmegen parece reconocer, no puede tomar un icono político y una división geográfica basada en los límites y circunscripciones del Estado-nación como parámetros científicos. Etiquetas identitarias como el mestizo mexicano son paracientíficas, fluidas, y disfrazan la realidad histórica de los movimientos migratorios e interacciones biológicas.

El uso de la noción del mexicano o del mestizo nacional que los investigadores del Inmegen hicieron en su primera etapa se desprendió de categorías tradicionales tanto políticas como de sentido común. Pero el mestizo, que implica, como hemos dicho, una disimulación criptorracial, no puede ser un referente transparente científico del cuerpo mexicano, y menos en el contexto de la genética poblacional médica. El efecto de circunscribir a límites nacionales a la población mestiza mexicana hizo que el proyecto entrara en conflicto con esfuerzos similares para delinear la genómica de grupos latinoamericanos "racialmente mestizos" (incluyendo mexicanos) en los cuales los límites del mapa genético se trazan con criterios culturales y étnicos y no nacionales. La insistencia de los investigadores del Inmegen en dar peso a un conjunto de variantes de SNP que se postularon como exclusivas de los mexicanos y amerindios zapotecas es probable que no sean sino artefactos de las contingencias políticas que definieron el muestreo. Actualmente, bajo la dirección de Xavier Soberón, el Inmegen ha cambiado su enfoque, dejando en un segundo plano el proyecto de diversidad nacional. Se ha adoptado una visión más pragmática y menos nacionalista de la genómica poblacional y de la genotipificación a gran escala. Ciertamente, ese cambio también refleja un cambio global debido a avances y cambios de estrategia en el ámbito internacional. La nueva estrategia seguida en el mundo ya no destaca los estudios de asociación de genoma completo, sino que se ha dirigido a la creación de genotipificaciones densas y completas de individuos particulares. En ese terreno, una institución mexicana bien equipada humana y técnicamente como el Inmegen está bien posicionada para emprender la exploración completa del genoma de un sujeto amerindio. Tal es una de las rutas que está tomando, al parecer, la investigación genómica en el Inmegen, pero, en alto contraste con su época previa, el proyecto no ha sido publicitado masivamente, y no se han hecho promesas grandilocuentes al público.

SEGUNDA PARTE

CASOS DE ESTUDIO DE LABORATORIOS

IV. "LOS CHARRÚAS VIVEN": LA RESURRECCIÓN GENÉTICA DE UNA ETNIA EXTINTA EN EL SUR DE BRASIL*

MICHAEL KENT, RICARDO VENTURA SANTOS

EN AGOSTO DE 2003 el periódico *Zero Hora* de Rio Grande do Sul, estado al sur de Brasil (figura IV.1), publicó un artículo que tituló: "Los charrúas viven". La afirmación resultaba muy llamativa, pues es sabido que los charrúas —grupo indígena que en tiempos precoloniales pobló la Pampa de ese estado y el vecino Uruguay— han estado extintos desde la primera mitad del siglo XIX. Una de las ilustraciones que acompañaba el artículo mostraba a dos hombres: uno ataviado con pieles de animales que, con mirada desafiante, blandía una lanza, y otro que montaba a caballo de costado, gesto que es distintivo de los guerreros charrúas. El artículo en ninguna parte hacía referencia a la pequeña comunidad contemporánea que habita en las afueras de Porto Alegre, capital del estado, que reclama ser charrúa y que durante muchos años ha presionado al Estado brasileño para que les conceda un territorio autónomo apelando a esa identidad étnica originaria. El artículo, en cambio, se centró en la investigación genética coordinada por Maria Cátira Bortolini de la Universidade Federal de Rio Grande do Sul (UFRGS) de Porto Alegre. Ya desde la frase inicial del artículo de *Zero Hora* se afirma que hay "genes de un pueblo extinto hace casi dos siglos que todavía pueden estar presentes en muchos gaúchos, y sin que ellos lo sepan".

Gaúcho es el término usado por lo general para referirse a los habitantes de Rio Grande do Sul. En una acepción más particular también se refiere al arquetípico vaquero de la Pampa que representa la identidad local, distinta de todo el

* Agradecemos al periódico *Zero Hora* por su amable autorización para reproducir elementos del artículo: "Os charruas vivem". Este capítulo es una versión ampliada de un artículo publicado en portugués en la revista *Horizontes Antropológicos* por M. Kent y R. Santos en 2012.

estado.[1] Bortolini, acompañada por su estudiante posdoctoral Andrea Marrero y por otros colegas, investigaron desde 2001 el perfil genético de la población Gaúcha, enmarcando en parte su indagación en los posibles orígenes charrúas de linajes maternos encontrados entre la población contemporánea de la Pampa. Los charrúas, cuyos linajes maternos, como es usual, se rastrearon usando ADN mitocondrial (ADNmt), tuvieron conflictos frecuentes con las poblaciones coloniales y fueron finalmente derrotados por los militares uruguayos en 1831. En ese momento la mayoría de los varones de 12 años o más fueron asesinados. Cuatro sobrevivientes —incluido Vaimacá Perú, el último cacique— fueron llevados a París, donde se les exhibió como curiosidades exóticas y donde murieron poco después.[2] "Sin embargo —nos relatan los autores del estudio genético—, de acuerdo con el trabajo de la UFRGS, los charrúas y minuanos[3] siguen vivos dentro de muchos gaúchos".

Para que estas afirmaciones fueran sostenibles en publicaciones científicas de calidad se necesitaron muchos más años de investigación y de cuidadosa construcción de los argumentos. En la tercera y última publicación relacionada con la investigación ese grupo de genetistas sostiene que "la herencia materna charrúa [en el Gaúcho contemporáneo] puede haber sido más importante de lo que se sugirió inicialmente", lo que revela "una extraordinaria continuidad genética en el ADNmt".[4] La hipótesis sobre una posible continuidad genética entre los extintos charrúas y los Gaúchos contemporáneos

[1] De acuerdo con las convenciones ortográficas del portugués, en este capítulo distinguimos entre la población de la Pampa y la población general de Rio Grande do Sul usando el término "Gaúcho" (con mayúscula) para referir a los primeros y "gaúchos" (con minúscula) o "población gaúcha" para referir a los últimos.

[2] D. Bracco, *Charrúas, guenoas y guaraníes: Interacción y destrucción: Indígenas en el Río de la Plata,* Linardi y Risso, Montevideo, 2004; A. Houot, *Un cacique charrúa en París,* Costa Atlántica, Montevideo, 2002, p. 45.

[3] "Charrúa" no sólo refiere al pueblo identificado con ese nombre. Es una categoría genérica que agrupa a otros grupos étnicos que vivieron en la Pampa en tiempos precoloniales como los minuanos, los guenoas y los yarós.

[4] A. Marrero, C. Bravi, S. Stuart *et al.*, "Pre- and post-Columbian gene and cultural continuity: The case of the Gaúcho from southern Brazil", *Human Heredity,* 6,4 (3), pp. 160-171, 2007a, p. 169.

Os charruas vivem!

ELTON WERB

Populações de cidades da Fronteira carregam características genéticas dos índios que habitavam o pampa e estão extintos desde o século 19

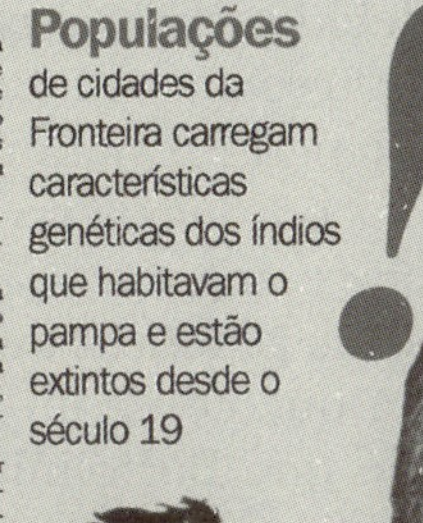

Genes de um povo extinto há quase dois séculos ainda pode estar presente em muitos gaúchos – e sem que eles saibam. Uma pesquisa do Departamento de Genética da Universidade Federal do Rio Grande do Sul (UFRGS), que analisou o DNA de 50 pessoas nos municípios de Alegrete e Bagé, na Fronteira Oeste, constatou que 62% deles têm ascendência indígena por parte de mãe.

– Há uma boa chance de que essas pessoas tenham uma ascendência charrua – diz a geneticista Maria Cátira Bortolini, especialista em genética de populações humanas.

A hipótese foi levantada pelo trabalho de dissertação de Andréia Rita Marreiro, aluna de Maria Cátira na UFRGS. Ela utilizou o DNA mitocondrial (mtDNA), encontrado na mitocôndria, organela presente no citoplasma. O mtDNA não está envolvido na herança genética nuclear transmitida aos descendentes por ambos genitores, mas funciona como um marcador genético que é transmitido apenas pela mãe para o filho ou filha.

Maria Cátira salienta que as pessoas analisadas não têm a menor idéia de sua origem indígena. Em parte porque sua ascendência paterna (que pode ser acompanhada por um conjunto de outros marcadores genéticos, localizados no cromomosso Y, e que é transmitido apenas pelo pai para seus filhos homens) é majoritariamente de origem européia.

– Isso se encaixa nos modelos históricos de colonização do Rio Grande do Sul, feita inicialmente apenas por homens europeus que tiveram contato com as mulheres indígenas. O resultado foi o popular gaúcho "pêlo duro" – diz Maria Cátira.

J. B. DEBRET, MUSEU IMPERIAL DE PETRÓPOLIS/ZH

A pesquisa da UFRGS indicou ainda que poderia haver uma relação genética entre os charruas e minuanos com povos andinos, tais como os mapuche do Chile e da Argentina.

– As conclusões do trabalho são muito plausíveis – afirma o arqueólogo Ignácio Schmitz, da Unisinos, lembrando que, tempos atrás, ao participar de um congresso, ouviu um relato de que 30% da população de Montevidéu teria sangue charrua ou minuano.

Os charruas e os minuanos eram povos de hábitos culturais muito parecidos que viviam espalhados por um território que ia da atual Fronteira Oeste a Rio Grande e avançavam até a região de Sacramento, no Uruguai. Nômades, viviam no campo, em tendas de couro, sobrevivendo da caça. Uma de suas heranças é a boleadeira, que utilizavam para caçar animais velozes, como as emas.

Os charruas e os minuanos são considerados uma espécie de protótipo do gaúcho. Mas até a chegada dos europeus eles caçavam a pé. Só conheceram o cavalo quando o animal foi reintroduzido no continente sul-americano pelos colonizadores. Isso não impediu que se tornassem exímios cavaleiros. Uma de suas táticas de batalha consistia em cavalgar deitado ao lado do corpo do animal, escondendo-se para surpreender o inimigo.

Essa foi uma das características que tornou a presença desses índios ainda mais marcante no Uruguai e na Argentina. Incorporados às milícias militares, eles contribuíram com a luta pela independência especialmente do Uruguai. Mas quando começaram a roubar gado e, principalmente, cobrar sua parte do território, foram exterminados num grande massacre, em 1838.

– Eles foram convocados para uma suposta batalha, que na verdade era uma armadilha. Todos os homens com mais de 12 anos foram mortos, e as mulheres e as crianças foram distribuídas entre as fazendas uruguaias– conta Schmitz.

Mas, segundo o trabalho da UFRGS, os charruas e minuanos continuam vivos dentro de muitos gaúchos.!

eureka@zerohora.com.br

Coroados
Tapes
Carijós
Minuanos
Arachanes
Charruas

Fonte: História Ilustrada do Rio Grande do Sul

▲Charruas e minuanos ocupava o pampa, onde tinham amplas áreas para caçar gado e cavalos. Exímios cavaleiros sua tática de se enconder no lado do cavalo para surpreender o inimigo foi explorada por uruguaios e argentinos

Assinatura genética

	ANDERSON	CTCGATCAC	CTCTCCTCCC	GCCACCTAGT	GTCACTC
1 -	BAG012	....	....	....	....
2 -	ALE002	....	....	......C...	....
3 -	BAG009	....	.......C...	....	....
4 -	ALE010	...C...C.	...C...T..	....	.....C.
5 -	ALE003	....	..T......T	A.........	....
6 -	ALE018	......T..	....T.....	....	...T...T
7 -	ALE021	....	....T.....	..T.......	A...C.
8 -	BAG001	..T.......	....T.....	..T.......	A...C.
9 -	BAG004	..T.....T	....	..T.....A.	A...C.
10 -	BAG010	..T.....T	.C..T.....	..T.....A.	A...C.
11 -	BAG008	....	....TA....	......CG..	.CT.T..
12 -	ALE020	.....C...	....T.....	.....TC...	.CTG...
13 -	ALE005	....	A...T.....	....	.C...C.
14 -	ALE012	....	T...T.....	..T.......	.C...C.
15 -	BAG005	.C........	....T.....	....	.C...C.
16 -	ALE017	...AG....	TC.CT.....	.T.GT....C	....T..
17 -	BAG011	T.........	....T...T.	.T.......C	.....C.

▲Cada grupo étnico humano tem mutações genéticas que o distingue dos demais. O quadro ao lado mostra a linhagens de 17 pessoa analisadas pelos pesquisadores da UFRGS. As mutações A, CT, CT e C identificam o grupos ameríndios. O T GT é característico de africanos bantu, grupo a qual pertencia a maioria dos escravos trazidos para o sul do Brasil

FIGURA IV.1

fue un eje de la investigación. Por tanto, y aunque la idea de una asociación genética entre los charrúas y los Gaúchos vertebra de manera importante todas las fases del proyecto, con el paso del tiempo dicha idea se reiteró de diferentes maneras, en contextos variados y se ha defendido con distintos grados de certeza.

Establecer objetivamente la continuidad genética postulada no fue sencillo, debido, entre otras cosas, a la supuesta temprana extinción de los charrúas. Bortolini en una entrevista lo explicó así: "no tengo los parámetros [...] nunca sabré cómo eran los charrúas porque ya no existen [...] no tengo el pueblo original con que comparar".[5] Sin la posibilidad de acceder a las características genéticas del charrúa directamente, los genetistas tuvieron que construir la continuidad con los Gaúchos a través de lo que Bortolini definió como "inferencias indirectas": una serie de asociaciones, de elecciones y traslados que consiguen una continuidad más probable que definitiva. Usaron para ello un repertorio variado de recursos que superan las cotas de la biología, incursionando así en la historia, la arqueología y los lugares comunes sobre la identidad gaúcha.

Inferir y comparar son prácticas forales de la investigación genética de poblaciones humanas actuales. Las afirmaciones sobre la ancestría de individuos y de poblaciones siempre se establecen usando como marco de comparación otras poblaciones.[6] Datos antropológicos, arqueológicos, históricos y lingüísticos —y saberes del sentido común— son usados a menudo. Éstos afectan tanto la dirección que toma la investigación genética como la interpretación de los datos. La articu-

[5] Los datos analizados en este capítulo derivan de dos fuentes etnográficas complementarias: entrevistas y observaciones durante el trabajo de campo y análisis de publicaciones científicas. Se especificarán los respectivos textos científicos cuando los datos provengan de publicaciones, lo que quiere decir que cuando no se hagan ese tipo de referencias concretas los datos fueron tomados de entrevistas y observaciones.

[6] B. Barnes y J. Dupré, *Genomes and what to make of them*, University of Chicago Press, Chicago, 2008; L. Cavalli-Sforza, P. Menozzi y A. Piazza, *The history and geography of human genes*, Princeton University Press, Princeton, 1994; J. Pritchard, M. Stephens y P. Donnelly, "Inference of population structure using multilocus genotype data", *Genetics*, 155 (2), 2000, pp. 945-959.

lación de nociones sociales y biológicas no es una excepción en la genética de poblaciones humanas.[7] Como se ha visto en la introducción de este libro, dicha articulación no es tampoco una característica exclusiva de la genética, sino que tiene lugar en las ciencias naturales y en las ciencias de la vida en general.[8]

La investigación que nos ocupa sobre el perfil genético de los Gaúchos está ligada a la larga tradición brasileña de investigación genética sobre poblaciones humanas que se describe en parte en el capítulo II.[9] El proyecto y las prácticas que aquí analizamos pueden considerarse representativas de la investigación genética sobre la ancestría de las poblaciones contemporáneas en Brasil. Sin embargo, también nos muestran de una forma particularmente aguda varios temas que son centrales en este libro. Dado que se asume que los charrúas se extinguieron y que por esa razón no es posible acceder a sus particularidades genéticas a través del estudio de una población viviente, el uso de saberes fuera del campo genético cobra mayor relevancia. De ahí que ese caso ofrezca una oportunidad para explorar las múltiples traslaciones, traducciones y cadenas de articulaciones[10] que se dan entre elementos sociales y biológicos en las diferentes etapas del proceso de investigación.

[7] M. Kent, "The importance of being Uros: Indigenous identity politics in the genomic age", *Social Studies of Science*, 43 (4), 2013, pp. 534-556; M. Montoya, "Bioethnic conscription: Genes, race, and Mexicana/o ethnicity in diabetes research", *Cultural Anthropology*, 22 (1), 2007, pp. 94-128; S. Palmié, "Genomics, divination, 'racecraft' ", *American Ethnologist*, 34 (2), 2007, pp. 205-222; P. Wade, "Race, ethnicity and nation: Perspectives from kinship and genetics", en Peter Wade (ed.), *Race, ethnicity and nation: perspectives from kinship and genetics*, Berghahn Books, Oxford, 2007a.

[8] *Cf.* S. Jasanoff, *States of knowledge: The co-production of science and social order*, Routledge, Londres, 2004b; B. Latour, *We have never been modern*, trad. de Catherine Porter, Harvester Wheatsheaf, Londres, 1993; G. Pálsson, "Biosocial Relations of Production", *Comparative Studies in Society and History*, 51 (2), 2009, pp. 288-313; P. Rabinow, *Essays on the anthropology of reason*, Princeton University Press, Princeton, NJ, 1996.

[9] Véase también el capítulo II y R. Santos y M. Maio, "Race, genomics, identity and politics in contemporary Brazil", *Critique of Anthropology*, 24, 2004, pp. 347-378.

[10] B. Latour, *op. cit.*, 1993, y *Reassembling the social: An introduction to actor-network-theory*, Oxford University Press, Nueva York, 2005.

Nuestro objetivo en este trabajo es comprender cómo se articulan las realidades sociales y genéticas para que se determine que ha habido un rescate genético —o resurrección, si seguimos la retórica del periódico— de los charrúas. Para ello analizaremos la vida social del proyecto, por un lado reconstruyendo el proceso de investigación desde su hipótesis inicial hasta su conclusión científica de que existe con alta probabilidad una continuidad genética entre los charrúas y los Gaúchos y, por otro lado, esclareciendo la traducción social de esa conclusión, esto es: que "los charrúas viven". De manera más general, la intención de este capítulo es contribuir a una comprensión más profunda de las múltiples articulaciones, traducciones y tensiones que ocurren entre los dominios sociales y genéticos en las diferentes etapas de un proyecto de investigación de genética poblacional humana.

La construcción social de la identidad gaúcha

Rio Grande do Sul es el estado ubicado más al sur del Brasil, limita con Uruguay por el sur y con Argentina por el oeste. En tiempos coloniales los principales grupos indígenas que ocuparon esta zona fueron los guaraníes y los charrúas. Esta región estuvo alternadamente controlada por españoles y portugueses. Entre 1835 y 1845, después de que Brasil se independizó de Portugal, en Rio Grande do Sul se libró una guerra de independencia en contra del gobierno central de Brasil que se conoce como la Revolução Farroupilha. Un legado de esos sucesos históricos es un fuerte sentimiento entre los habitantes de esa región de ser muy diferentes del resto de los brasileños. Esa identidad regional diferenciada en una importante medida se ha construido como respuesta a los esfuerzos de centralización del gobierno federal, lo cual contrasta con la identidad nacional brasileña.[11]

Como ya mencionamos, el término gaúcho/Gaúcho alude tanto a toda la población del Rio Grande do Sul como a un tipo social particular ligado a las llanuras de la Pampa en los

[11] R. Oliven, *A parte e o todo: A diversidade cultural no Brasil-nação,* 2a. ed., Vozes, Petrópolis, 2006 (Colecão Identidade Brasileira).

límites con Uruguay y Argentina. La Pampa, con sus extensas fincas ganaderas, fue el centro del poder económico del estado antes de que se expandiera la industria y de que se aceleraran los procesos de urbanización en el siglo XX. El Gaúcho es un vaquero a caballo de las fincas ganaderas que usa pantalones *bombacha*, poncho y sombrero, que toma mate y come carne asada. Su figura se asocia a una severa masculinidad y a un fuerte sentido de independencia. Esa imagen, que contrasta con la de la identidad nacional brasileña, se volvió con el tiempo importante para la construcción de una identidad regional; fue reforzada para ese fin por las élites locales, a tal punto que actualmente representa a todos los habitantes del Rio Grande do Sul. La representación del Gaúcho ha alcanzado dimensiones icónicas.[12] Actualmente es una identidad celebrada por el Movimento Tradicionalista Gaúcho. Creado en 1966, el movimiento cuenta con aproximadamente 1500 centros afiliados y 1.4 millones de miembros registrados, por lo que se enorgullece de ser "el movimiento de cultura popular más grande en el mundo occidental".[13]

En el siglo XIX y a principios del XX el estado de Rio Grande do Sul sufrió una migración a gran escala de europeos, sobre todo de italianos y alemanes. La blanquitud y la ascendencia europea desempeñan un papel crucial en la construcción de la identidad Gaúcha contemporánea. El argumento de que son predominantemente blancos es uno de los esgrimidos por los habitantes de Rio Grande do Sul para marcar su diferencia con el resto de la población brasileña. Equiparar a la población del estado con la blanquitud y la ancestría europea también se ve en las investigaciones genéticas de la UFRGS, y se percibe con particular claridad en los estudios de genética médica en los que se usan muestras de habitantes del estado considerados "blancos" como equivalentes de poblaciones europeas.[14] En la construcción de la identidad regional, las con-

[12] L. Bornholdt, "What is a Gaúcho? Intersections between state, identities and domination in Southern Brazil", *(con)textos,* 4, 2010, pp. 23-41; R. Oliven, *op. cit.*

[13] R. Oliven, *op. cit.,* pp. 122-123.

[14] Véase, por ejemplo, V. Zembrzuski, S. Callegari-Jacques y M. Hutz, "Application of an African ancestry index as a genomic control approach in a Brazilian population", *Annals of Human Genetics,* 70, 2006, pp. 822-828.

tribuciones de indígenas y negros a la demografía histórica de la población de Rio Grande do Sul son poco ponderadas, cuando no ignoradas.[15] En general se ignora o minimiza la posibilidad de que hubiera habido una mezcla con los indígenas en algún momento. Incluso los historiadores de la región indagan poco ese tema. Es llamativo, en tal contexto, el trabajo llamado "El mestizaje que nunca tuvo lugar".[16]

Ignorar la ocurrencia de un mestizaje físico no impide sin embargo que se atribuya a los indígenas —particularmente a los charrúas— influencias culturales en la formación de los Gaúchos de la Pampa, que se imagina como resultado de una fusión cultural de inmigrantes europeos y charrúas; un proceso por el que se adoptaron atributos culturales de ambos lados, algunas destrezas y características psicológicas de unos y otros. Se atribuye a los charrúas la habilidad de montar a caballo, el sentido de independencia y el carácter belicoso, que están entre los elementos más emblemáticos de la identidad Gaúcha. Esto afianza la asociación entre los charrúas y los Gaúchos.[17] Claramente, los elementos indígenas incorporados en las construcciones de la identidad gaúcha se refieren al pasado lejano. Se alude a los charrúas sólo como una población supuestamente desaparecida, y no se piensa nunca en los guaraníes o en los kaingangs, grupos indígenas que sobrevivieron a la colonia y la independencia nacional y que actualmente viven todavía en situación de extrema pobreza en diferentes regiones del estado. Esta situación es la común entre los grupos originarios en Brasil y América Latina: glorificar a las culturas indígenas antiguas, desaparecidas, al tiempo que se margina a los grupos indígenas contemporáneos.[18] Hay aquí una jerarquía de valores en juego. Se admira y se apropia la

[15] I. Leite, *Negros no sul do Brasil: invisibilidade e territorialidade,* Letras Contemporâneas, Florianopolis, 1996; R. Oliven, *op. cit.*

[16] J. Decanal, "A miscigenação que não houve", en J. Dacanal y S. Gonzaga (eds.), *RS: cultural e ideologia,* Mercado Aberto, Porto Alegre, 1980.

[17] I. Becker, *Os índios Charrua e Minuano na antiga banda oriental do Uruguai,* Unisinos, São Leopoldo, 2002 (Série acadêmica); R. Oliven, *op. cit.*

[18] M. de la Cadena, *Indigenous mestizos: The politics of race and culture in Cuzco, Peru, 1919-1991,* Duke University Press, Durham, 2000; J. Monteiro, "As 'raças' indígenas no pensamento brasileiro do Império", en R. Santos y M. Maio (eds.), *Raça, ciência e sociedade,* pp. 15-22, Fiocruz, Rio de Janeiro, 1996.

ferocidad, la hipermasculinidad y la independencia atribuidas a los charrúas que explican su rechazo a sucumbir ante los invasores europeos, y que los hace los ancestros más dignos y deseables. La imagen del charrúa idealizado se ha tornado icono de una manera muy similar a la del Gaúcho mismo. Sin embargo, antes que referirse a un mestizaje físico, se alude a la "permanencia psicológica" en el "alma" del Gaúcho.[19]

El proyecto genético de investigación del Gaúcho

Maria Cátira Bortolini, investigadora principal del proyecto del Gaúcho, se identifica a sí misma como descendiente de alemanes e italianos. Con un pregrado en biología, hizo sus estudios en el programa de posgrado de genética y biología molecular de la UFRGS en Porto Alegre, y obtuvo su doctorado en 1996. Al año siguiente se convirtió en profesora en el departamento de genética. Previamente a la investigación sobre los Gaúchos, Bortolini coordinó varios proyectos, entre otros alguno que indagaba la ancestría genética de las poblaciones negras, y otro el poblamiento de las Américas y la relación entre fenotipo y genotipo.[20]

El proyecto del Gaúcho comenzó en 2001 y está enmarcado en una serie de otros estudios de la UFRGS que se ocuparon de la ancestría genética de las poblaciones de América Latina. El que comenzó esa tradición fue Francisco Salzano en los años cincuenta.[21] El mismo Salzano fue pionero en las investigaciones iniciales que usaron marcadores genéticos clásicos para estimar la ancestría de las poblaciones de Rio Grande do Sul. Una de esas pesquisas fue sobre la diversidad genética regional en el estado. En ella se encontró que en esa región la mayor proporción de ancestría amerindia se encuentra en la

[19] Rosa, 1957, citado en R. Oliven, *op. cit.*, p. 195.

[20] Para información adicional sobre la trayectoria de investigación y publicaciones de Bortolini, véase su currículo en línea en <http://lattes.cnpq.br/9465728212459541>.

[21] F. Salzano (ed.), *The ongoing evolution of Latin American populations*, Thomas, Springfield, IL, 1971; F. Salzano y M. Bortolini, *The evolution and genetics of Latin American populations*, Cambridge University Press, Cambridge, 2002.

Pampa.[22] La investigación que nos ocupa en este trabajo fue la primera en enfocarse específicamente en la mítica figura del Gaúcho de la Pampa. Este proyecto es sin embargo semejante a otras exploraciones que estaban llevándose a cabo simultáneamente[23] sobre perfiles genéticos de las poblaciones brasileñas regionales y nacionales. Además de Bortolini, fueron clave para el proyecto los aportes de Andrea Marrero y de Francisco Salzano, que hizo las veces de consultor.[24]

Entre los puntos de interés del proyecto del Gaúcho, según Bortolini, destaca la hipótesis de que los Gaúchos de la Pampa podrían fungir como una "reserva" de los linajes charrúas. De ese modo, uno de los principales objetivos del proyecto fue intentar "rescatar" genomas de poblaciones desaparecidas. Se convirtió así el ADN de los Gaúchos en un ejemplo de lo que Bortolini y sus colegas bautizaron en otro lugar como un "genoma testigo", es decir, un genoma mestizado que puede servir para reconstruir la "historia perdida" de poblaciones indígenas extintas.[25]

En las entrevistas que nos concedió, Bortolini hizo notar el grado de compenetración personal que tuvo con el proyecto. La "mitificación" de los charrúas los vuelve importantes, y eso es en cierta medida un aliciente para la investigación. El proyecto puede verse como un "tributo" a Vaimacá Perú, el último cacique charrúa. La fuerte identificación que Bortolini

[22] C. Dornelles, S. Callegari-Jacques, W. Robinson *et al.*, "Genetics, surnames, grandparents' nationalities, and ethnic admixture in Southern Brazil: Do the patterns of variation coincide?" *Genetics and Molecular Biology,* 22 (2), 1999, pp.151-161.

[23] S. Pena, D. Carvalho-Silva, J. Alves-Silva *et al.*, "Retrato molecular do Brasil", *Ciência Hoje,* 27 (159), 2000, pp. 16-25; S. Santos, Â. Ribeiro dos Santos, E. Melo dos Santos *et al.*, "The Amazonian microcosm", *Ciência e Cultura,* 51 (3-4), 1999b, pp. 181-190.

[24] Véase la lista completa de colaboradores del proyecto en A. Marrero, *op. cit.,* 2007a; A. Marrero, F. Pereira, B. de Almeida *et al.*, "Heterogeneity of the genome ancestry of individuals classified as white in the state of Rio Grande do Sul, Brazil", *American Journal of Human Biology,* 17 (4), 2005, pp. 496-506; A. Marrero, W. Silva-Junior, C. Bravi *et al.*, "Demographic and evolutionary trajectories of the Guarani and Kaingang natives of Brazil", *American Journal of Physical Anthropology,* 132 (2), 2007b, pp. 301-310.

[25] M. Bortolini, M. Thomas, L. Chikhi *et al.*, "Ribeiro's typology, genomes, and Spanish colonialism, as viewed from Gran Canaria and Colombia", *Genetics and Molecular Biology,* 27 (1), 2004, pp. 1-8.

tiene como gaúcha desempeñó un papel importante en la elección del objeto a investigar: "el hecho es que ¡soy gaúcha! Un gaúcho cuenta con la motivación para hacer esto [...] Porque estoy orgullosa de ser gaúcha". Así, el proyecto no apuntaba a reconstruir la historia de los charrúas, sino la del gaúcho mismo. En una entrevista en 2003, Bortolini presentó la búsqueda de los linajes charrúas en la población Gaúcha como una "incomparable oportunidad para conocer a los protagonistas de *nuestra* propia historia".[26] La idea de que para conocerse a "uno mismo" hay que investigar en "un otro" resulta bastante familiar en la genética de poblaciones. Estuvo muy presente, por ejemplo, en las investigaciones genéticas de la década de los setenta y en el Proyecto de Diversidad del Genoma Humano de la década de los noventa, en el que se consideró que los indígenas contemporáneos que han permanecido "aislados" pueden hacer las veces de ancestros para el estudio genético de las poblaciones mestizas o de las sociedades modernas.[27]

Otro factor clave de la búsqueda del charrúa en los Gaúchos fue el interés de los genetistas en socavar el vínculo común que se establece, tanto en la investigación genética como en la imaginación popular, entre los habitantes de Rio Grande do Sul y la ascendencia europea, asociada a la blanquitud. Las investigaciones de Bortolini han subrayado con frecuencia lo mestizadas que están, en términos genéticos, las poblaciones brasileñas, sobre todo los afrodescendientes. Uno de los efectos de ese énfasis es combatir las tendencias racialistas de la sociedad brasileña.[28] Para Bortolini, la figura del gaúcho es

[26] F. Salzano y M. Bortolin, "Genes dos gaúchos para deduzir a história genética da América e a evolução de sua ocupação nativa", *Canal Ciencia,* 2003, cursivas nuestras. Consultado el 29 de julio de 2013, <http://www.canalciencia.ibict.br/pesquisas/pesquisa.php?ref_pesquisa=162>. Consultado el 16 de octubre de 2010.

[27] Para un análisis y crítica de esa noción véase H. Cunningham, "Colonial encounters in postcolonial contexts: Patenting Indigenous DNA and the Human Genome Diversity Project", *Critique of Anthropology,* 18 (2), 1998, pp. 205-233; J. Reardon, *Race to the finish: Identity and governance in an age of genomics,* Princeton University Press, Princeton, 2005; R. Santos, "Indigenous peoples, postcolonial contexts and genomic research in the late 20th century", *Critique of Anthropology,* 22 (1), 2002, pp. 81-104.

[28] M. Bortolini, "Comments on 'Color, Race, and Genomic Ancestry in Brazil'", por R. V. Santos *et al.*, *Current Anthropology,* 50 (6), 2009, p. 805; M. Bortolini, M. Zago, F. Salzano *et al.*, "Evolutionary and anthropological

especialmente valiosa, pues representa una identidad social no racialista, que borra y supera las diferencias habituales de raza y color: "cuando alguien ve pasar a alguno vestido de *bombacha*, va a decir 'mira, allá va un gaúcho', antes de decir 'mira, allá va un negro'".[29]

Otras avenidas de investigación académica y creencias comunes habituales en la región están sin duda en el origen y el curso de esta investigación. De acuerdo con Bortolini, tanto la idea extendida de continuidad cultural entre los charrúas y los Gaúchos como los informes antropológicos de características culturales compartidas entre esos dos grupos contribuyeron a articular la hipótesis de una posible continuidad genética paralela. Por otro lado, la negación de la posibilidad de una contribución biológica indígena a la constitución de la población de Rio Grande do Sul, así como el poco interés en saber sobre ellos, también habrían contribuido al interés en explorar la hipótesis de una continuidad desde una perspectiva genética. La investigación de Bortolini estuvo así desde sus principios en diálogo constante con expectativas y sobreentendidos sociales, históricos, arqueológicos y lingüísticos ligados a la identidad gaúcha.

Lo que intentaremos mostrar es cómo la investigación de esta hipótesis construyó la continuidad genética entre los charrúas y los Gaúchos contemporáneos siguiendo una serie de pasos categoriales y conceptuales. Para empezar, los genetistas diferenciaron a los Gaúchos de la Pampa del resto de la población de Rio Grande do Sul, y destacaron el predominio

implications of mitochondrial DNA variation in African Brazilian populations", *Human Biology,* 69 (2), 1997, pp. 141-159; M. Bortolini, W. da Silva, D. Castro *et al.,* "African-derived South American populations: A history of symmetrical and asymmetrical matings according to sex revealed by bi- and uni-parental genetic markers", *American Journal of Human Biology,* 11 (4), 1999, pp. 551-563; T. Hunemeier, C. Carvalho, A. Marrero *et al.,* "Niger-Congo speaking populations and the formation of the Brazilian gene pool: mtDNA and Y-chromosome data", *American Journal of Physical Anthropology,* 133 (2), 2007, pp. 854-867; S. Pena y M. Bortolini, "Pode a genética definir quem deve se beneficiar das cotas universitárias e demais ações afirmativas?", *Estudos Avançados,* 18 (50), 2004, pp. 31-50.

[29] Para ilustrar el argumento, en algunas presentaciones Bortolini mostraba una fotografía de una finca ganadera con muchos hombres con colores de piel distintos, pero todos vestidos como Gaúchos.

indígena de la herencia materna. Después descartaron la presencia de herencia amerindia en los Gaúchos, ya fuera de origen guaraní o kaingang. Por último, se procuró resaltar las conexiones entre los Gaúchos y los charrúas.

El proyecto del Gaúcho del que nos ocupamos aquí produjo tres artículos científicos publicados en revistas internacionales importantes. En los primeros dos artículos se analizaron los perfiles genéticos de la población general de Rio Grande do Sul[30] y de los indígenas guaraníes y kaingangs.[31] De acuerdo con Marrero, con esos dos artículos "creamos la referencia, la base de apoyo documental para publicar después [el artículo de] los Gaúchos. Preparamos [el camino]. El punto de llegada era el gran artículo, el artículo de los Gaúchos con los charrúas".

La tercera publicación, en la que se establece la continuidad genética entre los charrúas y los Gaúchos,[32] presenta en detalle los objetivos, argumentos y principales hallazgos del proyecto.

Traducción, métodos y muestreo

Bortolini afirmó que la pregunta central que los estudios sociohistóricos no habían respondido era si la transmisión cultural en la Pampa tuvo lugar con o sin mestizaje biológico. Se trata de una pregunta histórica sobre la naturaleza de las relaciones sociales sostenidas entre los colonizadores y los charrúas en tiempos coloniales. Para que los investigadores pudieran encuadrarla en un dominio genético debieron realizar varias traducciones y asociaciones. La formulación de la cuestión central en términos de mestizaje fue un aspecto crucial, ya que éste es un tema que resulta clave en la investigación sobre genética de poblaciones humanas y puede cifrarse en sus términos y convertirse (traducirse) en una pregunta sobre las contribuciones relativas de los europeos y de los charrúas al acervo genético de los Gaúchos contemporáneos.

Otro paso conceptual fundamental fue el establecimiento de paralelos entre la continuidad sociocultural y la genética.

[30] A. Marrero *et al.*, *op. cit.*, 2005.

[31] A. Marrero *et al.*, *op. cit.*, 2007b.

[32] A. Marrero *et al.*, *op. cit.*, 2007a.

Los supuestos sobreentendidos sobre la existencia de una cercanía cultural entre los charrúas y los Gaúchos, manifestada por rasgos culturales, habilidades y formas de ser compartidas, fueron fundamentales. La explicación que nos dio Marrero resulta ilustrativa:

> La personalidad del charrúa es muy fuerte, es la misma del Gaúcho [...] El Gaúcho tiene muchas herencias del charrúa: montar a caballo, tomar mate, comer carne asada. Entonces pensamos: ese componente pampeano amerindio es culturalmente muy fuerte entre los Gaúchos. Tiene que venir de alguna parte, no puede ser algo que simplemente absorbieron [...]. Pienso que la herencia cultural que recibe la Pampa [de los charrúas] es la entrada que permite el mestizaje genético entre ellos.

Esta perspectiva sugiere que lo sociocultural y lo genético, en los encuentros interétnicos, están íntimamente imbricados. Mientras que por un lado la afinidad cultural creciente permite el mestizaje genético, por el otro, la transmisión cultural sin esas relaciones se vuelve improbable. Se construye, de este modo, una relación indisociable entre mezcla cultural y mezcla genética, lo que hace posible traducir los vínculos culturales entre los Gaúchos y los charrúas en conexiones genéticas.

La metodología de la investigación implicó realizar análisis genómico de ADNmt y del cromosoma Y en las muestras colectadas. Conllevó asimismo la adjudicación de linajes individuales a haplogrupos de poblaciones específicas y el cálculo de las proporciones relativas de contribuciones amerindias, europeas y africanas al total de las muestras. La elección de las porciones no recombinantes del ADN permitió responder con más nitidez a la pregunta central de la investigación, puesto que éstas hacen posibles inferencias directas hacia el pasado a través de los linajes maternos y paternos. Esa metodología implicó a la vez que se seleccionaran exclusivamente donantes varones, ya que las mujeres no poseen cromosoma Y.

Tras definir el foco y la metodología de la investigación, los investigadores se avocaron a obtener una colección representativa de muestras de los Gaúchos. Sólo se tomaron muestras en la Pampa, región a la que los genetistas asumieron como la "cuna" de los Gaúchos. Una razón adicional para escoger tal región es, afirmó Bortolini, que "ésa es el área de los indios charrúas, ahí puedes hacer ese rescate [de los linajes charrúas], porque no había otros indios ahí". La selección de la Pampa para recolectar muestras asume así una primera equivalencia geográfica y una continuidad histórica entre los charrúas y los Gaúchos del pasado y del presente.

El primer conjunto de muestras analizadas —30 en total— las recolectó Steven Stuart, un genetista británico, en la ciudad de Bagé. Las obtuvo durante el campamento anual del mes de septiembre en el que se celebra la Revolução Farroupilha y la identidad Gaúcha.[33] Todas las personas muestreadas y sus respectivos padres habían nacido en la Pampa. Un segundo conjunto de muestras —22 en total— fue recolectado en Alegrete, ciudad escogida debido a que está en el corazón de la Pampa. Según narró Marrero en una entrevista, los investigadores colectaron las muestras en la plaza central de Alegrete. Bastaba con identificar a un hombre con "apariencia de Gaúcho", es decir, que vistiera el atuendo tradicional, acercársele, explicarle de qué se trataba la investigación y pedirle que contribuyera con una muestra. Esta desviación exhibe cómo el arquetipo social del Gaúcho, con sus marcas diacríticas específicas, influyó en la elección de las muestras. Otro criterio de selección era que los cuatro abuelos de los donantes hubieran nacido en la Pampa.

Un tercer conjunto de muestras mucho más grande fue recolectado en un cuartel militar de Alegrete, cuyos reclutas eran en su mayoría de la Pampa. Los soldados, como era de esperar, usaban uniformes militares, lo que eliminaba los posibles rasgos culturales del arquetipo del Gaúcho. Entonces, la apariencia física pasó a ser un criterio central en el proceso de muestreo pues, según comentó Marrero, los investigadores distinguían a los donantes deseados por sus características fenotípicas, como piel morena y señales de mestizaje con rasgos indígenas. Se ofrecieron como voluntarios 103 soldados.[34] Los

[33] A. Marrero, "Os Gaúchos: Sua história evolutiva revelada a partir de marcadores genéticos", Programa de Pós-Graduação em Genética e Biologia Molecular, tesis de maestría, Universidade Federal do Rio Grande do Sul, Porto Alegre, 2003, p. 45.

[34] Tal como se indica en E. Vargas, A. Marrero, F. Salzano *et al.*, "Frequency

científicos tomaron muestras de cada uno de ellos, registraron sus autoidentificaciones en términos de color de piel y añadieron al registro sus propias apreciaciones clasificatorias.[35] También se registró el lugar de nacimiento de padres y abuelos a fin de comprobar que sus raíces en la Pampa se remontaban, al menos, a dos generaciones.

Salta a la vista la manera en que los presupuestos sobre el arquetipo Gaúcho, junto con las marcas culturales que se le atribuyen, además de las características físicas, guiaron la mirada de los genetistas y se incorporaron en el proceso de muestreo. Los criterios usados para elegir a los participantes estuvieron parcialmente orientados hacia establecer una asociación entre el arquetipo social y el Gaúcho genético. Además, al elegir personas con abuelos que hubieran nacido en la Pampa, se asume que la población Gaúcha es inherentemente fija e inmóvil. Todos estos hechos contribuyeron a que se corroborara la hipótesis de que hay una continuidad genética en la población de la región, que viene desde los tiempos previos a la extinción de los charrúas hasta el presente.

La diferenciación genética de los Gaúchos

El primer paso analítico en la construcción de una continuidad genética entre los charrúas y los Gaúchos fue diferenciar a estos últimos del resto de la población de Rio Grande do Sul y resaltar su cercanía con la Pampa uruguaya. Se apeló para ello a la importante proporción de herencia materna indígena descubierta en los Gaúchos, que contrasta con la herencia paterna predominantemente española.

Se trató de un paso crucial. Los charrúas están asociados, tanto por la historia como por las nociones culturales aceptadas, a regiones que estuvieron bajo la influencia colonial española. En cambio, en los relatos aceptados sobre la formación de la población brasileña y de la gaúcha no hay lugar para incluir a los charrúas. Para construir su argumento los genetistas tuvieron que diferenciar a los Gaúchos de la Pampa de la

of CCR5delta32 in Brazilian populations", *Brazilian Journal of Medical and Biological Research,* 39 (3), 2006, pp. 321-325.

[35] Las categorías empleadas fueron *branco, mestiço, negro* e *índio*.

población brasileña y de la población general de Rio Grande do Sul. Marrero afirmó: "lo primero que hicimos fue eso: separar. Existen cultural y genéticamente dos gaúchos que son completamente diferentes".

Este objetivo determinó la estrategia que definió las características genéticas de las muestras tomadas en otras regiones de Rio Grande do Sul, que fueron usadas como un modelo para la población "blanca" del estado, así como el conjunto de muestras de una comunidad de descendientes europeos inmigrados en los siglos XIX y XX a la región de la Serra (Veranópolis).[36] Se evaluó la heterogeneidad genética en la ancestría de los grupos blancos de la población de Rio Grande do Sul.[37] Esa diferencia construida en el seno de la población regional fue un paso necesario para la pretensión de distinguir genéticamente a los Gaúchos de la Pampa. Los datos también dieron una diferenciación entre la población de Rio Grande do Sul y la población brasileña general, pues realizaron el perfil genómico europeo de las muestras de Veranópolis; realzaron la proporción (36%) de ADNmt amerindio en la población de Rio Grande do Sul.[38] Esto contrasta con 22% del ADNmt de ancestría amerindia encontrada al sur de Brasil en la región macro.[39] En la tercera publicación de este proyecto se contrastaron esas muestras con las recolectadas en la Pampa.[40] Los resultados de los análisis de ADNmt son claves para la construcción de la distinción genética entre los Gaúchos de la Pampa y otros grupos. Al tener 52% de ADNmt amerindio, los Gaúchos —se concluye— "tienen el depósito más importante de ADNmt de linajes amerindios en Brasil fuera de la Amazonia".[41]

La diferencia en los criterios de selección al recolectar las muestras tiene fuertes repercusiones en los resultados de la comparación entre las muestras de la Pampa y las de otros

[36] A. Marrero *et al.*, 2005. Esas muestras habían sido recolectadas por otros genetistas en el marco de investigaciones médicas y forenses, pero fueron sumadas al proyecto del Gaúcho.

[37] *Ibid.*, p. 497.

[38] *Idem.*

[39] J. Alves-Silva, M. da Silva, P. Guimarães *et al.*, "The ancestry of Brazilian mtDNA lineages", *American Journal of Human Genetics*, 67, 2000, pp. 444-461.

[40] A. Marrero *et al.*, *op. cit.*, 2007a.

[41] *Ibid.*, p. 168.

lugares de Rio Grande do Sul. En la Pampa, por ejemplo, los datos sobre la apariencia fenotípica señalan que un gran número de personas se autoidentifican como *mestiço* (31%), otros lo hacen como *negro* (6%) e *índio* (6%).[42] En contraste, las muestras de la población más amplia de Rio Grande do Sul y las de Veranópolis corresponden a personas fenotípicamente clasificadas como *branco* por los investigadores. Probablemente la diferencia en la proporción de ancestría amerindia encontrada en el ADNmt de los respectivos conjuntos de muestras se incrementó debido a que mientras, por un lado, se incluyó un importante número de muestras de personas mestizas, por el otro se tomaron muestras de personas consideradas blancas y eurodescendientes.

En el último artículo de la serie que los autores presentan, la comparación es hecha sin mencionar los criterios de selección diferenciados a partir de los que está construida. Los conjuntos de muestras tomados en Veranópolis y en Rio Grande do Sul se agruparon bajo el rubro: "otras regiones de Rio Grande do Sul", lo que los homogeneiza y borra los rasgos específicos de las subpoblaciones, lo que incrementó el peso del componente genético europeo. Una decisión similar se tomó respecto a las muestras de otras macrorregiones del Brasil, que también fueron usadas en el artículo final sin aclarar que correspondían a personas (auto) clasificadas como *branco*.[43] La cantidad de muestras de Veranópolis superaba casi cuatro veces al conjunto de las de Rio Grande do Sul, por lo que la proporción del ADNmt amerindio, al juntarse, se diluyó en el conjunto que representaría a la población total del estado. Pasó de 36% en el primer artículo a 11% en la última publicación.[44] El efecto fue que se acentuó el contraste con las muestras del Gaúcho y con sus porcentajes de ADNmt mayoritariamente amerindio.

[42] Estos números se encuentran en los archivos del proyecto de Bortolini.

[43] Para un análisis de prácticas similares en otras investigaciones genéticas en Brasil véase J. Alves-Silva, *op. cit.;* D. Carvalho-Silva, F. Santos, J. Rocha *et al.*, "The phylogeography of Brazilian Y-chromosome lineages", *American Journal of Human Genetics*, 68, 2001, pp. 281-286; R. Santos y M. Maio, *op. cit.*, 2004.

[44] Es decir, de 119 frente a 31, según los números enlistados en el primer artículo (A. Marrero, *op. cit.*, 2005, p. 497).

Los análisis del cromosoma Y desempeñaron asimismo un papel clave para diferenciar a los Gaúchos del resto de población de Rio Grande do Sul. Con esos análisis los Gaúchos fueron asociados con poblaciones que se sabía tenían una ascendencia charrúa parcial, en concreto con habitantes de la Pampa de la antigua colonia española de Uruguay. De acuerdo con Marrero, el típico Gaúcho de la Pampa es una "mezcla de español con charrúa". Los genetistas establecieron una asociación molecular definiendo la herencia paterna Gaúcha como española, y no portuguesa como la de la mayoría de los habitantes de Rio Grande do Sul y del Brasil. Los análisis de distancia genética y de haplotipos individuales —entre otros— les permitió concluir que "los Gaúchos tienen una diferencia cuatro veces menor con los españoles [...] que con los portugueses".[45] Este paso fue crucial para cimentar la continuidad genética entre los charrúas y los Gaúchos, en la que estos últimos se insertan en la mezcla genérica ya aceptada de la Pampa entre españoles y charrúas y, por extensión, en la esfera de influencia cultural y genética de los últimos.

La exclusión de los guaraníes y de los kaingangs

La ausencia de marcadores genéticos directos para los charrúas, un segundo paso conceptual fundamental en la construcción de continuidad genética entre los charrúas y los Gaúchos, fue excluir la posibilidad de que los linajes amerindios encontrados tuvieran un origen rastreable en otros grupos indígenas. Esto se logró de dos maneras. Primero, la Pampa fue definida como región controlada por los charrúas durante la Colonia. Segundo, se excluyó a los guaraníes y a los kaingangs —las principales poblaciones indígenas que actualmente viven en Rio Grande do Sul— como posibles contribuyentes al acervo genético de los Gaúchos. Esta exclusión se logró destacando principalmente las diferencias en la frecuencia de distintos haplogrupos de ADNmt entre los diferentes conjuntos muestreados.[46]

[45] A. Marrero *et al.*, *op. cit.*, 2007a, p. 163.

[46] Esta investigación no asumió que los charrúas, los guaraníes y los kain-

En el artículo "Demographic and evolutionary trajectories of the Guaraní and Kaingang natives of Brazil",[47] este grupo de investigación presentó las frecuencias de los principales haplogrupos amerindios que se encontraron en las muestras de ADNmt y en el cromosoma Y. En el artículo final[48] los autores comparan esas frecuencias con las de los Gaúchos. La diferencia es particularmente significativa en el ADNmt entre las muestras de los Gaúchos y de los guaraníes. Mientras que las muestras de los primeros evidenciaban una distribución casi igual entre los haplogrupos *A* (30%), *B* (31%) y *C* (30%), los últimos mostraron poseer un alto porcentaje del haplogrupo *A* (85%). Los científicos concluyeron de esto que al "considerar la parte amerindia del ADNmt, no detectamos conexión alguna entre los Gaúchos y los guaraníes".[49]

Para descartar otras posibles contribuciones indígenas al perfil genético del Gaúcho resultó importante la insistencia en que la Pampa fue una región bajo el control total de los charrúas en el pasado. La separación radical entre los charrúas y los guaraníes y kaingangs se apoyó en el uso de mapas con datos arqueológicos e históricos. A partir de éstos los genetistas demarcaron la ocupación territorial de Rio Grande do Sul por los charrúas, guaraníes y kaingangs antes de la colonización sin que existieran traslapes. Concluyeron que no había "ninguna o pocas superposiciones en las distribuciones geográficas debido a que [los grupos indígenas] eran enemigos tradicionales y a que eran culturalmente muy distintos.[50] Además, en uno de los mapas, la zona de ocupación charrúa recibió el rótulo de "la Pampa", hecho que, combinado con la asociación anterior entre los Gaúchos y esa región, efectivamente construye una continuidad entre la ocupación geográfica de los

gang son diferentes biológicamente, se ocupó más bien de señalar la evidencia de que tienen ascendencias e historias migratorias diferentes.

[47] A. Marrero *et al., op. cit.,* 2007b.

[48] A. Marrero *et al., op. cit.,* 2007a.

[49] Marrero *et al.,* 2007a, p. 169. Nótese, sin embargo, que en el mismo artículo los autores examinan linajes específicos de ADNmt que han ofrecido correspondencias perfectas con otros encontrados en la bibliografía. Todas esas correspondencias pueden ser trazadas directa o remotamente con los guaraníes (Marrero *et al.,* 2007a). No obstante, no se le ha dado prioridad interpretativa a esos hallazgos.

[50] A. Marrero *et al., op. cit.,* 2007a, p. 161.

charrúas precoloniales y los Gaúchos contemporáneos. Tales argumentos contribuyen a reducir las ambigüedades en torno a los potenciales ancestros amerindios de los Gaúchos, puesto que conducen a un segundo plano las superposiciones, interacciones y el mestizaje entre los charrúas, los guaraníes y los kaingangs. Además, los kaingangs fueron descartados como fuentes posibles del material genético indígena de los Gaúchos, por referencia a registros históricos y por medio del análisis de rutas migratorias que, según los genetistas, mostraban que los kaingangs no habían habitado la región.[51]

Los genetistas también dieron una explicación social de por qué el mestizaje entre los charrúas y la población colonial fue más probable que entre los guaraníes y esta última. En este caso se puso en relieve ese 5% de linaje amerindio en el cromosoma Y de los Gaúchos, la proporción más alta encontrada a la fecha en las poblaciones brasileñas mezcladas, superando incluso la región amazónica.[52] Tal hallazgo sugirió a los genetistas que los hombres charrúas tuvieron más éxito que los hombres de cualquier otro grupo indígena de la región en reproducirse con mujeres europeas, llegando a afirmar que ellos fueron los únicos en dejar una marca genética notable en la población brasileña contemporánea.

Según Marrero, es precisamente la resistencia y el carácter guerrero de los hombres charrúas lo que los distingue de otras poblaciones indígenas. Ello hizo posible su mestizaje con las mujeres de poblaciones coloniales: los bravos charrúas se volvieron objeto de deseo entre las mujeres europeas, además de conseguir el respeto entre los hombres. Tal explicación se empata muy bien con la idea mítica de los charrúas. Esta narrativa ofrece un escenario alternativo al patrón general de mestizaje en las Américas, basado en la capacidad de los hombres europeos para imponerse sobre las mujeres amerindias y africanas debido a su abrumador poder político y económico. El resultado habría sido el desvanecimiento del material genético masculino amerindio y africano.[53] En contraste, con su

[51] A. Marrero *et al.*, *op. cit.*, 2007b.

[52] A. Marrero *et al.*, *op. cit.*, 2007a, p. 163.

[53] S. Pena, L. Bastos-Rodrigues, J. Pimenta *et al.*, "DNA tests probe the genomic ancestry of Brazilians", *Brazilian Journal of Medical and Biological Research,* 42 (10), 2009, pp. 870-992; S. Santos, J. Rodrigues, Â. Ribeiro-dos-

hincapié en los datos sobre la alta proporción amerindia del cromosoma Y, el mestizaje en la Pampa emerge como el resultado de un proceso alterno de seducción y consentimiento.

Vínculos entre los Gaúchos y los charrúas

Las frecuencias de los haplogrupos de ADNmt no sólo han sido usadas para distinguir a los Gaúchos, sino también para establecer identificaciones con muestras y poblaciones más naturalmente cercanas a los charrúas. En primer lugar, los genetistas construyeron vínculos con la población uruguaya. La genetista uruguaya Mónica Sans y sus colaboradores habían encontrado en investigaciones previas una alta proporción de linajes de ADNmt amerindios en la población contemporánea de su país, que atribuyó a orígenes charrúas.[54] En el tercer artículo del proyecto del Gaúcho, se hizo una comparación de los datos con una muestra de la Pampa uruguaya, región que "también estuvo originalmente habitada por tribus de nativos americanos, entre ellas los charrúas".[55] Tanto la proporción general de ADNmt de esa muestra (62%) como las proporciones que corresponden a cada haplogrupo amerindio (21/34/32/13), resultaron similares a las muestras Gaúchas. Lo mismo se encontró en la distribución de haplogrupos de otras poblaciones de Uruguay.[56]

En segundo lugar, se vio que el componente amerindio en las muestras Gaúchas puede vincularse con las poblaciones indígenas del Cono Sur. En la introducción del artículo final los autores sostienen que los datos arqueológicos sugieren una "conexión entre los charrúas y los aborígenes de Tierra

Santos *et al.*, "Differential contribution of indigenous men and women to the formation of an urban population in the Amazon region as revealed by mtDNA and Y-DNA", *American Journal of Physical Anthropology,* 109 (2), 1999a, pp. 175-180.

[54] C. Bonilla, B. Bertoni, S. Gonzalez *et al.*, "Substantial Native American female contribution to the population of Tacuarembo, Uruguay, reveals past episodes of sex-biased gene flow", *American Journal of Human Biology,* 16 (3), 2004, pp. 289-297.

[55] A. Marrero, *op. cit.*, 2007a, p. 165.

[56] *Idem.*

del Fuego y la Patagonia".[57] Con base en la extracción de ADN antiguo, los científicos enlistan las frecuencias del ADNmt de los haplogrupos amerindios de tres grupos indígenas de la Patagonia y de cuatro grupos indígenas de Tierra del Fuego. Al calcular la distancia genética, usando frecuencias de ADNmt, los Gaúchos están cerca de esas poblaciones, por lo que los autores deducen una "afinidad relativa de ADNmt" entre ellos.[58] La similitud consiste, principalmente, en una alta frecuencia del haplogrupo *C* en las muestras del Cono Sur. De ese modo, a través de una serie de vínculos en el tiempo y en el espacio, los Gaúchos son asociados genéticamente a los ancestros probables de los charrúas y, por extensión, a los charrúas mismos. Que el Gaúcho se asociara con poblaciones indígenas que llegaron a Rio Grande do Sul por el sur, también sirvió para distanciarlos aún más de los guaraníes y de los kaingangs, que habrían arribado al estado por el norte.

En tercer lugar, en el artículo se vincula a los Gaúchos al "cacique charrúa legendario" Vaimacá Perú, capturado por militares uruguayos en la Batalla de Salsipuedes en 1831 y llevado con otros tres charrúas a París en donde se le exhibió como curiosidad exótica. Murió poco después y sus restos fueron conservados en el Musée de L'Homme. En 2002 su cuerpo fue repatriado a Uruguay y sus restos se depositaron en el Panteón Nacional. La genetista uruguaya Mónica Sans analizó el ADN de Vaimacá Perú y encontró que el ADNmt del cacique corresponde al haplogrupo *C*.[59] Los análisis de las muestras Gaúchas, por su lado, no revelaron correspondencias directas con el linaje específico de Vaimacá. Sin embargo, dado el papel asignado al haplogrupo *C* de diferenciar a los Gaúchos de los guaraníes, la presencia de ese haplogrupo en la única muestra charrúa certificada contribuyó a reforzar la conexión genética entre los Gaúchos y los charrúas.

[57] *Ibid.*, p. 161.

[58] *Ibid.*, p. 169.

[59] M. Sans, G. Figueiro, C. Sanguinetti *et al.*, *The "last Charrúa Indian" (Uruguay): Analysis of the remains of Chief Vaimaca Perú,* manuscrito sin publicar, 2010.

La micropolítica de la interpretación científica

La evidencia examinada hasta aquí no identifica los linajes amerindios entre las muestras Gaúchas como directamente charrúas. En la sección de "Resultados" del último artículo del grupo tampoco se establecen asociaciones directas entre los Gaúchos y los charrúas. Sin embargo, la suma de "inferencias indirectas" llevó a los genetistas a defender como probables esos vínculos. En la sección de análisis afirman: "nuestros resultados indican que la herencia materna charrúa puede haber sido más importante de lo que se sugirió inicialmente". Usaron para ello un lenguaje prudente. Explica Marrero:

> Algo con lo que siempre hemos sido muy cautos es en aclarar que nunca estaremos en capacidad de afirmar con certeza que [esos linajes] son charrúas. Es algo muy difícil de gestionar para un genetista, ya que no será posible resolver en definitiva la cuestión. Tenemos, sin embargo, la certeza casi total de que hubo charrúas aquí [...] Pienso que si hubiéramos planteado esas hipótesis [de los linajes charrúas] nos habría resultado muy difícil publicar [el artículo].

Sin embargo, la conclusión en el artículo final expresa un nivel mucho más alto de certeza. Afirman que "nuestros datos revelaron que la sabida continuidad cultural entre las poblaciones precolombinas y poscolombinas de la Pampa estuvo acompañada de una extraordinaria continuidad genética a nivel del ADNmt".[60] Resulta claro que en diferentes contextos, a veces incluso dentro de un mismo artículo, los argumentos científicos se pueden presentar con distintos grados de certeza.

Bortolini recibió varias invitaciones para presentar esa investigación sobre el Gaúcho, en especial de universidades del estado de Rio Grande do Sul. En esas presentaciones tuvo más libertad para sostener la realidad de la continuidad genética entre los Gaúchos y los charrúas. En una conferencia dictada en octubre de 2010 a estudiantes de posgrado de la UFRGS,

[60] A. Marrero *et al.*, *op. cit.*, 2007a, p. 169.

afirmó que "parte de los linajes indígenas que no pudimos identificar como guaraníes, eran en realidad charrúas [...] Por tanto conseguimos rescatar un poco del genoma de un pueblo extinto". Las conversaciones informales también le brindaron un mayor margen de maniobra. Cuando uno de nosotros (Kent) discutió con Bortolini y otra genetista el proyecto, la última insistió en que las evidencias que apuntaban hacia los charrúas eran "*muy* indirectas". Bortolini, en cambio, respondió: "pero lo sugiere, lo sugiere [...] en ese caso estoy muy convencida de que es verdad. Sólo que no puedo probarlo categóricamente por falta de elementos".

Por tanto, la calidad de las afirmaciones sobre la conexión entre los Gaúchos y los charrúas varía en cada contexto. Éstas oscilan entre la ausencia de mención en la sección de "resultados" de alguna publicación científica, y la expresión clara sobre la "verdad" de los vínculos en escenarios informales. Se expresan distintos grados de certeza en medio. El dilema central que enfrentaron los genetistas cuando intentaban construir la continuidad entre los charrúas y los Gaúchos era cómo lidiar con la "casi certeza", al carecer de los medios técnicos para ofrecer pruebas definitivas. Los científicos se mueven en un campo de negociaciones en el que está en juego la validez de la traducción entre los resultados específicos de una investigación y las afirmaciones más generales sobre la ancestría de los grupos muestreados. Es en ese campo que los genetistas negocian su margen de maniobra: calculan cuidadosamente los límites en los cuales es posible interpretar los datos en cada contexto científico y los niveles de probabilidad que resultan aceptables para la comunidad científica.

Estas micropolíticas de la interpretación científica plantean una pregunta que es crucial: ¿por qué los genetistas han invertido tal esfuerzo en establecer la conexión entre los Gaúchos y los charrúas? Primero, porque ese vínculo estaba directamente relacionado con un objetivo central de la investigación: recuperar linajes de una población que se presumía extinta. Segundo, porque definir como charrúa la contribución indígena a la constitución genética de los Gaúchos (y no como guaraníes) se acomoda mejor a las interpretaciones aceptadas en Rio Grande do Sul sobre la identidad regional. Las idiosincrasias personales desempeñaron en este trayecto un papel importante en las interpretaciones de los datos genéticos y en la construcción de generalizaciones. Resulta bastante ilustrativo hacer una breve comparación con la investigación sobre poblaciones negras también llevada a cabo por Bortolini.

Bortolini coordinó en su momento estudios sobre *quilombos* rurales —comunidades descendientes de esclavos fugitivos— y poblaciones negras urbanas en varias ciudades de Brasil. En ellos un común denominador fue la desestabilización de la posible continuidad genética entre las poblaciones negras contemporáneas de Brasil y las de África. Dicha investigación destacó el carácter mestizo de las poblaciones negras. Para ello se apeló a la significativa proporción de ADN de origen europeo y amerindio en ese grupo. La conclusión defendida fue que "un modelo basado principalmente en el mestizaje brindaba una explicación razonable" de la estructura genética de las poblaciones negras de Brasil.[61] Bortolini, siguiendo esa línea argumentativa, identificó esas poblaciones negras como parte de la gran población mestiza de Brasil.[62] En el marco de los debates públicos relacionados con las políticas de acción afirmativa dirigidas a las poblaciones negras, Bortolini ha cuestionado la validez de la identificación de la población negra y de sus movimientos políticos como africanos.[63] La frase que usó en su tesis un estudiante que trabajaba con muestras de gente negra de Porto Alegre es reveladora: "Negro, pero no tan africano".[64] Si vemos, por otro lado, desde una perspectiva técnica las cosas, notaremos que las proporciones de ADNmt y del cromosoma Y de origen africano en la población negra de Porto Alegre (79 y 36%, respectivamente)[65] son más altas que las usadas para sostener un origen charrúa en las muestras Gaúchas. Así, aunque los datos genéticos ofrecen un mayor margen de maniobra para establecer una relación genética entre los negros brasileños y los africanos que entre los Gaúchos y los charrúas, Bortolini eligió no hacer hincapié en

[61] M. Bortolini *et al.*, *op. cit.*, 1999, p. 557.
[62] Véase también M. Bortolini *et al.*, *op. cit.*, 1997; T. Hunemeier *et al.*, *op. cit.*
[63] S. Pena y M. Bortolini, *op. cit.*, 2004.
[64] Bisso Machado, *Negros, mas nem tão Africanos*, 2006.
[65] T. Hunemeier *et al.*, *op. cit.*

la continuidad entre los primeros y sí hacerlo activamente entre los últimos.

Tales elecciones de Bortolini deben entenderse en los contextos personales y sociales en sus dimensiones regional y nacional. Lo que resulta particularmente relevante en ese caso es el papel diferente que otorga a las categorías negro y Gaúcho en la mediación de las relaciones sociales. Para ella, el uso de categorías raciales como "negro", como principio de organización para la formulación de políticas públicas, lejos de disminuir las tensiones raciales conlleva el riesgo de aumentarlas. Como alternativa para combatir el racismo, propone un énfasis en el carácter mestizo de la población brasileña.[66] En contraste, le da importancia social a la categoría Gaúcho debido a su potencial unificador, capaz de trascender diferencias sociales y raciales subyacentes. Revelar la presencia de una alta proporción de material genético de origen amerindio en los Gaúchos contemporáneos —en particular si este podía remontarse hasta una población supuestamente extinta— puede ser importante en la construcción de una identidad Gaúcha incluyente, incluso en el ámbito genético. Dicho movimiento permite desestabilizar las identidades más comunes y racializadas en las que la población de Rio Grande do Sul es vista como europea y blanca, así como reforzar una distinción entre los Gaúchos y la población general brasileña. Este argumento apela a un tipo diferente de mestizaje en el que no hay dominio ni exclusividad europea.

Los charrúas viven: imbricaciones sociales de la investigación sobre el Gaúcho

Cuando el conocimiento genético se incorpora a los debates públicos sobre identidad étnica, racial, nacional o regional, en los medios de comunicación o en los movimientos sociales, interactúa con una variedad de discursos preexistentes sobre la definición de esas identidades individuales y colectivas. La interpretación en el espacio social de los datos genéticos suele mostrar una predisposición a alinear esos datos con las iden-

[66] *Cf.* capítulo VII.

tidades colectivas socialmente construidas, con intereses políticos específicos o con expectativas personales. Un efecto común de esa interacción es la fusión de la identidad social con la ancestría genética, que promueve la aparición de "comunidades genéticas imaginadas",[67] esto es, identidades colectivas enlazadas por elementos genéticos compartidos.[68]

Vemos así que en el artículo antes citado de *Zero Hora*, el periodista rebasó los límites respetados por Bortolini sobre la relación genética entre los charrúas y los Gaúchos y afirmó directamente que los charrúas "viven" dentro de los gaúchos. Interpretó el rescate de los linajes de ADNmt en el plano simbólico como una resurrección de un pueblo indígena supuestamente extinto. Cuando uno de nosotros (Kent) le preguntó a Bortolini qué opinaba del título de dicho artículo, respondió con resignación: "Bueno, eso es asunto del periodista. Yo tuve todas las precauciones durante la entrevista, pero ellos decidieron ponerle ese título sensacionalista". Sin embargo, no objetó el título. Dijo: "Pienso que es bonito. Me gustó porque en este caso en particular es cierto [...] si lo ves de una manera romántica, no se han extinguido".

Aunque Bortolini jamás haría una afirmación así ante una audiencia científica, se sentía cómoda con la traducción simbólica de sus ideas en contextos públicos. El periodista no está constreñido por los límites impuestos por el campo científico, y tiene la libertad para traducir la afirmación científica de la probable continuidad genética matrilineal entre los charrúas y los Gaúchos a un lenguaje capaz de conmover a los

[67] B. Simpson, "Imagined genetic communities: Ethnicity and essentialism in the twenty-first century", *Anthropology Today,* 16 (3), 2000, pp. 3-6.

[68] P. Brodwin, "Genetics, identity and the anthropology of essentialism", *Anthropological 6 Quarterly,* 75, 2002, pp. 323-330, y "'Bioethics in action' and human population genetics research", *Culture, Medicine and Psychiatry,* 29 (2), 2005, pp. 145-178; V. Gaspar y R. Santos, "Bio-revelações: Testes de ancestralidade genética em perspectiva antropológica comparada", *Horizontes Antropológicos,* 35, 2011, pp. 227-255; M. Kent, "A importância de ser Uros: movimentos indígenas, políticas de identidade e pesquisa genética nos Andes Peruanos", *Horizontes Antropológicos,* 35, 2011, pp. 297-324; A. Nelson, "The factness of diaspora: The social sources of genetic genealogy", en B. Koenig, S. Lee y S. Richardson, *Revisiting race in a genomic age,* pp. 253-258, Rutgers University Press, New Brunswick, NJ, 2008b; G. Pálsson, "Genomic anthropology: Coming in from the cold?", *Current Anthropology,* 49 (4), 2008, pp. 545-568; P. Wade, *op. cit.,* 2007a.

lectores. Decir que "los charrúas viven" despierta la imaginación y se dirige al espacio idealizado en el que los charrúas están mitificados. Se trata de ese guerrero feroz con el que el público de Rio Grande do Sul gusta de identificarse. Esta emoción aumenta la aceptación social de la hipótesis de la continuidad genética entre los charrúas y los Gaúchos.

Una de las repercusiones del artículo en la prensa fue que Bortolini recibió varias solicitudes para realizar pruebas genéticas de gente que decía ser descendiente de los charrúas:[69]

> Ah profesora, soñé que era charrúa", "tengo alma charrúa", "prueba mi ADN para ver si no soy charrúa", "porque tengo un alma indomable". Todo así, cosas así [...] Nunca, nadie vino a mí diciendo que pensaba que era guaraní. Porque no están interesados en los guaraníes, no tienen el encanto "hollywoodense" de los charrúas [...] Como cuando analicé el ADN de mi esposo y encontré un linaje que hay entre los kaingang. Dijo: "¿Tenían que ser indígenas que ni siquiera usan plumas en la cabeza?"...

Marrero informó que sus compañeros de la UFRGS reaccionaron de manera muy similar en cuanto les contó haber encontrado la ancestría charrúa en proporciones mucho más altas que la de los guaraníes:

> Una persona dijo: "Bien, afortunadamente, porque los guaraníes se agacharon ante los colonizadores, y los charrúas, no". Entonces, es una fuente de orgullo: "Los indios de los que desciendo fueron bravos, guerreros, luchadores, murieron mirando a su verdugo a los ojos". Esto fue contundente [en las reacciones.]

Por lo tanto, para una parte de la población de Rio Grande do Sul los extintos charrúas son un objeto de deseo, sobre todo por haber resistido a la colonización y por su encanto "hollywoodense". Está claro que hay una jerarquía de valores en la que la ferocidad, la rebeldía y algunos marcadores diacríticos de distinción indígena como las plumas, son muy

[69] Bortolini terminó por hacer pruebas de ADNmt a cinco personas. Todas revelaron descendencia matrilineal europea.

estimados. En esa jerarquía, los charrúas ocupan el lugar más alto.

Estas investigaciones también fueron bien recibidas en la Pampa. Según Marrero, mucha gente en esa región se reconoció como mestiza sin identificarse como descendientes de guaraníes, y una vez que se supieron los resultados de la investigación hubo varias reacciones del tipo: "lo sabía, sabía que mi color era charrúa". Esto al parecer revela una ansiedad sobre cómo interpretar de modo socialmente aceptable el color oscuro de la piel y la descendencia mestiza. Los resultados de la investigación ofrecieron a los Gaúchos una posible interpretación de su constitución étnica que se adecuaba a sus propias aspiraciones. Tener una piel más oscura a causa de la descendencia charrúa resulta ser un hecho socialmente más aceptable que tener, por ejemplo, ancestros guaraníes o negros.

Los resultados de la investigación también fueron útiles para el movimiento nacionalista gaúcho. Se incluyeron en una página de internet dedicada a celebrar la identidad regional, y se agregaron expresiones de orgullo por pertenecer a Rio Grande do Sul, y celebraciones de que la "esencia" del gaúcho "persiste".[70] La investigación parece ser socialmente valiosa para el movimiento gaúcho dado que brinda un modo claro de distinguirse del resto de la población brasileña. Los dirigentes del pequeño movimiento charrúa que hizo campaña ante el Estado brasileño para tratar de gestionar una concesión territorial, también contactaron en varias ocasiones a Bortolini. En esta ocasión, en vez de solicitar pruebas genéticas, pidieron que se les apoyara públicamente en sus reclamos en torno a una identidad charrúa. Les pareció atractivo dar a su petición un sustento científico para poder oponerla a los cuestionamientos de los funcionarios del Estado y de otros actores políticos, que insisten en que los charrúas no existen, dado que se extinguieron. Ante esas peticiones Bortolini decidió no ceder y decir que la ciencia no puede respaldar ese tipo

[70] Citado en M. Kent y R. Santos, " 'Os charruas vivem' nos Gaúchos: A vida social de uma pesquisa de 'resgate' genético de uma etnia indígena extinta no Sul do Brasil", *Horizontes Antropológicos,* 18 (37), pp. 341-372, 2012b, p. 363. Consultado en mayo de 2011, <http://bagealemfronteira.blogspot.com/2007/12/bag-bag_15.html>.

de afirmaciones, ante lo cual ellos desistieron. A pesar de ello, como la cacique charrúa Acuabé le aclaró a uno de nosotros (Kent), la investigación de Bortolini era a todas luces una herramienta para obtener el reconocimiento oficial de sus reclamos, en la medida en que contribuyó a que se aceptara la idea de que los charrúas, lejos de estar extintos, perviven en el presente.[71]

Se puede ver entonces que hubo una serie considerable de factores que participaron en la recepción y aceptación de los resultados de la investigación sobre el Gaúcho por parte del público. Un papel destacado lo tuvo la convergencia entre los resultados de la investigación y las percepciones sociales de la identidad gaúcha. Si bien los genetistas mostraron su inclinación por buscar a los charrúas en el material genético de los Gaúchos contemporáneos, el deseo del público en general de que tal vínculo existiera fue aún más evidente. La traducción del resultado genético en la idea de que "los charrúas viven" fue posible gracias a la aceptabilidad de los ancestros charrúas en la imaginación social gaúcha, y a la posibilidad concomitante de desplazar hacia un segundo plano a los guaraníes como posibles ancestros de los Gaúchos. Hubo además otros factores más claramente políticos que contribuyeron a la aceptación social de la investigación sobre el Gaúcho, como en el caso del movimiento nacionalista gaúcho y del movimiento charrúa.

Conclusiones

La vida social del proyecto sobre el Gaúcho revela con particular claridad las innegables imbricaciones entre los factores sociales y los biológicos en el despliegue cotidiano de la investigación genética. En todas las etapas del proceso de investigación ocurre una constante interacción entre las ideas y las prácticas de la genética, por un lado, y los saberes de la arqueología, de la antropología y de la historia, además de los del sentido común sobre la identidad Gaúcha, por el otro. Las afirmaciones hechas por los genetistas sobre la constitución genética de los Gaúchos se apoyaron en el análisis del ADN.

[71] El caso es comparable con el de los uros del Perú; véase M. Kent, *op. cit.*, 2011.

Sin embargo, los términos específicos usados por ellos se vieron influidos muy notablemente tanto por ideas sociales e históricas preexistentes sobre de la identidad de los Gaúchos de la Pampa, como por las relaciones sociales y simbólicas que esa identidad condensa. El sitio de privilegio que tienen los supuestamente extintos charrúas en la imaginación gaúcha permitió que Bortolini concibiera la hipótesis de una posible continuidad genética entre aquella identidad y una población contemporánea. Con el tiempo, los investigadores consiguieron establecer las correlaciones genéticas necesarias para establecer tal continuidad, por medio de un esfuerzo sostenido de inferencias, asociaciones y exclusiones canalizadas. Para que la investigación resultara aceptable para un público más amplio fue además fundamental la preferencia de los gaúchos por los ancestros charrúas y no por los guaraníes. Todos esos factores combinados crearon las condiciones para que la conclusión genética de que las "muestras masculinas de la Pampa revelan una alta proporción del haplogrupo *C* en su ADNmt" se tradujera en su encarnación social de que: "los charrúas viven". El análisis de la trayectoria del proyecto sobre el Gaúcho reafirma tanto los argumentos sostenidos a lo largo de nuestro libro sobre el carácter biosocial o híbrido de las prácticas y de las categorías científicas, como la imposible disociación de los dominios social y biológico.[72]

Los investigadores confirmaron repetidamente durante toda la investigación la visión socialmente aceptada de la identidad gaúcha. El Gaúcho genéticamente auténtico fue ubicado con precisión en la Pampa. Fue además confirmado como dueño de una hipermasculinidad por sus cromosomas Y charrúas. El estatus mítico del Gaúcho se reforzó al atribuirle un origen indígena heroico y guerrero. Se ofrecieron bases científicas para la afirmación de que los gaúchos son diferentes del resto de la población brasileña y se desdibujó por completo el papel de la población negra en la formación de los Gaúchos.

La investigación de ese grupo reconfiguró también significativamente el asunto de la identidad gaúcha. En primer lu-

[72] S. Jasanoff, *op. cit.*, 2004b; B. Latour, *op. cit.*, 1993; G. Pálsson, *op. cit.*, 2009; P. Rabinow, *op. cit.*, 1996; J. Reardon, *op. cit.*, 2005.

gar, incorporó argumentos genéticos en el debate público librado en torno a los Gaúchos, contribuyendo a la biologización de esa identidad. Entre los receptores públicos de los mensajes de la investigación sobre el Gaúcho, algunos unieron sin más la ancestría genética y la identidad política, lo que sin duda alentó la aparición de una comunidad *genética* imaginada de Gaúchos. En el proceso se acentuó el carácter híbrido del Gaúcho y se unieron con más vigor sus rasgos sociales y genéticos. El hecho de que la construcción social de la identidad regional de los Gaúchos de la Pampa se identificara con la población de Rio Grande do Sul, permitió que las afirmaciones sobre la constitución genética de los primeros se proyectaran sobre toda la población del estado.

Los resultados de esa investigación introducen de nuevo un componente físico indígena en los ingredientes de la identidad gaúcha cuando evidencia que hubo altos niveles de mestizaje entre colonizadores y poblaciones indígenas, lo que contradice las versiones tradicionales que descartan que eso haya ocurrido. Un grupo indígena se convirtió en digno de asumir la categoría de ancestral. Al incorporarse a los cuerpos de la población gaúcha dejaron de ser externos y distintos, para volverse familiares y propios. Pero no cualquier grupo de indígenas podía serlo sino específicamente los charrúas, socialmente aceptados para incorporarse a la comunidad genética de los gaúchos. La identidad gaúcha fue conectada, antes que con las poblaciones indígenas que perviven en el presente, con unos indígenas históricamente distantes, supuestamente extintos y mitificados —y diluidos en el mestizo—. Por la valoración social positiva de los charrúas y negativa de los guaraníes y kaingangs, resulta casi inevitable pensar que hayan sido los primeros los elegidos para la fusión histórica. Aunque el objetivo explícito de Bortolini era sacar a la luz la presencia en cuerpos actuales de linajes genéticos extintos, su compromiso personal durante la investigación sugiere una preocupación que va más allá. En primer lugar, la investigación desea sacar a los charrúas mismos del olvido, aunque trayéndolos a otra existencia por medio de otra población. En segundo lugar, se reorganizó lo que Bortolini ve como el carácter incluyente de la identidad Gaúcha, asunto que en la práctica cotidiana es constantemente socavado por la tendencia de la población de

Rio Grande do Sul a resaltar su europeidad y a minimizar los orígenes indígenas y africanos.

Para las poblaciones indígenas de Rio Grande do Sul del presente, las consecuencias sociales de esta investigación son potencialmente tanto positivas como negativas. Por un lado, aumentó la aceptación social de la ancestría indígena entre la población de Rio Grande do Sul. Asimismo, para la comunidad contemporánea de los charrúas, la noción de que sobreviven hasta el presente ha tenido efectos que los empoderan en su lucha por tener reconocimiento oficial y en sus reclamos por derechos territoriales. En contraste, la idea de una continuidad genética entre los charrúas y poblaciones modernas también puede relativizar el hecho de su extinción y disminuir la responsabilidad por el genocidio del que han sido víctimas las poblaciones indígenas de Rio Grande do Sul. En el caso concreto de los guaraníes y de los kaingangs, su marginalización de la sociedad contemporánea se ha visto calcada en su exclusión de la comunidad genética imaginada de los gaúchos. En una medida considerable, puede decirse lo mismo de la población negra de Rio Grande do Sul.

Por último, la investigación y su efecto social revelan una interacción dinámica entre las maneras en las que son imaginados y pensados los Gaúchos y los charrúas. Mientras que los supuestamente extintos charrúas han resucitado a través de los Gaúchos contemporáneos, estos últimos son imaginados, reafirmados y reconfigurados a través de los charrúas. Como es habitual en los procesos de creación de identidades colectivas,[73] la reconstrucción del pasado se conecta inextricablemente a la reconfiguración del presente. En el trayecto, los genetistas no sólo han contribuido a continuar mitificando la identidad del Gaúcho, sino que también, tal como sugiere el título del artículo en *Zero Hora*, han revivido literalmente el mito charrúa.

[73] B. Anderson, *Imagined communities: Reflections on the origin and spread of nationalism,* Verso, Londres, 1983; E. Hobsbawm y T. Ranger (eds.), *The invention of tradition,* Cambridge University Press, Cambridge, 1983; M. Sahlins, "Two or three things that I know about culture", *Journal of the Royal Anthropological Institute,* 5 (3), 1999, pp. 399-416.

V. DEL LABORATORIO AL PAPEL: SERES HUMANOS, CATEGORÍAS Y OTROS PRODUCTOS GENÉTICOS VIAJEROS

Avatares de la genética de poblaciones humanas en Colombia

María Fernanda Olarte Sierra,
Adriana Díaz del Castillo H.

> Por experiencia o por afinidad, algunos de nosotros comenzamos no con Pasteur sino con el monstruo, el paria.
>
> [Susan Leigh Star, 1991: 29]

Ocho meses de trabajo etnográfico nos brindaron la oportunidad de conocer a un grupo de jóvenes genetistas que buscan hacer ciencia de manera original, al margen de las estructuras hegemónicas, a la vez que buscan maneras de navegar el mundo actual de la genética de poblaciones que se rige por cánones establecidos internacionalmente. En este capítulo analizaremos los esfuerzos adelantados por este grupo en lo que respecta al desarrollo de categorías poblacionales y cómo estas categorías responden a una ideología particular sobre la práctica y la producción científica. Para ello describiremos la planeación, ejecución y publicación de resultados del Proyecto Guajira, una investigación que tenía el objetivo de describir uno de los departamentos de Colombia,[1] haciendo hincapié en la población indígena que lo habita, los wayúu. Nos concentraremos en las diferentes categorías poblacionales que produjeron los genetistas a lo largo del proceso de investigación.

Durante nuestro trabajo de campo pudimos observar que las categorías poblacionales usadas en el laboratorio en el que tuvo lugar el Proyecto Guajira eran resultado de un pro-

[1] Los departamentos son las 32 unidades políticas y administrativas en las que está divida Colombia.

ceso de negociación dinámico, en el que los investigadores se esforzaban continuamente por dar cuenta de la diversidad humana y por reflexionar sobre las consecuencias de su propia práctica científica. En ese proceso produjeron categorías poblacionales novedosas, diferentes a las usadas comúnmente en la investigación genética en Colombia (*i.e.* mestizo, amerindio y afrocolombiano). Pese a tal esfuerzo, llegó un punto en el que esos discursos de resistencia y las prácticas asociadas a ellos perdieron relieve. Las categorías no sólo se volvieron discretas y estáticas, sino que regresaron a sus formas comunes, bajo el supuesto de que de otro modo les sería difícil a los genetistas interactuar con sus pares nacionales e internacionales. El grupo escribió un artículo que sometió a una revista científica, en el cual excluyó las categorías innovadoras a las que ellos mismos habían llegado. Pero ésta no sería la decisión más drástica que tomarían. Después de reflexionar sobre el artículo enviado, los investigadores decidieron retirarlo de la revista y además escribir uno completamente nuevo. El nuevo documento incluye las categorías poblacionales no estandarizadas desarrolladas durante la investigación, y representa con mayor precisión los intereses, los métodos y la posición política del grupo.

Consideramos que estudiar esos cambios posibilita una perspectiva más comprensiva de la práctica científica en general y de los diferentes discursos al interior del campo de la genética de poblaciones en particular. Desarrollamos el capítulo en cuatro pasos. Para empezar, contextualizamos brevemente la investigación genética en Colombia, tal como se lleva a cabo en las publicaciones científicas. Luego presentamos el laboratorio en el que nos concentramos. En un tercer momento usamos el Proyecto Guajira como ejemplo para ilustrar las maneras en que esos científicos negocian las categorías y los métodos que utilizan. Por último, nos referimos a los movimientos a través de los cuales las categorías dinámicas y múltiples se volvieron estáticas y singulares, para luego recuperar su carácter innovador. Un viaje de ida hasta el artículo sometido a una revista internacional y un viaje de regreso a la innovación.

La investigación genética colombiana en el papel

La bibliografía publicada sobre genética humana en Colombia, especialmente la genética de poblaciones y la genética forense, se basa en dos supuestos, que se encuentran interconectados, acerca del país y sus habitantes (supuestos en los que también se basan algunas investigaciones médicas/epidemiológicas).[2] El primer supuesto es que la población colombiana es el producto de una mezcla entre europeos (principalmente conquistadores españoles), esclavos traídos de África y poblaciones amerindias. Estos orígenes múltiples conforman una población triétnica.[3] Por tanto, las categorías a partir de las cuales se organizan y publican las investigaciones genéticas son: *mestizo,* entendido principalmente como descendiente de hombres europeos y mujeres indígenas; *amerindios* y *personas con ancestría africana.*[4] Sin embargo, esa manera de comprender a la población del país no es exclusiva ni de la genética ni de Colombia. De hecho, tal como se describe en la introducción de este libro, la ideología del mestizaje atraviesa a toda América Latina. Desde el final del siglo XIX hasta comienzos del siglo XX, y con marcadas diferencias entre países, el mestizo se convirtió en un símbolo de unidad nacional en términos políticos y poblacionales. A la fecha se considera el

[2] W. Arias, W. Rojas, S. Moreno *et al.*, "Estructura y composición genética de una población antioqueña con alta prevalencia de Parkinson juvenil", *Salud uis, Revista de la Facultad de Salud, Universidad Industrial de Santander,* 38, 2006, pp. 56-57.

[3] M. Rey, J. Gutiérrez, B. Schroeder *et al.*, "Allele frequencies for 13 STR's from two Colombian populations: Bogotá and Boyacá", *Forensic Science International,* 136 (1-3), 2003, pp. 83-85.

[4] G. Bedoya, P. Montoya, J. García *et al.*, "Admixture dynamics in Hispanics: A shift in the nuclear genetic ancestry of a South American population isolate", *Proceedings of the National Academy of Sciences of the United States of America,* 103 (19), 2006, pp. 7234-7239; M. Paredes, A. Galindo, M. Bernal *et al.*, "Analysis of the CODIS autosomal STR loci in four main Colombian regions", *Forensic Science International,* 137 (1), 2003, pp. 67-73; R. Romero, I. Briceño, R. Lizarazo *et al.*, "A Colombian Caribbean population study of 16 Y-chromosome STR loci", *Forensic Science International: Genetics,* 2 (2), 2008, pp. e5-e8; F. Rondón, J. Osorio, Á. Peña *et al.*, "Diversidad genética en poblaciones humanas de dos regiones colombianas", *Colombia Médica,* 39 (2), 2008, pp. 52-60.

principal grupo poblacional en varios países latinoamericanos.[5]

Esto nos lleva al segundo supuesto bajo el cual se organiza y se lleva a cabo la investigación genética en Colombia y se publican los resultados. Esto es, que Colombia está dividida en cuatro[6] o cinco[7] regiones geográficas y culturales, y se considera que en cada región habitan personas con diferentes niveles de mezcla.[8] Muchos genetistas interpretan la compleja geografía del país como la razón por la cual las poblaciones humanas regionales se mantuvieron relativamente aisladas hasta que las vías de comunicación mejoraron y fue posible moverse de una región a otra.[9]

> La población con ancestría mezclada se concentra principalmente en las zonas urbanas, particularmente en los Andes. Los afrocolombianos viven predominantemente en las costas e islas del Caribe y el Pacífico. Las poblaciones amerindias se concentran principalmente en el oriente (sobre las vastas cuencas de los

[5] A. Carrillo, "Los médicos y la 'degeneración de la raza indígena'", *Ciencias,* 60-61, 2001, pp. 64-71; M. Olarte, *Achieving the desirable nation: Abortion and antenatal testing in Colombia: The case of amniocentesis,* tesis de doctorado, Universidad de Ámsterdam, 2010; M. Olarte y A. Díaz del Castillo, " 'We are all the same, we all are mestizo': On populations, nations, and discourses in genetics research in Colombia", *Science as Culture,* 18 de octubre de 2003, 2013; N. Stepan, *"The hour of eugenics": Race, gender and nation in Latin America,* Cornell University Press, Ithaca, Nueva York, 1991; L. Suárez y R. Ruiz-Gutiérrez, "Eugenesia y medicina social en el México posrevolucionario", *Ciencias,* 60-61, 2001, pp. 80-97; P. Wade, *Blackness and race mixture: The dynamics of racial identity in Colombia,* Johns Hopkins University Press, Baltimore, 1993.

[6] M. Paredes *et al., op. cit.*

[7] CINEP, *Colombia, país de regiones,* CINEP, Bogotá, 1998.

[8] M. Paredes *et al., op. cit.;* E. Yunis, ¿Por qué somos así? ¿Qué pasó en Colombia? Análisis del mestizaje, 2a. ed., Temis, Bogotá, 2009 [2003]; J. Yunis, L. Acevedo, D. Campo *et al.,* "Population data of Y-STR minimal haplotypes in a sample of Caucasian-Mestizo and African descent individuals of Colombia", *Forensic Science International,* 151 (2-3), 2005, pp. 307-313.

[9] G. Bedoya, comunicación personal en 2010. Comparar con L. Carvajal-Carmona, I. Soto, N. Pineda *et al.,* "Strong Amerind/white sex bias and a possible Sephardic contribution among the founders of a population in northwest Colombia", *American Journal of Human Genetics,* 67 (5), 2000, pp. 1287-1295.

ríos Orinoco y Amazonas) y en las áreas rurales del suroccidente y norte del país.[10]

Esta manera de comprender las poblaciones se vuelve problemática una vez que se desempaca la idea de "ser mezclado". Algunos de los genetistas entrevistados reconocieron que en Colombia todas las poblaciones son, de una u otra manera, mezcladas. Sin embargo, la representación que se hace del país en la cita anterior moviliza una idea de que las personas están geográficamente organizadas por categorías raciales, categorías que se dice difieren genéticamente entre ellas.[11]

GPI: AL CRUZAR FRONTERAS

Si bien llevamos a cabo trabajo de campo etnográfico en cuatro laboratorios genéticos en Colombia, aquí presentamos los datos del laboratorio con el que trabajamos más intensamente durante más de ocho meses en 2010: el Grupo de Genética de Poblaciones e Identificación (en adelante GPI) del Instituto de Genética de la Universidad Nacional de Colombia en Bogotá. Como mostraremos, consideramos que ese laboratorio cuyo guía es un genetista joven —aunque con mucha experiencia— que recientemente terminó su doctorado, es particular por la manera en que los investigadores trabajan y abordan sus intereses.

En ese contexto, y siguiendo a Star[12] y a Law,[13] elegimos no enfocarnos en "héroes, grandes hombres, importantes or-

[10] W. Rojas, M. Parra, O. Campo *et al.*, "Genetic make up and structure of Colombian populations by means of uniparental and biparental DNA markers", *American Journal of Physical Anthropology,* 143 (1), pp. 13-20, 2010, p. 13.

[11] Está fuera del alcance de este capítulo analizar esas conceptualizaciones sobre la gente y la geografía. Tal análisis ya se ha hecho en otra parte (M. Olarte y A. Díaz del Castillo, *op. cit.*, 2013).

[12] S. Star, "Power, technology and the phenomenology of conventions: On being allergic to onions", en J. Law (ed.), *A sociology of monsters: Essays on power, technology and dominations,* pp. 26-56, Routledge, Londres, 1991.

[13] J. Law, "Introduction: Monsters, machines and sociotechnical relations", en J. Law (ed.), *A sociology of monsters: Essays on power, technology and dominations,* Routledge, Londres, 1991, pp. 1-23.

ganizaciones o grandes proyectos".[14] Nuestro objetivo era evitar caer en el "gerencialismo" y abstenernos de producir un análisis "lleno de agentes activos y manipuladores que tienen la posibilidad de abrirse camino hacia la organización y el éxito".[15] Al concentrarnos en "gente del común y no en grandes hombres", como lo señala Law,[16] mostramos una visión de la ciencia que no corresponde con la de los grupos de investigación sobradamente exitosos y visibles. Por el contario, ponemos en un primer plano a quienes, por razones que mostraremos enseguida, podrían considerarse por fuera de la ciencia hegemónica, pero que pertenecen claramente a la comunidad científica. De esta manera, buscamos echar luz sobre la multiplicidad inherente a la práctica científica.

Nuestro interés por concentrarnos en ese grupo tiene que ver con su naturaleza particular, que aquí caracterizamos como marginal. Tal marginalidad no significa que los miembros de ese grupo no sean reconocidos como pares por otros genetistas. Radica, más bien, en la manera como sus ideas innovadoras desafían y desestabilizan conceptos científicos previamente establecidos. En otras palabras, abogamos por el estudio de la diversidad y la innovación, en lugar de observar a grupos científicos "canónicos" y suficientemente conocidos. Consideramos que la marginalidad es un lugar privilegiado para analizar las tensiones vigentes al interior de la ciencia, y por lo tanto proponer una visión más plural y matizada de la genética de poblaciones humanas.[17] En ese sentido, nuestra intención no es representar al grupo como si fuera único y completamente diferente de los otros grupos de investigación del país. Por el contrario, lo que buscamos es mostrar que la investigación es en sí misma múltiple, variada, contingente y, de muchas maneras, contradictoria.[18]

[14] *Ibid.*, p. 12.

[15] *Ibid.*, p. 13.

[16] *Ibid.*, p. 12.

[17] D. Haraway ("Situated knowledges: The science question in feminism and the privilege of partial perspective", *Feminist Studies,* 14 (3), 1988, pp. 575-599) propone un argumento similar.

[18] Véanse ejemplos claros de las contradicciones que emergen en la investigación genética en C. Bliss ("Genome sampling and the biopolitics of race", en S. Binkley y J. Capetillo [eds.], *A Foucault for the 21st century: Governmentality, biopolitics and discipline in the new millennium,* Cambridge Scholars,

El GPI es un grupo de investigación joven. Existe desde hace pocos años (se conformó en 2006) y su primer proyecto sobre genética de poblaciones comenzó en 2009. Por lo tanto, su producción, en términos de artículos publicados, es escasa.[19] Sin embargo, el grupo produce tesis de pregrado y de maestría (la mayoría de los miembros del grupo acaban de terminar sus estudios de pregrado o están comenzando los de posgrado),[20] lleva a cabo varios proyectos de investigación y goza de un creciente reconocimiento por los servicios certificados y acreditados que ofrece en genética forense. El trabajo del grupo está centrado en la genética de poblaciones y forense, esta última a manera de pruebas de paternidad. Los investigadores consideran muy importante que todas sus muestras sean recolectadas específicamente para fines de genética de poblaciones y que éstas no provengan ni de genética médica ni forense. Eso les permite recolectar información que ayuda a contextualizar y dar sentido a los resultados, una de las características que los diferencia de los otros grupos que estudiamos.[21] Aunque el GPI apenas está comenzando a hacerse un espacio en la comunidad científica, su director, el doctor Usa-

Boston, 2009a, pp. 322-339), T. Duster ("Buried alive: The concept of race in science", en A. Goodman, D. Heath y S. Lindee [eds.], *Genetic nature/culture: Anthropology and science beyond the two-culture divide,* University of California Press, Berkeley, 2003b, pp. 258-277), D. Fullwilley ("The molecularization of race: Institutionalizing human difference in pharmacogenetics practice", *Science as Culture,* 16 (1), 2007a, pp. 1-30, y "Race and genetics: Attempts to define the relationship", *BioSocieties,* 2 (2), 2007b, pp. 221-237), A. M'charek (*The Human Genome Diversity Project: An ethnography of scientific practice,* Cambridge University Press, Cambridge, MA, 2005a, y "The mitochondrial Eve of modern genetics: Of peoples and genomes, or the routinization of race", *Science as Culture,* 14 (2), 2005b, pp. 161-183), M. Olarte y A. Díaz del Castillo (*op. cit.,* 2013) y J. Reardon (*Race to the finish: Identity and governance in an age of genomics,* Princeton University Press, Princeton, 2005).

[19] Esta afirmación corresponde al año 2011, cuando fue escrito este artículo en su versión original en inglés. No se refiere a la actualidad del grupo y sus científicos.

[20] Esto puede deberse al hecho de que en Colombia la educación de posgrado en el campo de la genética apenas comienza a consolidarse. En la mayoría de los otros laboratorios estudiados los investigadores se habían formado en el extranjero.

[21] Otros laboratorios que estudiamos usan datos médicos o forenses para hacer argumentos poblacionales. El GPI no usa muestras o datos recolectados o secuenciados por otros laboratorios.

quén, es muy reconocido y respetado en las redes genéticas globales y locales. Entre otras cosas, coordinó el grupo que desarrolló lo que se conoce como el primer intento por construir un mapa genético de Colombia.[22]

El grupo forma parte del reconocido Instituto de Genética de la Universidad Nacional de Colombia, que a su vez forma parte de la Facultad de Biología. Es el único grupo en el Instituto que trabaja en genética de poblaciones, motivo por el cual decidimos trabajar con ellos. Su principal propósito es caracterizar a la totalidad de la población colombiana, dar cuenta de sus orígenes y del poblamiento del país y describir su configuración genética actual. Para tales fines, combinan los hallazgos genéticos con información demográfica, antropológica, arqueológica y ecológica. Les interesa producir más que datos genéticos, tal como lo expresó el doctor Usaquén:

> Los avances en genética están sincopados con nuestra capacidad de entender el conocimiento nuevo y saber qué hacer con él. En este momento podemos secuenciar ocho mil muestras en una semana ¿y qué? ¿Eso qué nos dice? Si uno no contextualiza esos datos son insignificantes. No importa que las revistas publiquen artículos que dan la idea de que los datos genéticos y moleculares dicen algo por sí solos. No, si uno no conoce la historia del lugar, de la población, de la gente que se estudia, de las prácticas maritales, de las redes comerciales y demás, uno no tiene nada. Puede tener todas las frecuencias alélicas, los SNP,[23] el ADN mitocondrial que quiera, pero sin ese contexto nada de eso dice algo.[24]

De esta manera, los genetistas del GPI entienden y practican la genética como una ciencia que, para tener sentido, requiere articularse con otros tipos de conocimiento. Por lo tanto, el GPI busca contribuir al desarrollo de métodos de recolección de datos y análisis que permitan la incorporación de los diferentes tipos de información que consideran relevantes. Sin

[22] J. Barragán, "Mapa genético de los colombianos", *Un Periódico 105*, 2007. Consultado el 8 de enero de 2012, <http://historico.unperiodico.unal.edu.co/ediciones/105/15.html>.

[23] Del inglés *Single Nucleotide Polymorophism*.

[24] Todas las citas que aparecen en este capítulo de Usaquén y sus colaboradores provienen de entrevistas e interacciones de observación participante.

embargo, la diferencia entre el GPI y los otros laboratorios que estudiamos no radica únicamente en la forma como entienden y practican la genética, sino también en términos de a quiénes consideran una audiencia relevante para difundir los resultados de investigación. El GPI considera que las poblaciones estudiadas deben ser una de las principales audiencias a las cuales es necesario presentar sus resultados, como una manera de contribuir a que esas poblaciones conozcan su propia historia.

Teniendo en cuenta el carácter particular de la investigación que realiza el GPI y del compromiso que asume, es relevante preguntarse por la financiación que recibe. Cabe resaltar que si bien el grupo cuenta con fondos de la universidad de la cual forma parte y los investigadores más jóvenes están financiados por el Departamento Administrativo de Ciencia, Tecnología e Innovación de Colombia (Colciencias), las ganancias provenientes de las pruebas de paternidad se han vuelto una importante y sólida fuente de ingresos. En consecuencia, su agenda de investigación no está necesariamente relacionada con las prioridades de las agencias de financiación (en Colombia esas agendas tienen que ver principalmente con la epidemiología genética). En este sentido, las ganancias de las pruebas de paternidad proveen un margen de libertad que se traduce en el tipo de investigación que lleva a cabo el GPI.

Formas de volverse científico

Tal como se mostró en la sección anterior, el GPI resultó ser diferente de los otros laboratorios estudiados, específicamente por su muy particular posición frente a la práctica y producción científicas. Esa manera de practicar la genética se interioriza, en parte, a través de clases, discusiones y debates dirigidos por el doctor Usaquén. Con frecuencia fuimos testigos de cómo alentaba a los miembros del laboratorio a ser reflexivos sobre su propio trabajo y sobre los conocimientos que adquieren y producen:

> El genetista es la estrella en el laboratorio, pero si pierde los pulgares [para usar la micro pipeta] está perdido, no tiene ni idea

> del contexto [...] el genetista vende por la bata blanca y el láser y el cuento de que todo es microscópico y molecular y por la idea de que no se equivoca [porque lo que hace es ciencia]. Pero sí se puede equivocar, es decir, muchas veces se equivoca. Esto [información genética] es sólo otro dato, nada más [...] por eso debe estar contextualizado.

Tales intervenciones tenían el objetivo de cuestionar las pocas veces cuestionada precisión de la ciencia y de sus fundamentos, así como la neutralidad de los científicos. Además, permitían que tuvieran lugar discusiones en las que los miembros del laboratorio no siempre estaban de acuerdo, lo que llevaba a que problematizaran aún más su quehacer. De esta manera, a los investigadores que trabajan con el doctor Usaquén se les exhorta constantemente a ser reflexivos y a recordar que la investigación, las prácticas, los resultados y las interpretaciones no son neutrales. Se les invita a ser visibles, a no ser "testigos modestos", lo que consecuentemente los aleja de formas hegemónicas de hacer ciencia.[25] El caso que presentamos en este capítulo muestra cómo ese discurso se traduce en la práctica; esto es, en el desarrollo de categorías poblacionales innovadoras para la investigación en genética humana.

En el proceso de volverse visible y no modesto, el doctor Usaquén no sólo reflexiona sobre su propio trabajo y el trabajo de su equipo. Él reconoce que su visión de la ciencia y del método científico está influida por su historia personal, sus profesores, sus amigos, sus intereses y su trayectoria. En pocas palabras, él *sitúa* su conocimiento.[26] Después de graduarse como biólogo, el doctor Usaquén trabajó como entomólogo

[25] D. Haraway (*Modest_Witness@Second_Millenium.FemaleManã_Meets_Oncomouse*™, Routledge, Londres, 1997) arguye que el "testigo modesto" es crucial para los discursos de la ciencia temprana. Se trata de hombres blancos que no dejan rastros y que son modestos puesto que se les atribuye total "objetividad". La ciencia que producen o validan carece de pasiones, intereses y tensiones. Los testigos modestos permiten entender la ciencia como una traducción neutral y transparente de la naturaleza, quien se vuelve "inmodesto" reconoce que la objetividad de la ciencia es parcial y que el hombre o la mujer de ciencia incluyen inevitablemente su perspectiva y su historia personal en la producción del conocimiento.

[26] D. Haraway, *op. cit.*, 1988.

forense, tomó cursos de historia y clases de fotografía y se especializó en estadística. Para él, todos esos intereses han influido en su trabajo en genética y han hecho posible que hoy tenga el punto de vista que tiene:

> Muchas de las cosas que hago las hago porque las aprendí de la profe IB. Por ejemplo, la forma en la que los trato a ustedes y a mis estudiantes. Ella me enseñó la importancia de enseñar con generosidad, con paciencia, de tomarme el tiempo suficiente para hablar y compartir ideas con los estudiantes. Pero también reconozco que hay cosas que hago diferente a ella, por ejemplo la forma en la que abordo los problemas de investigación; la forma en la que imagino cómo es y debe ser este grupo [de investigación] es diferente a como era cuando yo era su estudiante [...] También la Facultad de Ciencias, el programa de biología que yo estudié, esa escuela me hizo lo que soy. Yo estudié en una escuela humanista, no tecnicista como las escuelas de hoy y por eso aquí queremos que ustedes tengan esa parte humanista, que no traguen entero, que problematicen. Y otra persona fundamental en mi vida y en lo que soy es mi amigo AC, que es como mi hermano. Él es biólogo y filósofo y siempre que hablamos hace que me cuestione todo [...] uno debe reconocer esas personas y momentos y lugares que lo marcan y que lo definen como persona y como científico.

Ser científico implica volverse científico. Esto no es ninguna novedad. Sin embargo, lo que queremos resaltar es que para llegar a ser el tipo de científico que esos genetistas son, hace falta conocer bien los propios caminos, volverse un científico más reflexivo y situado y dejar a un lado la modestia. Esto significa que el GPI como grupo de investigación no sólo está configurado por la historia personal del doctor Usaquén, sino también por las historias personales de todos los que trabajan ahí: "Este grupo es lo que es pero no sólo por mí. En la constitución del grupo está mi pasado, más el de ustedes. El direccionamiento lo vamos empujando todos. Si ustedes fueran diferentes, yo sería diferente y el grupo también sería diferente".[27] En este punto podríamos afirmar que un requisito

[27] Después de una presentación del trabajo de otros genetistas, la joven in-

para ser miembro del GPI es la voluntad para alcanzar ese nivel de reflexividad, pues los proyectos de investigación y la agenda del grupo se formulan precisamente bajo el reconocimiento que cada miembro hace de su trayectoria, intereses y limitaciones, y bajo la visión compartida, aunque con matices, de lo que es la genética humana.

PROYECTO GUAJIRA: INNOVACIONES, NEGOCIACIONES Y COMPROMISOS

EL GPI considera que su trabajo debe contribuir en la construcción de una identidad nacional positiva, al celebrar la diversidad de la población del país a la vez que mantiene viva la historia de grupos ancestrales. Teniendo esto en mente, el grupo se embarcó en un proyecto que tuvo como objetivo caracterizar al departamento de la Guajira, reconocido por tener grupos étnicos diversos. Fueron varias las razones que nos llevaron a concentrarnos en ese proyecto específico para este análisis. En primer lugar, al haberse concebido como parte de la meta general del GPI de caracterizar a la población colombiana, resulta un ejemplo adecuado para dar cuenta del enfoque e intereses del laboratorio. Segundo, casi la totalidad de los miembros del laboratorio participaron en el proyecto, ya sea recolectando o analizando datos, o poniendo por escrito los resultados. Tercero, es un buen ejemplo del tipo de compromisos involucrados en el proceso de producción de conocimiento, lo que nos permite poner de manifiesto las posibles tensiones que ocurren al interior de la ciencia, al tiempo que nos facilita ver los aportes de cada uno de los miembros del grupo. Ese proyecto y los artículos que se derivaron de él fueron una fuente constante de discusión, diálogo y negociación entre los miembros del grupo, a lo largo de nuestro propio trabajo de campo e incluso después de éste. Por último, los resultados del proyecto constituirán uno de los primeros artículos publicados del laboratorio como grupo de investigación. Consideramos que es útil examinar lo que se pone en juego a

vestigadora Rojas reparó en que su trabajo era diferente del de otros grupos de investigación; el doctor Usaquén responde de este modo a su pregunta sobre las razones de esa diferencia.

la hora de alinear las prácticas de laboratorio y las de comunicación dentro de la comunidad científica. En este capítulo mostraremos cómo el largo proceso de negociación en torno a la escritura de un artículo (y la forma como los investigadores se posicionan en el mundo de la genética de poblaciones) se tradujo en su envío a una revista científica, de la cual posteriormente fue retirado, para luego desembocar en un proceso de reescritura. El resultado final llegó a formar parte de la tesis doctoral del doctor Usaquén.

El esfuerzo del grupo por mantenerse fiel a su postura, y al mismo tiempo ganar un lugar en el mundo editorial de la genética de poblaciones, se muestra en los siguientes fragmentos de nuestros diarios de campo.

3 de junio de 2010

Hoy el grupo discutió el artículo del proyecto Guajira por dos horas. No pudieron llegar a un acuerdo sobre qué tan detallada debería ser la parte metodológica. El doctor Usaquén destacó que la metodología debía mencionar el trabajo de campo que hicieron, los materiales usados por ellos, como el póster y la encuesta. También destacó que el artículo debía mencionar que ellos no tomaron muestras de sangre a la población indígena porque para esta población la sangre es sagrada y no se puede entregar. Sin embargo, el investigador Eljach se sintió incómodo con la idea de incluir ese tipo de información en el artículo. Dijo: "Ésta es una revista científica y toda esa cosa social es irrelevante para ellos [...] incluirla puede ser contraproducente para el artículo". Al final de la reunión no se pusieron de acuerdo en cuánto incluir de la metodología. El doctor Usaquén propuso que en dos semanas cada autor trajera una propuesta sobre cómo escribir esa sección. Antes de irse, el doctor Usaquén dijo: "Recuerden que nuestro sello, lo que nos caracteriza, es la forma en la que recogemos las muestras y los datos. Si no incluimos eso, estamos ignorando lo que nos hace diferentes de los demás".

17 de julio de 2010

El grupo discutió el artículo del proyecto Guajira. La investigadora Sarmiento presentó una guía de cómo ella quiere que se organice el artículo. La semana pasada habían acordado que ella debía ser la primera autora por lo que este artículo se desprende de su tesis de pregrado. Ella quiere que el artículo combine demografía, genética y ecología. De nuevo, el investigador Eljach no estaba convencido. Dijo: "¿Va a ser un artículo de demografía que combine datos y herramientas genéticas o al revés? [...] no veo claro cómo vaya a funcionar. No creo que tengamos suficiente material demográfico [en términos de cantidad y representatividad estadística] para lograr hacer un argumento fuerte y corremos el riesgo de terminar sin argumento [...] deberíamos hacer sólo un artículo de genética". Sarmiento respondió: "Eh, no, sí tenemos suficiente material demográfico para hacer un buen artículo, no va a ser un argumento intuitivo pero va a ser un argumento fuerte. Además, si no presentamos la parte demográfica no vamos a poder mostrar cómo fue que sacamos las nuevas categorías [demográficas...]"

6 de octubre de 2010
El grupo aún debate si debe o no hacer un artículo que combine demografía y genética. Están divididos sobre este asunto. Para el doctor Usaquén, y las investigadoras Sarmiento y Alonso, los datos son suficientes para hacer un argumento fuerte. Por otro lado, los investigadores Casas, Eljach y Rojas insisten en la debilidad de los datos demográficos. Estos últimos también temen que incluir muchos datos no genéticos vaya a disminuir las posibilidades de que el artículo se publique.

La discusión general giró en torno a la inclusión de los llamados datos sociales, que según algunos investigadores haría que el artículo no fuera adecuado para su publicación, mientras que para otros la articulación de ese tipo de datos con los datos genéticos constituiría la principal contribución del grupo a la genética. Esta negociación sobre qué tipo de datos incluir en el artículo muestra, por un lado, que no había una única decisión, ni una manera fácil de decidir cómo hacer pública su investigación. Por otro lado, muestra que dentro del grupo había diferentes posiciones sobre cómo debían ser sus publicaciones científicas en términos del tipo de datos considerados (ir)relevantes para la práctica genética hegemónica. Interpretamos esta negociación como un ejemplo de la manera como ese grupo de científicos reflexiona sobre el tipo de genetistas que quieren ser. Esto es así porque la discusión, al menos en ese punto, no se trataba únicamente de cómo interpretar los datos, sino de si, en definitiva, usar o no todo un conjunto de datos.

Recolección de datos no moleculares

Para los investigadores del GPI los datos moleculares son valiosos únicamente cuando se analizan en relación con otro tipo de información. En esa medida, para el Proyecto Guajira se propusieron recolectar y analizar datos sociodemográficos junto con variables genéticas. Les preocupaba desarrollar herramientas adecuadas para dar cuenta de factores como las migraciones, las tradiciones, el idioma y los patrones de apareamiento. Para ello, hicieron una revisión de la bibliografía sobre la región y la población que incluía fuentes antropológicas e históricas. Después, el grupo hizo trabajo de campo durante tres semanas con el fin de conocer a la gente y el lugar, obtener los permisos necesarios de las autoridades locales para llevar a cabo la investigación y planificar el proceso de recolección de datos. Escogieron tres lugares de recolección diferentes, basándose en el tamaño y en la composición de sus poblaciones: Riohacha, la capital del departamento, Maicao, una ciudad con un gran número de personas llamadas "turcos",[28] y Uribia, un municipio rural considerado amerindio y "aislado". En este último lugar, el doctor Usaquén presentó el proyecto a los wayúu con la ayuda de una intérprete y usando un cartel diseñado por ellos específicamente para tal propósito (figura V.1). El cartel representaba mediante imágenes los objetivos del proyecto y el procedimiento de recolección de las muestras.

[28] Entre 1880 y 1930 llegaron a Colombia inmigrantes provenientes de Siria, Líbano y Palestina. A pesar de que no eran de Turquía, la gente los empezó a llamar "turcos", y el nombre se volvió bastante común. Algunos autores sostienen que ese término está relacionado con una hostilidad inicial hacia la inmigración, pero luego perdió tal carácter ofensivo y terminó siendo nada más que un término inapropiado ampliamente utilizado. Véase L. Fawcet y E. Posada, "En la tierra de las oportunidades: Los sirio-libaneses en Colombia", *Boletín Cultural y Bibliográfico,* 29, 1992, pp. 3-22.

Exhibía igualmente un mapa del departamento en el que estaban señaladas las diferentes familias indígenas representadas por sus nombres escritos en wayuunaiki (idioma wayúu). Contenía, además, imágenes de personas wayúu y de los investigadores recolectando muestras, y una frase en la que se leía: "Tras las huellas de nuestros antepasados". Ese cartel constituía un esfuerzo del GPI por acercarse a la población de manera adecuada. El que no incluyera detalles técnicos y estuviera explicado en wayuunaiki por una intérprete wayúu, permitió que se estableciera un diálogo entre el GPI y la comunidad wayúu. Sin embargo, los supuestos que subyacen en el cartel son similares a los sostenidos por otros genetistas. Por ejemplo, la manera de representar a las poblaciones crea una diferencia entre "nosotros" y "ellos", a pesar de que apela a una historia común, a un pasado compartido por todos "nosotros, los colombianos" que trata de borrar distinciones.

FIGURA V.1. *El doctor Usaquén presenta el proyecto a los wayúu (imagen cortesía de William Usaquén, 2010).*

Esta visita inicial también sirvió para aplicar una encuesta piloto, con la que se buscaba recoger datos sociodemográficos y genealógicos (figura V.2). Vale la pena mencionar que el GPI fue el único de los laboratorios estudiados que desarrolló y usó un instrumento de ese tipo.[29] El principal objetivo de la encuesta era identificar linajes y ancestrías de acuerdo con la ascendencia matrilineal o patrilineal, y asociar esas genealogías al ADN mitocondrial (ADNmt) y al cromosoma Y. Lo anterior se hacía con base en el entendimiento de que los linajes genealógicos se traducen en linajes genéticos. Los genetistas del GPI querían reconstruir el árbol familiar de cada individuo y luego usarlo para determinar el origen de sus posibles ancestros. Es interesante anotar que esa manera de entender las ancestrías fue usada posteriormente en el proceso de crear categorías para analizar los datos genéticos. La encuesta incluyó información sobre el lugar de nacimiento y los apellidos del individuo estudiado y de sus padres, abuelos y bisabuelos (información que se llenaba usando el esquema de un árbol genealógico familiar), idiomas hablados, casta (los wayúu están organizados socialmente en "castas" o clanes), grupo étnico (usado principalmente para identificar a los wayúu como tales), hijos (número, edad de la madre al momento del nacimiento), lugar de residencia, fecha y tiempo en el lugar de residencia.

Haciendo malabares con las categorías

Las negociaciones en torno a la construcción de las categorías comenzaron con el diseño de la encuesta. Antes de que empezara el trabajo de campo, los investigadores desarrollaron una categoría llamada POP (por la traducción al inglés de población) que se suponía debía ser llenada por el entrevistador (no se muestra en la figura V.2). Incluía las categorías poblacionales que son usadas comúnmente (*indígena, afro* y *mestizo*) y dos adicionales: *árabe,* para dar cuenta de los descendientes

[29] Mientras que algunos investigadores en otros laboratorios reconocían la importancia de la información no genética (*i. e.* historia, lingüística) para entender los resultados genéticos, sus herramientas no eran tan sofisticadas como las usadas por el GPI, y los datos recolectados no eran necesariamente tomados en cuenta a la hora de analizar los datos genéticos.

PROJECT: "GENETIC CHARACTERIZATION IN A HUMAN POPULATION FROM THE GUAJIRA DEPARTMENT: CONTRIBUTION TO HISTORICAL AND STRUCTURAL KNOWLEDGE ABOUT COLOMBIAN ETHNIC GROUPS"

1.

Date	DD	June	2009
Sample code			
Sampling Institution			
Sampling officer			
Pollster name			

2. *Sampling site:*

Municipality		Specific site	

3. *Personal Information:*

Residence Place				Residence Time	
Adress		Telephone Number		E-mail	
First name		Middle Name			

4. *Surname:*

P1 P2 M1 M2

LN LN LN LN LN LN LN LN
POP POP POP POP
LN LN LN LN
POP POP POP POP
7. Age LN POP
8. LN POP
5. Age LN POP Age LN POP

6.

Ethnicity		Caste		Ranchería	
Age of Mother at first birth				Offspring number	
Wayuunaiki	Talking	Yes	Not	Write	Yes	Not

FIGURA V.2. *Encuesta desarrollada por el* GPI *(imagen cortesía del* GPI*, 2010).*

de sirio-libaneses, y *migrantes,* desarrollada en una investigación anterior con la intención de describir a aquellas personas cuyos padres nacieron en el país pero fuera del área de estudio. Aunque esas categorías organizaban a las personas con base en su ascendencia, también se basaban en gran parte en el fenotipo.[30] Al usarlas, los investigadores se alinearon con supuestos más generalizados sobre la población colombiana como triétnica y sobre los vínculos entre la apariencia física, la ancestría genealógica y la ancestría genética. Sin embargo, con la categoría "migrante" se apostó por una conceptualización diferente (aunque en ese primer momento su diferencia con indígena, afro y mestizo no estaba muy clara). De ese modo, la encuesta resultó ser mucho más que una herramienta de recolección de datos. En ella se materializaron las disputas, las negociaciones y las contradicciones a las que se vieron enfrentados los investigadores.

Cuando el doctor Usaquén nos mostró las encuestas, nos dimos cuenta de que la categoría "POP" había sido llenada pocas veces y de manera irregular. En algunos casos se usó *mestizo* cuando la persona había nacido en una ciudad específica (fuera de la zona de estudio), y en otros, se usó independientemente del lugar de nacimiento. Un entrevistador, por ejemplo, usó la categoría *mestizo/indígena,* seguida de una nota en la que aclaraba: "la abuela paterna parece ser indígena". Además, la encuesta incluía un cuadro para anotar "observaciones fenotípicas" (no se muestra en la figura V.2). El registro de esos datos fue variable en términos de contenido e incluso de si estaba lleno o no. Algunos entrevistadores usaron ese espacio para escribir el lugar de nacimiento o el "grupo étnico", aunque la mayoría lo dejó vacío. Una de las investigadoras explicó:

> POP se llenaba por el apellido, lo hacía el entrevistador según su criterio y también se preguntaba por auto identificación. [Resultó que] El mestizo es muy ambiguo. Lo que no es indígena ni afro. Pero allá [en el área de estudio] eso no era tan evidente. [La joven investigadora Alonso al explicarnos el uso de las categorías pop.][31]

[30] En este caso el "fenotipo" se refiere a características físicas y observables que han sido usadas como significantes raciales y étnicos.

[31] Los comentarios de los investigadores acerca del proceso de recolección de los datos se hicieron retrospectivamente durante nuestro trabajo de campo.

La investigadora buscaba explicar que las categorías que parecían evidentes al principio, y que correspondían con las usadas comúnmente por los genetistas, se volvieron difusas y borrosas una vez que se llenaron las encuestas con datos de personas reales en la vida cotidiana. Aquella información que al comienzo, en la comodidad del laboratorio, fue considerada relevante e inequívoca, se volvió vaga, incluso redundante en el campo y con personas reales. Una vez en la Guajira, se dieron cuenta de que:

> En esta región es imposible encontrar gente que quepa claramente en las categorías de siempre. Por ejemplo, [la categoría de] afrocolombiano es absolutamente difícil. Acá usted tiene unos que son muy claros y otros que son muy oscuros. Es decir, acá está todo el rango de color [...] y lo mismo pasa para los indígenas, entonces nos dimos cuenta de que era completamente impráctico pensar en términos de fenotipo y empezamos a pensar en términos de genealogía, de ancestría [...] pero luego nos encontramos con el problema de los nativos. En la Guajira se fragmenta en dos, los que son wayúu y los que han vivido ahí ancestralmente pero no se consideran a sí mismos wayúu. Entonces dividimos la categoría en dos. Lo mismo pasa con los migrantes. Al pensar en eso, nos dimos cuenta de que las categorías tenían que estar alineadas con lo que estábamos buscando. Decidimos que según el marcador [genético], necesitábamos categorías específicas. Así llegamos a wayúu materno y wayúu paterno. [El doctor Usaquén al reflexionar sobre los procesos de concebir las nuevas categorías.]

Según el doctor Usaquén, las dificultades que enfrentaron al usar categorías estandarizadas en la práctica (y la reflexión que resultó de esta situación), tuvieron un efecto desestabilizador (incluso sobre la noción misma de categoría). Esto fue así porque la práctica puso en duda los supuestos que hay detrás de esas categorías. Percatarse de que la gente no necesariamente encaja en categorías discretas fue para todos los miembros del grupo una suerte de revelación. El doctor Usaquén continuó explicando:

> Sí, fue una revelación porque acá uno tiene una mezcla de todo. El proceso de buscar y encontrar categorías que fueran más

apropiadas para nuestras preguntas nos ayudó a entender que las categorías son artificiales; que no son discretas y que no pueden ser deterministas porque nos estaríamos perdiendo de un montón de posibilidades de la población. Una persona puede tener tres etiquetas distintas y si uno no tiene herramientas como la encuesta y no es cuidadoso con las categorías, uno no se entera de eso. Por eso nuestro sistema es multi-propósito y ancestral.

El encuentro con el campo y sus complejidades inspiró a esos investigadores a desempacar concepciones antiguas y estáticas sobre la población colombiana. La búsqueda de un sistema dinámico y no determinista para categorizar a las personas requirió un proceso de negociación basado principalmente en la información recolectada a través de la encuesta. El grupo transformó cuatro categorías basadas en el fenotipo en ocho basadas en la ancestría (véase el cuadro V.1).[32]

Estas nuevas categorías resultan interesantes por varios motivos. Primero, las categorías *mestizo, indígena* y *afro,* aparentemente discretas y basadas en el fenotipo, se convierten en categorías múltiples y dinámicas que tratan de dar cuenta de la diversidad y movilidad de la población en términos genealógicos. Por ejemplo, los diferentes tipos de *nativos* permiten la especificación de un grupo de habitantes ancestrales (es decir, guajiros) que no son considerados indígenas, y que de otro modo permanecerían invisibles. Asimismo, las categorías de migrantes dan cuenta de migraciones internas que se suelen pasar por alto. Segundo, al tomar distancia de una comprensión triétnica de la población, las nuevas categorías no dependen de supuestos arraigados acerca de los marcadores raciales y la composición genética (*i.e.* que los grupos humanos racializados también conforman grupos separados en términos genéticos). Tercero, este sistema hace posible que una persona encaje en más de una categoría (*i.e.* wayúu-materno y nativo 2), lo que cuestiona la idea de que las categorías poblacionales están dadas y que son estáticas y "naturales". Por último, y a pesar del carácter innovador de esas categorías, hay

[32] Entre las categorías finales a partir de las cuales se organizaron los datos y se produjo una tesis de pregrado, no estaba incluida ninguna categoría para los llamados "turcos" o "árabes". Según los investigadores, nadie con esa ancestría (autoadscritos) se ofreció a donar una muestra.

CUADRO V.1. *Nuevas categorías usadas por investigadores de* GPI

Nombre de la categoría	Descripción
Nativo 1	wayúu: padres y abuelos maternos y paternos son descendientes wayúu
Nativo 2	Guajiro: padres y abuelos han habitado la región desde la colonia, pero no se identifica a sí mismo como wayúu
Nativo 3	wayúu-Guajiro: uno de los padres es nativo 1 y el otro es nativo 2
Migrante 1	Los padres son de la misma ciudad o departamento fuera de la Guajira
Migrante 2	Los padres tienen diferentes orígenes fuera de la Guajira
Ancestría múltiple	Un padre es nativo 1 o 2 y el otro es migrante 1 o 2
Wayúu–materno	Se infiere que tiene ADN mitocondrial wayúu a partir de los lugares de nacimiento de la madre y abuela, y de su apellido
Wayúu–paterno	Se infiere que tiene cromosoma Y wayúu a partir de los lugares de nacimiento del padre y el abuelo, y de su apellido

que reconocer que implican una relación entre la ancestría genealógica y la ancestría genética, supuesto que el GPI no cuestiona (así, la paternidad/maternidad social es equivalente a la biológica y los apellidos representan la composición genética).

La interpretación de los datos

La encuesta del Proyecto Guajira no sólo fue una herramienta para recolectar información o para desarrollar un sistema de nuevas categorías. Inspiró una visión diferente sobre la población guajira, que repercutió en la manera como se interpretaron los resultados: una vez en el laboratorio y al realizar el análisis estadístico de los datos a través de diferentes tipos de software,[33] las personas fueron organizadas según las categorías producidas por la encuesta (nativo 1, nativo 2, nativo 3, migrante 1, migrante 2 y ancestría múltiple). Los investigadores encontraron diferencias y similitudes estadísticas entre estos grupos. Por ejemplo, el grupo de personas que tenía ascendencia amerindia matrilineal y patrilineal (nativo 1, wayúu), se diferenció del resto. Los migrantes (1 y 2) y nativos 2 se separaron en un grupo diferente al de las personas con alguna ancestría amerindia (nativo 3, wayúu-guajiro).[34] Estos resultados hicieron que los investigadores reagruparan las seis categorías basadas en las encuestas en dos categorías basadas en estadísticas: *a)* personas con ascendencia amerindia matrilineal y patrilineal (antes nativo 1, wayúu), y *b)* personas con un linaje de ancestros que han habitado la región desde la colonia y otro linaje de ancestros amerindios (antes nativo 3, wayúu-guajiro), personas que tenían ancestros de otros lugares de Colombia (antes ancestría múltiple y migrantes), y las personas que antes habían sido categorizadas como nativo 2 (guajiro). El grupo nativo 3 (wayúu-guajiro) quedó como un grupo intermedio en todos los análisis.

Estas categorías finales usadas para describir la composición de la población de la Guajira fueron posibles gracias al sistema de clasificación previamente desarrollado y empleado por el grupo. Si el grupo hubiera usado otras categorías desde el principio, la población de la Guajira habría sido descrita de manera diferente, quizá menos heterogénea. Es más, los grupos subpoblacionales no fueron —en ninguna etapa del análisis— considerados como indicadores de la composición triétnica del país, y los grupos no fueron entendidos como equivalentes a los "clásicos" (mestizo, afro e indígena).

Este análisis y la interpretación de los datos resultan doblemente novedosos. Por un lado, el GPI visibilizó grupos humanos que de otro modo habrían sido acomodados en categorías estandarizadas. Por el otro, fueron capaces de ir más allá del "mestizo" que se da por sentado, y que se asume como una categoría sobreentendida. Podría decirse que el uso de las dos

[33] Entre los que se incluyó STRUCTURE, GDA, Genepop, Arlequin y MVSP.

[34] Nótese que *nativo* tiene una definición específica. Véase la sección anterior.

categorías finales (por un lado, personas con ascendencia amerindia matrilineal y patrilineal, y por el otro, personas con un linaje de ancestros que han habitado la región desde la Colonia y otros linajes de ancestros amerindios, personas que tenían antepasados de otras partes de Colombia, y las personas que primero se categorizaron como nativo 2) casi equivale a decir que la población está constituida por indígenas y mestizos. La diferencia (y una muy importante) es que las categorías utilizadas por el GPI, al contrario de lo que pasa con indígenas y mestizos, no son discretas ni están sobrentendidas. Por lo tanto, con el análisis realizado por el GPI, se desestabilizaron las categorías clásicas usadas en la investigación genética humana en Colombia y se abrió la posibilidad a nuevas maneras de presentar y entender la población.

Las fronteras móviles de la innovación

A pesar del proceso innovador, creativo y flexible implicado en el desarrollo de las categorías del Proyecto Guajira, en el primer intento del GPI por incursionar en la arena local y global de producción científica, esas categorías se aplanaron primero, y luego se borraron. Durante largos (y en ocasiones acalorados) debates sobre cómo escribir el que sería el primer artículo del grupo, se decidieron dos cosas: publicar en inglés, puesto que consideraron que era el mejor camino para llegar a un público científico más amplio, y dividir el artículo en dos secciones: una sección sobre las frecuencias alélicas y otra que articulara información demográfica con datos genéticos (pero centrada más en la demografía). La segunda decisión se tomó por dos razones: la primera tuvo que ver con el hecho de que escribir un artículo que combinara las dos líneas de análisis estaba tomando más tiempo y esfuerzo del que se esperaba, y el doctor Usaquén consideró que era necesario publicar inmediatamente. La segunda razón fue que para el momento en que el equipo estuvo listo para publicar, las revistas científicas habían dejado de recibir artículos sobre frecuencias alélicas basadas en STR.[35] Ese tipo de datos sólo podía ser presen-

[35] Microsatélites STR, por sus siglas en inglés: Short Tandem Repeat. Son

tado en la forma de carta al editor. Por lo tanto, la decisión de publicar en inglés significaba para el GPI que tenían que cumplir con las agendas de las revistas y con lo que los editores consideraban relevante.

Después de haber tomado esa decisión, y ante la imposibilidad de escribir un artículo original debido a los requisitos de la revista, escribieron un artículo en forma de carta dirigida al editor en el que detallaban las frecuencias alélicas de las poblaciones de la Guajira. Esta parte del proceso de escritura fue el primer paso para quitarle a las categorías su carácter innovador, ya que no usaron las desarrolladas por el grupo. Se consideró que para aumentar sus posibilidades de publicar era fundamental emplear las categorías "clásicas". Además, el artículo fue originalmente escrito en español y luego traducido al inglés por alguien ajeno al grupo. Los autores no verificaron ni problematizaron las categorías usadas por la traductora. Por lo tanto, en ese proceso de redacción y traducción las categorías analizadas, refinadas y negociadas por los investigadores, y que resultaron del uso de diferentes tipos de tecnologías, cambiaron dramáticamente y se estandarizaron. En la carta enviada al editor, las categorías poblacionales usadas para describir a los habitantes de la Guajira fueron las mismas categorías estándar utilizadas cuando se publican artículos de genética basados en datos colombianos: "Amerindian represented by the biggest *native* group [...]. *Arab* presence [...] from [...] Syria, Lebanon, Palestine and Jordan [...] and *Mixed race* group (mix of *native* with *white*)".[36]

Cuando recibimos una copia de esa primera versión del artículo, y tras una serie de conversaciones al respecto, les preguntamos a los autores las razones para usar tales categorías. La joven investigadora Sarmiento explicó que: "Así es como son esas categorías en inglés". En ese momento no hubo, aparentemente, ninguna reflexión sobre las consecuencias de haber elegido esas categorías en la publicación de los resultados, a pesar de las negociaciones para encontrar categorías que se adaptaran y respondieran mejor a los hallazgos y objetivos de la investigación y al orgullo que sentían por el

secuencias de ADN en las que un fragmento (cuyo tamaño va desde dos hasta seis pares de bases) se repite de manera consecutiva.

[36] Todas las cursivas son nuestras.

carácter innovador de su trabajo. Nos llamó la atención que las categorías del artículo de la revista no dieran cuenta del proceso y, sobre todo, que contradijeran la postura que el grupo defendía respecto al conocimiento y la producción científica. Las categorías no hacían justicia al enfoque particular del grupo ni a su énfasis en la reflexividad.

Nos gustaría destacar algunas de las consecuencias de ese cambio. Cabe señalar que la reflexión sobre quién debe ser considerado nativo se borra en la categoría *amerindio*. Por la forma en la que la categoría es definida, se elimina el grupo de los habitantes ancestrales no indígenas (es decir, nativo 2). Lo mismo ocurre con las dos categorías de *migrantes*. No sólo se abandonan por completo y se remplazan por grupo *racialmente mezclado*, sino que además se unifican todos los migrantes de la región en un solo grupo.

Más interesante aún resulta el uso de la categoría *grupo racialmente mezclado* (mezcla de nativo con blanco), ya que contiene tanto "*raza* como *blanco*", dos conceptos a los que esos investigadores se oponían abiertamente. Algunos de sus comentarios sobre el uso de *blanco* fueron los siguientes:

> Cuando uno habla en términos de color termina añadiéndole un montón más de características y valores. Como, por ejemplo, que los blancos son inteligentes, los negros perezosos y los indígenas brutos [...] Entonces es mejor no pensar en esos términos, no usar el fenotipo como categoría. [Joven investigadora Rocha.]
>
> Cuando los genetistas hablan de caucásico, cuando algunos hablan de mestizo caucásico, o cuando tratan de calcular los porcentajes de los diferentes componentes ancestrales que una persona tiene, lo que están tratando de hacer es encontrar, no importa cuánto [en términos de porcentaje], ni qué tan próximo [en términos de linaje] tienen algo de blanco [...] hay una obsesión con la blancura y es así porque la gente cree que blanco es mejor que indígena y africano. [Doctor Usaquén.]

Del mismo modo, articular las molestias que la raza como concepto les produce requirió una larga conversación. Desde que conocimos al grupo de investigación aclararon que, al igual que muchos otros genetistas colombianos, estaban en contra de referirse a las poblaciones humanas en términos raciales. Se trataba de un rechazo visceral a la idea de la existencia de razas humanas "puras" e "impuras". Nuestras preguntas sobre la raza en la investigación genética siempre fueron recibidas con gran sorpresa. Sin embargo, después de seis meses de contacto y cercanía, pudimos tener una conversación que abordaba el malestar frente al concepto. Estábamos hablando del Proyecto Guajira y queríamos saber qué significaba la categoría *nativo 1*. La conversación se desarrolló como sigue:

ALONSO: Nativo 1 significa que son puros. Es decir, que la mamá y el papá son del grupo indígena. Puro, quiero decir, para los marcadores genéticos que estamos analizando. Pero nosotros no miramos índices de mezcla, no usamos admix.

MFOS Y ADC: Entonces ¿existen los grupos puros?

ALONSO: No, no puro en esos términos. Quiero decir, que los padres y los 4 abuelos son del grupo indígena... No en términos de pureza de raza, eso no existe.

DOCTOR USAQUÉN: Pensar en términos de pureza de raza es un error, especialmente porque todos los humanos son mezclados. Nadie es puro. Sí, hay diferencias entre humanos, pero creo que pensar en términos de raza está mal.

CASAS: Sí, pero está mal por la historia de la palabra. Como usted dijo [doctor Usaquén], sí hay diferencias. Es decir, el humano no es diferente a otras especies y todas las otras especies están divididas en razas... Yo pienso que decidimos no hablar de raza porque es políticamente incorrecto, y estoy de acuerdo. Con la historia de la palabra y detrás de la pureza de raza no deberíamos hablar en esos términos.

ROCHA: También, yo pienso, si se hace un estudio de la población actual de un lugar, uno debe informar todo lo que se encuentre y hoy el nivel de mezcla es tan alto que esas diferencias tan claras no se pueden encontrar, entonces no son diferencias raciales como tal[es].

ALONSO: Pues depende de lo que uno informe... si es fenotipo o genotipo. Si lo que se quiere es reportar fenotipo, ahí de pronto uno sí puede usar las categorías clásicas [blanco, amerindio, negro, asiático], pero si está reportando genotipo, no es posible usar esas diferencias raciales porque somos poblaciones muy jóvenes y todos tenemos los mismos genes.

Doctor Usaquén: Sí, de acuerdo, estamos siendo políticamente correctos y sí hay diferencias entre los humanos... el problema es que cuando uno dice eso y luego habla en términos de las razas clásicas, ahí inmediatamente uno le añade valores a los individuos de cada grupo y es ahí cuando la cosa se complica...

Casas: Yo diría que la razón por la que no usamos la palabra *raza* es porque no queremos contribuir con el racismo.

Doctor Usaquén: Sí, pero no sólo es eso. Yo diría que hablar de raza en humanos es un error porque no hay diferenciación real entre los humanos. Es decir, sí hay variación, pero la variación es una variación que no es significativa para hacer grupos taxonómicos diferentes.

En la carta al editor se niega y se desdibuja la conversación anterior, y se trivializan las categorías usadas. En la siguiente sección abordamos los posibles significados de este y de los otros cambios de rumbo que tuvieron lugar.

Pocos meses después de que el grupo presentara la carta al editor, nos reunimos nuevamente con ellos. Durante ese encuentro les mostramos una versión preliminar del presente capítulo, con el fin de que fuera discutida entre todos. En esa reunión el doctor Usaquén expresó en nombre del grupo que después de haber releído la carta al editor se habían percatado de que se sentían incómodos con la forma en que estaba escrita y con las categorías que había usado la traductora. Este último punto era especialmente molesto para ellos, pues no habían verificado la traducción antes de enviar el texto. Sobre ese asunto la investigadora Alonso dijo:

> Es que teníamos tanto afán de publicar nuestro primer artículo, que la verdad no leímos con cuidado las categorías, no les pusimos cuidado, asumimos que así eran las categorías en inglés; por eso decidimos que de ahora en adelante nosotros mismos vamos a escribir el artículo en inglés y no vamos a dejar que otra persona escriba lo que se le ocurra, pero también debemos explicar por qué usamos las categorías que usamos.

Los investigadores comentaron que estaban considerando la posibilidad de retirar el artículo, y analizando cuál sería la mejor manera de incluir las categorías desarrolladas, de manera "que den cuenta de la complejidad de nuestros procesos y de nuestro análisis". [Joven investigadora Rojas, 2011.]

Un par de semanas después nos volvimos a reunir. El grupo quería que viéramos la última versión del artículo que se escribió como un capítulo de la tesis de doctorado del doctor Usaquén. La idea era someterlo a evaluación en una revista después de que él se graduara. Uno de los aspectos más destacables de esa nueva versión era que en ella presentaban un argumento construido sobre datos demográficos, genealógicos y genéticos. Le dieron la misma importancia a las tres fuentes de información: desde el diseño de la investigación, pasando por el análisis, hasta llegar a la publicación de los resultados. Expusieron la encuesta y su papel en la recolección y análisis de los datos, refirieron el uso de la genealogía y la demografía, e hicieron lo que podría considerarse un análisis genético robusto de la estructura de la población. Esta nueva versión del artículo fue, en muchos sentidos, un testimonio de la posición y compromiso político del GPI frente al mundo de la genética. El doctor Usaquén comentó:

> [sobre el uso de las categorías en la carta al editor] fue un error imperdonable, no tenemos excusa. Estábamos enceguecidos con la idea de publicar ya y fuimos en contra de nuestros principios y nuestras convicciones. Pero ya sabemos que en este momento nuestro producto más importante no son las publicaciones sino el método que usamos. Nuestra contribución en este momento es la forma en la que recolectamos y analizamos los datos y los resultados que producimos. Los artículos son importantes, pero ésos ya llegarán. Mi disertación son nuestros cuatro artículos y uno más. Ya estamos listos y preparados para mostrar nuestras categorías, nuestros métodos, nuestra forma de hacer genética. Ya no nos da miedo salir a mostrarlas.

A pesar del riesgo de no encajar con las formas hegemónicas de hacer ciencia, el grupo resolvió no abandonar sus principios. Esa posición también se hizo patente en el hecho de que, aunque el artículo forma parte de la mencionada tesis del doctor Usaquén, la primera autora es la joven investigadora Rojas, pues fue ella quien escribió la mayor parte del artículo.[37] Además, en el documento final se utilizan las categorías desarrolladas por el grupo: wayúu, guajiro, wayúu-guajiro, migrante 1, migrante 2 y ancestría múltiple, como se muestra en la figura V.3.

En este nuevo artículo abogan por el uso de esas categorías y destacan la necesidad de que en la investigación genética se empleen unas que resulten más comprensivas, pues:

> [Las] clasificaciones [genéticas] tradicionales que acuñan los términos de *mestizo, europeo* y *afrodescendiente* son imprecisas. Los análisis de poblaciones humanas requieren clasificaciones más robustas y cuidadosamente elaboradas que permitan hacer inferencias mucho más finas y adecuadas y que correspondan a criterios que den cuenta de la dinámica de poblamiento y de los procesos históricos específicos de la población.[38]

Consideramos que éste es un argumento innovador, no sólo porque de manera explícita rechaza las categorías poblacionales que se han establecido y neutralizado, categorías que usan generalmente los genetistas y que son utilizadas en los discursos sobre la identidad nacional, sino también porque cuestiona los métodos habitualmente usados para clasificar a las poblaciones de América Latina. Ese gesto abre la posibilidad a diferentes paradigmas y formas de comprender la población de Colombia (y de América Latina).

[37] Primero acordaron que Sarmiento sería la primera autora, ya que el proyecto había derivado de su tesis de pregrado. En la carta al editor, sin que importara que recientemente se había graduado y carecía de experiencia previa, fue en efecto la primera autora. Sin embargo, Sarmiento abandonó el grupo algunos meses después de que el artículo se sometiera a evaluación. Rojas, que tenía los mismos antecedentes y experiencia, tomó su lugar como primera autora en la versión revisada del artículo.

[38] *Idem.* Este llamado a tener en consideración las especificidades de las poblaciones estudiadas ha sido atendido por otros genetistas colombianos (G. Bedoya, *op. cit.*, 2006).

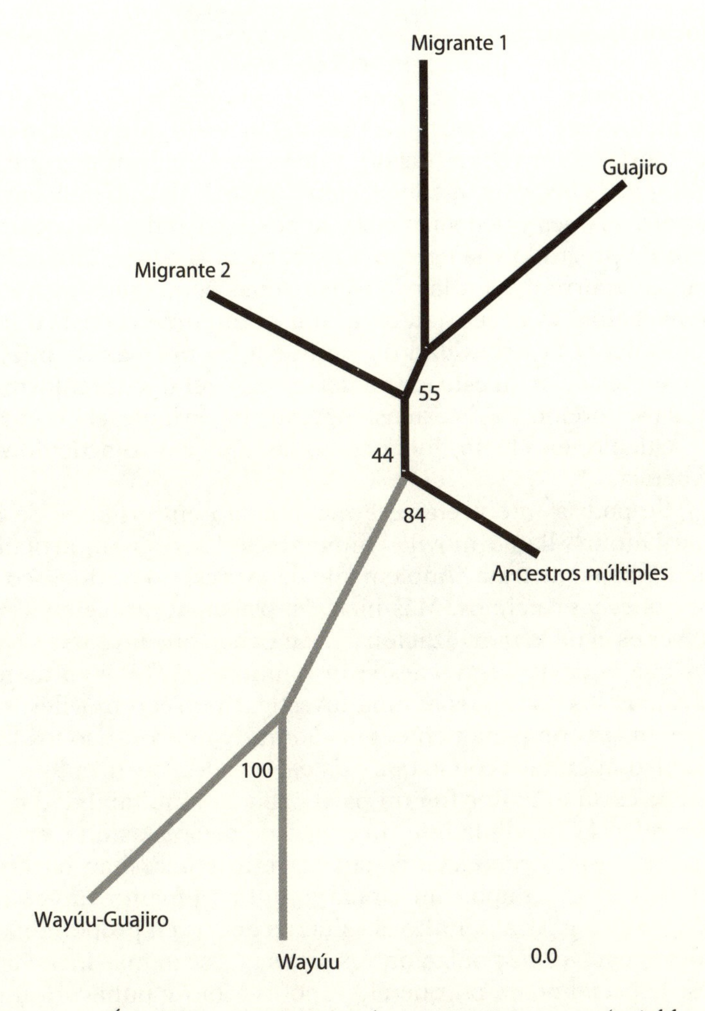

FIGURA V.3. *Árbol de agrupamiento al vecino más cercano (neighbor-Joining tree) que muestra distancias genéticas entre grupos genealógicos.**

* M. Rojas *et al.*, "Análisis de la estructura de la población de La Guajira: Una visión genética, demográfica y genealógica", en W. Usaquén, *Validación y consistencia de información en estudios de diversidad genética humana a partir de marcadores microsatélites,* tesis de doctorado, Universidad Nacional de Colombia, Bogotá, 2012, pp. 63-101.

El sentido a los giros

Si bien existe una nueva versión del artículo que incluye las categorías innovadoras del GPI, vale la pena analizar por qué el enfoque de los investigadores cambió tan drásticamente entre las discusiones y negociaciones, la posterior redacción de una tesis de pregrado y la escritura de la carta al editor. Hubo dos temas recurrentes en las conversaciones concernientes a esa publicación: la necesidad de acatar el discurso científico hegemónico y la necesidad de ceñirse a las normas de publicación (es decir, la estructura del artículo, el tipo de información proporcionada, la extensión y, muy importante, el idioma). El artículo, en efecto, lucía como cualquier otro artículo de genética.

Se podría interpretar ese movimiento en términos de lo que Latour[39] llama móviles inmutables. Escribir un artículo científico no se trata simplemente de expresar o traducir convicciones y principios. Más bien, "el principal problema a resolver es el de la movilización [...] se tienen que inventar objetos que además de móviles sean inmutables".[40] Por lo tanto, para que los hallazgos de una investigación sean móviles, no pueden ser completamente innovadores y nuevos. Eso los haría incomparables con lo que existe. Se podría decir, entonces, que la carta al editor fue un paso hacia la inmutabilidad que garantizó la movilidad de un grupo de genetistas que, en su mayoría, están comenzando sus carreras y necesitan hacerse visibles en el campo. Sin embargo, tal argumento carece de perspectiva y pasa por alto el esfuerzo del GPI en proporcionar nuevas categorías poblacionales, unas que sean más incluyentes. Especialmente porque el grupo escribió y publicará una versión diferente del artículo, que no cumple o no se ciñe a las categorías poblacionales estandarizadas. Sí, hay que reconocer que, de alguna manera, los hallazgos deben ser aplanados para que puedan viajar y moverse y resulten comprensibles a los pares. No obstante, de no haber reescrito el artículo los

[39] B. Latour, "Visualisation and cognition: Drawing things together", en M. Lynch y S. Woolgar (eds.), *Representation in scientific practice*, pp. 19-68, MIT Press, Cambridge, MA, 1990.

[40] *Ibid.*, cursivas en el original.

investigadores no sólo se habrían presentado a la comunidad internacional de genetistas de forma diferente a como se presentan en el ámbito local, sino que habrían reproducido ideas sobre la población colombiana que no necesariamente comparten.

En ese contexto, nuestra visión del grupo como marginal (en los términos presentados en la introducción del presente capítulo) es útil para entender el movimiento que empezó en el laboratorio, pasó por las múltiples versiones del artículo, y llegó hasta la decisión final de incluir las categorías y métodos innovadores desarrollados por ellos. El trabajo del GPI hasta ahora está empezando a ser reconocido, y los mismos investigadores se han ubicado abiertamente por fuera del mundo dominante de la genética. Sin embargo, siguen considerándose genetistas que pertenecen a la comunidad genética y luchan por ser reconocidos en el mundo académico dominante. Son lo que Star ha llamado unos "monstruos, cíborgs, impuros".[41] Están haciendo un trabajo invisible[42] y, en gran medida, un trabajo de frontera,[43] que resulta fundamental para la disciplina.

La primera versión del artículo puede verse como un intento por navegar en el mundo de la genética. De ahí que hayan optado por estar en sintonía con las posiciones hegemónicas. Sin embargo, después de un periodo de reflexión, consideraron que el hecho de no incluir en sus publicaciones sus propias categorías, métodos y formas de hacer genética de poblaciones era más costoso que el riesgo de ser cuestionados por la comunidad genética. Más allá de considerar la innovación como un esfuerzo que tiene sus costos, el GPI optó por permanecer cerca de lo que considera una contribución a la genética en un sentido amplio.

En ese proceso emerge un discurso paralelo sobre la genética y sobre el cuestionamiento de las categorías que se dan por sentadas. Se hace visible que "no hay nada necesario o inevitable en cualquier [categoría], todas las construcciones,

[41] S. Star, *op. cit.*, p. 29.

[42] *Idem*.

[43] T. Gieryn, "Boundary-work and the demarcation of science from non-science: Strains and interests in professional ideologies of scientists", *American Sociological Review*, 48 (6), 1983, pp. 781-795.

sin importar qué tanto se hayan estabilizado, son históricamente contingentes".[44] Por lo tanto, la carta al editor, que en principio puede parecer —y en muchos sentidos fue— un movimiento en contra de la posición del GPI, pero que fue considerada por el grupo como una oportunidad para hacer su primera entrada a la red de la genética, se volvió una oportunidad para reflexionar sobre su trabajo y sobre la posición que desean ocupar dentro de esa comunidad. En el movimiento que los llevó de la innovación y la heterogeneidad a la normalización y el aplanamiento, podemos ver las imposiciones que sobrellevan los grupos de investigación científica. No obstante, la última versión del artículo, y el hecho de que constituye parte de la tesis del doctor Usaquén, muestra posibles caminos de resistencia que pueden volverse innovadores para la ciencia.

Consideramos que el trabajo reflexivo de ese grupo, sumado a que son conscientes de su papel en la producción de conocimiento, es una expresión de lo que Anzaldúa llama "la conciencia mestiza":[45] una conciencia que es en naturaleza múltiple, híbrida, en constante tránsito, a veces contradictoria pero no necesariamente caótica. Por su propia naturaleza, y para dar cuenta de sí misma, es una conciencia que tiene que ser autorreflexiva. Pero también es una conciencia que "ha descubierto que no puede contener conceptos o ideas en límites rígidos",[46] y por lo tanto tiene que ser flexible, y dar paso a otras ideas y posturas para perdurar. Requiere, para tal cosa, "desarrollar tolerancia con las contradicciones, una tolerancia a la ambigüedad".[47] Encontramos rastros de esa conciencia mestiza en el GPI, no sólo en su reflexividad a la hora de pensar en la clase de genetistas que son, sino en el trabajo que realizan en el laboratorio e incluso en las decisiones y compromisos que asumieron en la publicación del artículo. Su hibridez y tolerancia a la contradicción, unidas a su marginalidad, explicarían por qué, después de un largo proceso de negociación en el que hicie-

[44] S. Star, *op. cit.*, p. 38.

[45] G. Anzaldúa, *Borderlands/La frontera: The New Mestiza*, Aunt Lute, San Francisco, 1987.

[46] *Ibid.*, p. 79.

[47] *Idem.*

ron concesiones significativas, terminaron por volver a las categorías y métodos originales y no estandarizados. Los rastros de la conciencia mestiza les permitieron ser reflexivos sobre su trabajo y a la vez hacer algunas de las concesiones requeridas para incorporarse a la comunidad científica. Esa forma de hacer genética permitió que el doctor Usaquén y sus colaboradores se movieran entre disciplinas y que trataran de incorporar puntos de vista diversos y, algunas veces, discursos que están en tensión, todo esto con el fin de hacer la genética que consideran se debe hacer, una práctica que incluye la necesidad de ser reconocidos por sus pares.

Comentarios finales

En este capítulo hemos explorado las prácticas de un particular laboratorio de genética humana, que ofrecen una visión alterna sobre la investigación genética en Colombia. Su reflexividad, sus rastros de la conciencia mestiza y el hecho de que en muchos sentidos son marginales, da a estos investigadores la incierta (aunque deseable) posibilidad de retar y tensionar las categorías poblacionales omnipresentes en la genética humana en Colombia, al tiempo que se esfuerzan por navegar en el nada fácil camino del mundo académico. Esa misma combinación de factores también permite comprender cómo un pequeño y joven grupo de investigación puede hacer contribuciones al campo de la genética. Su marginalidad e hibridez lo hacen digno de ser estudiado.

Al mostrar la diversidad de prácticas y procesos involucrados en la producción de un artículo científico, hemos dilucidado cómo la política científica desempeña un papel a la hora de dar forma a las categorías usadas en las publicaciones.[48] En este caso, la influencia de la política científica estuvo presente en los viajes de las categorías poblacionales desde momentos de flexibilidad e innovación hasta el espectro de la quietud y la inercia, para devolverse luego a la innovación. El ejemplo también nos permite poner de manifiesto lo que llamamos caminos de resistencia, caminos que no son ni finales

[48] B. Latour, *op. cit.*, 1990.

ni definitivos, que están en disputa y en movimiento. Una resistencia que con el tiempo puede traer innovación y heterogeneidad a la práctica científica o que puede alinearse con viejas ideas y posiciones.[49]

[49] Las autoras agradecen a William Usaquén, Ángela Alonso, Andrea Casas, Leonardo Eljach, Verónica Rocha, Madelyn Rojas, Wilson Rojas, Vanessa Sarmiento y Blanca Shroeder por abrirnos generosamente las puertas de su laboratorio y de su vida cotidiana, por responder pacientemente nuestras preguntas y darnos explicaciones tan exhaustivas como era posible y, sobre todo, por respetar nuestro trabajo y nuestro análisis y por sostener con nosotras enriquecedoras discusiones. Lo anterior hizo de este capítulo lo que es: una ida y vuelta de ideas y argumentos, tal como sucedió con su artículo. En ese sentido, cambiamos y fuimos cambiadas por el campo y por la gente con la que trabajamos. Queremos agradecer también a Stuart Blume, Tania Pérez-Bustos, Andrew Smart y Peter Wade por los valiosos comentarios a las versiones previas de este manuscrito.

VI. LA VIDA EN EL LABORATORIO DEL MESTIZO MEXICANO

Vivette García Deister

Pese a su origen colonial y a las connotaciones despectivas que tuvo en el pasado, el término *mestizo* se ha convertido en una convención diacrónica usada para describir gente de muchos países de América Latina.[1] En México, el mestizaje se ha constituido como la amalgama de raza y nacionalidad que da a los mexicanos su identidad biopolítica distintiva.[2] Aunque las ideas sobre México como una nación mestiza y sobre la existencia de una "ciudadanía unificada" (que, desde luego, fueron fabuladas a partir de una sociedad dividida y desigual) sirvieron a los propósitos integracionistas en el momento posterior a la Revolución, siguen teniendo vigencia en el régimen político contemporáneo y han hecho carrera en la economía global del conocimiento. La categoría *mexican mestizo population* ha ido creciendo de manera lenta pero regular desde su aparición en una publicación científica en 1954,[3] y el genoma

[1] I. Katzew, *Casta Painting: Images of race in eighteenth-century Mexico*, Yale University Press, New Haven, CT, 2005 [2004].

[2] M. Foucault, *The birth of biopolitics: Lectures at the Collège de France, 1978-1979*, trad. de Graham Burchell; M. Senellart, A. Davidson, A. Fontana y F. Ewald (eds.), Palgrave Macmillan, Nueva York, 2008.

[3] El propósito de ese estudio era probar la aplicabilidad de un sensor fotoeléctrico de reflexión para medir pequeñas diferencias en la media de la piel en comunidades mexicanas con niveles variados de mezcla entre ancestros amerindios y europeos (G. Lasker, "Photoelectric measurement of skin color in a Mexican Mestizo population", *American Journal of Physical Anthropology*, 12 (1), 1954, pp. 115-121). En un artículo publicado en 1963 por Rubén Lisker, médico genetista mexicano, se reportó la presencia de características hematológicas hereditarias en grupos indígenas y mestizos. Desde entonces, hasta la década de 1990, el estudio de hemoglobinas y antígenos fue el método más utilizado en la genética. Apenas se abrió la posibilidad de analizar la estructura genética de las poblaciones mestizas con herramientas bioinformáticas, los investigadores cambiaron su enfoque del estudio de esas moléculas a los grandes conjuntos de marcadores genéticos.

del mestizo mexicano es actualmente valorado en el campo de las ciencias biológicas debido a sus contribuciones ancestrales, es decir, a su mestizaje.

En los últimos ocho años el mestizo mexicano ha sido protagonista de una investigación genómica a gran escala que en 2005 *Nature Biotechnology* describió como "un audaz proyecto genómico basado en la raza",[4] investigación que desde su nombre oficial, Proyecto de Diversidad Genómica de la Población Mexicana, destaca la búsqueda de variantes genéticas en el "compañerismo profundo, horizontal" de la comunidad imaginada.[5]

Este capítulo se ocupa de analizar el trabajo interno de ese proyecto, y se basa en una etnografía de laboratorio realizada entre mayo de 2010 y octubre de 2011 en el Instituto Nacional de Medicina Genómica (Inmegen). Trazo el viaje que ha hecho el mestizo mexicano desde la plaza pública o, mejor, desde el auditorio universitario en el que fue reclutado, hasta el laboratorio húmedo y el laboratorio seco, pasando por las bases de datos y las nubes informáticas. Me concentro en las mediaciones y transformaciones que tuvieron lugar durante ese proceso y muestro cómo se construyen las relaciones entre el *indígena* y el mestizo en cada uno de esos escenarios. Finalmente, argumento que el mestizo mexicano que circula hoy en día está constituido bioinformáticamente. Esto es, ha sufrido una reconfiguración material que va de la sangre (la muestra) a los bytes (información en repositorios o en nubes informáticas), lo que significa que ni la sangre ni el ADN ni los conjuntos de datos obtenidos del análisis genético toman el lugar del mestizo mexicano.[6] En lugar de ello, el mestizo está

[4] Véase V. Guerrero y S. Herrera, "Mexico launches bold genome project", *Nature Biotechnology News,* 23 (9), 2005, p. 1030.

[5] B. Anderson, *Imagined communities: Reflections on the origin and spread of nationalism,* Verso, Londres, 1983, p. 25.

[6] M. Montoya (*Making the Mexican diabetic: Race, science, and the genetics of inequality,* University of California Press, Berkeley, CA, 2011, p. 90) afirma algo distinto respecto de la investigación llevada a cabo sobre la "diabetes mexicana" en el límite de México con los Estados Unidos. Lo que él llama "la empresa de la diabetes" comienza con la premisa de que "la persona representa biológicamente a la comunidad y [...] el ADN representa a la persona. De este modo, el ADN toma el lugar de la población de donantes de *Sun County*", zona nombrada así por él.

presente en todas y cada una de las configuraciones de múltiples maneras:[7] la sangre, el ADN, los datos y los bytes son "referencias" a través de las cuales se retiene al mestizo a lo largo de una serie de transformaciones.[8]

Esto también está indicado por la manera en la que los científicos del Inmegen hablan de sus objetos de investigación: la "capa leucocitaria" en el congelador no es solamente la fracción de una muestra de sangre anticoagulada que, después de la centrifugación, contiene los glóbulos blancos de los cuales se extrae el *ADN stock*. La sustancia en el tubo es, de hecho, y en las categorías de los actores, un mestizo que ellos genotipifican y secuencian en la práctica cotidiana del laboratorio. Los puntos en una gráfica de análisis de componentes principales (PCA, por sus siglas en inglés) son mestizos que presentan comportamientos específicos: se agrupan o se dispersan y, dependiendo de su variación, se distribuyen más cerca de una u otra población de referencia. La manera en la que se comportan en la gráfica provee la base para cualificar su afiliación mestiza (unos pueden ser más o menos europeos o nativoamericanos que otros).[9] Sin embargo, la vida en el laboratorio del mestizo mexicano trasciende el laboratorio y llega a la sociedad.[10] Una vez que habita la nube informática, el mestizo participa de las negociaciones sobre pertenencia que pueden diluir las fronteras nacionales y fomentar afiliaciones étnicas más amplias, debilitando así la pantalla protectora del "patrimonio genético".

Sangre: jornadas o "cruzadas" de muestreo

El 27 de junio de 2005, en el auditorio de la Escuela de Medicina de la Universidad Autónoma de Yucatán, en el sureste de

[7] A. Mol, *The body multiple: Ontology in medical practice,* Duke University Press, Durham, NC, 2003.

[8] B. Latour, *Pandora's hope. Essays on the reality of science studies,* Harvard University Press, Cambridge, MA, 1999.

[9] El análisis de componentes principales (PCA) se usa para producir una representación gráfica del agrupamiento y la dispersión de un conjunto de datos variables.

[10] B. Latour y S. Woolgar, *Laboratory life. The social construction of scientific facts,* Princeton University Press, Princeton, NJ, 1986.

México, se reunieron unas 500 personas —estudiantes de ciencias biomédicas en su mayoría— que atentamente escucharon los discursos políticos y las charlas científicas en las que se exponían los avances de la medicina genómica en México y las razones por las que estaban invitados a participar en un proyecto de investigación de vanguardia. Aquella mañana los asistentes llegaron atraídos por una organizada convocatoria del Inmegen dirigida a donantes de sangre que fueran mestizos. Después de las negociaciones entre Gerardo Jiménez Sánchez (director general del Inmegen), el gobernador de Yucatán (José Patricio Patrón Laviada Yoca), el rector de la universidad (doctor Raúl Godoy Montañez) y el secretario de Salud del estado (doctor Jorge Sosa Muñoz), se reunió un equipo local que publicitó el Proyecto de Diversidad Genómica de la Población Mexicana (PDGPM) y que ayudó a ubicar entre los estudiantes universitarios a donantes potenciales.

Sumado a todo ese esfuerzo, Jiménez Sánchez participó días antes con su equipo de investigación en programas de televisión y en la radio local comunicando en términos muy simples el objetivo general del proyecto: entender las bases genéticas de las enfermedades que afectan a la población mexicana y crear herramientas para lidiar con ellas. La estrategia funcionó. La primera jornada de muestreo atrajo no sólo a estudiantes, sino también a otros ciudadanos interesados en aprender y participar del desarrollo de una "medicina genómica aplicada a la salud pública":[11] una medicina preventiva y

[11] Este término es resultado de una conferencia llevada a cabo entre el 14 y el 20 de abril de 2005 por el Estudio Bellagio de la Fundación Rockefeller en Italia. Se reunió a 18 participantes con el propósito de establecer una red internacional para promover las metas de la salud pública frente a los nuevos conocimientos sobre el genoma humano y al desarrollo de nuevas tecnologías. Uno de los resultados de esa iniciativa fue la creación de un modelo de "medicina genómica aplicada a la salud pública" que busca asegurar "la traducción responsable y eficaz del conocimiento y tecnologías basadas en el genoma en beneficios para la salud de la población" (Bellagio Initiative, *Genome-based Research and Population Health. Report of an expert workshop held at the Rockefeller Foundation Study and Conference Centre in Bellagio,* 14-20 de abril de 2005, Public Health Genetics, University of Washington, School of Public Health, Centers for Disease Control and Prevention, Italia, 2005, p. 7). Este modelo, aunque no fue explícitamente retomado por las directivas del Inmegen, proporciona un marco general para los objetivos generales del instituto y sus actividades.

personalizada adaptada a las necesidades y características de la población mexicana.[12] Afuera del auditorio, coloridos afiches adornaban el escenario donde el equipo de investigación del Inmegen explicaba en detalle cómo serían usadas y procesadas las muestras y los criterios a tener en cuenta a la hora de elegir a los donantes. Miembros de la Unidad de Asuntos Éticos, Legales y Sociales (creada a semejanza de la sección homónima del Proyecto del Genoma Humano) recogieron firmas de cada uno de los donantes y de dos testigos, en un formato de consentimiento informado, y las enfermeras del sistema local de salud extrajeron las muestras de sangre detrás de paneles blancos, que eran los únicos espacios confidenciales en todo ese escenario mediatizado. Por último, los miembros de la Dirección de Enseñanza y Divulgación del Inmegen entregaron a los donantes camisetas, tazas conmemorativas y en algunos casos cajas con desayunos, una suerte de intercambio simbólico por su sangre. Tal como uno de los miembros de la Dirección de Enseñanza y Divulgación describió: "política, ciencia y mercadotecnia coexistieron en las jornadas de recolección de muestras". Ese mismo *modus operandi* se repitió en los estados de Zacatecas, Sonora, Veracruz, Guerrero, Guanajuato y Tamaulipas entre 2005 y 2006. Jornadas análogas de muestreo fueron llevadas a cabo en Durango y Campeche entre marzo y junio de 2007,[13] durante la segunda fase del proyecto.

[12] G. Jiménez Sánchez, *Mapa del genoma de los mexicanos. Resumen ejecutivo 2009,* Inmegen, México, 2009.

[13] Una nota metodológica. El 25 de octubre de 2010 cinco personas narraron colectivamente una historia que me ayudó a concebir cómo fue que tuvieron lugar las jornadas de muestreo. Dada la duración de las jornadas (cuatro años, de 2004 a 2008) y la vida de la PDGM (ocho años, de 2004 a 2012), la narración colectiva estuvo compuesta de historias parciales de vida/trabajo, de testimonios como testigos privilegiados de las jornadas y de recuerdos. Puesto que el Inmegen documentó fotográficamente las jornadas, usé ese archivo fotográfico como un "sitio de memoria" para los recuerdos (A. Gray, *Research practice for cultural studies: Etnographic methods and lived cultures,* Sage, Londres, 2003). Cuando se estructuró el grupo focal, que denominé "remembranza colectiva" (RC), permití que los participantes decidieran el rumbo que debería tomar el ejercicio (inspirándose en las imágenes). El objetivo era irlos interrogando en la medida que reconstruyeran los eventos del pasado. La narración y los recuerdos de los participantes de la RC se complementaban entre sí. A veces los participantes se corregían unos a otros, y sustentaban esas correcciones con descripciones detalladas y usando la evi-

El tiempo invertido en recolectar las muestras (con sus correspondientes consentimientos informados) y en asegurarse de que éstas llegaran a salvo —y refrigeradas— al laboratorio en el que serían procesadas, fue el equivalente a un día de trabajo. Es ésa la razón por la que los directivos del Inmegen eligieron el término *jornada* para describir esa etapa del PDGPM. La palabra jornada también se refiere a un viaje, hace referencia al recorrido hecho por los miembros del equipo desde la Ciudad de México a cada uno de los estados para tomar las muestras y al recorrido de esas muestras (200 por estado) en compañía del equipo del Inmegen hasta la Ciudad de México, muchas veces el mismo día en que fueron recolectadas.

La traducción oficial al inglés de las jornadas estatales de recolección de muestras fue Sampling Crusades [cruzadas de muestreo], nombre que evoca una de las principales justificaciones del PDGPM. En una de sus acepciones no religiosas, una cruzada es "cualquier empresa correctiva perseguida con celo y entusiasmo".[14] Y, de hecho, las jornadas de muestreo se llevaron a cabo con mucho entusiasmo, e incluso con orgullo. Pero, ¿en qué medida eran de carácter correctivo? Puesto que hasta 2005 las poblaciones mestizas no habían sido muestreadas ni incorporadas a los esfuerzos globales por describir la diversidad genómica humana (como en el proyecto HapMap en su fase 1), no era claro cómo podría la población mexicana beneficiarse de los resultados derivados de tales estudios o cómo podría tener acceso a los productos que resultaran de ellos.

El Inmegen asumió el reto de revertir esa escasa representación de las poblaciones mestizas en la investigación genómica y de asegurarse de que los beneficios futuros de la medicina genómica fueran asequibles para los mexicanos. En otras palabras, las jornadas de muestreo, o cruzadas, se anclan en lo que Epstein[15] ha llamado el "paradigma de inclusión-y-diferencia": la inclusión de los miembros de un grupo que se considera ha tenido escasa representación como sujetos de inves-

dencia visual. Fue así que los recuerdos se socializaron/colectivizaron. La mayoría de los datos etnográficos utilizados en esta sección fueron recogidos durante ese proceso.

[14] Merriam-Webster, *New international dictionary,* vol. I, p. 546.

[15] S. Epstein, *Inclusion: The politics of difference in medical research,* University of Chicago Press, Chicago, 2007.

tigación biomédica. Con su enfoque en la diferencia corporeizada, ese paradigma biopolítico —tal como sostiene Epstein— tiende a igualar las identidades grupales con subtipos corporales médicamente diferenciados, con la esperanza de eliminar disparidades en materia de salud. En este sentido, los promotores del PDGPM equipararon la identidad mestiza de los ciudadanos mexicanos con un cuerpo medible: el futuro "paciente genómico".[16]

Con la genómica del mestizaje se busca medir diferencias (al interior de una población y en relación con otros grupos) respecto de la susceptibilidad a ciertos medicamentos y a padecer enfermedades. Los investigadores del PDGPM, en su primera publicación, evaluaron "el beneficio de un mapa de haplotipos mexicano para la identificación de genes relacionados con enfermedades comunes en mexicanos",[17] y reportaron que sus resultados mostraban "diferencias genéticas regionales en México que deben ser consideradas en el diseño y análisis de estudios de asociación".[18] Destacaron que en su momento ese trabajo fue "uno de los primeros estudios de asociación del genoma completo de una población de América Latina recientemente mezclada".[19] Tal afirmación, hecha desde un Instituto Nacional de Salud, subraya la institucionalización del paradigma de inclusión-y-diferencia desde una postura nacionalista muy específica. Antes que hacer hincapié en la necesidad de representar una heterogeneidad nacional en la investigación científica, y con el objetivo de reclutar donantes, Inmegen puso en marcha la ideología de la homogeneidad que caracteriza al discurso nacional centralista.[20] De esta manera, reclutó donadores de sangre con el supuesto de que "la

[16] C. López Beltrán (ed.), *Genes (y) mestizos: Genómica y raza en la biomedicina mexicana,* Ficticia, México, 2011. Véase también el capítulo III de este volumen.

[17] I. Silva-Zolezzi, A. Hidalgo-Miranda, J. Estrada-Gil *et al.*, "Analysis of genomic diversity in Mexican Mestizo populations to develop genomic medicine in Mexico", *Proceedings of the National Academy of Sciences of the United States of America,* 106 (21), pp. 8611-8616, 2009, p. 8611.

[18] *Idem.*

[19] *Idem.*

[20] F. Mallon, *Peasant and nation: The making of postcolonial Mexico and Peru,* University of California Press, Berkeley, 1995.

investigación en materia de salud es un sitio apropiado e importante para la intervención del Estado".[21]

El supuesto de que la participación en el PDGPM representaba un bien para la salud de la nación[22] guió la estrategia de reclutamiento de donadores. Al asegurarse de que la donación de sangre se leyera como una "relación basada en el regalo"[23] en la que los donantes ofrecían desinteresadamente su tiempo y sus cuerpos (un esfuerzo que fue recompensado, si recordamos las camisetas y las tazas conmemorativas), el Inmegen reconoció la importancia de establecer y mantener la confianza pública depositada en los profesionales que custodiaban las muestras recolectadas.[24] Pero esa confianza era recíproca. El equipo del Inmegen confió también en que la información brindada por los participantes era correcta. Para clasificar como donante, los participantes declararon no ser inmigrantes recientes, tener 18 años o más, haber nacido en el estado en el que fueron reclutados y que sus dos padres y cuatro abuelos hubieran nacido también en ese estado. Esas declaraciones no fueron ni cuestionadas ni confirmadas.

Aunque el equipo del Inmegen dejó claro que su proyecto no tendría repercusiones médicas inmediatas, los participantes experimentaron la donación de sangre como un hecho directamente relacionado con la salud. Antes de extender los brazos para que les fuera extraída la sangre, algunos de los donantes advertían a las enfermeras que "ya habían desayunado", preocupados de que el consumo de alimentos alterara los resultados de los análisis a los que iban a estar sujetas sus muestras, lo que pasa comúnmente con los exámenes clínicos. Esto ilustra el éxito del discurso mediático estatal que ofrecía hechos y estadísticas sobre cómo la medicina genética mejoraría la salud de los mexicanos en el futuro o, tal como Epstein ha señalado, el éxito de la "ciencia del reclutamiento"[25] para enrolar

[21] S. Epstein, *op. cit.*, p. 17.

[22] A. Petryna, *When experiments travel: Clinical trials and the global search for human subjects,* Princeton University Press, Princeton, NJ, 2009.

[23] R. Titmuss, *The gift relationship: From human blood to social policy,* Pantheon Books, Nueva York, 1971.

[24] O. Corrigan y R. Tutton (eds.), *Genetic databases: Socio-ethical issues in the collection and use of DNA,* Routledge, Londres, 2004.

[25] Quizá la traducción más fiel del neologismo *recruitmentology* es *reclutamientología*.

donantes clasificados entre el mayor grupo demográfico de México.

Pero, ¿qué hay de las subpoblaciones más difíciles de reclutar? ¿Qué pasa con aquellas minorías que se dice aportan el componente amerindio de la población mestiza? Al final de la primera fase del PDGPM los investigadores muestrearon poblaciones indígenas a lo largo del territorio nacional (explicaré más adelante las razones que tuvieron para hacerlo). Sin perder de vista la importancia de establecer y mantener la confianza pública en los investigadores, se modificó la estrategia que había sido usada con éxito para reclutar donantes mestizos cuando quisieron ingresar a las comunidades indígenas. En ese nuevo contexto resultó ser más importante la relación entre el equipo del Inmegen y las autoridades sanitarias locales (médicos rurales), antropólogos y líderes comunitarios, que entre el director general del Inmegen y el gobernador local. "De hecho, en aquellas [comunidades] de difícil acceso (a veces sólo se podía llegar a los sitios para tomar muestras en helicóptero o después de seis horas de viaje por terracería), las autoridades estatales y federales no tienen ninguna influencia", comentó uno de los participantes de las jornadas. El equipo del Inmegen llegó a estos lugares después de contactar a los médicos locales y explicarles los objetivos del proyecto PDGPM:

> Llegábamos en camionetas que nos prestaba la Secretaría de Salud y nos acompañaba gente que sabía manejar en esa zona, que conocía las carreteras, las rancherías y que también son conocidos porque ellos llevan las vacunas. Eran un gran apoyo. La gente veía las camionetas y muchos pensaban que iba a haber una campaña de vacunación otra vez, unos hasta iban por los niños. Entendían que era un tema de salud. Los representantes de la Secretaría de Salud, los doctores, tienen una buena imagen. En muchos de los casos no solamente ayudan dentro del hospital, sino en accidentes de carretera. La gente sí tiene esa sensación de que "ellos están aquí para ayudarnos". Independientemente del proyecto, como saben que son doctores, tienen esa referencia. Todos ellos [los doctores rurales] fueron tomadores de muestras. El recibimiento era bueno y positivo. [Participante de la RC.]

El párrafo ilustra cómo las políticas de intercambio variaron dependiendo de si los donantes eran mestizos o indígenas. En el primer caso, en el que las jornadas de recolección de muestras estuvieron dirigidas a miembros de la nación mestiza, el mediador fue el estado y el proceso de muestreo tuvo lugar dentro de una jurisdicción estatal. En el segundo caso, las jornadas tuvieron lugar por fuera de los dominios burocráticos del Estado. En aras de maximizar la posibilidad de incluir genéticamente a las comunidades indígenas en el proceso de muestreo y, por simbólica extensión, en el Estado-nación mexicano, el Inmegen hizo uso del capital social de los médicos locales y sacó provecho de situaciones de intercambios ya existentes (como la entrega de vacunas).

Un grupo de donantes indígenas se reunió en un pequeño centro comunitario en San Miguel Aloapan, Oaxaca, en cuyo fondo había una imagen de una mujer con traje típico, y cabello trenzado, de tamaño natural. El equipo del Inmegen afirmó que, tal como había pasado con los mestizos, esos donantes experimentaron la toma de muestras como un asunto directamente asociado con la salud, una práctica que les resultaba familiar debido a las campañas de vacunación.[26] Esto sucedió pese a que los investigadores del Inmegen explicaron cuidadosamente de qué se trataba la participación indígena en el PDGPM a los líderes comunitarios, quienes hicieron las veces de traductores (los formatos de consentimiento informado se imprimieron en zapoteco):

> Se les decía que iban a participar en un estudio sobre las similitudes y diferencias entre grupos indígenas y entre indígenas y mestizos, y que esto iba a traer nueva medicina para el futuro, medicina que sus nietos iban a poder aprovechar, y que iban a contribuir al bienestar de sus comunidades y del resto del país. [Participante de la RC.]

[26] De acuerdo con la periodista Silvia Ribeiro ("El mapa genómico de los mexicanos", *La Jornada,* 3 de abril de 2005), algunas de esas expediciones de muestreo estuvieron vinculadas a programas de asistencia social como Oportunidades, <http://www.jornada.unam.mx/2007/03/31/index.php?section=politica&article=021a1pol>, consultado el 2 de junio de 2015, lo que sugiere que hubo una asociación intencional entre el proyecto del Inmegen y otros programas para la prevención de enfermedades en comunidades rurales.

El lenguaje usado para explicar el proyecto tuvo éxito por cuanto pudo establecer una relación social entre los donantes indígenas y los investigadores (mediados, como ya dijimos, por las autoridades locales y proveedores de salud), ya que destacaban el propósito común de encontrar formas para mejorar la salud humana.[27]

Los criterios para la inclusión de donantes indígenas fueron, además de haber nacido en el estado en que fueron reclutados y que sus padres y abuelos también hubieran nacido ahí (criterio que compartieron con los donantes mestizos), que el donante y sus cuatro abuelos hablaran la lengua zapoteca. Es decir, la elección de los donantes indígenas estuvo basada en un criterio sociocultural utilizado comúnmente en los censos poblacionales para designar pertenencia étnica. Que el idioma se considere como uno de los elementos que contribuyen a delimitar las poblaciones cuyo componente ancestral dota de "singularidad" genética a la población mexicana es una estrategia consistente con una forma de nacionalismo mestizo que "promueve una comprensión de la indianidad como si ésta estuviera alojada en el intestino, el corazón, la lengua, el alma y la sangre metafórica de la nación y del ser nacional".[28]

El equipo del Inmegen dijo que los donantes mestizos e indígenas tuvieron una buena disposición para donar sangre en las jornadas de muestreo, e informaron también acerca de la confianza de los donantes en los potenciales beneficios médicos del PDGPM. Cuando se publicaron los resultados en *Proceedings of the National Academy of Sciences of the United States of America* (en mayo de 2009), el equipo de las jornadas regresó

[27] R. Tutton, "Person, property, and gift: Exploring languages of tissue donation to biomedical research", en O. Corrigan y R. Tutton (eds.), *Genetic databases: Socio-ethical issues in the collection and use of DNA*, Routledge, Londres, 2004, pp. 13-98.

[28] E. Tarica, *The inner life of Mestizo nationalism. Cultural studies of the Americas*, vol. 22, University of Minnesota Press, Minneapolis, 2008, p. 2. Para una lectura distinta del uso de criterios lingüísticos en la elección de poblaciones de muestreo, véase el análisis de E. Suárez-Díaz ("Indigenous populations in Mexico: Medical anthropology in the work of Ruben Lisker in the 1960s", *Studies in History and Philosophy of Biological and Biomedical Sciences*, 47, 2014, pp. 108-117, <http://dx.doi.org/10.1016/j.shpsc.2014.05.011>) sobre el trabajo de Rubén Lisker durante la década de 1960.

a algunos de los lugares en los que habían tomado muestras para entregar los resultados a las comunidades.

> Las jornadas de entrega de resultados empezaron en septiembre de 2009. Se visitaron no todos los estados porque el tiempo no dio para más, pero sí fuimos a Sonora, Yucatán, Campeche, Veracruz, Zacatecas. En algunos casos regresamos con los mismos contactos o con nuevos si los gobernadores habían cambiado. La idea era cerrar el ciclo, hacerles saber que habíamos actuado conforme al plan. Se armó un paquete que contenía un CD, un resumen ejecutivo, publicaciones relevantes al proceso, la publicación [de *PNAS*] en inglés y en español y se hicieron presentaciones sobre las diferentes etapas del proceso. Un investigador hablaba sobre el manejo de las muestras, otro hablaba sobre el procesamiento de microarreglos. Otro presentaba el análisis y la administración de la información y de los datos. Y se terminaba con la parte ética, legal y social. No se entregaba un mapa [genómico] de cada estado, pero en las presentaciones sí se destacaban los resultados del estado que se visitaba. Era un evento breve, de corte político-informativo. A ese evento no necesariamente asistían los donadores. Pero en algunos casos sí. El primer donador, un señor de Yucatán, sí llegó a la entrega de resultados. En algunos estados se le dio mucha importancia a este evento. En Campeche tuvimos estudiantes universitarios, de las escuelas de enfermería y medicina, estudiantes mayas. En el convenio de colaboración que se firmaba con la universidad y el gobierno del estado no solamente se les solicitaba apoyo para la toma de muestras, sino también se establecían intercambios académicos. No solamente les sacamos muestras y les pedimos apoyo, también implicó esta parte académica. Un caso interesante fue Calkini. Dos estudiantes indígenas, ingenieros de esa comunidad, vinieron a conocer la parte de información y manejo de datos. Estuvieron aquí un mes, manejando datos, sus datos de la población indígena de Calkini. [Participante de la RC.]

El empeño en regresar a los lugares en que se tomaron las muestras para entregar los resultados habla de la conciencia que tuvieron los directivos del Inmegen de lo necesario que resulta cultivar políticas de reciprocidad, sobre todo cuando se trata de resultados abstractos de un proyecto de investigación que es muy difícil de concretar en aplicaciones médicas. La investigación de la medicina genómica es, tal como Eric Lander describió en el discurso inaugural de un importante congreso en el Inmegen, "una inversión en el futuro".

ADN: EL MESTIZO ETIQUETADO E INFERIDO

La Unidad de Genotipificación y Análisis de la Expresión del Inmegen estaba, en el momento de mi etnografía, ubicada en el sexto piso de un edificio de oficinas al sur de la Ciudad de México. Hasta 2007, año en que las jornadas llegaron a su fin, las muestras del PDGPM se habían almacenado y procesado en el llamado Laboratorio HapMap que dirigía Jiménez Sánchez, ubicado en el quinto piso. En enero de 2007 comenzó a funcionar la Unidad de Genotipificación y Análisis de la Expresión. Irma Silva-Zolezzi fue nombrada jefa de la unidad, y todo el trabajo del PDGPM se trasladó al sexto piso. De inmediato se implementó el genotipado automático de los mestizos conforme al protocolo Affymetrix 100K SNP. Como resultado de esta reorganización, mestizos e indígenas migraron junto con técnicos e investigadores al piso inmediato superior del edificio. Es ahí donde el mestizo mexicano, en su configuración de ADN, se almacena, manipula, genotipa y secuencia. Ahora voy a hablar sobre las etiquetas e inscripciones usadas para designar, en algunos casos, y para corroborar, en otros, que el mestizo ha sido exitosamente transmutado en el contenido de un crio-tubo y que está haciendo parte de las series de transformaciones que sufren los objetos cuando son manipulados por los científicos, esto es, las mediaciones de la materia a la forma que Latour[29] ha llamado "referencia circulante".

Los números 3110506270300302 son los 16 dígitos del código de barras que identifica un crio-tubo alojado, junto con 63 más, dentro de una caja de plástico en un refrigerador en la Unidad de Genotipificación y Análisis de la Expresión. Al examinar ese código de barras, investigadores y técnicos pueden inferir que la muestra se tomó en el estado de Yucatán (31), que corresponde a un donante masculino (1), que fue re-

[29] B. Latour, *op. cit.*, 1999.

colectada el 27 de junio de 2005 (050627), que el tubo contiene ADN (03), que es la tercera muestra recolectada en Yucatán (003) y que el ADN se encuentra en una "concentración de trabajo" de 50 nanogramos por microlito (02). Además, la etiqueta en la base de la caja de plástico indica que las muestras ahí guardadas son de "hombres mestizos". Pero, ¿qué papel desempeñan esas etiquetas como referencias circulantes y cómo incorporan al mestizo en la investigación genética de poblaciones?

Volvamos a las jornadas de recolección de muestras. Después de haber plasmado su nombre y su firma en una hoja de consentimiento informado, los donantes llenaron un formulario con información relativa al estado en que habían nacido ellos, sus padres y sus abuelos. Enseguida, se pegó un código de barras (el cual en ese momento carecía de los últimos dos dígitos) en el formulario, y otro en cada uno de los cuatro tubos de sangre tomados de los donantes. Los consentimientos informados (que se almacenan por separado de los formularios) no fueron etiquetados, razón por la que no hay forma directa de conectar la identidad del donante con su código de barras.

Por un lado, el código de barras vuelve anónima la muestra de sangre y, por el otro, le otorga un nombre —una referencia— de fácil identificación y circulación cuyo nivel de detalle puede ampliarse en el laboratorio. Allí, tras la extracción del ADN se agregan los últimos dos dígitos al código de la muestra. Tal como explicó una joven investigadora involucrada en el diseño de la estrategia de muestreo, la incorporación de esos dos últimos dígitos en el código fue ideada como una estrategia flexible para acomodar diferentes tipos de muestras, y no sólo ADN. La intención original era crear un biobanco que incluyera ADN, plasma, ARN, e incluso líneas celulares. El consentimiento informado se formuló con ese objetivo en mente;[30] el consentimiento era tan general que permitía que se usaran las muestras y se implementaran distintos pro-

[30] Aunque nunca se materializó el proyecto del biobanco, el Inmegen todavía forma parte del Public Population Project in Genomics (P3G), una de varias iniciativas que promueven las colaboraciones entre biobancos e investigadores que se dedican a la genómica de poblaciones humanas.

cedimientos en proyectos de investigación derivados de PDGPM aún no especificados.[31]

La historia de la etiqueta en la caja es otra. Escrita a mano, la mayoría de las veces directamente sobre la superficie de plástico con marcador indeleble negro o azul, la etiqueta es una abreviación del tipo de población de la que deriva el ADN: mestizo o indígena, hombre o mujer. En aquellos estados en los que sólo se tomaron muestras de mestizos, la etiqueta se puede inferir de los primeros tres dígitos del código de barras, pero en los que se tomaron muestras de mestizos e indígenas, la etiqueta en la caja contiene información adicional en la que se puede leer: "Mayas 01 Yucatán". El calificativo *maya* no está codificado en el código de barras, pero de todas maneras se incorpora a la investigación genómica. Los investigadores esperan de los mestizos que presenten evidencia genética del mestizaje, y de los mayas lo contrario. Veamos entonces cómo esas expectativas son abordadas en la práctica científica y la manera en que las categorías mestizo e indígena aparecen en la ciencia genómica.

La muestra 3110506270300302, y muchas otras, son sujetas a genotipificación por PCR o por secuenciación. El objetivo es asignarle a cada muestra un haplogrupo mitocondrial y un haplogrupo del cromosoma Y. Los haplogrupos mitocondriales más comunes en América son *A, B, C* y *D,*[32] y uno de los haplogrupos del cromosoma Y más comunes en Europa continental, que está ampliamente distribuido en la península ibérica, es *R.*[33] Así, por ejemplo, si la muestra presenta haplogrupos *B* y *R,* esto indica "mestizaje".[34] Este proceso se aplica a decenas de muestras cada día. En todos los casos que obser-

[31] R. Chadwick y K. Berg, "Solidarity and equity: New ethical frameworks for genetic databases", *Nature Reviews: Genetics,* 2 (4), 2001, pp. 318-321.

[32] A. Torroni, J. Neel, R. Barrantes *et al.*, "Mitochondrial DNA 'clock' for the Amerinds and its implications for timing their entry into North America", *Proceedings of the Natural Academy of Sciences of the United States of America,* 91 (3), 1994, pp. 1158-1162; N. Maca-Meyer, A. González, J. Larruga *et al.*, "Major genomic mitochondrial lineages delineate early human expansions", *BMC Genetics,* 2 (1), 2001, p. 13.

[33] T. Karafet, F. Mendez, M. Meilerman *et al.*, "New binary polymorphisms reshape and increase resolution of the human Y chromosomal haplogroup tree", *Genome Research,* 18 (5), 2008, pp. 830-838.

[34] Este resultado es consistente con el mito fundacional de la nación mexi-

vé, la genotipificación confirmó invariablemente que la etiqueta *mestizo* era correcta. De ese modo, la genotipificación provee evidencia cualitativa de que la muestra que ha sido clasificada usando la categoría social *mestizo* es, en efecto, mestiza en el ámbito genético.[35] Sobre la posibilidad de "definir" genéticamente al mestizo Silva-Zolezzi comentó:

> Puedes hacerlo a nivel del haplogrupo mitocondrial y *Y* en los hombres. Si un individuo tiene mitocondrial indígena y *Y* europeo, lo puedes definir como *mestizo*. Ahora, te puede suceder que un individuo tenga los dos europeos o los dos indígenas y tú a nivel de esos haplogrupos no lo puedas definir como *mestizo*. Yo tengo varios de ésos. Imagínate a un individuo, te dan la muestra, tú no sabes su historia, no sabes su nombre, no sabes quién es y tú le haces su haplogrupo mitocondrial y su haplogrupo de *Y*. Te puedo decir, en Oaxaca tienes 60% de la población mestiza —de hombres mestizos— que te van a salir mitocondrial indígena y *Y* indígena, igual que sale en todos los grupos indígenas [...] y tú ahí no podrías decir si ese individuo, si sólo le medí su mitocondrial y su *Y* a nivel genético, ya no puedo decir si ese individuo es mestizo o es indígena.

Para solucionar el dilema de que una muestra socialmente clasificada como *mestiza* una vez examinada en el laboratorio sea genéticamente identificada como indígena, se analiza el ADN nuclear.

> A través de visitar el ADN nuclear en marcadores que sabemos que tienen diferenciación entre europeo e indígena —y un número sustancial— porque si tomo cinco marcadores nucleares en un individuo que tiene *Y* y mitocondrial indígena, tengo altísima probabilidad de que esos cinco me salgan indígenas y yo

cana: que todos los mexicanos descienden de padres europeos (españoles, específicamente) y madres indígenas.

[35] Las muestras femeninas (que carecen de ADN del cromosoma Y) están sujetas a procesos diferentes. Puesto que en esas muestras el mestizaje no se puede "inferir" del haplogrupo mitocondrial, están supeditadas a análisis de ADN nuclear con un conjunto de marcadores informativos de ancestría. El costo y grado de resolución de este análisis varía en función del número y el tipo de marcadores usados.

me vaya con la idea de que ese individuo es indígena. Pero si le hago 100 me voy a dar cuenta de que no: ese individuo es un mestizo porque empieza a presentar marcadores europeos. Y si le hago 1000 y si le hago 1500 voy a ir afinando esas contribuciones [ancestrales].

La búsqueda de marcadores europeos resalta la flexibilidad de la categoría social *mestizo*. Cuando ha sido incorporada en la investigación genética (en el muestreo) no sólo es difícil abandonarla sino que, de hecho, alimenta las prácticas de corroboración. Cuando ese "ir afinando las contribuciones" se aplica a las muestras indígenas, el ajuste de las contribuciones ancestrales abre la posibilidad de que para una persona catalogada como indígena por la técnica de muestreo, y corroborada como tal mediante la genotipificación, pueda detectarse la contribución europea a través de marcadores informativos de ancestría (AIM).

Si, tal como en el caso anterior, se observara evidencia genética de mestizaje en una muestra indígena, la etiqueta sobre la muestra y la afiliación personal a un grupo dado cambiaría de *indígena* a *mestizo* con base en inferencias estadísticas. Silva-Zolezzi argumentó por qué esa situación es posible: "No conozco ninguna población indígena que sea 100% nativa americana o 'pura' (entre comillas)". Explicó, además, que las poblaciones pueden presentar grados de mezclas mayores o menores: de toda la población indígena muestreada por el Inmegen, "los mayas tienen el más alto nivel de mestizaje [...] lo que pasa es que en las poblaciones indígenas la cantidad de mestizaje detectable es más pequeña que la que se detecta en poblaciones mestizas". La razón para distinguir entre indígena y mestizo y, lo que es más importante, la razón para mantener la etiqueta indígena aun ante la evidencia de la mezcla genética, es descrita así:

Sigues incluyéndolos en el grupo indígena porque así es como se definieron [...] porque las poblaciones indígenas no sólo son indígenas genéticamente; son indígenas en cultura, en usos y costumbres, así es como se auto-identifican y esto correlaciona con su genoma [...] pero hay individuos dentro de estos grupos que poseen genes y variantes de genoma europeo [...] generalmente en una proporción menor que la del mestizo promedio [Silva-Zolezzi, 24 de julio de 2010].

Los científicos llaman *outliers* a aquellos indígenas que quedan agrupados más cerca de los mestizos que de sus poblaciones indígenas de referencia, pues son numéricamente distantes del resto de los conjuntos de datos y han quedado por fuera de la media de distribución de las muestras. Puesto que no confirma la división indígena/mestizo, los científicos tienden a excluirla y a considerarla como "ruido genómico". Debido al grado relativamente alto de mestizaje de los mayas del estado de Yucatán, es ahí donde los *outliers* aparecen con mucha frecuencia. Sin embargo, también hay mestizos que casi se superponen con los indígenas. Lo mismo ha pasado en Oaxaca, Campeche y Guerrero. Incluso cuando las muestras se comportan estadísticamente como indígenas, los investigadores del PDGPM afirman que ese comportamiento apunta a "cualidades diferentes del mestizaje".[36]

El efecto de esas interpretaciones —con las que los indígenas pueden llegar a considerarse mezclados, mientras los mestizos son inevitablemente mestizos (aunque en diferentes configuraciones materiales)— es la reiteración de México como una nación mestiza. El indígena, una vez más, y mediante el análisis del ADN nuclear, es genéticamente asimilado en el mestizo. El mestizo vive latente en el indígena que resiste la fuerza del mestizaje. Sin embargo, no hay regreso del mestizo al indígena.

[36] En otro artículo he descrito analíticamente dos categorías de mestizaje (V. García, "Mestizaje en el laboratorio, una toma instantánea", en C. López Beltrán (ed.), *Genes (y) mestizos: Genómica y raza en la biomedicina mexicana*, pp. 143-154, UNAM/Ficticia, México, 2011). Hay un mestizo discreto (uno puede ser o no mestizo) y un mestizo continuo (uno puede ser más o menos mestizo), y cada uno cumple papeles diferentes en la práctica científica. Definido cualitativamente, el primero confirma que las etiquetas puestas a las muestras son correctas. El segundo, que se define en términos de contribuciones ancestrales, permite la comparación entre individuos o entre subpoblaciones.

DATOS: MÉTRICA MESTIZA

El mestizo, después de ser genotipado, viaja de la Unidad de Genotipificación y Análisis de la Expresión hacia otra instalación en el sexto piso: la Unidad de Supercómputo y Tecnología de la Información. Llega a un *cluster* de Linux donde es recodificado una vez más, pero ahora en código binario. La atención que recibe el mestizo en esta habitación enfriada por el aire acondicionado, y apenas habitada por dos analistas y un pingüino de peluche (que es la mascota de Linux), es secundaria respecto a la que se le da en el quinto piso, en el laboratorio de genómica computacional. Ese laboratorio "seco" es una oficina mediana con cuatro estaciones de trabajo equipadas con computadores personales y monitores de 18 a 20 pulgadas conectados al *cluster*.

De los cuatro investigadores que trabajan ahí, sólo Juan Carlos Fernández se dedicaba de tiempo completo a la bioinformática del PDGPM en el momento de mi etnografía. El trabajo de Fernández implica conservación, análisis y visualización de los datos, esto es, las marcas del uso intensivo de datos en la práctica científica.[37] Invierte muchas horas del día "conociendo" los datos del PDGPM, extrayendo patrones a partir de grandes conjuntos de datos (para lo que su entrenamiento en inteligencia artificial ha probado ser bastante útil) y haciendo decenas de consultas antes de ejecutar el programa de análisis de ancestría o de producir alguna gráfica que habrá de examinar con Silva-Zolezzi.

Los investigadores biomédicos en otros tiempos almacenaron, procesaron y visualizaron sus datos en aplicaciones computacionales básicas, como las hojas de cálculo de Excel. Sin embargo, actualmente la confianza cada vez mayor en los procesos automatizados de laboratorio que generan enormes cantidades de información muestra que el nuevo modelo es para que los datos, antes de procesarse, sean capturados por instrumentos y para que la información o el conocimiento resultante sea almacenado en computadoras. En esa tubería, los

[37] T. Hey, S. Tansley y K. Tolle (eds.), *The fourth paradigm: Data-intensive scientific discovery,* Microsoft Research, Redmond, WA, 2009.

científicos se aproximan a sus datos muy tarde en el proceso.[38] Aun cuando el Inmegen fue concebido como un centro de investigación de vanguardia que acoge esa manera de hacer ciencia, los investigadores a menudo cuestionan si la gestión de los datos constituye una parte fundamental de la empresa científica, si un bioinformático debe ser considerado un colaborador principal o, incluso, un primer autor en una publicación. La impresión de Fernández es que recientemente se comienza a apreciar la importancia de su trabajo:

> Darle sentido biológico a un dato es relativamente fácil, lo difícil es extraer el dato, saber qué parámetros usar [para obtener información], ése es el papel del bioinformático [...] Soy el primero en visualizar los datos, los veo incluso antes que el investigador biomédico.

La sección de materiales y métodos de la publicación del Inmegen en *Proceedings of the National Academy of Sciences of the United States of America PNAS* está básicamente dividida en dos partes: la colección de muestras y procedimientos del laboratorio "húmedo" y los procedimientos del laboratorio "seco". Lo último implica el uso del programa EINGENSOFT que cuenta con el algoritmo EIGENSTRAT.[39] Este software se basa en una aproximación estadística llamada *análisis de componentes principales* (PCA, por sus siglas en inglés). Tal como explican Fujimura y Rajagopalan,[40] EIGENSTRAT es usado para dividir las muestras en grupos o *clusters* fundamentados en las similitudes de las variaciones de los puntajes de SNP.[41] EINGENSOFT es particularmente útil para construir *clusters* a través de algoritmos que "no dependen de muestras previamente etiquetadas o clasificadas [...] y no requieren que se especifique previamente el número de los *clusters* o grupos esperados".[42]

[38] *Ibid.*, p. xix.

[39] M. Patterson, A. Price y D. Reich, "Population structure and eigenanalysis", *PLoS Genetics,* 2 (12): e190, 2006.

[40] J. Fujimura y R. Rajagopalan, "Different differences: The use of 'genetic ancestry' versus race in biomedical human genetic research", *Social Studies of Science,* 41 (1), 2011, pp. 5-30.

[41] Polimorfismo de un solo nucleótido, por sus siglas en inglés (SNP).

[42] J. Fujimura y R. Rajagopalan, *op. cit.*, p. 11.

Al modelar las variaciones de los puntajes de SNP (referidas por los científicos del PDGPM como diferencias de ancestría) a lo largo de ejes continuos de variación, el programa permite que los científicos visualicen puntos en una gráfica: conjuntos de datos que presentan agrupaciones (a las que los científicos del PDGPM se refieren como poblaciones). A partir de esas agrupaciones y su distribución, los científicos hacen inferencias —por ejemplo, basados en la ancestría, los mestizos quedan lejos de los africanos y más cerca de los europeos que de los asiáticos del este—.[43] Ahora bien, ¿cómo fueron usadas esas herramientas informáticas para ver y dar cuenta de la relación entre los mestizos y los indígenas mexicanos?

Pese a la tenacidad de la división indígena/mestizo como una manera de clasificar a la población mexicana en los estudios genéticos (véanse los capítulos III y VII en este volumen), la toma de muestras indígenas no se puso en práctica desde el principio. La necesidad de recolectar muestras indígenas fue mostrada por los evaluadores de *PNAS* en la segunda mitad de 2008. Fueron ellos quienes solicitaron la inclusión de una población de contraste que ayudara a dar sentido a la designación usada para las poblaciones estudiadas.

El calificativo *indígena,* que en las publicaciones científicas aparece como "nativo americano", es moneda común en los Estados Unidos y se usa para referir a los descendientes de los habitantes precolombinos y distinguirlos de quienes descienden de personas "mezcladas". Para el equipo del Inmegen, durante un primer intento de publicación (en el que se informó de los resultados obtenidos usando tecnología EIGENSTRAT), todo lo que no era asiático-oriental, africano o europeo, y que de acuerdo con las gráficas obtenidas mediante el análisis de componentes principales correspondía a una cuarta población ancestral —inicialmente no etiquetada—, fue catalogado como "nativo americano". Los evaluadores de *PNAS* solicitaron que se confirmara que el comportamiento de los datos obtenidos de las poblaciones mestizas (distribuidas en una línea

[43] Para un análisis crítico de cómo es interpretado ese tipo de gráficas en tanto representaciones de diferencias de ancestrías genéticas, o como una consecuencia de la "traducción o desplazamiento de grupos de muestras genéticamente similares a categorías de muestras con [...] 'ancestría compartida'", véase J. Fujimura y R. Rajagopalan, *op. cit.*

imaginaria entre europeos y otro vector) era de hecho atribuible a una población que los científicos del Inmegen pudieran etiquetar como "nativa americana".

El PDGPM no tomó muestras de poblaciones indígenas desde el principio como estrategia para evadir conflictos potenciales con esos grupos. Durante todo el siglo XX las poblaciones indígenas de regiones diferentes de México fueron muestreadas con propósitos científicos, generalmente por genetistas ayudados de antropólogos físicos y culturales.[44] Tales iniciativas, sin embargo, no estuvieron en el marco de proyectos institucionales financiados por el Estado.[45] La experiencia del Proyecto de Diversidad del Genoma Humano (HGDP, por sus siglas en inglés), que en lo que duró la recolección de muestras entre grupos indígenas enfrentó resistencia, conflicto y escándalo,[46] era bien conocida en el momento que se planeó el PDGPM. Una manera de evitar un desenlace similar era tomar distancia de aquellas "preguntas antropológicas" formuladas por el HGDP y promocionar un "fuerte enfoque biomédico" más cercano al defendido por el exitoso proyecto HapMap.[47] Otra opción era, simplemente, no tomar muestras de grupos indígenas. Inspi-

[44] E. Suárez-Díaz, *op. cit.*

[45] C. López Beltrán y V. García, "Aproximaciones científicas al mestizo mexicano", *História, Ciências, Saúde – Manguinhos,* 20 (2), 2013, pp. 391-410.

[46] J. Reardon, "The Human Genome Diversity Project: A case study in coproduction", *Social Studies of Science,* 31 (3), 2001, pp. 357-388.

[47] C. Dennis, "Special section on human genetics: The rough guide to the genome", *Nature,* 425 (6960), 2003, pp. 758-759. Los científicos del PDGM expresaron la necesidad de conferir a su investigación una identidad disciplinaria bien demarcada. La preocupación principal era dejar claro que sus preguntas podrían ser inscritas en la biomedicina o en la medicina genómica aplicada, y no en la antropología. Silva-Zolezzi me contó con preocupación, en conversación de 5 de mayo de 2010, que apenas dejara el Inmegen para trabajar en Nestlé, otros investigadores ocuparían su puesto (en ese momento se presumía que sus sucesores serían antropólogos), y expresó "temor" de que "el proyecto se volviera mucho más poblacional y menos enfocado en sus aplicaciones biomédicas". El 26 de junio de 2010 Silva-Zolezzi fue más allá en su explicación, y afirmó que en los estudios antropológicos se busca "encontrar algo único en la población", lo que arroja mucha información histórica y evolutiva, "pero no explica diferencias en términos de enfermedad entre grupos humanos". "La variabilidad común, que es lo que busca el proyecto de diversidad, es útil para entender la enfermedad". En este sentido, Silva-Zolezzi asoció la búsqueda de variabilidad común con la medicina genética y la búsqueda de variantes raras con la antropología genética.

rado en el Proyecto HapMap, el PDGPM del Inmegen optó por la primera estrategia, y la decisión política más sensible de recolectar y procesar muestras indígenas se pospuso.

Jiménez Sánchez se reunió en 2005 con gobernadores de estados y con autoridades de salud federales y locales para evaluar la posibilidad de muestrear algunas regiones. Oaxaca, con su numerosa población indígena, en buena medida se volvió una posibilidad viable debido a que Ulises Ruiz,[48] gobernador del estado, respaldó la incursión del Inmegen en ese territorio.[49] Cuando los evaluadores de *PNAS* pidieron que se incluyera un grupo de nativoamericanos, inmediatamente se pensó en los zapotecas. Tal como Silva-Zolezzi comentó al etnógrafo Ernesto Schwartz dos meses antes de que el artículo saliera publicado, muestrear zapotecas fue "una decisión pragmática" cuya concesión estuvo mediada por el estado. Fue así que se modificó la estrategia de muestreo del Inmegen para el PDGPM a través de una serie de negociaciones que tuvieron connotaciones metodológicas y políticas.[50]

[48] Miembro del Partido Revolucionario Institucional (PRI), Ulises Ruiz fue gobernador de Oaxaca entre diciembre de 2004 y noviembre de 2010. Sus actividades corruptas empezaron desde que se posicionó en el cargo (razón por la que fue bautizado Ulises Ruin). Fue especialmente notorio su trato ilegal a los miembros del Sindicato Nacional de Trabajadores de la Educación, quienes se enfrentaron a él reclamando aumentos en los sueldos y otros asuntos laborales. En 14 de junio de 2006 desalojó a unos 70 000 manifestantes de la plaza central de la ciudad de Oaxaca (quienes se las arreglaron para resistir siete horas de enfrentamientos). La Asamblea Popular de los Pueblos de Oaxaca (APPO) se conformó poco después, en respuesta a las acciones de Ruiz. La APPO acusó a Ruiz de fraude político y promoción de la impunidad, y solicitó su renuncia inmediata. A pesar de las recomendaciones hechas por el Senado a Ruiz para que dimitiera de su cargo (a las que se sumaron las de la Cámara de Diputados), Ruiz se rehusó a renunciar. Completó los seis años en el cargo bajo lo que el Senado describió como "serias condiciones de ingobernabilidad".

[49] Con la anuencia de Ulises Ruiz, el Inmegen firmó el 22 de marzo de 2007 un acuerdo con los servicios estatales de salud y con los establecimientos educativos para tomar muestras de "grupos indígenas" en la región. El hecho no pasó del todo inadvertido. La periodista Silvia Ribeiro lo describió como un "proyecto vampiro" (frase originalmente usada en los medios norteamericanos para describir el HGDP) sin ninguna utilidad para los indígenas de Oaxaca, pero que beneficiaría a investigadores, instituciones y farmacéuticas internacionales (*La Jornada,* 3 de abril de 2007).

[50] En diciembre de 2008 un participante de las jornadas le dijo al etnógrafo

Treinta zapotecas no relacionados (esto es, sin vínculos familiares) de una comunidad en la Sierra Norte de Oaxaca fueron establecidos en el análisis de la diversidad genómica de los mestizos mexicanos como la población *ancestral* amerindia. Los zapotecas (ZAP), al ser mantenidos en un espacio de diferencia no concedido a las otras muestras de poblaciones indígenas (pues, como mostré en la sección anterior, se consideró que todas las otras poblaciones indígenas estaban mezcladas) se volvieron una población de referencia, algo muy similar a lo que había ocurrido con las poblaciones CEU, YRI, JPT y CHB del HapMap. Ese movimiento, mantenido como una decisión pragmática, se justificó citando los resultados de un artículo publicado en junio de 2007 en el *American Journal of Human Genetics*. En él se indicaba que los "zapotecas de Oaxaca, en el sur de México, proveen el mejor pronóstico de la ancestría nativa americana de latinos de Los Ángeles (19%) y mexicanos (18%)" lo que resultó en favor de "los zapotecas como la población más útil para el propósito de construir un mapa (de mezclas)".[51] Pero adscribir a los zapotecas a un espacio y a un tiempo[52] diferentes fue, de algún modo, un pacto con el nacionalismo mestizo del siglo XX que, apoyado por el indigenismo estatal, asimiló con éxito a las culturas indígenas

Ernesto Schwartz que a pesar del apoyo concedido por las autoridades locales (o quizá a raíz de ello), recuperar muestras de Oaxaca no fue tarea fácil. La conexión entre Inmegen y el infame Ulises Ruiz encendió las alarmas, y la APPO, junto con otras organizaciones indígenas, estuvieron cerca de pedir que las muestras regresaran a la comunidad. Sin embargo, Silva-Zolezzi relató que la primer jornada de muestreo indígena en Oaxaca se llevó a cabo sin tropiezos y con muy buenos resultados, lo que estimuló que el análisis se extendiera a otras regiones.

[51] A. Price, N. Patterson, F. Yu *et al.*, "A genomewide admixture map for Latino populations", *The American Journal of Human Genetics,* 80 (6), pp. 1024-1036, 2007, p. 1029. Estas decisiones —qué población designar como la de referencia para la ancestría nativoamericana— no son inamovibles y pueden cambiar en el curso de un proyecto de investigación. Silva-Zolezzi me comentó, retrospectivamente, en una conversación sostenida en mayo de 2010, que no usaría ZAP como la población de referencia para la ancestría nativoamericana, ya que nueva información le indica que ésta no conforma un grupo genéticamente homogéneo.

[52] Esto es lo que el antropólogo J. Fabian (*Time and the other: How anthropology makes its object,* Columbia University Press, Nueva York, 2002) ha denominado "negación de la contemporaneidad".

refiriéndolas como primitivas o, al menos, anacrónicas respecto al resto de la población.[53]

Sin mucha conciencia sobre esos vínculos ideológicos, los investigadores produjeron una gráfica que *muestra* a los mestizos distribuidos entre, pero claramente separados de, los europeos (CEU) y los nativoamericanos (ZAP). Primero se infirió a los nativoamericanos (por defecto la "otra" población ancestral), y luego se enrolaron —de una manera subsidiaria— como la población que les confiere a los mestizos mexicanos su comportamiento estadístico distintivo. De ese modo, los indígenas "se ubican en el origen prehistórico de la nación y en sus raíces metafóricas".[54] Simultáneamente, el resultado del análisis genómico sugiere que las diferencias genéticas entre los mexicanos mestizos se deben, principalmente, a las diferencias en sus contribuciones amerindias, lo que promueve "una conciencia de tiempo y espacio compartido entre indios y no indios, el núcleo de la nación mestiza".[55] Esta "singularidad genética" medible ha privilegiado al mestizo sobre el indígena como objeto de la genética de poblaciones y de la biomedicina en México.[56]

En años recientes ha habido una creciente demanda de muestras de "ancestría mexicana" para incluirlas en ambiciosos proyectos de secuenciación de genoma completo que aspiran a proporcionar recursos sobre la variación genética humana y herramientas para hacer más análisis informáticos. El Proyecto de los 1000 Genomas tiene 69 muestras de ese tipo, mientras que Complete Genomics ha secuenciado cinco de ellas. Todas esas muestras son subconjuntos de la muestra de la población de ancestría mexicana creada por el renombrado proyecto HapMap. Este proyecto incluyó muestras de ancestría mexicana provenientes de Los Ángeles sumadas a

[53] E. Tarica, *op. cit.* Véase también el capítulo III de este volumen.

[54] *Ibid.*, p. 2.

[55] *Idem.*

[56] Aunque recientemente, bajo el supuesto de que la susceptibilidad de los mestizos mexicanos a ciertas enfermedades (*e. g.* diabetes) proviene del componente ancestral amerindio, las poblaciones indígenas están cobrando relevancia como objeto de estudio biomédico (V. García, "Mito y patología: Avatares de la indigeneidad y la nación mexicana", ponencia presentada en la XIV Reunión Internacional de Historiadores de México, Katz Center for Mexican Studies, Universidad de Chicago, 2014).

las de otras 10 poblaciones. Así, se obtuvieron datos sobre diferencias poblacionales genéticas específicas que se suponen útiles para los estudios de asociaciones genéticas. La necesidad de incluir muestras mestizas en los análisis genómicos ha sido ampliamente reconocida, puesto que el riesgo de que algunas enfermedades que tienen mayor incidencia entre las poblaciones de los Estados Unidos se han correlacionado a ciertos patrones de mestizaje (por ejemplo, un mayor riesgo de diabetes en personas con mezcla de nativoamericano y europeo, es decir, en las personas con ancestría "mexicana").[57] Asimismo, la oficina del censo de los Estados Unidos ha identificado a los hispanos/latinos como el grupo étnico con mayor crecimiento en todo el país.

Fernández cree que hay una motivación adicional: "Los latinos y los mestizos están de moda porque la disponibilidad de las muestras se traduce en la disponibilidad de datos". Añade: "la innovación no está en los métodos de la genómica computacional, sino en las muestras". Esto es, sin importar el tipo de mediaciones de la materia a la forma que experimenta el mestizo mediante los análisis computacionales, sólo las buenas muestras hacen buenos conjuntos de datos. El valor del mestizo del Inmegen, sobre todo para los intereses extranjeros, está justamente en esa transformación de la muestra en dato.

La Ley General de Salud de México (reformada en 2004) establece que, con el fin de proteger la soberanía genómica,[58] las muestras humanas recolectadas en territorio mexicano deben estar asociadas a un proyecto en marcha aprobado por una institución mexicana (a saber, Inmegen). Los permisos para que las muestras abandonen el territorio mexicano están sujetos a la aprobación del Inmegen, que fue diseñado como un centro nacional de referencia y como un órgano consultivo del gobierno federal, y la exportación debe cumplir con un arduo protocolo legal. Este proceso puede desalentar las inicia-

[57] Véase M. Montoya (*op. cit.*, 2011) para un análisis exhaustivo de la relación entre diabetes y ancestría mexicana en los Estados Unidos.

[58] R. Benjamin, "A lab of their own: Genomic sovereignty as postcolonial science policy", *Policy and Society,* 28 (4), 2009, pp. 341-355; E. Schwartz-Marín e I. Silva-Zolezzi, " 'The map of the Mexican's genome': Overlapping national identity, and population genomics", *Identity in the Information Society,* 3 (3), 2010, pp. 489-514.

tivas para tomar muestras y la potencial inclusión del mestizo mexicano en proyectos genómicos internacionales.[59] Pero, ¿qué mejor manera de acceder a las muy valoradas (y difícilmente asequibles) muestras de mestizos mexicanos que mediante los datos del PDGPM? En lo que queda de esta sección describo un proyecto conjunto en el que los datos del PDGPM —muestras de poblaciones indígenas y mestizas— desempeñan un papel clave. Como mostraré, el acceso a la información sobre los mestizos tiene implicaciones en el acceso a la información sobre muestras indígenas, lo que plantea varios problemas.

El mapeo del mestizaje *(admixture mapping)* es un método comúnmente usado para ubicar genes asociados a enfermedades en poblaciones mezcladas, en las cuales es necesario distinguir entre asociaciones potenciales que se deben a la ancestría y aquellas que se deben a haplotipos asociados a enfermedades.[60] Mientras que se requiere un gran número de AIM para discriminar entre ambos tipos de asociaciones (o para "la correcta subestructuración")[61] con cierto grado de precisión, las series de SNP comerciales pueden usarse para extraer conjuntos de AIM que permitan a los investigadores inferir la ancestría en poblaciones mestizas.

En el año 2012 concluyó un proyecto multiinstitucional de diseño de un panel de 446 AIM útiles para el mapeo de mes-

[59] Esto no ha evitado que algunas muestras hayan sido enviadas al extranjero, conforme a ese protocolo legal, para proyectos específicos. Por otro lado, los grupos de investigación en otras instituciones (incluyendo hospitales estatales) cuyo trabajo precede a la creación del Inmegen, han continuado con el uso que habitualmente le daban a las muestras por ellos recolectadas. La investigación en muchos de esos casos es de carácter clínico (*e. g.* estudio de diabetes) y la naturaleza hospitalaria del centro de investigación garantiza el acceso a las muestras de sangre (*e. g.* pacientes y controles que acuden al hospital).

[60] X. Mao, A. Bigham, R. Mei *et al.*, "A genomewide admixture mapping panel for Hispanic/Latino populations", *American Journal of Human Genetics*, 80 (6), 2007, pp. 1171-1178; A. Tandon, N. Patterson y D. Reich, "Ancestry informative marker panels for African Americans based on subsets of commercially available SNP arrays", *Genetic Epidemiologic,* 35 (1), 2011, pp. 80-83.

[61] La explicación de esas técnicas para considerar la estructuración de las poblaciones puede encontrarse en la introducción. Este procedimiento permite a los investigadores relacionar los casos y los controles en función de su ancestría, lo que permite a su vez discriminar entre variantes genuinamente asociadas a enfermedades y asociaciones espurias producto de la subestructura.

tizaje y para establecer asociaciones entre haplotipos y enfermedades en poblaciones de América Latina.[62] El objetivo del proyecto fue crear una "infraestructura de datos" de utilidad no sólo para los mexicanos, sino también "para los latinos en todo el continente".[63] El desarrollo de bases de datos que contengan subconjuntos suficientemente grandes pero seleccionados de AIM útiles para "corregir señales de asociación" permitirá "que cada investigador elija los AIM que quiere con base en su diseño experimental",[64] ya sea la correlación a "fenotipos normales", a asociaciones con enfermedades o a la corrección de la subestructura poblacional. En otras palabras, ese panel de AIM descontextualizará los datos sobre poblaciones mestizas en aras de facilitar su viaje, y al mismo tiempo permitirá su recontextualización para que sean usados en nuevos ámbitos de investigación.[65]

El panel incluye marcadores que estiman tres componentes ancestrales principales entre las poblaciones contemporáneas de América Latina (africano, europeo y nativoamericano) y puede distinguir poblaciones de diferentes regiones, lo que, de acuerdo con los autores, vuelve al panel seleccionado de AIM "ampliamente portátil a las poblaciones en todas las Américas".[66] El Inmegen contribuyó con datos genotípicos de muestras derivadas de tres grupos indígenas: 25 mayas (sureste), 21 zapotecas (centro) y 22 tepehuanos (norte). Los datos de otras series de muestras de poblaciones indígenas (aymaras de Boliva, quechuas de Perú y nahuas de México) derivaron de muestras y conjuntos de datos brindadas por colaboradores. Se usaron, además de esas seis poblaciones nativas americanas ancestrales, cuatro poblaciones del proyecto HapMap (CEU, TSI, YRI, LWK) y una de España.

[62] J. Galanter, J. Fernández-López, C. Gignoux *et al.*, "Development of a panel of genome-wide ancestry informative markers to study admixture throughout the Americas", *PLoS Genetics,* 8 (3): e1002554, <doi:10.1371/journal.pgen.1002554>, 2012.

[63] J. Fernández, 19 de octubre de 2010.

[64] J. Fernández, 8 de octubre de 2010.

[65] S. Leonelli, "Packaging small facts for re-use: Databases in model organism biology", en P. Howlett y M. Morgan, *How well do facts travel?: The dissemination of reliable knowledge,* Cambridge University Press, Nueva York, 2011, pp. 325-348.

[66] J. Galanter *et al., op. cit.*

Una característica de la transformación material de las muestras en datos genotípicos es que éstos tienden a viajar en grupos.[67] Los datos de ancestría nativa americana "más informativos" se agrupan con datos de otras poblaciones ancestrales (no sólo las mexicanas). Así, al usar el panel de AIM para genotipar muestras de poblaciones mestizas y comparar las ancestrías estimadas con las que proveen los estudios de asociación del genoma completo (como los desarrollados por el PDGPM), se confirma el valor probatorio del panel. Este proceso de "validación", como lo llaman los autores, es crucial para dotar al panel de utilidad no sólo para la genotipificación de mestizos mexicanos, sino también de mestizos en toda América Latina. En esa configuración material la identidad del mestizo, una vez más, es reafirmada por sus cualidades indígenas. Tal como lo expresa Fernández: "a veces pensamos en México dentro de las fronteras, pero esto [ese panel de AIM] debería funcionar para toda Latinoamérica".[68]

De este ejemplo se pueden sacar dos conclusiones sociales. Primero, la existencia del mestizo en la nube informática facilitó una colaboración internacional y multiinstitucional que redundó en un artículo que vinculó a 46 autores, 28 instituciones y 10 países (Fernández apareció como segundo autor). Llama la atención el "*ethos* colaborativo" del proceso.[69] En vez de muestras, los colaboradores tienden a compartir datos. En el caso del Inmegen, el cuidado de las muestras y de los datos del PDGPM está separado. Pese a esa aparente separación, la cualidad de los datos (*i.e.* qué conjuntos de datos se consideran apropiados para ser usados) se evalúa de acuerdo con las condiciones en que las muestras fueron obtenidas y con las maneras en que se comportan estadísticamente. La existencia de consentimientos informados firmados y de información sobre los lugares en que se tomaron las muestras (*i.e.* ubicación

[67] S. Leonelli, *op. cit.*, 2011.

[68] 23 de septiembre de 2011. Esta afirmación me recuerda lo dicho por Leopoldo Zea en uno de sus últimas obras: "Las fronteras no se pueden ampliar ya más, todos están ya adentro [...] estamos viviendo en la gran frontera de América Latina llamada México" (L. Zea, "La frontera en la globalización", en L. Zea y H. Taboada (eds.), *Frontera y globalización,* pp. 5-13, FCE, México, 2002, p. 13 [Tierra Firme]).

[69] S. Leonelli y R. Ankeny, "Re-thinking organisms: The impact of databases on model organism biology", *Social Studies of Science,* 43, 2012, pp. 29-36.

geográfica) es importante para establecer la validez sobre la proveniencia de la muestra, tan importante como su ubicación estadística dentro de la población muestra (lo que Fernández llama "contexto"). Es decir, el conocimiento sobre los datos supone inevitablemente conocimiento sobre las muestras. Se conserva, así, una continuidad epistémica entre ellos.

La segunda conclusión es que la participación de los datos del PDGPM en la investigación sobre poblaciones mezcladas en las Américas tiene consecuencias para la biosociabilidad[70] del mestizo mexicano. El panel de AIM que resultó de ese esfuerzo colaborativo es visto como uno que provee "recursos útiles para explorar la historia de la mezcla de las poblaciones en América Latina y corregir los efectos potenciales de una subestructura poblacional en muestras mezcladas en la región".[71] La revista *PLoS Genetics* fue elegida para la publicación, dada su "filosofía de libre acceso y amplia difusión", que hace eco del propósito de que "el panel de los AIM se volviera un estándar abierto que pudiera ser usado por investigadores de todas las Américas en futuras investigaciones genéticas".[72]

Previamente confinado en los márgenes políticos de la nación, el mestizo ahora se dirige más allá de esos bordes y adquiere mayor representatividad: ya no es sólo mexicano sino latino o hispano. Igualar nacionalidad con "mesticidad" fue importante para reclutar donadores de sangre y para establecer un proyecto de investigación de corte nacionalista. Es cuando el mestizo alcanza la nube informática que su afiliación étnica se expande (y, en ese sentido, la categoría *mestizo* se desestabiliza) con el fin de participar en proyectos científicos transnacionales (véase el capítulo VII en este volumen).

Conclusión

Influida por el discurso nacionalista del siglo XX, la relación entre el *mestizo* y el *indígena* en el laboratorio del Inmegen se

[70] P. Rabinow, *Essays on the anthropology of reason,* Princeton University Press, Princeton, NJ, 1996.

[71] J. Galanter *et al., op. cit.,* p. 4.

[72] Carta de los autores a los editores de *PLoS Genetics,* con fecha de 4 de enero de 2012.

construyó como una en la que el cuerpo del indígena contribuye con cualidades genéticas que hacen al mestizo un representante excepcional de la nación mexicana y un objeto excepcional para la investigación biomédica. He mostrado, concentrándome en las transformaciones del mestizo, que esto es verdad en cada fase del proceso de investigación: desde la toma de las muestras de sangre hasta la forma en que se comparten los datos. Las particularidades de la relación indígena/mestizo son expuestas como el motivo para considerar las muestras de sangre mestizas "patrimonio genómico", un bien nacional que debe ser celosamente protegido de la atención extranjera. Pero esas mismas particularidades hacen que los datos sobre el mestizo sean útiles para la investigación biomédica en toda América Latina, debilitando así la pantalla protectora del "patrimonio genético". De la colaboración del Inmegen con otras instituciones de investigación en todo el continente (sobre todo las de los Estados Unidos) sigue un esfuerzo concertado por atribuir al mestizo una identidad racial y étnica supranacional. Las series de transformaciones mediadas descritas en el presente capítulo, dejan espacio para esas nuevas y expandidas afiliaciones. Este nuevo episodio en la vida del mestizo mexicano contrasta con el discurso nacionalista inicial del Inmegen, cuando se proponía dispersar (desde el centro de México) un relato biomédico integrado sobre el mexicano, que puso los intereses de la nación sobre los intereses regionales, culturales o de los grupos étnicos.[73] La vida en el laboratorio del mestizo mexicano apunta en la dirección de su revisión identitaria bajo una lente científica de innegable significado social.[74]

[73] F. Mallon, *op. cit.,* 1995.

[74] Las ideas aquí expresadas son resultado de conversaciones e intercambios llevados a cabo con los miembros del equipo de investigación. Estoy en deuda con Jeanette Edwards, Darío Vasconcelos y Víctor Acuña. Agradezco especialmente a Ernesto Schwartz, quien me brindó un acceso inicial al campo, y a los investigadores y equipo del Inmegen (Irma Silva-Zolezzi, Juan Carlos Fernández, Fabiola Morales, Leticia Sebastián, Alejandra Contreras, Santiago March, Alejandro Rodríguez, José Bedolla y Enrique Hernández Lemus) que amablemente permitieron que me entrometiera en sus ocupados días de trabajo e interrumpieron su cotidianidad para satisfacer mis inquietudes.

VII. PRÁCTICAS DE LABORATORIO Y CATEGORÍAS SOCIALES EN BRASIL, COLOMBIA Y MÉXICO
Una mirada comparativa

PETER WADE, VIVETTE GARCÍA DEISTER, MICHAEL KENT, MARÍA FERNANDA OLARTE SIERRA

LOS ANÁLISIS genéticos de la ancestría de los brasileños "blancos", y los de las muestras tomadas entre colombianos, conducidos por los grupos de Sérgio Pena y Gabriel Bedoya, mostraron resultados muy similares: una abrumadora mayoría de elementos europeos en el cromosoma Y, grandes proporciones africanas y/o amerindias en el ADN mitocondrial y más de 75% de contribución europea en ADN autosómico. Sin embargo, cada equipo de investigación interpretó de maneras divergentes esos resultados. Al reificar los datos con diferentes categorías, sus interpretaciones producen imágenes significativamente disímiles de las poblaciones estudiadas. Mientras que Sérgio Pena y su equipo subrayan el carácter mestizo de los brasileños, Bedoya y sus colegas destacan el componente ancestral europeo de la población.[1] Aun así, ambas interpretaciones muestran plena coherencia con las ideologías dominantes sobre la constitución de las poblaciones nacionales de cada país. En Brasil, como se explicó en otros capítulos, tales ideologías valoran considerablemente el mestizaje, mientras que en Colombia las representaciones dominantes sobre un país mestizo coexisten con la tendencia a verlo como un con-

[1] G. Bedoya, P. Montoya, J. García *et al.*, "Admixture dynamics in Hispanics: A shift in the nuclear genetic ancestry of a South American population isolate", *Proceedings of the National Academy of Sciences of the United States of America,* 103 (19), 2006, pp. 7234-7239; S. Pena, L. Bastos-Rodrigues, J. Pimenta *et al.*, "DNA tests probe the genomic ancestry of Brazilians", *Brazilian Journal of Medical and Biological Research,* 42 (10), 2009, pp. 870-992; R. Santos, P. Fry, S. Monteiro *et al.*, "Color, race and genomic ancestry in Brazil: Dialogues between anthropology and genetics", *Current Anthropology,* 50 (6), 2009, pp. 787-819.

junto de regiones distintas, algunas de las cuales (entre ellas la región muestreada por Bedoya y colaboradores) explícitamente se asocian a orígenes europeos. Los trabajos de Pena y su equipo en Brasil y de Bedoya y su equipo en Colombia no dan cuenta de toda la investigación genética de cada país. No obstante, el contraste permite discernir las múltiples maneras en las que se puede concretar un área particular de la investigación genética. Como buscamos mostrar en este capítulo, la comparación nos ofrece una importante vía para interrogar la producción del conocimiento genético y para explorar las múltiples interacciones entre dicho conocimiento y las categorías y los acuerdos sociales, siguiendo la trayectoria de un proyecto de investigación.

Con base en el material presentado en capítulos anteriores, aquí abordamos el complejo asunto de cómo operan las categorías sobre la diversidad humana en la práctica de las ciencias genómicas dentro del laboratorio. El enfoque es muy específico: se trata de explorar el proceso en el laboratorio desde que se establecen los programas de investigación, pasando por las interpretaciones de los datos hasta llegar a la publicación de los resultados. Las conclusiones de este libro son una reflexión comparativa más amplia de los contextos en los que esto ocurre y de las preguntas que ese tipo de análisis plantea.

El análisis sobre los estudios de la ciencia esbozado en la introducción puso sobre la mesa dos temas clave. Primero, no es que las categorías "sociales" entren en el laboratorio a dar forma a las prácticas socavando la fiabilidad de los resultados que se obtienen a través del método científico. Se trata, más bien, de que los tipos de categorías que estamos explorando —raza, etnicidad, región, población, nación— son, de hecho, ensamblajes naturales-culturales coproducidos por diversos actores y materializados en objetos y prácticas en largos periodos. Nuestra intención, por lo tanto, no es afirmar que las categorías sociales contaminan los resultados científicos. En vez de eso, buscamos explorar la manera en que las categorías naturales-culturales operan en la práctica científica produciendo ciertos efectos: el hincapié en unos temas más que en otros, la inscripción de unas categorías y no de otras, que se destaquen ciertos vínculos ancestrales mientras se presta poca atención a los demás. Esto nos lleva al segundo tema: la diversidad.

La práctica científica es diversa por naturaleza. Los científicos discrepan y disputan sobre los que serían los mejores métodos e interpretaciones. Para ellos tal cosa es inherente al incesante proceso que los llevaría a lograr una mayor fiabilidad en sus resultados. Esa diversidad responde también a los objetivos y a los contextos científicos concretos: para los científicos es normal que lo que tiene sentido en un momento particular y de cara a ciertos propósitos, no funcione tan bien en otro contexto. Los estudios sociales de la ciencia pueden usar esa diversidad para explorar qué es lo que se pone en juego cuando se trabaja de ciertas maneras y no de otras, cómo algunos métodos e interpretaciones llegan a estandarizarse mientras que con otros no sucede lo mismo y qué es lo que se está dando por hecho cuando algunas prácticas se estandarizan.

Este capítulo se basa tanto en la diversidad encontrada entre los países como en la existente al interior de cada uno de ellos. Que el proyecto cubriera tres países y diferentes laboratorios dentro de ellos nos permitió acceder a una interesante multiplicidad en las prácticas científicas cotidianas y en la interpretación de los datos. Usamos esa multiplicidad para mostrar cómo los resultados que arrojó, en cierto modo, podrían haber sido diferentes y cómo esa diferencia revela las maneras en que las categorías naturales-culturales operan en la investigación genética.

Categorías y prácticas de laboratorio en América Latina

Vale la pena revisar brevemente, antes de pasar a las prácticas científicas, los tipos de categorías que son usadas en la práctica genética en que nos concentramos. Las categorías son entidades naturales-culturales formadas por la circulación a través de prácticas y discursos expertos y no expertos. Generalmente, cuentan con una profundidad histórica considerable y en esa medida preceden a la práctica genética. En las publicaciones científicas y en las prácticas de laboratorio que exploramos, las categorías clave para referirse a las poblaciones en inglés —que es el idioma principal de ese tipo de publicaciones— son: *african* (que incluye categorías relacionadas como *african-*

descent, african-derived, african colombian o *afro-colombian*), *european, amerindian* o *native american*, y mestizo o *admixed populations* (que se entiende como el producto de la reproducción sexual entre categorías continentales).

También es frecuente el uso de categorías nacionales: *mexican, brazilian, colombian*. Se recurre, del mismo modo, a los términos regionales para hacer referencia a los espacios generales como *Latin America, South America*, etc., o a lugares más específicos dentro de los países (a menudo divisiones administrativas, aunque también lugares con asociaciones culturales e históricas muy arraigadas). Pueden aparecer categorías como *indigenous*, mientras que los términos *black* y *white* sólo de vez en cuando aparecen impresos y son utilizados casi siempre por científicos brasileños y ocasionalmente por colombianos.

Términos en español y portugués como *indígena, negro, preto, pardo* y *blanco* o *branco* en ocasiones aparecen en publicaciones en español y en portugués. Aparte de indígena, esos términos se suelen utilizar sólo en textos publicados por investigadores brasileños, en parte porque algunos son empleados en el censo nacional —*preto* (negro), *pardo* (moreno), *branco* (blanco)—. Sin embargo, en los laboratorios tales términos se usan con frecuencia y emergen constantemente en las entrevistas con genetistas y en las conversaciones cotidianas entre colegas.

Como se describió en la introducción, hay diferencias significativas en las formas en que el *mestiçagem* o mestizaje ha funcionado en Brasil, Colombia y México, hecho que ha repercutido en las categorías taxonómicas usadas habitualmente en cada país. En México predomina una taxonomía dualista que divide a indígenas y mestizos. En Brasil coexisten diferentes sistemas de clasificación: las tres principales categorías de color en las que se basa el censo *(branco, pardo, preto),* múltiples taxonomías vernáculas (que incluyen términos como *moreno* o *mulato*) y un sistema inspirado políticamente que exhorta a una identificación "negra" incluyente y opuesta a "blanco". Hay una tensión, como vemos, entre la tendencia a clasificar en términos de oposición —blanco *versus* negro— y la tendencia a clasificar con categorías múltiples y flexibles. Cuando la multiplicidad de categorías se reduce a una taxonomía binaria, hay diferencias entre los contextos nacionales. Mientras en Brasil los pardos son asimilados a los *pretos,* en Colombia es más probable que los mestizos sean absorbidos por los blancos. Las categorías blanco/mestizo, en Colombia, tienden a fijarse en contraposición a la negritud (*negros, morenos, afrocolombianos* o *comunidades negras*) y a la indigeneidad *(indígenas, indios).* Todas esas diferencias entre las taxonomías aquí simplificadas deben tenerse en cuenta a la hora de explorar qué sucede con las categorías poblacionales en la práctica de la ciencia genómica.

Mestizos y naciones

Una razón importante que animó los proyectos de investigación analizados, y que es común en toda la investigación genómica sobre la diversidad humana, se expresó en términos de hacer contribuciones al proyecto global que busca descubrir las causas genéticas de enfermedades complejas. Otra importante razón con la que se justifica la investigación es la elucidación de historias poblacionales y de migraciones[2] y la creación de bases de datos para la genética forense. En Brasil un objetivo adicional para algunos fue "des-inventar" la raza como concepto y criticar los modelos de diversidad humana que se basan en la idea de agrupamiento poblacional.[3]

Las maneras más claras en que las categorías de raza y nación aparecieron dentro de los programas generales de investigación de los genetistas estudiados fueron, primero, la intención inicial de enfocarse en el mestizaje y en las poblaciones componentes de esa mezcla y, segundo, el uso de los marcos nacionales para la toma de muestras y para el análisis.

[2] Por ejemplo, J. Alves-Silva, M. da Silva, P. *Guimarães et al.,* "The ancestry of Brazilian mtDNA lineages", *American Journal of Human Genetics,* 67, 2000, pp. 444-461; S. Wang, C. Lewis Jr., M. Jakobsson *et al.,* "Genetic variation and population structure in Native Americans", *PLoS Genetics,* 3 (11): e185, 2007.

[3] S. Pena, "Brazilians and the variable mosaic genome paradigm", en O. Mayo y C. Leach (ed.), *Fifty years of human genetics: A festschrift and liber amicorum to celebrate the life and work of George Robert Fraser,* pp. 98-104, Adelaide, Wakefield, 2007; S. Pena, *Humanidade sem raças?,* Publifolha, São Paulo, 2008.

Primero nos ocuparemos del mestizaje y los mestizos, y retomaremos el asunto de la nación más adelante.

La nación mestiza y sus componentes ancestrales

El enfoque en la mezcla a menudo significó un interés en las poblaciones mestizas, poblaciones que son entendidas como el producto por antonomasia del mestizaje latinoamericano, aunque también llamaron la atención las poblaciones consideradas como las más cercanas a las tres fundacionales, es decir, a las de la mezcla original: poblaciones de "origen africano", poblaciones indígenas y poblaciones de "origen europeo". El trabajo de Emilio Yunis, en Colombia, es un buen ejemplo de ese enfoque primordial en el mestizaje.[4] Los genetistas que trabajan en los laboratorios estudiados en Medellín y Bogotá han prestado considerable atención a la mezcla o al mestizo colombiano.[5] Para algunos de ellos tal hecho obedeció a razones médicas. Uno afirmó: "Aquí tienes un híbrido, una mezcla que permite ver cómo las enfermedades se comportan de maneras diferentes dependiendo de la composición ancestral de cada persona".[6] Otros, sin embargo, reconocieron un interés más general en la población: "Es importante estudiar el mestizo para saber la composición genética actual de la población del país, para ver lo que somos, porque todos es-

[4] C. Sandoval, A. de la Hoz y E. Yunis, "Estructura genética de la población colombiana: Análisis de mestizaje", *Revista Facultad de Medicina de la Universidad Nacional de Colombia,* 41, 1993, pp. 3-14,; E. Yunis, ¿Por qué somos así? ¿Qué pasó en Colombia? Análisis del mestizaje, 2a. ed., Temis, Bogotá, 2009 [2003].

[5] Por ejemplo, G. Bedoya *et al., op. cit.;* L. Carvajal-Carmona, R. Ophoff, S. Service *et al.,* "Genetic demography of Antioquia (Colombia) and the Central Valley of Costa Rica", *Human Genetics,* 112 (5), 2003, pp. 534-541; M. Rey, J. Gutiérrez, B. Schroeder *et al.,* "Allele frequencies for 13 STR's from two Colombian populations: Bogotá and Boyacá", *Forensic Science International,* 136 (1-3), 2003, pp. 83-85; W. Rojas, M. Parra, O. Campo *et al.,* "Genetic make up and structure of Colombian populations by means of uniparental and biparental DNA markers", *American Journal of Physical Anthropology,* 143 (1), 2010, pp. 13-20; M. Torres, *La variabilidad genética: Una herramienta útil en el estudio de poblaciones humanas,* tesis de doctorado, Universidad de los Andes, Bogotá, 2005.

[6] Extraído de entrevista.

tamos mezclados... Pero tenemos que ver el comportamiento de esa mezcla porque es diferente [en diferentes lugares]".[7] En Colombia los genetistas también tomaron muestras de poblaciones afrocolombianas e indígenas,[8] pero manteniendo el enfoque en el proceso de mezcla y de diversidad que esas poblaciones habían producido.

En México, desde la década de 1940 el interés científico en los amerindios empezó a desplazarse hacia los mestizos. Tal hecho obedeció, en parte, a una supuesta disminución en el porcentaje de la población indígena: de 29% total de la nación en el censo de 1921, en el que se usaron categorías raciales (raza indígena, mezclada, blanca), a 14% en el censo de 1930, que contabilizó a los hablantes de lenguas indígenas, una categoría claramente más restringida.[9] En resonancia con eso, el proyecto inicial del Inmegen buscó explorar la diversidad genómica de la población mexicana, definida de antemano como mestiza.[10] Para Irma Silva-Zolezzi, el genoma de los mexicanos era un valioso objeto de estudio debido a sus diferentes contribuciones ancestrales y a que en dicha población la información genética proveniente de las tres poblaciones fundacionales de la mezcla se ha conservado a través del tiempo y de las generaciones.

En Brasil, como se señaló en el capítulo I, el hincapié en la mezcla es aún mayor y de algún modo busca desmantelar la idea misma de la raza. En los laboratorios de genética de ese

[7] Extraído de entrevista.

[8] J. Builes, N. Alzate, C. Espinal *et al.*, "Analysis of 16 Y-chromosomal STRs in an African descent sample population of Chocó (Colombia)", *Forensic Science International: Genetics Supplement Series,* 1 (1), 2008, pp. 184-186; W. Rojas *et al., op. cit.;* F. Rondón, J. Osorio, Á. Peña *et al.*, "Diversidad genética en poblaciones humanas de dos regiones colombianas", *Colombia Médica,* 39 (2), 2008, pp. 52-60; J. Yunis, L. Acevedo, D. Campo *et al.*, "Population data of Y-STR minimal haplotypes in a sample of Caucasian-Mestizo and African descent individuals of Colombia", *Forensic Science International,* 151 (2-3), 2005, pp. 307-313.

[9] Véase <http://www.inegi.org.mx/est/contenidos/Proyectos/ccpv/default.aspx>. Los censos de 1930 y 1940 contaron por separado a monolingües y bilingües, pero en ambos casos el número era más o menos equivalente

[10] I. Silva-Zolezzi, A. Hidalgo-Miranda, J. Estrada-Gil *et al.*, "Analysis of genomic diversity in Mexican Mestizo populations to develop genomic medicine in Mexico", *Proceedings of the National Academy of Sciences of the United State of America,* 106 (21), 2009, pp. 8611-8616.

país se oye recurrentemente la afirmación: "en Brasil, todos somos *mestiços*". O, tal como Sérgio Pena expuso durante las audiencias públicas de la Corte Suprema sobre las cuotas raciales: "prácticamente todos los brasileños tienen presente en sus genomas las tres raíces ancestrales". En los primeros estudios sobre la "mezcla racial", y pese al gran enfoque en el mestizaje, la idea de *raza* a menudo se da por hecho.[11] En las investigaciones de Pena y Bortolini la intensa mezcla de las poblaciones brasileñas es usada como la prueba irrefutable de que la idea de raza no tiene una base científica.[12] Aunque estos investigadores emplearon las categorías color/raza estandarizadas del censo, lo hicieron con el fin de demostrar que no son biológicamente válidas. Es decir, si bien desde antes los genetistas habían escrito sobre genética, raza y sociedad,[13] los argumentos más recientes están siendo construidos en una estrecha relación con los debates sociales y políticos concernientes a la relevancia de las categorías raciales para el diseño de políticas públicas. En el marco de estas discusiones la mezcla brasileña ha sido connotada muy positivamente. Tal como Bortolini afirmó: "la miscegenación es buena porque es la alternativa a la segregación. Es la razón por la que es importante mostrar los resultados de nuestra investigación al público". Al igual que Pena, Bortolini conceptualiza la mezcla genética como un antídoto contra el racismo y la emplea como un argumento en contra del uso de categorías raciales.

Aunque la mezcla fue un elemento clave en la investigación de muchos genetistas en Brasil, el propósito de revelar el

[11] Por ejemplo, M. Franco, T. Weimer y F. Salzano, "Blood polymorphisms and racial admixture in two Brazilian populations", *American Journal of Physical Anthropology,* 58 (2), 1982, pp. 127-132; F. Ottensooser, "Cálculo do grau de mistura racial através dos grupos sangüínos", *Revista Brasileira de Biologia,* 4, 1944, pp. 531-537, y "Analysis of trihybrid populations", *American Journal of Human Genetics,* 14, 1962, pp. 278-280. Para una declaración reciente que sugiere que la raza no puede ser simplemente una "construcción social", véase F. Salzano, "Human races: Mith, invention or realitity?", *Interciencia,* 2 (5), 1997, pp. 221-227.

[12] S. Pena y M. Bortolini, "Pode a genética definir quem deve se beneficiar das cotas universitárias e demais ações afirmativas?", *Estudos Avançados,* 18 (50), 2004, pp. 31-50; S. Pena, D. Carvalho-Silva, J. Alves-Silva *et al.*, "Retrato molecular do Brasil", *Ciência Hoje,* 27 (159), 2000, pp. 16-25.

[13] Por ejemplo, F. Salzano y N. Freire-Maia, *Problems in human biology: A study of Brazilian populations,* Wayne State University Press, Detroit, 1970.

carácter mezclado de la población brasileña no necesariamente se hizo tan explícito y no estuvo tan políticamente motivado como en las investigaciones de Pena y, en menor medida, de Bortolini. Como expresó Sidney Santos, de la Universidade Federal do Pará, "el *mestiço* es como lo blanco de tus ojos, todo el mundo lo tiene".[14] Para Santos, mostrar que los brasileños son todos *mestiços* no constituye un objetivo primordial de la investigación genética. Está más interesado, de hecho, en las migraciones y en la diversidad de los procesos de mezcla que han tenido lugar en Brasil.[15] Para él, como para muchos genetistas en Colombia y México, el *mestiço* es la categoría no marcada, ya naturalizada en el sentido común.

Negros e indígenas en la nación mestiza

Una investigación que en lugar de enfocarse en los mestizos tome por objeto a las poblaciones blancas, negras e indígenas, paradójicamente puede terminar por reforzar la imagen dominante de la nación mestiza. En Brasil, por ejemplo, uno de los focos de estudio de Sérgio Pena y colegas fueron las personas que se clasifican a sí mismas con la categoría *branco* (blanco). Sin embargo, el resultado de la investigación sirvió para demostrar que todos ellos tenían ancestría genética mezclada.[16] El hincapié en la mezcla se repite. Este hecho se relaciona con la manera en que el *mestiçagem* funge como discurso de formación de la nación (véase la introducción), un discurso que, sin embargo, necesita involucrar y reiterar constantemente las categorías fundacionales: amerindio/indígena, africano/negro y europeo/blanco. Esas categorías originales

[14] Extraído de entrevista.

[15] F. Leite, S. Santos, E. Rodriguez *et al.*, "Linkage disequilibrium patterns and genetic structure of Amerindian and non-Amerindian Brazilian populations revealed by long-range X-STR markers", *American Journal of Physical Anthropology,* 139 (3), 2009, pp. 404-412; N. Santos, E. Ribeiro-Rodrigues, Â. Ribeiro-dos-Santos *et al.*, "Assessing individual interethnic admixture and population substructure using a 48-insertion-deletion (INSEL) ancestry-informative marker (AIM) panel", *Human Mutation,* 31 (2), 2009, pp. 184-190.

[16] Por ejemplo, F. Parra, R. Amado, J. Lambertucci *et al.*, "Color and genomic ancestry in Brazilians", *Proceedings of the National Academy of Sciences of the United States of America,* 100 (1), 2003, pp. 177-182.

son simultáneamente apartadas de la nación (ya que no están mezcladas), e incluidas en ella (puesto que originalmente ayudaron a que tuviera lugar el mestizaje y puesto que todavía se pueden mezclar a través de la asimilación a la nación mestiza). Tal cosa se ve reflejada en las maneras diferentes en que la investigación genética trata a las poblaciones indígenas y negras.

Los estudios sobre los indígenas —de los cuales hay una larga y compleja tradición—[17] pudieron causar un efecto de distanciamiento: el hincapié fue puesto en esas poblaciones como diferentes y separadas del resto de la nación, pero en un proceso de transición que incluía la mezcla.[18] Los "indígenas" tendían a aparecer como un objeto de investigación genético diferente a los "mezclados". Este hecho encaja perfectamente con viejas tendencias a tratar a las poblaciones indígenas como relativamente aisladas y genéticamente diferenciadas, cuando no completamente "puras".[19] En su panorámica de la genética de las poblaciones de América Latina, Salzano y Bortolini decidieron no concentrarse en absoluto en las poblaciones amerindias, ya que otros esfuerzos recientes se habían enfocado exclusivamente en ese tema.[20] Los indígenas fueron considerados un objeto aparte. En ese sentido, y aunque tal hecho respondía a los objetivos de la investigación (que era más el poblamiento de las Américas, o las dinámicas microevolutivas), reinscribieron la indigeneidad como ubicada en un sitio separado y ocupando un lugar diferente en la nación (mestiza).

[17] F. Salzano y S. Callegari-Jacques, *South American Indians: A case study in evolution,* Clarendon Press, Oxford, 1988.

[18] C. Coimbra, N. Flowers, F. Salzano *et al., The Xavante in transition: Health, ecology, and bioanthropology in Central Brazil,* University of Michigan Press, Ann Arbor, 2004; M. Sans, "Admixture studies in Latin America: From the 20th to the 21st century", *Human Biology,* 72 (1), 2000, pp. 155-177.

[19] C. Barragán, "Molecular vignettes of the Colombian nation: The place(s) of race and ethnicity in networks of biocapital", en S. Gibbon, R. Santos y M. Sans (eds.), *Racial identities, genetic ancestry, and health in South America: Argentina, Brazil, Colombia, and Uruguay,* pp. 41-68, Palgrave Macmillan, Nueva York, 2011; R. Santos, "Indigenous peoples, postcolonial contexts and genomic research in the late 20th century", *Critique of Anthropology,* 22 (1), 2002, pp. 81-104.

[20] F. Salzano y M. Bortolini, *The evolution and genetics of Latin American populations,* Cambridge University Press, Cambridge, 2002, p. 327.

Algunas investigaciones se centraron, también, en los indígenas como poblaciones ancestrales o parentales implícitamente ubicadas en el pasado precolombino, y no en el presente, a pesar de que las poblaciones muestreadas fueron poblaciones actuales.[21] La muestra zapoteca del Inmegen, por ejemplo, tomó el lugar del pasado ancestral.

Las poblaciones negras, por su lado, son tratadas en términos de su diferencia y, simultáneamente, de su carácter mezclado. En Colombia, cuando se muestrean poblaciones "afrodescendientes" y "afrocolombianas" se les marca como diferentes de los "mestizos" al tiempo que se busca mapear sus diversas mezclas ancestrales.[22] Pasa lo mismo con los estudios sobre los afrodescendientes que habitan en *quilombos* en Brasil. Aunque son separados como objetos específicos de investigación, se destacan también sus niveles de mezcla.[23] Un estudio advirtió que varias investigaciones genéticas sobre los *quilombos* en la Amazonia se habían centrado en "evaluar el nivel de aislamiento y la movilidad y cuantificar la contribución genética de no negros entre ellos".[24] Bortolini, en sus primeros trabajos, analizó muestras de poblaciones negras en "comunidades parcialmente aisladas" en Brasil y Venezuela, haciendo hincapié en su ancestría mezclada, lo que las diferenciaba de las poblaciones africanas.[25] En otras investigacio-

[21] Por ejemplo, W. Rojas *et al., op. cit.;* S. Wang *et al., op. cit.*

[22] J. Builes *et al., op. cit.;* M. Paredes, A. Galindo, M. Bernal *et al.,* "Analysis of the codis autosomal STR loci in four main Colombian regions", *Forensic Science International,* 137 (1), 2003, pp. 67-73; W. Rojas *et al., op. cit.*

[23] Por ejemplo, T. Palha, E. Ribeiro-Rodrigues, Â. Ribeiro-dos-Santos *et al.,* "Male ancestry structure and interethnic admixture in African-descent communities from the Amazon as revealed by Y-chromosome STRs", *American Journal of Physical Anthropology,* 144 (3), 2011, pp. 471-478; G. Ribeiro, R. Ramos de Lima, C. Vieira *et al.,* "Afro-derived Brazilian populations: Male genetic constitution estimated by Y-chromosomes STRs and AluYAP element polymorphisms", *American Journal of Human Biology,* 21 (3), 2009, pp. 354-356.

[24] J. Guerreiro, Â. Ribeiro-dos-Santos, E. Melo dos Santos *et al.,* "Genetical-demographic data from two Amazonian populations composed of descendants of African slaves: Pacoval and Curiau", *Genetics and Molecular Biology,* 22 (2), pp. 163-167, 1999, p. 163.

[25] M. Bortolini, T. de Azevedo, F. Salzano *et al.,* "Evolutionary relationships between black South American and African populations", *Human Biology,* 67, 1995, p. 547. Véase también S. Santos, J. Rodrigues, Â. Ribeiro-dos-Santos

nes se muestrearon poblaciones negras en grandes ciudades, como Porto Alegre y Salvador, y los resultados mostraron que los clasificados como *pretos* (negros) estaban mezclados aun cuando éstos se seguían presentando como parte de una categoría separada de "origen africano".[26] Aunque esa tendencia de tratar a las poblaciones negras como separadas estuvo menos marcada en Brasil, puesto que allí la negritud es reconocida como una importante parte de la mezcla nacional, salta a la vista que las poblaciones negras son ubicadas en el extremo más africano del espectro color/raza.

Estas diferencias en el tratamiento que reciben las poblaciones indígenas y negras son el reflejo de viejos entendidos sobre cómo la indigeneidad y la negritud han encajado en los discursos sobre el mestizaje y sus "estructuras de alteridad". En esos discursos los indígenas son "otros" de una manera más contundente que los negros.[27] La investigación genética ve a los indígenas como diferentes y relativamente no mezclados, ya que la mezcla los convertiría en mestizos. De ahí que la categoría poblacional *amerindian-derived* (de origen amerindio) no aparezca casi nunca. Las poblaciones negras, por su lado, son por definición de *origen* o de *descendencia* africana. En consecuencia están mezcladas: mezcladas como "todas". Los datos genéticos lo confirman. Sin embargo, lo anterior no las convierte en poblaciones cabalmente "mestizas". Como vemos, en ambos casos se hace la separación, pero los indígenas son percibidos como pequeños grupos enquistados en el interior de la sociedad nacional, y separados cultural y geográficamente, mientras que los grupos negros son percibidos como

et al., "Differential contribution of indigenous men and women to the formation of an urban population in the Amazon region as revealed by mtDNA and Y-DNA", *American Journal of Physical Anthropology,* 109 (2), 1999a, pp. 175-80; H. Schneider, J. Guerreiro, S. Santos *et al.*, "Isolate breakdown in Amazonia: The blacks of the Trombetas river", *Revista Brasileira de Genética,* 10 (3), 1987, pp. 565-574.

[26] M. Bortolini, W. Araújo da Silva, D. Castro *et al.*, "African-derived South American populations: A history of symmetrical and asymmetrical matings according to sex revealed by bi- and uni-parental genetic markers", *American Journal of Human Biology,* 11 (4), 1999, pp. 551-563.

[27] P. Wade, *Race and ethnicity in Latin America,* 2a. ed., Pluto Press, Londres, 2010, p. 37.

más integrados a la sociedad nacional y, no obstante, definidos por diferencias fenotípicas.

En cierto modo, ese hincapié en la mezcla no resulta excepcional: es "lógico" que la investigación genómica en América Latina tenga tal enfoque, ha sido una tendencia duradera.[28] Hay un gran interés médico en las poblaciones mezcladas en tanto son útiles objetos de investigación que permiten rastrear variantes genéticas significativas;[29] América Latina cuenta con poblaciones que son percibidas como mezcladas, por tanto, hay muchas razones para querer entender la historia poblacional de las Américas. En resumen, los estudios de mestizaje son, de muchas maneras, un ensamblaje bastante estable.

Desestabilización de la nación mestiza

El ensamblaje, sin embargo, no es tan estable como parece. Las representaciones del mestizaje latinoamericano se caracterizan por una tensión entre similitud y diversidad.[30] Todos en América Latina son mestizos (excepto, al parecer, algunos grupos indígenas), pero esa unidad está compuesta por una serie de clasificaciones diferentes, en especial aquellas tres que se consideran las fundacionales del mestizaje: *negro/africano, blanco/europeo* e *indígena/nativo americano.* Las recientes reformas multiculturales han vuelto a poner de relieve la cuestión de la similitud y la diferencia, puesto que se trata del reconocimiento de los derechos para grupos negros e indígenas. Los estudios genéticos que exploramos reflejan esa tensión: aunque se enfocan en la mezcla y los mestizos, inevitablemente presentan mucha diversidad y al hacerlo desafían la estabilidad de la categoría mestizo. ¿Cuánta mezcla necesitó un indígena o un afrocolombiano para volverse un mestizo?

[28] F. Salzano, *The ongoing evolution of Latin American populations,* Thomas, Springfield, IL, 1971; M. Sans, *op. cit.*

[29] C. Bliss, "Mapping admixture by race", *International Journal of Technology, Knowledge and Society,* 4 (4), 2008, pp. 79-83; A. Darvasi y S. Shifman, "The beauty of admixture", *Nature Genetics,* 37 (2), 2005, pp. 118-119.

[30] P. Wade, "Rethinking mestizaje: ideology and lived experience", *Journal of Latin American Studies,* 37, 2005, pp. 1-19.

El hincapié en la diversidad regional también cuestionó la estabilidad de la nación mestiza. En cada una de las diferentes regiones, o subunidades en las que están divididas las naciones, se encontraron cantidades mayores o menores de herencia europea, africana o amerindia. Es decir, la categoría natural-cultural "mestizo", una categoría que se ha estirado perpetuamente a través de las categorías fundacionales —europeos, africanos y amerindios—, fue dividida y refractada por otras categorías naturales-culturales como "región".

Otro aspecto revelador de las tensiones que subyacen en el ensamblaje mestizo/mestizaje fue el doble acento en la blanquitud. Para empezar, los genetistas encontraron que las personas que se consideraron a sí mismas "blancas" en Brasil, o en Colombia, estimaron tener 70-80% de ancestría europea o que eran "mestizos caucásicos", tuvieron altos niveles de ancestría indígena y/o africana en el ADN mitocondiral.[31] Es decir, quizá no eran tan blancos como pensaban. Por otro lado, algunos estudios sobre el ADN autosómico de poblaciones mestizas, sobre todo en Brasil y Colombia, mostraron un alto nivel de contribución europea, lo mismo que los análisis del ADN del cromosoma Y.[32]

Este enfoque dual en la mezcla y la blanquitud no es una contradicción en términos genéticos. Mientras el análisis del ADN mitocondrial mira hacia los primeros encuentros coloniales, los resultados de ADN autosómico muestran los efectos de sucesos más recientes. Es decir, el marco temporal de cada resultado es diferente.[33] La investigación genética bien puede mostrar aspectos diferentes a la mezcla. Aunque el proceso de mestizaje genético —y el mestizo genético por él produ-

[31] L. Carvajal-Carmona *et al., op. cit.,* 2000, pp. 1287-1295; J. Yunis, O. García, I. Uriarte *et al.,* "Population data on 6 short tandem repeat loci in a sample of Caucasian-Mestizos from Colombia", *International Journal of Legal Medicine,* 113 (3), 2000, pp. 175-178, y J. Yunis *et al., op. cit.,* 2005. Nos encontramos con la categoría de *mestizo caucásico* exclusivamente en publicaciones de genetistas colombianos. Reflejan la tendencia en ese país de identificar a los blancos con los mestizos.

[32] L. Carvajal-Carmona *et al., op. cit.,* 2000; S. Pena *et al., op. cit.,* 2009; S. Pena, G. di Pietro, M. Fuchshuber-Moraes *et al.,* "The genomic ancestry of individuals from different geographical regions of Brazil is more uniform than expected", *Plos One,* 6: e17063, 2011.

[33] R. Santos *et al., op. cit.,* 2009, p. 799.

cido— se aceptó ampliamente como objeto principal de estudio, sirvió también para mostrar las tensiones inherentes al mestizaje, puesto que destacó tanto la diferencia como la similitud. Las poblaciones nacionales, antes que cualquier cosa, están mezcladas, un hecho que las hace característicamente latinoamericanas pero con márgenes claramente negros o indígenas, al tiempo que presentan considerable ancestría europea. Esto último puede interpretarse entre los no expertos como que son poblaciones bastante "blancas".

La estabilidad del mestizaje como ensamblaje también es cuestionada por los trabajos de la Expedición Humana llevada a cabo en Colombia entre las décadas de 1980 y 1990. Su objetivo era dar a conocer aspectos genéticos y culturales ocultos del país enfocándose en las "poblaciones aisladas", sobre todo en grupos indígenas y "afroamericanos", y eventualmente en las "poblaciones colombianas".[34] La diversidad asociada a los grupos negros e indígenas que el proyecto destacaba contrastó de manera significativa con el enfoque dominante en la mezcla y en la nación mestiza. La Expedición Humana se convirtió en el blanco de controvertidas y polémicas acusaciones hechas por algunos activistas indígenas, antropólogos y genetistas que tacharon de "cazadores de genes" colonialistas a sus miembros.[35] Además, con la Expedición Humana se corrió el riesgo de retratar, en relación con una nación mesti-

[34] A. Ordóñez (ed.), *Variación biológica y cultural en Colombia,* vol. 1, *Geografía humana de Colombia,* Instituto Colombiano de Cultura Hispánica, Bogotá, 2000, y capítulo II en este volumen. Véase también <http://www.javeriana.edu.co/Humana/humana.html>.

[35] C. Barragán, *op. cit.;* A. Ordóñez (ed.), *op. cit. Cf.* las acusaciones similares contra el Proyecto de Diversidad del Genoma Humano (HGDP, por sus siglas en inglés): J. Reardon, *Race to the finish: Identity and governance in an age of genomics,* Princeton University Press, Princeton, 2005. Un resultado de la controversia en torno a la Expedición Humana fue que el muestreo de las poblaciones indígenas en Colombia se volvió cada vez más difícil, lo que ha terminado por reforzar el enfoque en los mestizos. También en Brasil los controles éticos han hecho cada vez más difícil el muestreo de pueblos indígenas, lo que ha reforzado tanto el entendido de los indígenas como una categoría separada como el enfoque en la población no indígena (R. Santos, "Indigenous peoples, bioanthropological research, and ethics in Brazil: Issues in participation and consent", en G. Ellison y A. Goodman (eds.), *The nature of difference: Science, society and human biology,* pp. 181-202, CRC Press, Boca Raton, FL, 2006).

za no marcada pero dominante, a los grupos indígenas y negros como marginales (distantes, aislados, etc.) sin necesariamente prestar atención a las estructuras desiguales de poder que construyen tal marginalidad.

De forma paralela a esas críticas es posible hacer otra lectura de la Expedición Humana que reconoce que la representación de la nación que produjo desestabilizó la imagen dominante de la nación mestiza sólo por haberse enfocado en poblaciones indígenas y negras contemporáneas de una manera que, podría decirse, las puso en el centro de atención sin retratarlas necesariamente como ejemplos de la diferencia y aislamiento o del hecho ineludible de la mezcla. La Expedición Humana fue, en cierto modo, la expresión de viejas y nuevas formas de hacer investigación genética que tienden a concentrarse en las "poblaciones aisladas", lo que la hizo susceptible de polémicas acusaciones. Sin embargo, no hay duda de que buscó retar la mesticidad colombiana que se da por sentada, de lo que es prueba la participación de antropólogos activistas como Nina de Friedemann y Jaime Arocha, quienes cuestionaron la "invisibilidad" de los afrocolombianos, presionaron por la reforma multicultural y se propusieron transformar la imagen de la nación. La Expedición Humana dio a entender que otras formas de hacer genética, distanciadas del énfasis dominante en la mezcla, son posibles.

La nación como marco organizador

La segunda característica fundamental que definió los programas de investigación de muchos de los laboratorios que estudiamos fue el uso de marcos nacionales para organizar su trabajo. En Brasil y México el carácter genético de la nación fue un objeto de atención explícito abiertamente vinculado a políticas nacionales en torno a las acciones afirmativas y a la salud pública. Pena, por ejemplo, en aras expresar el carácter cultural y genético distintivo de los brasileños, acuñó el término *Homo Brasilis*,[36] un reflejo de intentos anteriores por hacer

[36] S. Pena (ed.), *Homo brasilis: Aspectos genéticos, lingüísticos, históricos e sócio-culturais da formação do povo brasileiro*, FUNPEC-RP, Ribeirão Preto, 2002.

lo mismo —por ejemplo, *Brasil: laboratório racial* de Freire-Maia—.[37] El uso del marco nacional también se mostró en el trabajo de Emilio Yunis en Colombia. En uno de sus textos más populares, en el que reflexiona sobre el destino de la nación, pregunta: "¿Por qué somos así?"[38] La nación, además, ha sido el contexto de la investigación genética forense que busca proporcionar herramientas para la identificación de los ciudadanos nacionales y construir una suerte de ciudadanía biológica.[39] Un equipo en Bogotá tuvo como objetivo crear una base de datos nacional, centralizando información dispar que les daría "una visión más amplia de la población colombiana [basada en] las frecuencias alélicas de las diferentes poblaciones del país".

Los mapas de diversidad genética que el Inmegen produjo para México, al igual que aquellos producidos en proyectos forenses para Colombia, mostraron el Estado-nación como entidad "natural", con la implicación de que las fronteras nacionales marcaban diferencias genéticas. En el caso de México tal premisa surgió sin ambages en los discursos sobre la soberanía genómica, que sugiere que el genoma mexicano tiene cualidades únicas.[40] En Brasil también fueron evidentes los discursos sobre la soberanía genómica construidos con base en las ideas del carácter particular de la mezcla ancestral de la población nacional: por el elevado nivel de ancestría africana, la diversidad en el país y la no correspondencia entre las categorías sociales de color/raza y la ancestría genética, los brasileños requerirían implementaciones farmacogenéticas y de genética forense específicas.[41] Podemos decir, para resumir,

[37] N. Freire-Maia, *Brasil: Laboratório racial,* Vozes, Petrópolis, 1973.

[38] E. Yunis, *op. cit.,* 2009.

[39] M. Paredes *et al., op. cit.,* 2003.

[40] R. Benjamin, "A lab of their own: Genomic sovereignty as postcolonial science policy", *Policy and Society,* 28 (4), 2009, pp. 341-355; E. Schwartz-Marín e I. Silva-Zolezzi, "'The map of the Mexican's genome': Overlapping national identity, and population genomics", *Identity in the Information Society,* 3 (3), 2010, pp. 489-514; E. Schwartz, *Genomic sovereignty and the creation of the Inmegen: Governance, populations and territoriality,* tesis de maestría, University of Exeter, 2008.

[41] J. Pimenta, L. Zuccherato, A. Debes *et al.,* "Color and genomic ancestry in Brazilians: A study with forensic microsatellites", *Human Heredity,* 62 (4), 2006, pp. 190-195; G. Suarez-Kurtz, "Pharmacogenetics in the Brazilian pop-

que la categoría natural-cultural "nación" llegó al laboratorio como un dispositivo de organización y que allí fue reproducida.

Sin embargo, esa categoría también fue desestabilizada, pues encontramos otras formas de organizar la ciencia genómica a partir de categorías diferentes. Primero, como ya señalamos, algunos genetistas optaron por trabajar con poblaciones regionales específicas en las que observaban características interesantes. Los antioqueños de las tierras altas del noroeste de Colombia (conocidos como *paisas*) y los gaúchos del sur de Brasil son dos ejemplos destacables. En ambas regiones existen identidades regionales contundentes que hacen hincapié en su diferencia cultural y sus altos niveles de ancestría europea. Uno de los genetistas locales que encabeza la investigación en Medellín declaró: "la composición genética de los paisas es casi única en todo el país debido al tipo de mestizaje que tienen y a que los paisas estuvieron aislados durante muchos, muchos años [...] Entre los paisas el componente racial europeo es muy, muy alto, el más alto del país". También hubo razones estrictamente técnicas para enfocarse en poblaciones regionales. Los antioqueños fueron vistos como una población útil en la medida que, se supone, tienen una historia particular caracterizada por una intensa mezcla inicial seguida de un aislamiento relativo (más adelante volveremos sobre este argumento): "la aplicación óptima de esta aproximación [el mapeo del mestizaje] en los hispanos requerirá que la estrategia usada se ajuste a la historia de mestizaje específica de la población a la cual pertenecían los pacientes".[42] En otras palabras, las poblaciones regionales, en tanto objetos que circulan en la investigación genética internacional, podrían ser más eficaces que las nacionales.

Para Brasil la importancia del perfil regional del gaúcho en la Universidade Federal do Rio Grande do Sul es destacada por sus diferencias con otra investigación hecha en la Universidade Federal de Minas Gerais. Como vimos en el capítulo IV, la población de Rio Grande do Sul tiene una identidad regional muy diferenciada... En contraste con esto, uno de los coauto-

ulation", en S. Gibbon, R. Santos y M. Sans (eds.), *Racial identities, genetic ancestry, and health in South America: Argentina, Brazil, Colombia, and Uruguay*, pp. 121-135, Palgrave Macmillan, Nueva York, 2011.

[42] Bedoya *et al.*, *op. cit.*, p. 7238.

res del *Retrato molecular do Brasil* vio la identidad regional de Minas Gerais estrechamente vinculada a la identidad brasileña: "Aquí, en Minas [Gerais], la gente dice que el *mineiro* es la síntesis del brasileño. Esto lo hemos visto incluso en la genética: [el mineiro] es un tercio africano, un tercio europeo y un tercio amerindio".[43] Cuando preguntamos por qué no habían hecho una investigación sobre el perfil genético de los mineiros similar a la de los gaúchos, el investigador respondió en broma: "Porque el gaúcho quiere ser diferente, el mineiro sólo quiere ser brasileño". Vemos aquí que la categoría regional puede operar en formas contrastantes reforzando o socavando la imagen de la nación.

Segundo, el carácter transnacional de la ciencia genética —las redes y las estrategias de publicación, y la difusión de los datos derivados de las muestras— significó que algunos investigadores explícitamente adoptaran marcos más amplios, situándose a sí mismos en Mesoamérica, América del Sur, América Latina o las Américas.[44] Las redes internacionales trascienden las fronteras nacionales. Muchos investigadores de los tres países estuvieron involucrados en CANDELA (Consorcio para el Análisis de la Diversidad y Evolución de Latinoamérica), un proyecto multinacional de investigación coordinado por Andrés Ruiz Linares, genetista colombiano de University College London. Investigadores del Inmegen están vinculados con la Universidad de Stanford y el Genome Institute de Singapur, mientras que muchos genetistas brasileños tienen colaboraciones internacionales. Esas cooperaciones sugieren que la *nación* no es una categoría con el suficiente poder para circular y operar eficazmente en los circuitos científicos transnacionales y que *mestizaje* o *mestizo* son objetos genómicos con mayor potencial para llegar a resultados inte-

[43] En la caracterización de la ancestría del *mineiro* el genetista refirió el análisis de los haplogrupos realizados al ADN mitocondrial de hombres blancos presentado en el *Retrato molecular* (S. Pena *et al.*, *op. cit.*, 2000, p. 22).

[44] Bortolini *et al.*, *op. cit.*, 1995; G. Martínez-Cortés, I. Nuño-Arana, R. Rubi-Castellanos *et al.*, "Origin and genetic differentiation of three Native Mexican groups (Purépechas, Triquis and Mayas): Contribution of CODIS-STRs to the history of human populations of Mesoamerica", *Annals of Human Biology*, 37 (6), 2010, pp. 801-819; S. Wang *et al.*, *op. cit.*, 2007; S. Wang, N. Ray, W. Rojas, M. Parra *et al.*, "Geographic patterns of genome admixture in Latin American Mestizos", *PLoS Genetics*, 4 (3): e1000037, 2008.

resantes. El origen nacional de las poblaciones fue menos funcional en este sentido, pese a que para algunos científicos decir algo sobre el carácter de sus respectivas naciones siguió siendo importante, ya fuera en términos de genética médica o poblacional. Por ejemplo, durante la colaboración Inmegen-Stanford, los investigadores del Inmegen hicieron hincapié en la necesidad de identificar las variantes indígenas comunes a los mestizos mexicanos y en las potenciales aplicaciones médicas en la población nacional, mientras que los investigadores de Stanford destacaban la identificación de variantes indígenas transnacionales desde un punto de vista más comparativo y demográfico.

En resumen, es evidente que la investigación genómica aquí revisada se centra en temas específicos. El mestizaje y el mestizo fueron, en cierto sentido, elecciones obvias constituidas como dispositivos estables para organizar la investigación. Sin embargo, todos esos procesos y categorías inevitablemente desembocaron en diversidad y heterogeneidad —los enfoques en afrodescendientes, indígenas, la blanquitud, las regiones— haciendo de ellas ensamblajes menos estables de lo que parecían a primera vista. En algunos casos, aunque la nación fue un marco obvio, las aproximaciones regionales y las agendas transnacionales proveyeron otras motivaciones. En general, tales elecciones dieron la fuerte impresión de que las poblaciones eran mestizas, que generalmente se ubicaban dentro de los límites políticos de las naciones o a veces en regiones continentales, y que tenían una importante contribución europea, sobre todo en ciertas subregiones. A su vez, las poblaciones indígenas y afrodescendientes pueden visibilizarse pero de maneras que reiteran tanto la diferencia/aislamiento (especialmente para los indígenas) como la mezcla (especialmente para los negros), y a veces pueden quedar ubicadas en el pasado.

Muestrear personas: categorías, mapas, raíces

Los programas de investigación dan forma a la toma de muestras en el sentido de que definen cuáles son las poblaciones de interés, pero los detalles sobre cómo se tomarán esas muestras también pueden moldear los resultados de maneras específicas. Emergen varios asuntos al respecto. El primero tiene que ver con cómo se eligen y se usan las categorías para clasificar las muestras, pues reflejan los intentos de los genetistas por generar resultados que tengan sentido genéticamente, empleando categorías no genéticas. El segundo se refiere a cómo las decisiones sobre el muestreo reproducen (y en algunos casos alteran) el sentido sobre la distribución espacial de las poblaciones biosociales, creando mapas de diversidad genética en los que las marcas de las decisiones que se tomaron respecto a cómo muestrear tal diversidad son indelebles. El tercero trata sobre cómo se logra que las poblaciones aparezcan enraizadas en el espacio (y en el tiempo), con la decisión misma de tomar muestras de individuos que son considerados originarios de las localidades en virtud de su filiación genealógica.

Categorización de las muestras: Continuidad e innovación

En cuanto a las categorías usadas para clasificar las poblaciones muestreadas, las más estandarizadas fueron, como ya señalamos: *mestizo, de origen africano, indígena* o *amerindio,* y en Brasil las categorías *raza/color* del censo. Las poblaciones indígenas a menudo son subclasificadas según el grupo étnico o lingüístico. También se emplean o implican categorías nacionales y con frecuencia emergen subcategorías regionales o territoriales. En Brasil, la gran variedad de categorías y taxonomías que circulan en la vida cotidiana se reflejan en una concomitante heterogeneidad a la hora de clasificar las muestras en la investigación genética.[45]

En general, las categorías estandarizadas ya eran familiares para los genetistas, para sus audiencias científicas y para la opinión pública. En ese sentido, tendieron a reforzar ideas ya existentes sobre la diversidad poblacional y sobre la manera en que ésta es descrita. Sin embargo, en ocasiones emergieron nuevas categorías: la forma en que éstas surgieron y se transformaron durante los proyectos ilustra de forma intere-

[45] R. Santos *et al., op. cit.,* 2009; R. Santos y M. Maio, "Race, genomics, identity and politics in contemporary Brazil", *Critique of Anthropology,* 24, 2004, pp. 347-378.

sante cómo las categorías actúan y son actuadas en el laboratorio y lo que sucede con aquellas que se apartan —en mayor o menor medida— de las representaciones estandarizadas de la diversidad poblacional.

Un ejemplo fue el debate en torno a las categorías *raza/color* usadas por el brazo brasileño del proyecto internacional CANDELA. Ese proyecto pretendía tomar muestras de personas en cinco países y relacionar su ancestría genética biocontinental (africana, europea, amerindia), aspectos de su fenotipo (*e. g.* el tono de la piel y la morfología), sus autoclasificaciones de acuerdo con una lista definida de términos, y la percepción de su propia ancestría en términos de sus componentes africanos, europeos y amerindios. Se discutió bastante en torno al conjunto de términos *raza/color* desde el que los encuestados elegirían clasificarse, en parte porque se suponía que se usaría un solo conjunto para todos los países.[46] En Brasil ya existían los términos del censo nacional *preto*, *pardo* y *branco* (más o menos equivalentes a *negro, moreno* y *blanco*). Pero *pardo* es una categoría muy amplia, por lo que los genetistas del equipo brasileño quisieron añadir la categoría *mulato*. Uno de ellos explicó:

> *Mulato* tiene rasgos negros, *pardo* es una persona oscura que no tiene rasgos negros africanos. *Pardo* es más claro que *mulato* [...] Aquí es socialmente más fácil decir ser blanco que negro. Así, si ya alguien dice que es mulato, entonces... Pienso que es posible ubicar a mulatos y negros en la misma categoría, para ser más precisos.

Lo que este genetista tenía en mente era que probablemente la gente evitaría identificarse como *negra* (no se puso la opción *preto*), puesto que es un término muy cargado que bien puede ser un insulto o una declaración de filiación política racializada. Más adelante afirmó: "En Brasil los negros tienen muchos prejuicios sobre el color de la piel. Un negro se clasifica como *pardo*. Es un gran problema para los genetistas".[47]

[46] El conjunto de términos final fue: negro, mulato, indígena, moreno, cobrizo, mestizo, blanco, pardo, europeo, otro (describa con sus propias palabras).

[47] El investigador se refería a la percepción generalizada en Brasil, y en

Se considera un problema porque las personas con "rasgos negros, africanos" (y con altos porcentajes de ancestría africana) estarían compartiendo categoría con personas de menor apariencia o ancestría "africana". Entonces, si mulato estaba disponible como opción, la categoría *pardo* se dividiría entre personas más y menos "africanas" y se ajustaría mejor a lo que los investigadores consideraban que sus datos genéticos mostrarían. Además, al analizar los resultados serían capaces de fusionar a negros y mulatos como las categorías con los rasgos fenotípicos y genotípicos más africanos.

De cara al complejo sistema de clasificación social basado en la raza y el color, los investigadores trataron de reducir los potenciales efectos que tendrían los sesgos sociales percibidos en la clasificación, en los resultados de los análisis genéticos, haciendo las categorías de autoclasificación más acordes con las realidades genéticas, tal como ellos las estaban viendo. Esas categorías de *raza/color* eran ensamblajes naturales-culturales a cuya larga historia la genómica estaba agregando el giro que volvió al mulato una categoría biológicamente más precisa. Lo anterior representó la reinserción de una categoría común en los estudios genéticos sobre "mezcla racial" en Brasil entre las décadas de 1960-1980, y que incluía subcategorías como *mulato claro* o *mulato oscuro,* que habían sido abandonadas casi del todo desde 1990.[48] En el caso de CANDELA una categoría que no estaba estandarizada en términos de las clasificaciones oficiales brasileñas del tipo raza/color se usó en la investigación y de esa manera volvió a consolidarse: tenía su lógica genética ya que era una categoría familiar (aunque no oficial).

otras áreas de América Latina, de que los "negros" a menudo tratan de evitar identificarse o ser identificados como negros —por ejemplo, en el censo brasileño— debido al bajo estatus social asociado a la negritud (E. Telles, *Race in another America: The significance of skin color in Brazil,* Princeton University Press, Princeton, NJ, 2004; P. Wade, *Blackness and race mixture: The dynamics of racial identity in Colombia,* Johns Hopkins University Press, Baltimore, 1993).

[48] E. Azevedo, "Subgroup studies of black admixture within a mixed population of Bahia, Brazil", *Annals of Human Genetics,* 44 (1), 1980, pp. 55-60; H. Krieger, N. Morton, M. Mi *et al.,* "Racial admixture in north-eastern Brazil", *Annals of Human Genetics,* 29 (2), 1965, pp. 113-125; N. Morton, M. Mi *et al.,* "Racial admixture in north-eastern Brazil", *Annals of Human Genetics,* 29 (2), 1965, pp. 113-125; F. Salzano y N. Freire-Maia, *op. cit.,* 1970.

En el caso del proyecto colombiano analizado en el capítulo v, de Olarte Sierra y Díaz del Castillo, un sistema de categorías que era distinto del comúnmente utilizado tuvo una trayectoria un poco más accidentada. En uno de los laboratorios en Bogotá se diseñó y ejecutó un proyecto que trató de explorar la diversidad genética de una región específica del país, región que incluía a un grupo indígena. Durante el proyecto, que recogió muestras biológicas y datos sobre los orígenes genealógicos y geográficos de las personas, el equipo concibió una serie de categorías *ad hoc* para clasificar a las personas en términos de los datos hallados. Había tres categorías de *nativos* en función de los orígenes paternos y maternos (indígenas y habitantes de la región no indígena); dos categorías para los indígenas clasificados sólo por ancestría indígena materna o paterna; dos categorías de *migrantes* para las personas de fuera de la región; y una categoría de *ancestría múltiple*. Las categorías emergieron como un intento por dar cuenta de la realidad sociológica de la población tal como la encontraron los investigadores. Pero, como en el caso de Brasil, se trataba de categorías que concordaran con las expectativas sobre los resultados genéticos. Tal como el director del laboratorio dijo: "al pensar en eso, nos dimos cuenta de que las categorías tenían que estar alineadas con lo que estábamos buscando. Decidimos que según el marcador [genético], necesitábamos categorías específicas".

Sin embargo, a la hora de someter los resultados de la investigación a una revista internacional en inglés, esas categorías múltiples terminaron por simplificarse en otras más conocidas, como *amerindios* y *racialmente mezclados:* un traductor seleccionó esos términos y los investigadores los aceptaron sin problema. Presentaron el artículo que empleaba tales categorías, pero fue rechazado. Más adelante, el equipo escribió un artículo completamente nuevo en el que regresaron al sistema de categorías que ellos mismos propusieron. La incertidumbre en torno a las taxonomías y la inercia que los condujo a reafirmar categorías clásicas es muestra de la fragilidad que implica tratar de proceder de maneras distintas y reitera el ensamblaje duradero y estable basado en el *mestizo* (o, más bien, en *las poblaciones mezcladas*) y en el *amerindio* como dispositivos de la ciencia genómica. A diferencia de la categoría mulato, en el caso de Brasil, las categorías del laboratorio colombiano empezaron siendo innovadoras pero fueron desplazadas por los términos empleados por el traductor, términos que se suponen neutrales y estandarizados. En principio no hubo discusión sobre las implicaciones de tal desplazamiento, pero más tarde decidieron reintegrar las categorías desarrolladas por su grupo de investigación.

En ambos ejemplos, y con la intención de generar resultados interesantes que hicieran a las identidades sociales más congruentes con los hechos genéticos esperados, los investigadores clasificaron a las poblaciones muestreadas de acuerdo con categorías no estandarizadas. En un caso el movimiento ha persistido, dado que la categoría ya era bastante conocida y había sido usada durante mucho tiempo en las taxonomías populares, y hace algunas décadas en estudios genéticos sobre *mezcla racial.* En el otro, la táctica no pasó la primera barrera de la traducción al inglés, lo que demuestra tanto la fragilidad de las categorizaciones de diversidad poblacional que son diferentes —*i. e.* que son ortogonales a las descripciones estandarizadas— como lo poderosas que resultan las categorías estandarizadas.

Muestras en el espacio

El segundo tema de esta sección tiene que ver con cómo las elecciones de muestreo se relacionaron con la distribución espacial de las poblaciones biosociales y con la producción de mapas de diversidad genética. Con frecuencia los proyectos organizan la toma de muestras basándose en divisiones territoriales administrativas estandarizadas. En Colombia la investigación que buscó definir un mapa de las frecuencias alélicas para la identificación forense usó los departamentos administrativos del país.[49] El proyecto del Inmegen usó los estados mexicanos.[50] Sérgio Pena y su equipo usaron las cinco grandes regiones en que está oficialmente dividido Brasil desde 1940, empleadas en las representaciones científicas y cotidia-

[49] M. Paredes *et al., op. cit.;* véase el capítulo II en este volumen. Véase también el mapa en <http://historico.unperiodico.unal.edu.co/ediciones/105/15.html>. Se usaron también departamentos como unidades de muestreo.

[50] I. Silva-Zolezzi *et al., op. cit.*

nas del país.[51] En particular, investigadores de la Universidade Federal do Pará conceptualizaron el país como genéticamente diferenciable en esas macrorregiones. Uno de ellos afirmó: "Las regiones de Brasil son muy diferentes. Cada región tiene una historia diferente de miscegenación, de ahí que sus poblaciones sean diferentes". Estas entidades geográficas se reprodujeron en los mapas y se caracterizaron en términos de perfiles genéticos al mostrar, por ejemplo, los porcentajes de contribuciones ancestrales biocontinentales de cada "población", lo que da a entender que se trata de entidades naturalmente distintas. No es que las subdivisiones administrativas sean cosa del azar: a menudo están ceñidas a factores geográficos e históricos que han moldeado procesos demográficos. Pero tampoco son unidades "naturales". Son híbridos naturales-culturales por excelencia que entran al laboratorio como marcos obvios para organizar las muestras y allí son reformuladas, esta vez con una dimensión genética, de maneras que por lo general refuerzan el entendido dominante y popular sobre la ancestría racial de las regiones.

En el caso colombiano, las certezas implicadas en esa técnica de muestreo fueron puestas al descubierto y desnaturalizadas de una manera reveladora. Al usar el mapa departamental estandarizado para organizar la toma de muestras, los investigadores desembocaron en una división regional del país en desacuerdo con la convencional. Esta última suele mostrar cinco regiones —Andes, Pacífico, Costa Caribe, Orinoquía y Amazonia—.[52] La región Pacífico suele percibirse como una unidad geográfica, histórica y cultural —y etnorracial—, y es vista como la "región negra" de Colombia. Su mitad norte es un solo departamento, el Chocó (en el que 82% de la población se identificó como afrocolombiana en el censo de 2005). Su mitad sur, sin embargo, atraviesa tres departamentos diferentes. Paredes y colaboradores[53] usaron un proceso

[51] S. Pena *et al., op. cit.*, 2000.

[52] Véanse, por ejemplo, las regiones indicadas por el Instituto Geográfico Agustín Codazzi, <http://geoportal.igac.gov.co/mapas_de_colombia/IGAC/Tematicos/34813.jpg>. Se pueden encontrar en varios mapas regionales de Colombia (véase por ejemplo, <http://es.wikipedia.org/wiki/Regiones_naturales_de_Colombia>).

[53] M. Paredes *et al., op. cit.*

estadístico para producir grupos de departamentos de acuerdo con las frecuencias alélicas. De ahí salieron cuatro grandes regiones y la mitad sur de la región del Pacífico quedó absorbida en lo que llamaron región andina suroeste, por la sencilla razón de que sus regiones —y muestras— siguieron límites departamentales y por lo tanto no podían "mostrar" la región Pacífico como una sola entidad. Los procedimientos de muestreo reprodujeron el departamento como una entidad natural-cultural, pero al hacerlo desestabilizaron la entidad natural-cultural de región. La geografía regional de la nación llegó a ser de otra manera, pero sólo como el artefacto no intencional de los procedimientos de muestreo que estaban siendo llevados a cabo como de costumbre en un nivel más bajo de resolución geográfica. El ejemplo es una muestra del poder que supone proceder "normalmente" cuando se trata de tomar muestras.

Enraizamiento de las poblaciones muestreadas

El tercer tema relacionado con los procedimientos de muestreo se refiere a una práctica común en muchos de los proyectos de genómica observados, la cual consiste en seleccionar personas cuyos padres, y preferiblemente sus cuatro abuelos, hayan nacido en la misma unidad taxonómica de muestreo que la persona seleccionada, sea una entidad federativa mexicana, el Estado-nación mexicano, una región geográfica o un municipio de Colombia, o la Pampa brasileña.[54] Cuando en la unidad de muestreo había un grupo indígena —por ejemplo los zapotecas en México o los wayúu en Colombia— nos encontramos con que era necesario que padres y abuelos del donante hablaran el idioma del grupo indígena, que tuvieran los apellidos adecuados o que hubieran nacido en un lugar que

[54] G. Bedoya *et al., op. cit.,* p. 7238; M. Guardado-Estrada, E. Juarez-Torres, I. Medina-Martinez *et al.,* "A great diversity of Amerindian mitochondrial DNA ancestry is present in the Mexican mestizo population", *Journal of Human Genetics,* 54 (12), pp. 695-705, 2009, p. 696; A. Marrero, C. Bravi, S. Stuart *et al.,* "Pre- and post-Columbian gene and cultural continuity: The case of the Gaúcho from southern Brazil", *Human Heredity,* 64 (3), pp. 160-171, 2007a, p. 161; M. Paredes *et al., op. cit.,* p. 67; I. Silva-Zolezzi *et al., op. cit.;* información de apoyo, p. 1.

asegurara una auténtica indigeneidad (datos todos que serían suministrados por la persona a la que se le tomaría la muestra). Tal práctica, común en los proyectos genómicos de ese tipo,[55] tiene como propósito crear una muestra que se supone hunde sus raíces en la población espacializada que está siendo estudiada. Evitan, así, que se incluyan descendientes de quienes hubieran emigrado al lugar de muestreo entre los últimos 30 a 50 años, sin importar que esas personas hayan sido considerados zapotecas o wayúus por la población local. Aunque constreñir el criterio a los abuelos es un reconocimiento pragmático de los límites de la memoria de la gente, supone que los investigadores al remontarse dos generaciones podrían acceder a una suerte de homogeneidad poblacional, aunque sea una de un tipo provisional. La práctica, por tanto, da una imagen de la gente como tradicionalmente aislada y establecida en nichos geográficos y demográficos que, finalmente ha sido perturbada por las migraciones de las últimas tres a cinco décadas, como si la migración y el movimiento no fueran parte de la vida social de la gente desde antes. Ciertamente, es probable que el movimiento y la migración aumentaran notablemente en las últimas décadas. Sin embargo, filtrar la población muestra de acuerdo con la ancestría geográfica no sólo minimiza el proceso de movimiento poblacional, también presenta la localidad estudiada como homogénea en su extensión espacial y en largas temporalidades. De este modo, la población es definida con un criterio que escapa de las manos de la gente local pero que se ajusta a las expectativas de los genetistas.[56]

El efecto de enraizamiento se hizo notar especialmente en la investigación sobre la población antioqueña que es reconocida como una "población aislada".[57] Gran parte de la discusión en torno al aislamiento se enfocó en personas con ancestrías

[55] Por ejemplo, se usa en el proyecto *People of the British Isles,* en el que se requiere que los donantes voluntarios de ADN tengan "padres y abuelos nacidos en el lugar" (véase <http://www.peopleofthebritishisles.org/vi/>).

[56] J. Reardon, "Race without salvation: Beyond the science/society divide in genomic studies of human diversity", en B. Koenig, S. Lee y S. Richardson (eds.), *Revisiting race in a genomic age,* pp. 304-319, Rutgers University Press, New Brunswick, NJ, 2008.

[57] G. Bedoya *et al., op. cit.*

que los enraizaran desde sus tatarabuelos en seis pequeños municipios identificados como los asentamientos fundadores de Antioquia, y que están ubicados en la subregión conocida como el oriente. El objetivo de la investigación era aprovechar el núcleo "original" de una población que es considerada como cultural, histórica, ancestral y genéticamente diferenciada. Los antioqueños en Colombia son conocidos como *paisas*. Se distinguen por tener una arraigada identidad regional basada en imágenes sobre su blanquitud, carácter emprendedor, astucia y dinamismo.[58] Sin embargo, *paisas* y *antioqueños* no son términos intercambiables. El último se refiere a toda persona nacida en el departamento, cuya extensión abarca también la costa Caribe en el norte y por el este comprende el valle principal del río Cauca, lugares en los que habitan muchos de los antioqueños de piel oscura. *Paisa,* de este modo, refiere a la piel más clara, es decir, a la gente de las tierras altas descendiente de las poblaciones del oriente, que justamente fueron las poblaciones muestreadas en el proyecto genético. El proceso de muestreo refuerza la definición paisa de Antioquia y la blanquitud de su población, y al mismo tiempo presenta una imagen de aislamiento, avalando nuevamente la idea de los paisas como particulares y especiales. Los investigadores eligieron esa metodología para tomar las muestras con el propósito expreso de llegar a las "raíces" de una población determinada que es percibida como diferente. En el contexto de su proyecto ese objetivo es perfectamente justificable. Sin embargo, es inevitable que reproduzca una imagen particular de esa población. Un proyecto que optara por muestrear a Antioquia en toda su cobertura geográfica podría brindar una imagen diferente de la región, igual que lo haría un proyecto que no constriñera la toma de muestras a personas con tatarabuelos nacidos en una subregión.

Otras prácticas alternativas también fueron llevadas a cabo. En Brasil, por ejemplo, aunque algunos estudios usaron la técnica de muestreo que filtra de acuerdo con la ancestría de los abuelos, otros proyectos, dependiendo de los objetivos del estudio, no lo hicieron. La investigación sobre los gaúchos[59]

[58] P. Wade, *op. cit.*, 1993.

[59] La aclaración sobre el uso de este término (con su ortografía portuguesa) se encuentra en el capítulo IV, nota 2.

del sur de Brasil —identificada como una "población diferenciada"—[60] "enraizó" sus muestras de esa forma. Pasó lo mismo con la investigación de Sidney Santos de la Universidade Federal do Pará sobre los indígenas y los afrodescendientes que viven en *quilombos*. Otros trabajos dirigidos por Santos revelaron las maneras específicas en que las estrategias de muestreo derivaron en perfiles poblacionales diferentes. La investigación en la ciudad de Santarém, en el estado de Pará, norte de Brasil, comparó muestras "enraizadas" y "no enraizadas" con el fin de evaluar los cambios provocados por las migraciones que han afectado en alto grado a la región desde la década de 1950. Las muestras de la población enraizada ("nativos de Santarém", con sus cuatro abuelos nacidos ahí) tuvieron una proporción más alta de ancestría amerindia y tasas menores de ancestría africana que las muestras que representaron al total de la población.[61] Aunque ambas poblaciones mostraron altos niveles de mezcla, una de ellas se construyó como más auténtica —o "nativa"— que la otra, y como más representativa del proceso original de mezcla que se cree ocurrió en la Amazonia. En un trabajo más reciente Santos se ha concentrado en crear una base de datos genética nacional para fines forenses.[62] Tal trabajo expresamente ha evitado la homogeneización histórico-geográfica creada con el enraizamiento de las muestras: ya que los investigadores quisieron establecer un perfil de la población actual —que incluyera los flujos migratorios recientes— en lugar de uno de las poblaciones "originales", el criterio del lugar de nacimiento de los padres no fue empleado a la hora de elegir personas para el muestreo. Esto contrasta con Colombia, donde se usaron prácticas de enraizamiento en proyectos destinados a crear mapas nacionales genéticos para fines forenses.

[60] A. Marrero *et al., op. cit.,* 2007, p. 160.

[61] E. Santos, A. Ribeiro-dos-Santos, J. Guerreiro *et al.,* "Migration and ethnic change in an admixed population from the Amazon region (Santarém, Pará)", *Brazilian Journal of Genetics,* 19 (3), pp. 511-515, 1996, pp. 511, 514.

[62] E. Ribeiro, T. de Palha, E. Bittencourt *et al.,* "Extensive survey of 12 X-STRS reveals genetic heterogeneity among Brazilian populations", *International Journal of Legal Medicine,* 125 (3), 2011, pp. 445-452. En Brasil la población de referencia usada hoy en día en tales casos sigue siendo la proporcionada por el FBI (M. Kent, notas de campo).

Así, diferentes prácticas de muestreo visibilizan múltiples poblaciones como objetos biosociales: donde estaban en juego nociones sobre orígenes nativos —a menudo con notables dimensiones racializadas—, la población apareció enraizada y auténtica genealógicamente. Donde hubo interés en el movimiento y la movilidad apareció un tipo diferente de población. En todos los procesos de muestreo examinados en esa sección —al usar categorías descriptivas, emplear unidades geográficas, elegir a las personas por muestrear— los efectos de la práctica estandarizada se desnaturalizó y se hizo más evidente la búsqueda de otras maneras de proceder, pese a que éstas a menudo resultan frágiles. Simultáneamente, el poder de la normalización también se hizo evidente.

Interpretación de los datos

La manera en que las muestras son elegidas y definidas influye en el tipo de interpretaciones resultantes; también influyen los programas de investigación desde los que se parte para dar forma al muestreo y a su interpretación. Esas etapas del proceso de investigación, referidas aquí por separado, se superponen y compenetran. Ahora nos centraremos en cómo ciertos significados se suman a los datos generados por las muestras.

Un ejemplo revelador es la investigación sobre los antioqueños basada en la idea de "aislamiento".[63] El problema que los autores señalan cuando usan muestras "enraizadas" del oriente y de la capital del departamento, Medellín, es que los antioqueños tienen altos niveles de ancestría europea detectada en los marcadores autosómicos (cerca de 80%), pero también altos niveles de ancestría materna indígena, detectada en las frecuencias de los haplogrupos mitocondriales (cerca de 90%). El relato que los autores están narrando con esos datos es uno de mezcla inicial entre mujeres indígenas y hombres europeos al que habría de seguir, si bien en cantidades menos numerosas, la llegada de los hombres europeos. Las mujeres europeas añadieron realmente poco a esa mezcla. La situa-

[63] G. Bedoya *et al., op. cit.*

ción colonial en Antioquia es muy similar a la que historiadores y genetistas han sostenido sobre otras partes de América Latina,[64] tal como los mismos autores lo reconocen,[65] aunque las altas proporciones de ancestría amerindia en el ADN mitocondrial indican una participación particularmente reducida de las mujeres europeas (y africanas). Hasta aquí, todo normal. El aislamiento aún no se discute puesto que el relato tiene que ver con la inmigración europea.

Sin embargo, para el momento posterior a la independencia los datos muestran "una fuerte evidencia de aislamiento poscolonial":[66] la inmigración disminuyó y la población se fue expandiendo sobre una vegetación agreste. Las evidencias de ese aislamiento las provee la frecuente aparición en el oriente —la región fundacional— de ciertos apellidos, y el hecho de que las personas muestreadas pertenecientes a la región que tenían los cinco apellidos más comunes presentaban poca diversidad de haplotipos. Los hombres muestreados que tienen esos apellidos están distribuidos en pequeñas poblaciones de seis pueblos que quedan a menos de 25 kilómetros unos de otros, de modo que esa escasa diversidad es previsible.

No obstante, el argumento sobre el aislamiento poscolonial añade poco a la explicación general sobre la ancestría indígena en el ADN mitocondrial y la ancestría europea en el ADN autosómico, pues esta combinación se explica en el artículo con base en los procesos coloniales que, justamente, se presentan como no indicadores del aislamiento. La tesis sobre el aislamiento termina siendo un argumento que se sostiene para su propio beneficio construido a partir de las muestras del oriente. El artículo se vincula al final a temas más amplios, puesto que contrasta un modelo de mezcla basado en el aislamiento poscolonial con uno basado en las inmigraciones europeas masivas de los siglos XIX y XX que afectaron a países como Argentina: fue el aislamiento poscolonial lo que permitió que la mezcla colonial inicial se mantuviera relativamente estable. (El punto es que el mapeo de la mezcla tiene que

[64] V. Gonçalves, F. Prosdocimi, L. Santos *et al.*, "Sex-biased gene flow in African Americans but not in American Caucasians", *Genetics and Molecular Research,* 6 (2), 2007, pp. 156-161.

[65] G. Bedoya *et al., op. cit.,* p. 7234.

[66] *Ibid.,* p. 7236.

adaptarse a cada una de esas poblaciones.) Pero, si se ciñeran estrictamente a ese estándar, la totalidad de Colombia podría tomarse como poscolonialmente aislada en comparación con Argentina.

Lo que llama la atención es la manera en la que Antioquia concreta la imagen de una población aislada, como si de verdad fuera una región excepcional en ese sentido. Los genetistas que trabajaban en el laboratorio estudiado en Medellín fueron muy contundentes respecto a la especificidad de los paisas:

> Antioquia y los paisas son extremadamente europeos, puede verse en el genoma y en las costumbres. Además, las personas eran endogámicas y sólo se casaban entre ellas, lo que sigue ocurriendo hoy en día. Es la razón por la que estamos aislados genéticamente, ¿ves? Así que creo que aquí vamos a seguir siendo muy europeos, no como en otras partes [del país] en las que puede verse que tienen más de amerindios o de africanos.

Es tal el poder de la idea de los paisas como diferentes y peculiares que moldeó sutilmente el análisis publicado al poner en primer plano el argumento acerca del aislamiento, un argumento que resultaba prescindible para las conclusiones.

Otro ejemplo revelador de la manera en que las categorías subyacentes dan forma a la interpretación de los datos es la persistente división conceptual clasificatoria indígena/mestizo en la investigación sobre la diversidad genómica en México. García Deister (capítulo VI en este volumen) encontró que la idea básica de que las poblaciones indígenas y mestizas son diferentes subyace en los procesos de muestreo. Los indígenas fueron excluidos inicialmente, pero luego tuvieron que ser incorporados. Los investigadores del Inmegen sabían con claridad a qué tipo de población había que llegar: indígenas que hablaran una lengua indígena (como lo hicieron sus padres y abuelos), que tuvieran usos y costumbres indígenas y que se clasificaran a sí mismos como indígenas. El Estado mexicano los señaló en un mapa.[67] Investigadores del Inmegen también

[67] Véase, por ejemplo, el sitio web de la Comisión Nacional para el Desarrollo de los Pueblos Indígenas, <http://www.cdi.gob.mx>.

tuvieron que movilizar diferentes redes académicas disciplinarias —antropólogos y médicos rurales— para llegar a ellos. Los datos indicaron que las muestras zapotecas lucían distintas genómicamente a las muestras mestizas.[68] Silva-Zolezzi reconoció, sin embargo, que las personas clasificadas como indígenas eran en cierto sentido inevitablemente mestizas debido a los más de cinco siglos de dominación e interacción colonial:

> En los individuos que nosotros hoy en día detectamos casi como 100% indígenas debe haber rastros de mestizaje que nosotros no somos capaces de detectar, seguramente. Porque si tú detectas dentro de treinta individuos cuatro que tienen clara muestra [genética] de mestizaje aunque sea en una proporción pequeñita, pero la tiene, es de esperarse que toda la población tenga cierta traza de mestizaje...[69]

Aunque los datos de las muestras lucían diferentes, también encontramos que en el laboratorio los individuos indígenas que aparecían genéticamente distantes del grupo principal y que estaban ubicados más cerca de las muestras mestizas tendieron a ser definidos como atípicos y se excluyeron de los conjuntos de datos indígenas. Como el objetivo era que la muestra zapoteca hiciera las veces de población ancestral amerindia, ésta tenía que estar tan libre de mezcla como fuera posible. Tal técnica de muestreo, por lo tanto, produjo una imagen de los zapotecas como genéticamente más diferenciables que lo que otra metodología hubiera producido. Habría sido posible pensar todas las muestras en una sola categoría, con porcentajes mayores o menores de las diferentes ancestrías; en cambio, "indígena", una categoría biosocial radicalmente diferenciable en el imaginario nacional mexicano, fue reproducida en el laboratorio y desde ella se organizó la diversidad genética.

El estudio de caso sobre el proyecto del gaúcho es un ejemplo más de cómo los investigadores interpretan los datos (véase el capítulo IV en este volumen). En él los investigadores

[68] I. Silva-Zolezzi *et al.*, *op. cit.*

[69] V. García, notas de campo.

sostuvieron que los datos que mostraban un ADN mitocondrial con 52% de ancestría amerindia "revelaron que la sabida continuidad cultural entre poblaciones pre y pos colombinas de la Pampa estuvieron acompañadas de una extraordinaria continuidad genética a nivel del ADN mitocondrial".[70] Los primeros trabajos de Bortolini sobre poblaciones negras dejaron claro que éstas tenían proporciones de ancestría africana mayores a 52% de ancestría amerindia que tenían los gaúchos.[71] Sin embargo, la conclusión derivada de esos datos fue que un "modelo basado principalmente en la mezcla proporciona una explicación razonable de la estructura genética de esas poblaciones de origen africano".[72] Aunque los vínculos con África no se negaron, tampoco se privilegiaron como en el caso de los gaúchos en el que se resaltó la ancestría materna amerindia —concretamente la charrúa—. Este hecho resulta aún más sorprendente cuando se observa que, en algunas de las poblaciones que Bortolini y su equipo investigaron, la ancestría africana era muy alta tanto en el ADN mitocondrial (58-82%) como en el cromosoma Y (55-96%). Es decir, en algunos casos (incluidas personas negras en Ribeirão Preto, zona urbana) la ancestría africana fue predominante en los linajes paternos y maternos, razón por la cual se pudo haber resaltado la continuidad con África y no la mezcla. Sin embargo, las observaciones hechas en esos casos establecen simplemente que "no hay evidencia de encuentros asimétricos en relación al sexo y a los grupos étnicos", es decir, esos casos no tienen el "hallazgo más consistente" que es "la introducción de genes europeos a través de los hombres",[73] y aun así las importantes contribuciones genéticas de ancestros africanos masculinos y femeninos pasa desapercibida. La comparación entre el proyecto del gaúcho y la investigación hecha entre poblaciones negras sugiere que otros enfoques habrían sido posibles en la interpretación de los datos.

[70] A. Marrero *et al.*, *op. cit.*, 2007, pp. 168, 169.

[71] Estas proporciones variaron de 90% en las zonas urbanas de Salvador a 58% en el pueblo de Paredão en el sur de Brasil (M. Bortolini *et al.*, *op. cit.*, 1999).

[72] *Ibid.*, pp. 559, 557.

[73] *Ibid.*, p. 560.

Un último ejemplo de cómo los datos genéticos se concretan en diferentes argumentos lo obtenemos al comparar el trabajo temprano de Sérgio Pena y algunos de sus colegas, con sus investigaciones más recientes. En una publicación de 2004 los datos se usan para demostrar que muchos brasileños (86%) tienen ancestría africana de más de 10% en su ADN autosómico, al tiempo que muestran que muchas personas clasificadas como *pretas* y *pardas* tienen una ancestría europea sustancial. Esto forma parte del argumento en el que se apoya la idea de que los programas de acción afirmativa dirigidos a la población negra no pueden estar basados en evidencias genéticas. Además, los datos derivados de las muestras tomadas en una sola comunidad rural indicaron que *pretos* y *pardos* tienen cantidades relativamente similares de ancestría africana y por tanto podrían juntarse en una misma categoría (que según los autores es lo que el movimiento negro brasileño trata de hacer).[74]

En un artículo de 2009, que se centra más en cómo las clasificaciones sociales cotidianas de raza y color interactúan con las percepciones sobre ancestría genética, el argumento cambia bastante. Si bien emergen muchos aspectos similares, los autores se enfocan en cómo los *pardos* comparten mucha de su ancestría con los *brancos*. Argumentan en contra de la tendencia a clasificar a *pardos* y *pretos* conjuntamente con base en las características socioeconómicas compartidas —que forman potencialmente la base para impulsar políticas de salud para la población negra— ya que los datos "señalan mayor proximidad biológica de morenos y blancos".[75] Esta comparación ilustra cómo los diferentes proyectos de investigación, al usar diferentes muestras y marcadores genéticos,[76] producen diferentes imágenes de la población brasileña, una vez que los resultados que se basan en muestras tomadas en poblaciones concretas se generalizan para todo el país. En este caso, el resultado que estableció la proximidad entre *pardo* y *branco* se puso en primer plano en lugar de la asociación de *pardo* con

[74] S. Pena y M. Bortolini, *op. cit.*, p. 42.

[75] R. Santos *et al.*, *op. cit.*, 2009, p. 800.

[76] Si bien la publicación de 2004 se basó en diez marcadores adecuados para diferenciar entre la ancestría africana y europea, la publicación de 2011 partió del análisis de 40 INDELS que fueron diseñados para diferenciar entre ancestría africana, europea y amerindia.

preto. Lo anterior resonó más estrechamente a partir de las precauciones esbozadas en relación con las políticas de salud pública basadas en la raza. El segundo enfoque, a su vez, se consolidó —y ganó matices adicionales— en un artículo de 2011 en el que Pena y sus colaboradores se centraron en cómo "las personas no blancas" en todas las macrorregiones de Brasil tienen "ancestría predominantemente europea". Hacen hincapié en la "considerable relevancia sociológica para Brasil" de esos resultados, argumentando en particular que no están apoyando la idea de que más de la mitad de la población de Brasil no es blanca, idea que subyace en las políticas de acción afirmativa.[77]

Conclusión

El objetivo de este capítulo ha sido muy preciso: hemos explorado las maneras en que categorías naturales-sociales como *nación, región, raza* y *etnicidad* —todas filtradas y coloreadas con los conceptos generales de *población y ancestría*— llegan a formar parte de la práctica de grupos particulares de científicos que trabajan en proyectos específicos. No ha sido nuestra intención desacreditar los resultados producidos por esos científicos o mostrar que sus hallazgos son de alguna manera falsos. Éste no es el propósito de los estudios sociales de la ciencia, a pesar de la polarización que a ese respecto ha surgido en algunos debates.[78] La idea no es mostrar que los factores sociales externos entran al laboratorio a contaminar los resultados, ya que partimos del entendido de que lo social no es una esfera independiente de la científica.[79] Nuestra meta ha sido, en cambio, revelar que algunas de las categorías con las que trabajan los científicos son ensamblajes naturales-culturales y mostrar cómo los científicos participan de los procesos de ensamblaje. La *ancestría amerindia,* por ejemplo, aparece como un objeto surgido del ADN de grupos indígenas contem-

[77] S. Pena *et al., op. cit.,* 2011, p. 7.

[78] Véase I. Stengers, "Diderot's egg: Divorcing materialism from eliminativism", *Radical Philosophy,* 144 (7-15), 2007.

[79] B. Latour, *Reassembling the social: An introduction to actor-network-theory,* Oxford University Press, Nueva York, 2005; también la introducción en este volumen.

poráneos específicos muestreados en virtud de su identidad indígena y del acceso proporcionado por intermediarios específicos (antropólogos, médicos rurales) que trabajan con definiciones sociales y demográficas de esos grupos.

En concreto, nuestra intención ha sido mostrar cómo se producen conjuntos particulares de hechos y cómo éstos, en lugar de otros conjuntos de hechos producidos, llegan a ganar aceptación. El alcance de nuestro proyecto, que abarcó diferentes laboratorios en diferentes países, nos permitió visualizar esa diversidad y simultáneamente vincular las actividades de los laboratorios en el ámbito local con redes más amplias; también hizo posible que avanzáramos en la comprensión de cómo funcionan los procesos de ensamblaje de hechos científicos. La emergencia y estabilización de los conjuntos de datos requiere un proceso con varias etapas: la definición de los programas de investigación, la elección de las muestras y la presentación de los datos. Todo ese proceso tiene lugar en un escenario institucional con dimensiones nacionales y transnacionales. En él surgen categorías y objetos naturales-culturales —como población, nación, región y ancestría biogeográfica— que no son del todo nuevas, sino que se construyen y reconfiguran sobre formas ya existentes. En general, el uso de ciertas categorías se puede argumentar como un asunto técnico, un criterio científico: se eligen o muestrean determinadas poblaciones de maneras particulares porque el proyecto así lo requiere. No obstante, las categorías usadas influyen en los resultados (el uso de los departamentos como unidades de muestreo en Colombia o el de poblaciones enraizadas en varios de los proyectos). Adicionalmente, la elección de las categorías tiene consecuencias en términos del enfoque. Por ejemplo, que el mestizo y la mezcla tengan un papel central en muchos de los proyectos, donde negros e indígenas a menudo se consideran separados del resto de la nación mestiza, o cuya situación se explica en términos de mezcla, o los ubica como anacrónicos o representantes de poblaciones ancestrales. Cada una de esas categorías y de esas perspectivas habrían podido darse de maneras distintas.

La acentuada impresión que se desprende de este capítulo es la de una práctica científica que, a través de esos procesos particulares de ensamblaje de hechos, tiende a reproducir implícitamente categorías ya conocidas de nación, etnicidad y raza (en el sentido de que las poblaciones ancestrales aparecen ante el ojo no experto como categorías raciales familiares). Ciertas ideas sobre las relaciones de género también quedan reinscritas: hombres europeos dominantes que introducen sus genes en las poblaciones a través de mujeres amerindias y africanas, lo que habría creado a las poblaciones nacionales. Esta manera de narrar los hechos genéticos pone en un primer plano los encuentros tempranos entre europeos, amerindios y africanos y resta importancia a ulteriores interacciones entre mestizos, además de que se privilegia la agencia sexual de los hombres europeos y se minimiza la presencia de los hombres africanos e indígenas (y de las mujeres europeas).[80]

Es muy importante entender que los propios genetistas desafían la idea de raza y que se distancian de la posibilidad de llegar a reproducirla. Nuestro argumento es que *a*) el uso del concepto de ancestrías europeas, amerindias y africanas, y *b)* el muestreo de poblaciones identificadas como *de origen africano* o a veces *negro, amerindio/indígena, mestizo* y, en el caso de Brasil, *blanco,* tiende a reforzar en la mente de los no expertos la idea de *las tres razas*.

Sin embargo, también es necesario comprender que esto es más que una cuestión de categorías científicas puras que se interpretan equivocadamente al entrar en la esfera pública. Los conceptos racializados en cuestión han estado sujetos a un largo proceso de circulación en el que las fronteras entre ciencia y sociedad no están claramente delimitadas: esos conceptos ya eran ensamblajes naturales-sociales en los cuales las generaciones anteriores de científicos desempeñaron un papel importante.

Esto no significa que la genómica en el proceso de enunciación no transforme a su vez esos conceptos. Si bien la genética de poblaciones tiende a reinscribir los conceptos racializados, no es porque simplemente reproduce versiones anteriores de los mismos conceptos. El lenguaje de la ancestría, las frecuencias alélicas y la genética de poblaciones no es equivalente al lenguaje de la ciencia raciológica: no tiene el mismo carácter tipológico, no vincula cultura con biología y no asigna valores jerárquicos.

[80] Véase también las "Conclusiones" de este volumen.

No obstante, el proceso mismo de proveer un lenguaje biologizante y genetizante con el cual se puedan describir e imaginar las poblaciones produce ciertos efectos. Investigaciones anteriores sugieren que el efecto, en el plano más amplio en la sociedad, puede no ser simplemente el de una genetización unidireccional en la que el público en general comience a pensar la identidad y la pertenencia en un lenguaje genético.[81] Pero ese tipo de investigación genómica claramente abre la posibilidad de entender las poblaciones socialmente definidas en términos genéticos, si bien la gente concrete esa posibilidad de formas muy variadas. La investigación genómica que observamos produce efectos específicos en su práctica. La posibilidad de biologizar y genetizar ha estado abierta desde hace algún tiempo, pero la investigación genómica reciente sobre la diversidad humana, en la que la raza es reconcebida como ancestría biogeográfica y se ata a regiones, países y géneros, crea posibilidades concretas relacionadas con la individualización de la ancestría, la precisión en el cálculo de la ancestría, con la develación de linajes matri y patrilineales ocultos, y con la abstracción de la ancestría.[82] En el proceso, las imbricaciones naturales-culturales en los ensambles de la ancestría, la región, la nación y, de manera implícita, la raza, son cada vez más complejas y ponen de relieve las hibridaciones que Latour[83] siempre vio como subyacentes a las purificaciones que pretenden separar la naturaleza, el reino de la ciencia, de la cultura, el reino de la sociedad.

[81] C. Condit, *The meanings of the gene: Public debates about human heredity,* University of Wisconsin Press, Madison, 1999; C. Condit, R. Parrott, T. Harris *et al.*, "The role of 'genetics' in popular understandings of race in the United States", *Public Understanding of Science,* 13 (3), 2004, pp. 249-272; A. Nelson, "The factness of diaspora: The social sources of genetic genealogy", en B. Koenig, S. Lee y S. Richardson, *Revisiting race in a genomic age,* pp. 253-258, Rutgers University Press, New Brunswick, NJ, 2008b; P. Wade, *Race, nature and culture: An anthropological perspective,* Pluto Press, Londres, 2002b; P. Wade, "Race, ethnicity and nation: Perspectives from kinship and genetics", en P. Wade (ed.), *Race, ethnicity and nation: perspectives from kinship and genetics,* Berghahn Books, Oxford, 2007a.

[82] Estos temas se desarrollan en las "Conclusiones".

[83] B. Latour, *We have never been modern,* trad. de Catherine Porter, Harvester Wheatsheaf, Londres, 1993.

Conclusiones
RAZA, MULTICULTURALISMO Y GENÓMICA EN AMÉRICA LATINA

PETER WADE

INTRODUCCIÓN

En esta parte discurriré en torno a las conclusiones generales que resultaron de nuestro proyecto de investigación. En él nos ocupamos tan sólo de un puñado de laboratorios y proyectos de genética poblacional en Latinoamérica, pero con ellos bastó para conseguir una pluralidad de hallazgos. Como ya se dijo, nuestro recorrido se apoya en preguntas amplias surgidas de la investigación: ¿de qué forma en nuestros días categorías como raza, etnicidad, nación y región están siendo revividas, reproducidas, reconcebidas, deconstruidas o abandonadas? ¿Acaso están volviéndose a arraigar en la biología a través de la genética? ¿Cuáles son las reconfiguraciones específicas producidas por los diferentes tipos de trabajo genómico? ¿Qué aportan nuestras pesquisas sobre América Latina a los grandes debates sobre raza y genómica (y etnicidad, nación, etc.)? ¿Acaso lo que encontramos es muy específico y está ligado con el mestizaje como contexto y como ideología de identidad nacional? ¿O será que los procesos que se dan en los laboratorios genéticos de esas regiones —y más allá de ellos— son básicamente iguales a los que tienen lugar en Norteamérica, Europa y otros lugares? ¿Cómo se relaciona el conocimiento sobre la diversidad humana, producido por la investigación genómica, con las políticas nacionalistas o multiculturalistas y con los regímenes de ciudadanía y poder en las naciones latinoamericanas, teniendo en cuenta las preocupaciones geopolíticas o poscoloniales sobre su posicionamiento global y hemisférico? ¿Qué nos dice la comparación entre Brasil, Colombia y México? ¿Qué efectos y qué implicaciones tiene hacer comparaciones entre naciones? ¿Tiene sentido para hacer tal comparación tratar a América Latina como una unidad? La meta en las líneas siguientes es dar algunas respuestas a partir de los hallazgos y argumentos expuestos en este libro, es decir, basados en los logros de nuestro proyecto y apoyados en los laboratorios estudiados.

Preocupaciones comunes y perdurables

Es importante recordar que, como se dijo en la introducción y se insistió en los capítulos históricos sobre la investigación de la diversidad humana en Brasil, Colombia y México, las cuestiones que atraen a la investigación genómica no son para nada nuevas. Primero, en cada una de esas naciones, las élites han reflexionado por siglos sobre lo que significa que las poblaciones locales hayan surgido de una mezcla entre europeos, africanos y amerindios. Mestizaje concebido por un lado como lastre ("degeneración racial") y por otro como oportunidad (soporte de la identidad nacional). Segundo, en la historia de los tres países hubo científicos, médicos, reformistas y administradores que se preocuparon por los asuntos de la raza, el mestizaje y la salud, y usaron para ello con mucha naturalidad los discursos eugenésicos de las primeras décadas del siglo XX, con los que se enmarcó la aspiración al mejoramiento físico y moral. Tercero, el interés de los científicos en la antropología física y las diferencias corporales en relación con la nación es también muy añejo. Los estudios pioneros, de finales del siglo XIX y principios del siglo XX, se concentraron en los grupos indígenas —y en el caso de Brasil, también en la población negra— pero el proyecto más amplio no tardaría en incluir una exploración de la diversidad biológica de la nación con un enfoque explícito en el mestizo, que en Brasil emergió desde 1911 y en México y Colombia un poco después. Cuarto, en los tres países, también, las ideologías del mestizaje o *mestiçagem*, en tanto núcleo de las identidades nacionales e imagen del presente y de los posibles futuros, se han atenuado debido a los desafíos planteados por los movimientos sociales negros e indígenas y, desde más o menos 1990, debido a la repercusión del multiculturalismo.

En la introducción mencionamos que la *raza*, en tanto término y concepto, ha sido una presencia ausente en esos países. Dicha noción fue ampliamente usada en las primeras décadas del siglo xx, pero comenzó a perder protagonismo hacia 1920. Se negaba su importancia en la vida política y social, pero cotidianamente se hacían referencias a negros, indios, mestizos, etc. En el censo brasileño, por ejemplo, la raza adoptó el mote de *color* (*preto*, *pardo*, *branco*, etc.). Entre tanto, grupos negros e indígenas, y también algunos blancos, denunciaron que, en efecto, persistía el racismo. El multiculturalismo trajo consigo la posibilidad de una mayor apertura para reconocer el racismo y la desigualdad racializada. Sin embargo, que la sociedad sea vista a través del lente de la *raza*, para muchos, sigue siendo extraño. El término y el concepto caen en uso y en desuso y están presentes y ausentes.

Son éstas algunas inquietudes generales que establecen el marco que permite ubicar y entender las investigaciones recientes sobre genómica, mestizos, ancestría, diversidad y salud. Vemos que las preguntas con las que están lidiando los genetistas —historias poblacionales como las que revelan los marcadores en el ADN, identificación de variantes genéticas asociadas a desórdenes complejos, diversidad genética de poblaciones nacionales, y así sucesivamente— no son más que la continuación de viejas preocupaciones sobre raza, mestizaje y diversidad, salud, educación y construcción de la nación. Aquí la pregunta concreta es: ¿cómo la genómica, en tanto conjunto particular de tecnologías y conocimientos, altera y moldea tales preocupaciones?

Genómica en la sociedad: regímenes cambiantes

Enmarcados en la problemática general sobre el papel que desempeña la "nueva genética" en la sociedad (véase el capítulo I), se ubican los debates específicos sobre lo que está ocurriendo con conceptos como *raza*, *etnicidad* y *nación* desde el advenimiento de la genómica. La discusión sobre si la raza (con bastante menos atención a otras categorías relacionadas) está siendo revivida, reproducida, transformada, apartada o desterrada, o si se está volviendo a arraigar en la biología a través de la genética, se ha vuelto central. A ello se aúnan las inquietudes sobre cómo están reaccionando los públicos no expertos ante ese escenario.[1] Diversos estudios indican que la raza no desaparece en este escenario sino que es reconcebida y articulada de nuevas maneras. Una nueva "geografía del genoma" es quizá una de éstas, en las que las poblaciones son definidas geográficamente y se asimilan más o menos (y dependiendo de quién haga tal asimilación) a nociones raciales

[1] La bibliografía sobre el tema ha ido aumentando vertiginosamente. Véanse, entre otros, N. Abu El-Haj, "The genetic reinscription of race", *Annual Review of Anthropology,* 36 (1), 2007, pp. 283-300, y *The genealogical science: the search for Jewish origins and the politics of epistemology,* University of Chicago Press, Chicago, 2012; C. Bliss, "Genome sampling and the biopolitics of race", en S. Binkley y J. Capetillo (eds.), *A Foucault for the 21st century: Governmentality, biopolitics and discipline in the new millennium,* Cambridge Scholars Publishing, Boston, 2009a, y "Racial taxonomy in genomics", *Social Science & Medicine,* vol. 73, núm. 7, 2011, pp. 1019-1027; C. Condit, R. Parrott, T. Harris *et al.,* "The role of 'genetics' in popular understandings of race in the United States", *Public Understanding of Science,* vol. 13, núm. 3, 2004, pp. 249-272; C. Condit, R. Parrot y T. Harris, "Lay understandings of the relationship between race and genetics: development of a collectivized knowledge through shared discourse", *Public Understanding of Science,* 11, 2002, pp. 373-387; P. Fry, "O significado da anemia falciforme no contexto da 'política racial' do governo brasileiro 1995-2004", *História, Ciências, Saúde – Manguinhos,* vol. 12, núm. 2, 2005a, pp. 370-374; D. Fullwiley, "The molecularization of race: Institutionalizing human difference in pharmacogenetics practice", *Science as Culture,* vol. 16, núm. 1, 2007b, pp. 1-30, y "The biologistical construction of race: 'admixture', technology and the new genetic medicine", *Social Studies of Science,* vol. 38, núm. 5, 2008, pp. 695-735; V. Gaspar y R. Santos, "Biorrevelações: testes de ancestralidade genética em perspectiva antropológica comparada", *Horizontes Antropológicos,* vol. 35, 2011, pp. 227-255; S. Gibbon, R. Santos y M. Sans (eds.), *Racial identities, genetic ancestry, and health in South America: Argentina, Brazil, Colombia, and Uruguay,* Palgrave Macmillan, Nueva York, 2011; B. Koenig, S. Lee y S. Richardson (eds.), *Revisiting race in a genomic age,* Rutgers University Press, New Brunswick, NJ, 2008; D. Bolnick, "Individual ancestry inference and the reification of race as a biological phenomenon", en B. Koenig, S. Lee y S. Richardson (eds.), *Revisiting race in a genomic age,* pp. 70-85, Rutgers University Press, New Brunswick, NJ, 2008; A. M'charek, *The Human Genome Diversity Project: An ethnography of scientific practice,* Cambridge University Press, MA, Cambridge, 2005a; M. Maio y S. Monteiro, "Política social com recorte racial no Brasil: O caso da saúde da população negra", en M. Maio y R. Santos (eds.), *Raça como questão: História, ciência e identidades no Brasil,* pp. 285-314, Fiocruz, Rio de Janeiro, 2010; M. Montoya, *Making the Mexican diabetic: Race, science, and the genetics of inequality,* University of California Press, Berkeley, CA, 2011; J. Reardon, Race to the finish: Identity and governance in an age of genomics, Princeton University Press, Princeton, 2005; R. Santos y M. Maio,

previas.[2] Abu El-Haj[3] muestra, en un intento por ordenar la bibliografía reciente sobre raza, salud y genética, que esa reconcepción de la raza va más lejos, y afirma que en el siglo XX, sobre todo en las últimas décadas, la raza se ha distanciado de las categorizaciones tipológicas de la ciencia racial clásica, acercándose a modos probabilísticos mensurables que se basan más en el ADN que en el fenotipo. Diferentes autores se refieren a nuevos contextos en que un individuo racializado que tiene predisposición a una patología se ubica en un régimen neoliberal de automonitoreo que ha vuelto a los ciudadanos responsables de su propio bienestar. Del mismo modo, la raza queda vinculada a un régimen de acumulación de capital basado en la venta de medicamentos especiales para cada uno de los tipos de enfermos racializados.[4]

La idea de que la raza se transfigura con la genómica en lenguajes y procesos nuevos es fundamental. La cuestión aquí no se centra en cómo la nación y la etnicidad (entre otras categorías afines a las raciales) reaparecen en la práctica genómica, aunque ésa es una pregunta importante. Nos preguntamos antes por la forma en que la genómica hace que la raza sea reconcebida y vertida en nuevos moldes y los efectos que ello podría acarrear al volcarse sobre la sociedad. Indagamos

"Anthropology, race, and the dilemmas of identity in the age of genomics", *História, Ciências, Saúde – Manguinhos,* 12, pp. 447-468, 2005; P. Wade, "The Colombian Pacific in perspective", *Journal of Latin American Anthropology,* 7 (2), pp. 2-33, 2002; I. Whitmarsh y D. Jones (eds.), *What's the use of race? Modern governance and the biology of difference,* MIT Press, Cambridge, MA, 2010.

[2] J. Fujimura y R. Rajagopalan, "Different differences: The use of 'genetic ancestry' versus race in biomedical human genetic research", *Social Studies of Science,* 41 (1), 2011, pp. 5-30.

[3] N. Abu El-Haj, *op. cit.,* 2007.

[4] J. Kahn, "From disparity to difference: How race-specific medicines may undermine policies to address inequalities in health care", *Southern California Interdisciplinary Law Journal,* 15 (1), 2005, pp. 105-129; J. Kahn, "Exploiting race in drug development: BiDil's interim model of pharmacogenomics", *Social Studies of Science,* 38 (5), 2008, pp. 737-758; N. Rose, *The politics of life itself: Biomedicine, power and subjectivity in the twenty-first century,* Princeton University Press, Princeton, NJ, 2007; N. Rose y C. Novas, "Biological citizenship", en A. Ong y S. Collier (eds.), *Global assemblages: Technology, politics, and ethics as anthropological problems,* pp. 439-463, Blackwell Publishing, Oxford, 2005.

por las prácticas de visibilización, de inscripción y enunciación) que son características de la genómica. Exploramos el régimen de verdad establecido en la ciencia genómica y observamos cómo la genética ensambla objetos específicos (haplotipos, marcadores genéticos de ancestría [AIM], etc.) que son nuevos y fluidos. Es importante hacer la diferencia entre la genética, que desde principios del siglo XX estudia genes individuales y rasgos mendelianos, y la genómica, que despegó en la década de 1980 gracias a los avances tecnológicos en la secuenciación del ADN y a los estudios de genomas completos y de las interacciones complejas entre genes y medio ambiente (como las que subyacen en la diabetes). Nuestra indagación nos lleva a preguntarnos por las reconfiguraciones que han sido efecto de los nuevos tipos de investigación genética.

Para darle a esas preguntas un marco general es útil pensar en términos de lo que Deleuze, en diálogo con Foucault, caracteriza como un desplazamiento de los regímenes de disciplina a los regímenes de control.[5] Antes que gobernar a la gente "encerrándola" en prisiones, hospitales psiquiátricos, escuelas, cuarteles o fábricas, lugares con diferentes niveles de regimentación y estandarización, el control se lleva a cabo a través de una modulación constante y de una regulación reflexiva. Los individuos se convierten en datos supeditados a cambios permanentes y adaptables a múltiples circunstancias. Los regímenes de números de acuerdo con los cuales se miden las poblaciones se inscriben en esa lógica. En lugar de basarse en los censos —dispositivos estáticos que sitúan a las personas en un lugar y tiempo fijos, y a partir de las cuales se crean representaciones de poblaciones sincrónicas—[6] lo que se hace es atender el movimiento, rastrear cómo las poblaciones se constituyen a manera de "complejos ensamblajes de transacciones, movimientos y direccionamientos que modulan, cambian y transmutan, y que deben rastrearse y medirse sobre una base continua".[7] Aquí la clave es el énfasis en el mo-

[5] G. Deleuze, "Postscript on society of control", *October,* 59, 1992, pp. 3-7.

[6] A. Rusnock, "Quantification, precision, and accuracy: Determinations of population in the Ancien Régime", en M. Norton Wise (ed.), *The values of precision,* Princeton University Press, Princeton, NJ, 1997, pp. 17-38.

[7] E. Ruppert, "Numbers regimes: From censuses to metrics", CRESC Working Papers Series 68, Open University, Milton Keynes, Reino Unido, 2009, p. 13.

vimiento, la fluidez, la transformación y la poquísima fijeza. Los cómputos digitales y la genética, de acuerdo con Deleuze,[8] han contribuido de manera decisiva a esos recursos. Tal como Rose y Novas lo afirman:[9] "La biología ya no es un destino ciego [...] ahora es cognoscible, mutable, mejorable, sumamente manipulable". La pregunta en ese ámbito es: si las prácticas de la ciencia genómica implican tal fluidez, movilidad y modulación constante, ¿esto repercute en las maneras en que la raza aparece en las prácticas de los laboratorios genómicos en América Latina? La respuesta resulta predecible; es sí y no.

El fijamiento y la transfiguración de la raza, la región y la nación en la investigación genómica

La investigación genética que hemos explorado implica una *fijeza* que se ve expresada en formas numéricas precisas que describen las poblaciones, regiones y ancestrías racializadas. Tal como se esbozó en el capítulo I, la especificación de la ancestría biogeográfica (alícuotas de africano, europeo, amerindio) puede pensarse como una "racialización", a pesar de que los genetistas rechacen la validez de la categoría *raza*. Esto se basa en categorías raciales —o en unas muy similares— que son reformuladas en el lenguaje de las ancestrías genéticas. Mientras en los viejos estudios se hablaba sin problema de "mezcla racial", en los más recientes se evita nombrar la *raza* y, en su lugar, se habla de *ancestrías* o de la frecuencia con que, por decir algo, los "haplogrupos amerindios" aparecen en el ADN de una población muestreada. Vemos, entonces, que más allá del rechazo explícito de los genetistas a la validez de la noción de la raza, ideas que son de tipo racial son reconcebidas a través de la ancestría biogeográfica.[10] Aunque tales ca-

[8] G. Deleuze, *Foucault,* trad. Seán Hand, Continuum, Londres, 2006, p. 109.

[9] N. Rose y C. Novas, *op. cit.,* p. 442.

[10] C. Bliss, "Genome sampling and the biopolitics of race", en S. Binkley y J. Capetillo (eds.), *A Foucault for the 21st century: Governmentality, biopolitics and discipline in the new millennium,* Cambridge Scholars, Boston, 2009, pp. 322-339; J. Fullwiley, "The molecularization of race: Institutionalizing human difference in pharmacogenetics practice", *Science as Culture,* 16 (1), 2007, pp. 1-30; J. Fullwiley, "The biologistical construction of race: 'Admixture' technol-

tegorías son lejanas de las ciencias racialistas de principios del siglo XX, y aunque hoy se trata de nociones probabilísticas y no deterministas, siguen estando racializadas. Como muestran los capítulos de la segunda parte de este libro, muchos laboratorios en Brasil, Colombia y México elaboran tablas y gráficas estadísticas que asignan los porcentajes exactos de las contribuciones ancestrales africanas, amerindias y europeas al ADN de poblaciones concretas.[11] Algunos artículos usan cuadros muy simples para representar esas contribuciones ancestrales, otros se sirven de gráficos de pastel y de barras, y en otros se usan dispositivos visuales que ubican a los individuos de modo relacional, situándolos en relación con puntos de referencia que representan a las poblaciones parentales de africanos, europeos y amerindios.[12] Esas formas de inscribir y visualizar (por medio de cuadros y gráficos) son importantes porque condensan muchos datos de modo que se puedan movilizar y reproducir.[13] Entre otras cosas eso permite que los porcentajes de ancestría precisos se reproduzcan rutinariamente en los relatos que elabora la prensa sobre los proyectos

ogy and the new genetic medicine", *Social Studies of Science,* 38 (5), 2008, pp. 695-735; J. Reardon, *op. cit.,* 2005; D. Roberts, "Race and the new biocitizen", en I. Whitmarsh y D. Jones (eds.), *What's the use of race? Modern governance and the biology of difference,* MIT Press, Cambridge, MA, 2010.

[11] No todos los laboratorios producen porcentajes estimados de mezcla. Científicos en algunos laboratorios en Colombia, al tiempo que generaban tablas estadísticas de frecuencias alélicas, resistieron la idea de calcular los porcentajes de contribuciones ancestrales. Tal como sostuvo uno de los investigadores, a menos que se pudiera definir qué significa ser 100% africano (o europeo o amerindio), obtener porcentajes no se ajusta a la realidad: "Nadie es puro, no hay 100% [...] siempre analizas sólo una parte del genoma, por tanto, un porcentaje es una cosa falsa (dato proveniente de una entrevista hecha por M. Olarte Sierra y Díaz del Castillo).

[12] Sérgio Pena usó el HGDP-CEPH Human Genome Diversity Cell Line Panel, que cuenta con muestras tomadas en varias poblaciones africanas, europeas y amerindias (Bastos-Rodrigues, Pimenta y S. Pena 2006). Silva-Zolezzi *et al.* (I. Silva-Zolezzi, A. Hidalgo-Miranda, J. Estrada-Gil *et al.,* "Analysis of genomic diversity in Mexican Mestizo populations to develop genomic medicine in Mexico", *Proceedings of the National Academy of Sciences of the United States of America,* 106 (21), 2009, pp. 8611-8616) usó las muestras del HapMap tomadas en Nigeria y Utah, además de sus propias muestras zapotecas.

[13] B. Latour, "Visualisation and cognition: Drawing things together", en M. Lynch y S. Woolgar (eds.), *Representation in scientific practice,* MIT Press, Cambridge, MA, 1990, pp. 19-68.

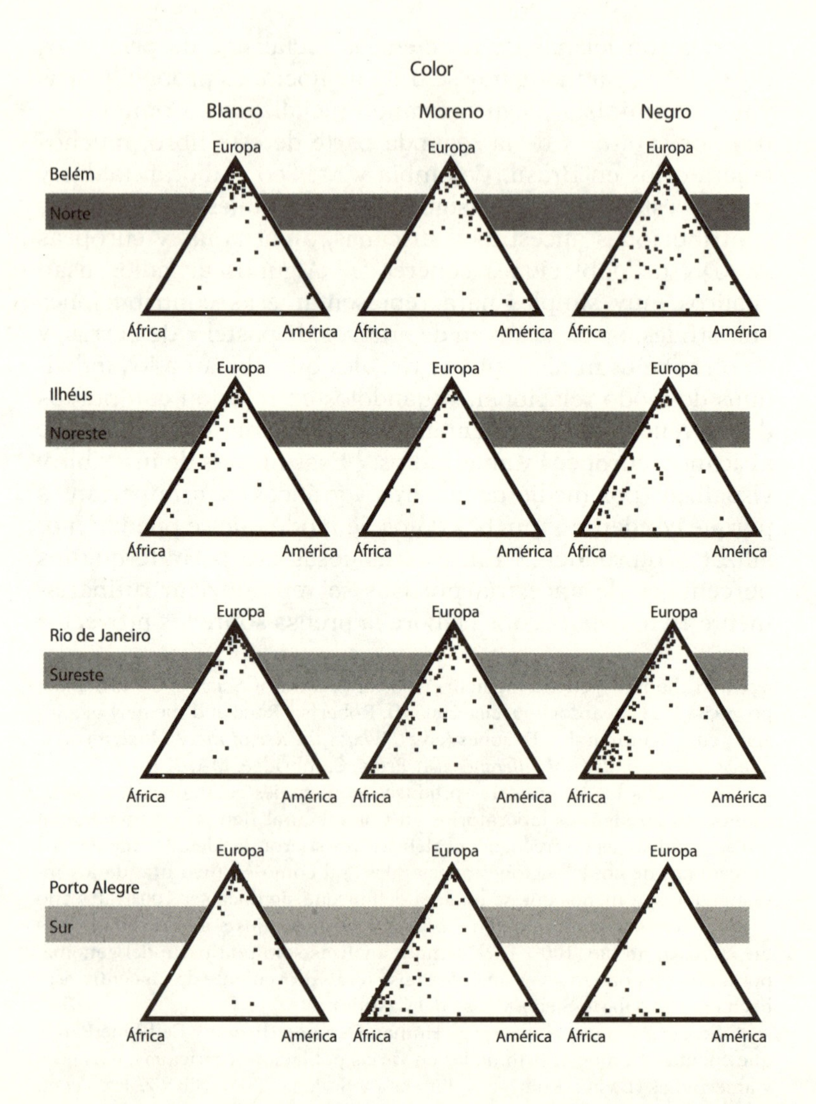

Figura c.1. *Gráfico de Pena* et al. *(2011), que muestra "gráficos triangulares de las proporciones genómicas de las ancestrías africana, europea y amerindia en los tres grupos de autoidentificación de color de 934 individuos brasileños de cuatro regiones diferentes del país; individuos autoclasificados como blanco, pardo y negro".*

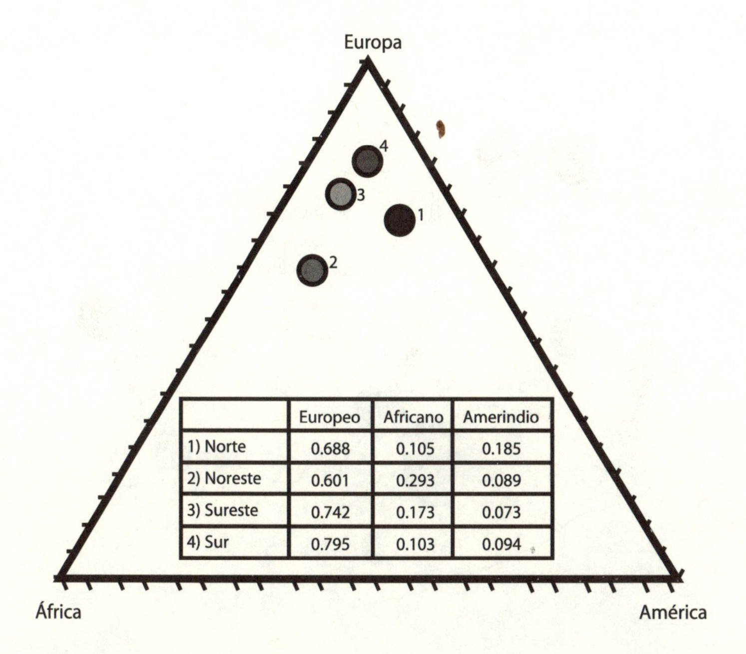

	Europeo	Africano	Amerindio
1) Norte	0.688	0.105	0.185
2) Noreste	0.601	0.293	0.089
3) Sureste	0.742	0.173	0.073
4) Sur	0.795	0.103	0.094

FIGURA C.2. *Gráfico de Pena* et al. *(2011), que muestra "gráficos triangulares de las proporciones genómicas de las ancestrías africana, europea y amerindia en cuatro regiones diferentes de Brasil, sin considerar la categoría de color. Cada punto representa una región distinta, a saber: 1) norte (Pará), 2) noreste (Bahia), 3) sureste (Rio de Janeiro) y 4) sur (Rio Grande Do Sul)".*

genómicos.[14] Otro ejemplo es el mapa de México usado en el perfil de Facebook del proyecto de la diversidad genómica, CANDELA,[15] que muestra las proporciones de ancestrías continentales diferenciadas por regiones.

El uso de marcadores genéticos para calcular los porcentajes de las contribuciones ancestrales en poblaciones mezcla-

[14] Véase, por ejemplo, "El 85.5 por ciento de las madres colombianas tiene origen indígena", *El Tiempo,* 12 de octubre de 2006, <http://www.eltiempo.com/archivo/documento/CMS-3283433>; "Listo, el mapa genómico de los mexicanos", *El Universal,* 9 de marzo de 2007, <http://www.eluniversal.com.mx/nacion/149089.html>.

[15] <http://www.facebook.com/CandelaMx>.

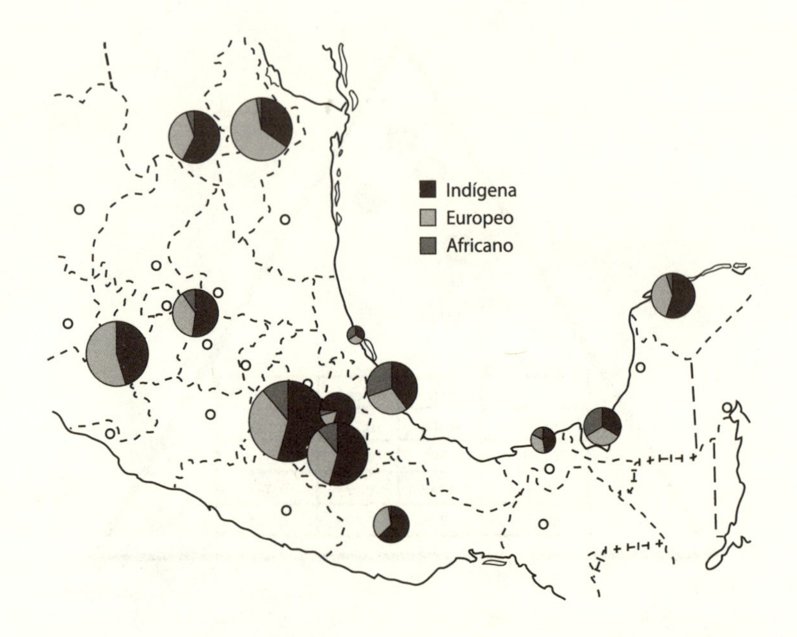

FIGURA C.3. *Mapa que muestra contribuciones ancestrales a poblaciones mexicanas; estimaciones según un modelo trihíbrido realizadas a partir de marcadores autosómicos (en <http://www.facebook.com/candelamex>).*

das es una práctica común que lleva décadas. Los investigadores empezaron usando "marcadores genéticos clásicos" (*e.g.* peculiaridades de grupos sanguíneos o proteínas séricas vinculadas con alelos específicos) para hacer tales cálculos.[16] La ciencia genómica reproduce, pero hace más complejas las técnicas preexistentes.[17] La diferencia es que las nuevas tecnolo-

[16] M. Helena L. P. Franco, T. Weimer y F. Salzano, "Blood polymorphisms and racial admixture in two Brazilian populations", *American Journal of Physical Anthropology,* 58 (2), 1982, pp. 127-132; F. Ottensooser, "Cálculo do grau de mistura racial através dos grupos sangüíneos", *Revista Brasileira de Biologia,* 4, 1944, pp. 531-537; F. Ottensooser, "Analysis of trihybrid populations", *American Journal of Human Genetics,* 14, 1962, pp. 278-280; F. Salzano y M. Bortolini, *The evolution and genetics of Latin American populations,* Cambridge University Press, Cambridge, 2002.

[17] *Cf.* J. Marks, "The legacy of serological studies in American physi-

gías permiten usar un número mucho mayor de marcadores genéticos vinculados con bases de datos que contienen referencias mucho más completas. También permiten analizar la información genómica por partes: el ADN nuclear, el ADNmt, el cromosoma Y, cada una de las cuales ofrece aspectos diferentes de la ancestría. En las siguientes subsecciones, analizo algunas características que sobresalen entre esos dispositivos de inscripciones y visualizaciones genómicas recientes y que marcan distancia con los métodos anteriores, mientras que, a la vez, existen algunas continuidades importantes.

El fijamiento de categorías fundacionales

Empecemos diciendo que dichas inscripciones tienden a reproducir las categorías y geografías consideradas fundacionales. Las poblaciones de América Latina son fijadas o situadas repetidamente por medio de puntos de referencia africanos, europeos y amerindios, lo que hace eco inmediato con la idea de "las tres razas" que habitualmente son vistas como las raíces de la nación.

Esto es muy obvio en los gráficos de Silva-Zolezzi[18] que intentan representar las distancias genéticas entre individuos y poblaciones en México. Los gráficos muestran cúmulos geográficamente etiquetados como CEU (la etiqueta del HapMap para los residentes de Utah con ancestría en el norte de Europa) e YRI (la etiqueta del HapMap para los yorubas de Ibadán). Se acepta la validez de estos cúmulos debido a que las muestras del HapMap y el programa usado para procesar los datos son estándar.[19] Ambos arrastran el sentido de ser poblaciones biogeográficas, pero en los diagramas que ubican a las muestras mexicanas, éstas resultan normales y naturalizadas. Esos

cal anthropology", *History and Philosophy of the Life Sciences*, 18, 1996, pp. 345-362.

[18] I. Silva-Zolezzi *et al.*, 2009, pp. 8611-8616.

[19] Véase C. Bliss, *op. cit.*, 2009; J. Fujimura y R. Rajagopalan, *op. cit.;* J. Reardon, "Race without salvation: Beyond the science/society divide in genomic studies of human diversity", en B. Koenig, S. Lee y S. Richardson (eds.), *Revisiting race in a genomic age*, Rutgers University Press, New Brunswick, NJ, 2008, pp. 304-319.

gráficos consiguen fijar poblaciones mestizas mexicanas especificando su ubicación y cuantificando sus ancestrías, debido a la naturaleza de las muestras de referencia y al programa con el que se analizan los datos.

Esa racialización subyacente que da estructura a las poblaciones de América Latina es visibilizada en cuadros y gráficos que las ponen en relación con tres ancestrías paternales. Ya se explicaron en el capítulo VII las maneras habituales en que eso sucede. Vimos cómo el dualismo nacionalista fundacional que opone a indígenas con mestizos —y a descendientes de africanos con mestizos— se reproduce frecuentemente en la investigación genómica, siendo ésta otra característica compartida con las antiguas investigaciones genéticas del mestizaje. No importa si es siempre posible ver a los indígenas y a los descendientes de africanos, genéticamente, como mestizos en alguna medida. Vemos entonces que, por un lado, los investigadores dejaron en evidencia que las categorías percibidas de identidad no podrían definirse en términos de ancestría genética, y por el otro lado, reiteraron las categorías de identidad clásicas y les dieron significados genéticos en términos de niveles de mestizaje.

Las geografías de cada nación están ancladas en un sentido común que es reproducido en inscripciones usadas para presentar y organizar los datos genómicos. Ello está vinculado con la estructuración de la diversidad a partir de categorías raciales. Las poblaciones en las que se hacen estudios de ancestría generalmente son definidas en relación con regiones específicas o con unidades territoriales (departamentos, estados, regiones principales y la nación misma) y se presentan en cuadros o por medio de mapas que reproducen las geografías oficiales y estandarizadas de la nación. Adicionalmente, como vimos en el capítulo VII, en los protocolos de muestreo se eligen donadores cuyos padres y abuelos (y a veces bisabuelos) hayan nacido en la unidad espacial/poblacional muestreada. La población, de ese modo, queda ancestralmente arraigada en el tiempo y en el espacio.

Fijar por medio de la precisión y de la triangulación

Lo segundo que hay que resaltar del modo que nos ocupa de enunciar y visualizar a las poblaciones es la precisión matemática de las estimaciones del mestizaje (que se protegen con márgenes de error). La precisión para cuantificar la raza tampoco es nueva. La antropometría, por ejemplo, usaba precisión en las medidas físicas anatómicas, del color de la piel, del color de los ojos y de las características faciales.[20] Lo que hace la diferencia es que esos métodos se basaban en el fenotipo y asignaban a cada persona categorías raciales definidas en términos biológicos. Estudios posteriores usaron "marcadores genéticos clásicos" para calcular los porcentajes de las proporciones ancestrales y evaluar niveles de mestizaje. Actualmente se usan grandes cantidades de marcadores de ADN que permiten afinar cada vez con mayor precisión las proporciones de ancestría en poblaciones y en personas, aunque en el ámbito del individuo la precisión no es tan grande como parece. Las nuevas tecnologías permiten fraccionar las poblaciones; en ellas se fija y distingue a los individuos con aparente exactitud —pero siempre en relación con poblaciones parentales de referencia—. Si es cierto que "cuando las cualidades son exitosamente cuantificadas, devienen objetos",[21] entonces la ancestría se vuelve un objeto fijo, representada en números que permiten comparar individuos y poblaciones. La metrización generada sugiere cierta unidad: *todas* las muestras son, en principio, reducibles a los mismos cálculos —la precisión es "agente de unidad y producto de un acuerdo"—[22] que asignan ancestrías a partir de los mismos tres grupos parentales.

[20] G. José da Silva e Sá, R. Santos, C. Rodrigues-Carvalho *et al.*, "Crânios, corpos e medidas: A constituição do acervo de instrumentos antropométricos do Museu Nacional na passagem do século XIX para o XX", *História, Ciências, Saúde – Manguinhos,* 15 (1), 2008, pp. 197-208. Sobre precisión, ciencia y construcción de la nación, véase M. Norton Wise (ed.), *The values of precision,* Princeton University Press, Princeton, NJ, 1997.

[21] M. Wise, "Introduction", en M. Wise (ed.), *The values of precision,* pp. 3-13, Princeton University Press, Princeton, NJ, 1997a, p. 7.

[22] M. Wise, "Precision: Agent of unity, product of agreement", en M. Wise (ed.), *The values of precision,* Princeton University Press, Princeton, NJ, 1997b, pp. 352-361.

En relación con la individuación está la naturaleza específica de ciertas técnicas usadas para evaluar las ancestrías que parten de la secuenciación del ADN y que no se podían emplear en los estudios del mestizaje con marcadores genéticos clásicos. Éstas son: los estudios de ADNmt y de cromosoma Y. Mientras las pruebas de ADN nuclear estiman las contribuciones ancestrales identificando marcadores heredados de miles de ancestros en todo el ADN de una persona, los estudios de ADNmt y del cromosoma Y analizan el ADN que ha sido transmitido solamente por una línea de descendencia, sea materna o paterna. Los estudios de ADNmt y del cromosma Y han hecho que la ancestría de una persona o de una población pueda evaluarse respecto a tres conjuntos de datos diferentes: una persona o una población pueden tener ciertas proporciones de ancestría africana, amerindia y europea en el ADN autosómico y conectarse de maneras diferentes a esas poblaciones ancestrales en términos de líneas maternas o paternas. Personas y poblaciones se fijan en una triple triangulación.

Está en marcha una reconcepción gradual de la raza: porcentajes de ancestrías o frecuencias de variantes genéticas son especificados con precisión, dando una imagen de mayor o menor pertenencia que se ajusta finamente por una gradación de la mezcla. Al mestizaje latinoamericano, siempre pensable en términos de múltiples pertenencias, se le agrega una nueva precisión y fijeza. La posibilidad de la precisión y del fijamiento deriva de las nuevas tecnologías de secuenciación, pero se mantiene incólume el uso de poblaciones ancestrales como puntos de referencia. Esas categorías ancestrales son las de siempre, aunque esta vez adoptan la forma de marcadores de ADN —o de cierta frecuencia o presencia de esos marcadores— que representan a las poblaciones contemporáneas de europeos, africanos y amerindios, que a su vez hacen las veces de poblaciones parentales. Como resultado, las categorías tradicionales de ancestría ocupan un sitio más destacado, mientras sean asimilables a las tres razas tradicionalmente vistas como raíces de los pueblos latinoamericanos.

La abstracción impersonal y el fijamiento por abstracción

Los dispositivos de inscripción usados por la ciencia genómica tienen una tercera característica. La ancestría es individual, pero despersonalizada y abstracta. Anteriormente las ancestrías racializadas, aunque de maneras muy variables, se inferían a partir del fenotipo visible. La ancestría también se ligó a las genealogías familiares (sujetas a manipulación y ocultamiento) que ligan a las personas por vínculos de parentesco rastreables. En el ámbito poblacional la ancestría solía inferirse por otras señales relevantes, como la región de origen y aun la clase social. Las técnicas genéticas iniciales eran capaces de calcular porcentajes de ancestría para las poblaciones, mas no para individuos. Sus propuestas adquirieron mayor confiabilidad que asignaciones previas basadas en la apariencia física, en la historia familiar o la región de origen.

Los análisis del ADNmt y del cromosoma Y del ADN nos dan a su vez acceso a aspectos de la ancestría poblacional inaccesibles para las técnicas de la genética. Elusivos, esos aspectos de la ancestría se ligan al individuo, pero son a la vez singularmente impersonales. Una persona, o aun una población, puede ser vinculada a ciertos ancestros desconocidos, que bien pueden no resultar rastreables por la genealogía histórica.[23] Ese vínculo se establece en términos abstractos como porcentajes de ancestría a través, por ejemplo, de la inclusión en un haplogrupo. Así los análisis de ADNmt pueden señalar que una persona pertenece a un "haplogrupo" determinado y tiene una variante genética heredada de un ancestro más o menos ubicable en el tiempo y el espacio. De esa manera, ciertos análisis de ADNmt pueden revelar por ejemplo que 33% de los haplogrupos encontrados entre los miembros de una po-

[23] Véase, por ejemplo, el caso del proyecto Afro-Brazilian Roots de 2007, hecho por el servicio brasileño de la BBC, que publicó los resultados de las pruebas de ancestría de nueve celebridades (<http://news.bbc.co.uk/1/hi/6284806.stm>). Sérgio Pena analizó también el ADN de dos nietos de Gilberto Freyre, y concluyó que éste era descendiente de judíos sefarditas, lo que despertó gran interés entre la prensa (R. Santos y M. Maio, "Race, genomics, identity and politics in contemporary Brazil", *Critique of Anthropology,* 24, pp. 347-378, 2004, p. 374).

blación son "amerindios", ya que su frecuencia es alta en esos grupos. Lo que en realidad es un aspecto muy específico de la ancestría total es que entre los miles de ancestros posibles de cada persona incluida en la muestra se destaca una sola línea genealógica.[24] La importancia de la revelación —para los sujetos se trata, en efecto, de una "revelación"—[25] es que depende de mediaciones entre historias personales y percepciones[26] que finalmente se presentan como una realidad develada o visibilizada. Lo que ahora se sabe podrá ser negado, olvidado o ignorado, pero ya ha alcanzado un alto grado de fiabilidad, aunque haya mucho margen de error para las asignaciones de nivel personal.[27] El ADN revela así, al parecer, estratos más hondos de la realidad personal y poblacional, y lo hace de una manera impersonal.

Tradicionalmente, la ancestría personal se fincaba en las relaciones familiares o en proporciones de ancestralidad sujetas a cálculos genealógicos de parentesco cognaticio (medios, cuartos, octavos, etc.). Con los análisis de ADN, la ancestría personal se aleja del terreno del parentesco y de la familia. No se trata ya de una relación entre personas; se ha vuelto una relación entre números. Las tecnologías moleculares nos brindan una versión de lo que Anderson llamó un "tiempo homogéneo y vacío" en el que ciudadanos de una nación, por lo común separados, imaginan que compartir una actividad, como leer el diario nacional, les crea una identificación común.[28]

[24] A. M'charek, *op. cit.,* 2005, capítulo 5; K. TallBear, "Narratives of race and indigeneity in the Genographic Project", *Journal of Law, Medicine & Ethics,* 35 (3), 2007, pp. 412-424.

[25] V. Gaspar y R. Santos, "Bio-revelações: Testes de ancestralidade genética em perspectiva antropológica comparada", *Horizontes Antropológicos,* 35, 2011, pp. 227-255; véase también N. Santos, E. Ribeiro-Rodrigues, Â. Ribeiro-dos-Santos *et al.,* "Assessing individual interethnic admixture and population substructure using a 48-insertion-deletion (INSEL) ancestry-informative marker (AIM) panel", *Human Mutation,* 31 (2), 2009, pp. 184-190.

[26] A. Nelson, "Bio science: Genetic genealogy testing and the pursuit of African ancestry", *Social Studies of Science,* 38 (5), 2008a, pp. 759-783.

[27] D. Bolnick, "Individual ancestry inference and the reification of race as a biological phenomenon", en B. Koenig, Sandra Soo-Jin Lee y S. Richardson (eds.), *Revisiting race in a genomic age,* 70-85, Rutgers University Press, New Brunswick, NJ, 2008.

[28] B. Anderson, *Imagined communities: Reflections on the origin and spread of nationalism,* Verso, Londres, 1983.

Así, se puede afirmar que el hecho de que los ciudadanos reconozcan poseer características genéticas específicas que comparten con personas desconocidas —características que no suelen ser visibles— posee el potencial de crear comunidades genéticas imaginadas, que no necesariamente son de alcance nacional. Tal reconocimiento puede servir como una prueba científica de la consanguinidad imaginada.[29]

Inteligibilidad y patrones genómicos

Lo que hemos dicho sobre las categorías fundacionales, la percepción y la abstracción, deja claro que ciertos aspectos de la investigación genómica que hemos conocido imponen patrones rígidos de inteligibilidad en los que poblaciones y personas terminan definidas, arraigadas y fijadas por medio de categorías estabilizadas como raza, etnicidad y nación, que justamente son estables por ser muy familiares. Como veremos en la siguiente sección, la ciencia misma ofrece sin embargo otras posibilidades. Aunque es importante no perder de vista el poder que tiene para fijar la raza, también es capaz de desestabilizarla. Son claras y contundentes las formas en que reifica y estabiliza la racialización, es decir, no se trata sólo de cómo crea o participa de un régimen de constante modulación y cambio. La genómica recurre a categorías y conceptos del sentido común, pero logra la fijeza de modo novedoso. No estamos hablando de la mera reinscripción de viejas categorías o de la reaparición de datos que podrían ser "malinterpretados como indicios de divisiones raciales 'reales'".[30] Se trata, más bien, de la reconfiguración de categorías e ideas de tipo racial en clave genómica que implica múltiples reificaciones que refuerzan entre sí la precisión de una diversidad finamente gradada y el fraccionado ubicuo de la población usando categorías ancestrales. Significa también la localización precisa de las ancestrías diferentes en las geografías de la

[29] Frase acuñada por Vivette García Deister.

[30] M. Shriver y R. Kittles, "Genetic ancestry and the search for personalized genetic histories", en B. Koenig, Sandra Soo-Jin Lee y S. Richardson (eds.), *Revisiting race in a genomic age*, pp. 201-214, Rutgers University Press, New Brunswick, NJ, 2008, p. 209.

nación y en las del planeta; interpretar las ancestrías individuales como proporciones genéticas abstractas diferentes de las genealogías familiares, y enfocar la atención sobre los vínculos unilineales muy específicos dejando fuera todos los muchísimos otros ancestros.

¿Deshacer la fijeza de la raza?

El fijamiento de las categorías *raza, etnicidad, región* y *nación* es sólo una parte de la historia. Las mismas técnicas usadas para fijar —números exactos, fraccionamiento, visibilización en términos de "ancestrías" abstractas de marcadores genéticos escondidos, etc.— tienen efectos que van en otra dirección. Observa Deleuze, refiriéndose al código genético, que las formaciones sociales clásicas del siglo XIX trazadas por Foucault operaban entre las concepciones de finitud (el reino del hombre) e infinidad (el reino trascendente de Dios). Las exploraciones de la biología molecular y procesamiento informático computacional han hecho que hoy en día exista "una finitud ilimitada" y se dé un escenario en el que "un número finito de componentes producen una infinidad de combinaciones, como las que surgen de los pliegues de las cadenas del código genético".[31]

La ancestría finita e ilimitada

La expresión de Deleuze es abstracta, aun así la finitud ilimitada define bastante bien lo que observamos sobre la precisión numérica de los componentes ancestrales definidos tanto para los individuos como en los cuadros de frecuencias alélicas. Las proporciones ancestrales son fijas. Sin embargo, hay la posibilidad de combinaciones diferentes y de que el número de combinaciones sea ilimitado. Esto sucede en parte porque las asignaciones numéricas tienen "márgenes de error", pero es más importante para ellas el efecto de las mismas tecnologías y el que se busque la precisión en relación con poblaciones. Pri-

[31] G. Deleuze, *op. cit.*, 2006, p. 109.

mero, las muestras y los diferentes conjuntos de marcadores genéticos, y pese a la estandarización de los métodos, pueden producir diferentes configuraciones: hay una falta de firmeza aquí, un aplazamiento constante de la última palabra que es inherente a los métodos mismos.[32] Además, al usar el ADNmt, el cromosoma Y del ADN y el ADN autosómico, que apuntan en diferentes direcciones de la ancestría de una persona o población, esa ancestría se multiplica. Se generan, entonces, muchas formas de percibir la relación entre las personas y las poblaciones, y entre ellas y las tres poblaciones parentales. El mestizaje siempre ha sugerido a la vez la imagen de homogeneidad de la mezcla como la idea de orígenes diversos y una constitución tipo mosaico. La genómica intensifica y materializa esas tensiones al brindar al menos tres maneras de entender las ancestrías personales y las poblacionales.

En segundo lugar, si se dice que la población de una región de Brasil o de un estado mexicano, por ejemplo, tiene 4.2% más ancestría africana que la región o el estado contiguos, es imposible pensar que esa diferencia se da exactamente en el límite de la región o del estado. Se trata de generalizaciones que podrían haber sido distintas: cada persona será una variación de esa cifra exacta. Los gráficos usados por Pena y otros y por Silva-Zolezzi y otros, muestran la composición ancestral de cada individuo, y dan la sensación de que, por el profundo fraccionamiento y heterogeneidad, cada uno de ellos es diferente. Se trata, precisamente, de lo que Sérgio Pena a menudo repite: tenemos que pensar a Brasil como una nación con 190 millones de ciudadanos individualizados.[33] Como hemos visto, los datos se organizan constantemente de

[32] Que las categorizaciones dependan de los métodos no es algo nuevo, incluso en los regímenes de estandarización: "Podemos identificar 'agrupaciones' de poblaciones [en el mundo]… [pero] hasta los cambios más pequeños en los genes o en los métodos usados mueven a las poblaciones de unos grupos a otros" (L. Cavalli-Sforza, P. Menozzi y A. Piazza, *The history and geography of human genes,* Princeton University Press, Princeton, 1994, p. 19). Este sentido de contingencia se intensifica con las tecnologías genómicas.

[33] S. Pena, L. Bastos-Rodrigues, J. Pimenta *et al.,* "DNA tests probe the genomic ancestry of Brazilians", *Brazilian Journal of Medical and Biological Research,* 42 (10), 2009, pp. 870-992; S. Pena, G. di Pietro y M. Fuchshuber-Moraes *et al.,* "The genomic ancestry of individuals from different geographical regions of Brazil is more uniform than expected", *Plos One,* 6: e17063, 2011.

acuerdo con categorías (estados mexicanos, categorías "color/ raza" del censo brasileño, etc.), que se atan a ancestrías fundacionales. Sin embargo, uno puede imaginar que otras categorías habrían sido posibles (municipalidades mexicanas, categorías del censo no autoclasificatorias), lo que haría que los datos se desagregaran de otras maneras, con múltiples estimaciones de mezcla ancestral. Por ejemplo, si Paredes[34] produce un mapa regional de Colombia, derivado de agrupaciones calculadas con base en frecuencias alélicas, y después otro investigador produce un mapa que resulta ser ligeramente diferente, se dirá que la diferencia radica en que se tomó un número de muestras mucho más grande y en que se usó un conjunto diferente de marcadores, y esa diferencia se ve como una mejoría.[35] Quede claro que nunca habrá un mapa final; sólo habrá una finitud ilimitada de mapas, con ligeras diferencias entre ellos. Por la naturaleza de esos procesos estocásticos, que son posibles gracias a las diversas tecnologías y metodologías de la genómica, y debido a la falta de finitud, se impone una sensación de imprecisión que socava la promesa de exactitud de los análisis estadísticos. Nada es definitivo.

En otras palabras, a través de la finitud generada por la genómica nos enfrentamos a una nueva reconcepción de *raza* (y de *etnicidad, región* y *nación*): en ella están fijas y reforzadas ciertas categorías de referencia claves y fundacionales, y con ellas se ubica a las personas y a las poblaciones con aparente exactitud. La atención puesta en el ADN invisible y su cuantificación vuelve dicha exactitud menos estable de lo que parece al principio. La multiplicación interminable de posibles posiciones en relación con los puntos de referencia —el fraccionamiento de las poblaciones, la diferenciación de las personas, la diversificación de las ancestrías— produce un continuo movimiento y modulación. Asimismo, la estabilidad de los puntos de referencia es menor de lo que parece, puesto que para especificar la "ancestría africana" se pueden usar los datos del HapMap o los del HGDP-CEPH u otros. Pero esa multi-

[34] F. Paredes, R. Amado, J. Lambertucci *et al.*, "Color and genomic ancestry in Brazilians", *Proceedings of the National Academy of Sciences of the United States of America,* 100 (1), pp. 177-182, 2003.

[35] Véase el mapa hecho por William Usaquén en <http://historico.unperiodico.unal.edu.co/ediciones/105/15.html>.

plicidad de opciones de estándares internacionalmente aceptables para organizar los datos, no suele descubrirse.

Ancestría y enfermedad: sus vínculos inciertos

Encontramos que también hay movimiento e inestabilidad en otra dimensión ligada al uso de la raza en la genómica. Se trata de la articulación entre raza, ancestría y salud. La forma en que los nuevos regímenes de riesgo y control activan un constante movimiento y una gran flexibilidad puede apreciarse con más claridad cuando interviene la salud.[36] La genómica, al participar en la búsqueda de factores de riesgo específicos para personas y poblaciones racializadas, genera incertidumbre. Un paciente puede preguntar cómo influye, entre todos los factores que se creen contribuyen a la diabetes, el hecho de que sea mexicano. ¿Cómo debe actuar a la luz del conocimiento de su ancestría genética? La respuesta es que nadie lo sabe con seguridad.[37] En Brasil, México y Colombia se han intentado relacionar los porcentajes de ancestrías o de las frecuencias alélicas con la incidencia de ciertas condiciones, como obesidad, diabetes o enfermedades del corazón.[38] Por un lado, algo es fijado —un porcentaje de ancestría amerindia tendría cierto riesgo de diabetes o se relacionaría con niveles específicos de colesterol— mientras que, por otro lado, el lenguaje del riesgo genera un margen de maniobra. Se trata, a fin de cuentas, de un factor de riesgo (de nivel desconocido), y no de una determinación. Por ejemplo, la campaña de prevención de la diabetes del Instituto Mexicano del Seguro Social entre 2008 y 2011 se promociona con el eslogan "No heredes la diabetes" y está enfocada en estilos de vida saludables, dando a entender que los buenos hábitos ayudan a controlar pre-

[36] N. Abu El-Haj, *op. cit.*, 2007; N. Rose, *op. cit.*, 2007.

[37] M. Montoya, *op. cit.*, 2011.

[38] Por ejemplo, V. Acuña-Alonzo, T. Flores-Dorantes, J. Kruit *et al*, "A functional ABCA1 gene variant is associated with low HDL-cholesterol levels and shows evidence of positive selection in Native Americans", *Human Molecular Genetics*, 19 (14), 2010, pp. 2877-2885 ; M. Villalobos-Comparán, M. Teresa Flores-Dorantes, M. Villarreal-Molina *et al.*, "The FTO gene is associated with adulthood obesity in the Mexican population", *Obesity*, 16 (10), 2008, pp. 2296-2301.

disposiciones heredadas. Se trata de un desorden complejo en el que la naturaleza del papel desempeñado por la genética y por las ancestrías genéticas queda sujeto a la incertidumbre. El eslogan usa el lenguaje de la herencia, pero podría estar invocando procesos de herencia social a lo que se suma el mensaje sobre estilos de vida, y no sólo la biología. Las especificaciones exactas de las proporciones de ancestría amerindia en casos concretos poco pueden decir sobre las causas de la diabetes —menos aún sobre el tratamiento—. Es responsabilidad de cada quien emprender la gestión de los riesgos. Otro ejemplo es el de las pruebas para diagnosticar la anemia falciforme en Brasil.[39] Las campañas de salud asocian insistentemente tal condición a los afrobrasileños, pero simultáneamente se reconoce que cualquiera puede padecerla. De ese modo, algunos programas estatales de diagnóstico, basados en la genética, incluyen a toda la población y no sólo a los "negros". Mucha de la referencia genómica a la ancestría racializada ocurre en relación con la salud y el riesgo. La raza, antes que una identificación estable, se vuelve un factor incierto de riesgo.

Abstracciones: la incertidumbre y su domesticación

El carácter abstracto de la ancestría especificada genómicamente plantea otras interesantes preguntas sobre los efectos de la genomización de la raza en América Latina. Ya vimos que el carácter abstracto de la ancestría racializada de una persona se puede fijar como algo que pasó de estar oculto a ser visible y público a través de un cálculo preciso de carácter molecular. Sin embargo, como ocurre con la especificación numérica de la infinita diferencia, el carácter abstracto va en dos sentidos. La manera en que la ancestría se inscribe y visualiza, alejada de la genealogía familiar, hace que sea muy manipulable. Se ha demostrado que la gente interpreta las pruebas personales de ancestría de formas que generalmente mezclan estratégicamente *bios* (lo biológico) con "bios" (biografías).[40]

[39] P. Fry, *A persistência da raça: ensaios antropológicos sobre o Brasil e a África austral,* Civilização Brasileira, Rio de Janeiro, 2005.

[40] A. Nelson, 2008a, p. 762; véase también N. Santos, *op. cit.*, 2009;

Parece haber una gran necesidad de aterrizar el carácter abstracto de la ancestría genética usando los tropos entrañables de la familia y el parentesco, pues es lo que permite que la gente traslade esa endeble conexión genética, expresada en porcentajes, a vínculos humanos "reales". La abstracción fija y deja suelto, y con ello se vacía y adquiere potencial para desestabilizar identificaciones familiares. Ese potencial se puede ver en la necesidad de domesticarlo. En nuestra investigación el proceso de domesticación fue más notorio cuando abordamos los hallazgos genéticos de marcadores indígenas (y a veces africanos) en el ADNmt y de marcadores europeos en el cromosoma Y.[41] La mayoría de las veces ello se informó respecto de poblaciones autoclasificadas como blancas o que son vistas como las más blancas en el espectro mestizo, socavándose así una clasificación racial ("todos somos mestizos"). No obstante, las expresiones abstractas de la ancestría fueron a menudo encapsuladas, sobre todo en los escritos de divulgación, en la narrativa de las "madres" indígenas y los "padres" europeos. En Colombia, por ejemplo, Emilio Yunis usó alegremente esos términos y los periodistas los adoptaron con naturalidad.[42] Resulta curioso que los relatos de la prensa insistan en que las madres o mujeres colombianas tienen ADN indígena, cuando el marcador indígena en el ADNmt está tanto en hombres como en mujeres.[43] De ese modo, el ADNmt se vuelve un equivalente de "mujeres".[44] En Brasil, para ilustrar los relatos sobre los patrones de la herencia genética, considérese

K. Wailoo, A. Nelson y C. Lee (eds.), *Genetics and the unsettled past: The collision of* DNA, *race, and history,* Rutgers University Press, New Brunswick, NJ, 2012.

[41] M. Bortolini, M. Thomas L. Chikhi *et al.*, "Ribeiro's typology, genomes, and Spanish colonialism, as viewed from Gran Canaria and Colombia", *Genetics and Molecular Biology,* 27 (1), 2004, pp. 1-8; V. Gonçalves, F. Prosdocimi, L. Santos *et al.*, "Sex-biased gene flow in African Americans but not in American Caucasians", *Genetics and Molecular Research,* 6 (2), 2007, pp. 156-161.

[42] E. Yunis, *¿Por qué somos así? ¿Qué pasó en Colombia? Análisis del mestizaje,* 2a. ed., Temis, Bogotá, 2009 [2003], p. 117.

[43] Véase el informe sobre Yunis, "Indigenous founding mothers of the Americas", hecho por Rick Kearns, <http://cacreview.blogspot.com/2007/04/indigenous-founding-mothers-of-americas.html>; "El 85.5 por ciento de las madres colombianas tiene origen indígena", *El Tiempo,* 12 de octubre de 2006, <http://www.eltiempo.com/archivo/documento/CMS-3283433>.

[44] A. M'charek, *op. cit.,* 2005, p. 140; C. Nash, "Gendered geographies of

un famoso cuadro de 1985 en el que se dramatiza el mestizaje en una escena doméstica: una abuela, los padres (hombre blanco y mujer mulata) y un bebé.[45]

Los linajes genéticos que se establecen a través de los análisis de ADN no se anclan en los individuos; son trayectorias abstractas de herencia de ADN.[46] Sin embargo, hablar de "madres indígenas" y de "padres europeos" ubica los datos genéticos en individuos racializados de carne y hueso, hecho que podemos entender como una domesticación y familiarización de la abstracción genómica que, en tanto simples números, está llena de significantes vacíos urgidos de reconectarse a, y de volverse a arraigar en, significados sociales de familia y parentesco.[47] La abstracción que debería fijar —un enunciado estadístico sobre una conexión molecular con una ancestría indígena— resulta en cambio desestabilizadora. ¿Qué significa realmente esa conexión? ¿Puede acaso ser domesticada a través de relatos familiares sobre la masculinidad europea dominante al mismo tiempo que incluyente y acogedora de la feminidad indígena y africana?

La raza se renaturaliza y reconfigura

El ir y venir entre esos procesos de fijado y deslizamiento no puede describirse de un modo general: las posibilidades son múltiples. La genómica multiplica las opciones para concebir la raza, la etnicidad, la región y la nación. Participa de esa tensión básica entre las ideas de unidad y homogeneidad y las ideas de diversidad y heterogeneidad. Tensión que se calibra y recalibra permanentemente a distintas escalas. Lo común puede ubicarse en el nivel de la humanidad (99.9% de todo el ADN es compartido) o en el de, digamos, una región brasileña (los gaúchos comparten una continuidad genética con los charrúas, un grupo indígena extinto). La diversidad puede

genetic variation: Sex, gender and mobility in human population genetics", *Gender, Place and Culture*, 19 (4), 2012, pp. 409-428.

[45] Pena *et al.*, 2000. Véase también Santos, Gaspar Neto y Kent, en este volumen.

[46] A. M'charek, *op. cit.*, 2005, p. 130.

[47] C. Nash, *op. cit.*, 2012, p. 8.

ubicarse a su vez desde lo individual (cada persona es única) hasta lo global (los humanos son una especie entre otras especies). Cada nivel de escala compartido es también un nivel de diversidad. La genómica provee nuevas maneras de estimar lo que se comparte y lo que hace diferente.

La genómica, sin duda, crea un nuevo lenguaje biológico: un lenguaje molecular de trazos invisibles estadísticamente anclado, útil para imaginar semejanza y diferencia. Este lenguaje tiene efectos particulares en América Latina. Se sabe que en esa región la "raza" es una construcción culturalizada (véase el capítulo I). La diferencia entre un *mestizo* y un *indígena* es a menudo mostrada como una diferencia "cultural" basada en el lenguaje, la vestimenta, el lugar de residencia, etc., y no como una diferencia "biológica" basada en la apariencia o en ideas sobre ascendencia o filiación. Con tal contraste a veces se ha insistido de un modo exagerado en una división simplista entre "cultura" y "biología", prestando poca atención al fenotipo racializado y a la filiación. Estos últimos son aspectos sumamente importantes en América Latina, aunque prevalezca la tendencia a olvidar que la *raza* no sólo es biológica y ha sido siempre y en todas partes una construcción natural-cultural.[48] No obstante, hay una manera concreta en que la raza en América Latina está siendo reconfigurada en clave biológica a través de la genómica. No es un regreso a la biología racial del siglo XIX (aunque responde a algunas de las "preocupaciones perdurables" esbozadas al comienzo de este capítulo). Se trata de una biología genómica que reconcibe la raza de nuevas maneras. Esto se ve materializado en la acción de ubicar genéticamente a las poblaciones y a las personas usando puntos de referencia africanos, europeos y amerindios, así como en la de señalar componentes ancestrales espe-

[48] L. Gotkowitz, "Introduction": Racisms of the present and the past in Latin America", en L Gotkowitz (ed.), *Histories of race and racism: The Andes and Mesoamerica from colonial times to the present,* Durham, NC, Duke University Press, 2011b, pp. 1-53; D. Nelson, *A finger in the wound: Body politics in quincentennial Guatemala,* University of California Press, Berkeley, 1999; B. Orlove, "Down to earth: Race and substance in the Andes", *Bulletin of Latin American Research*, 17 (2), 1998, pp. 207-222 ; P. Wade, *op. cit.*, 2002; P. Wade, *Race and ethnicity in Latin America*, 2a. ed., Pluto, Londres, 2010; M. Weismantel, *Cholas and pishtacos: Stories of race and sex in the Andes,* University of Chicago Press, Chicago, 2001.

cíficos y abstractos para los individuos cifrados en porcentajes y frecuencias alélicas; o también en la posibilidad de imaginar un nexo con una "madre" antepasada indígena o con un remoto "padre" europeo, o en la de compartir una herencia indígena invisible con muchas otras personas que están conectadas por un ancestro común; y también en la posibilidad de representar como genéticamente diferenciados a los grupos de afrodescendientes, de indígenas y de mestizos triétnicos.

En otras regiones del mundo algunos observadores han afirmado que la ciencia genómica favoreció la reaparición y reificación de la raza. Los hallazgos sobre lo que ocurre en América Latina contribuyen a ese debate. La ideología del mestizaje ofrece un contexto en el que con inusual claridad se pueden apreciar las nuevas posibilidades de reconfiguración biológica de la raza abiertas por la genómica. El efecto del nuevo lenguaje molecular y las complejidades y desestabilizaciones que implica se ven claramente aquí. En América Latina las ideas sobre raza han estado siempre acompañadas de los discursos sobre naturaleza y biología, lo cual ha sido menos notable en otros lugares como Norteamérica o Europa, en los que la creación de identidades racializadas combinó el fenotipo común y la genealogía. América Latina pone claramente de relieve el idioma biologizante o molecularizante de la genómica —abstraído en datos estadísticos—, en especial la reiteración constante de la mezcla de tres componentes raciales y el descubrimiento de sus huellas genéticas en todas las poblaciones (con la excepción parcial de algunos indígenas considerados más o menos sin mezcla, razón por la que son tomados como si fueran poblaciones parentales).

Investigación genómica y multiculturalismo

Brasil, Colombia y México, como ya dijimos en la introducción, giraron de un modo u otro hacia un multiculturalismo oficial. Dejando de lado otros aspectos de esto, lo que aquí nos interesa es que ese movimiento ha puesto en el foco de atención a las minorías afrodescendientes e indígenas, y ha creado un debate en torno a la realidad política de esas naciones.

En este contexto es interesante explorar el espacio sociopolítico científico en el que se desarrolla la investigación en genética humana que nos ha interesado —sobre todo donde el mestizo es el objeto genómico—. Y preguntarnos por sus modos de circular y funcionar en la sociedad y los efectos que acarrea. Hemos dicho que la investigación genómica se interesa por todo tipo de poblaciones, incluidas las indígenas y las afrodescendientes, pero es el mestizo quien ocupa el sitio de mayor interés. Como demuestran los capítulos de la primera parte de este libro, el mestizaje y el mestizo han sido desde siempre objetos de interés especial para círculos y redes de científicos, políticos y productores culturales (escritores, artistas). Las poblaciones mestizas, vistas genéticamente, permiten localizar variantes genéticas interesantes, a menudo relacionadas con desórdenes complejos. Así, en los Estados Unidos se ha visto la investigación genética de las poblaciones "latinas" como bastante productiva.[49] Recientemente, algunos genetistas han hecho hincapié en que la investigación genómica se beneficiaría si fuese más incluyente en términos de grupos investigados en un ámbito global ya que favorecería a muchos más.[50] En este sentido, hay un debate dual —científico y moral— vinculado con el estudio de las poblaciones mestizas de América Latina (entre otras).[51]

Enfoque en el mestizo y en el mestizaje

En el caso del proyecto de Inmegen del mapeo de la diversidad mexicana se partió de la excesiva concentración de la investigación genómica mundial sobre poblaciones blancas y europeas con una premisa nacionalista y patrimonialista. La intención de proteger los recursos genéticos de la nación, incluidos los genomas humanos (y sobre todo los indígenas), de

[49] E. Burchard, L. Borrell, S. Choudhry *et al.*, "Latino populations: A unique opportunity for the study of race, genetics, and social environment in epidemiological research", *American Journal of Public Health,* 95 (12), 2005, pp. 2161-2168.

[50] C. Bustamante, F. de La Vega y E. Burchard, "Genomics for the world", *Nature*, 475 (7355), 2011, pp. 163-165.

[51] D. Fullwiley, *op. cit.*, 2008.

la biopiratería y de la explotación extranjera ha sido preocupación en los tres países, pero en México la idea es diferente.[52] Aquí, se ha tratado de confeccionar una política pública de salud ajustada a las características genéticas de la población mexicana y de adquirir cierta autonomía frente a tratamientos que son resultado de la investigación e industria médica eurocéntrica. En Brasil hay un argumento similar en relación con los tratamientos farmacogenéticos.[53] En México la noción de *soberanía genómica* sobre los recursos genéticos humanos o sobre el "territorio", visto como algo distintivo, se ha hecho aceptable pese a la problemática implicación de que los mexicanos, como población nacional, tienen un perfil genómico especial identificable.[54] De este modo, el *mestizo* como un objeto de interés de la genómica empezó a tener vigencia en las políticas de salud y en la retórica de la construcción nacional. Esto en un contexto en el que las críticas multiculturales al nacionalismo mestizante tenían décadas de haberse formulado.

En Brasil los debates sobre la nación, el mestizaje y el multiculturalismo tomaron un rumbo distinto. La pregunta sobre la acción afirmativa, sobre todo en relación con las políticas de salud y las "cuotas raciales" en las admisiones universitarias, se convirtieron en una arena privilegiada para la circulación del conocimiento genómico sobre el mestizaje. Sérgio Pena y otros afirmaron, sin buscar prescribir políticas sociales con base en la ciencia genética, que las políticas deberían tomar nota de la evidencia científica. En concreto: que muchos de los brasileños que se identifican como negros o morenos tie-

[52] Véase R. Benjamin, "A lab of their own: Genomic sovereignty as postcolonial science policy", *Policy and Society,* 28 (4), 2009, pp. 341-355; C. Barragán, "Molecular vignettes of the Colombian nation: The place(s) of race and ethnicity in networks of biocapital", en S. Gibbon, R. Santos y M. Sans (eds.), *Racial identities, genetic ancestry, and health in South America: Argentina, Brazil, Colombia, and Uruguay,* Palgrave Macmillan, Nueva York, 2011, pp. 41-68; R. Santos, "Indigenous peoples, postcolonial contexts and genomic research in the late 20th century", *Critique of Anthropology,* 22 (1), 2002, pp. 81-104.

[53] G. Suarez-Kurtz, "Pharmacogenetics in the Brazilian population", en S. Gibbon, R. Santos y M. Sans (eds.), *Racial identities, genetic ancestry, and health in South America: Argentina, Brazil, Colombia, and Uruguay,* Palgrave Macmillan, Nueva York, 2011, pp. 121-135.

[54] R. Benjamin, *op. cit.*, 2009; E. Schwartz-Marín e Irma Silva-Zolezzi, 'The map of the Mexican's genome': overlapping national identity, and population genomics", *Identity in the Information Society*, 3 (3), 2010, pp. 489-514.

nen proporciones importantes de ancestría europea, que 87% de los brasileños tienen ancestría africana en más de 10% y que es imposible demarcar biológicamente con nitidez grupos raciales.[55] De ese argumento deriva la idea de que las cuotas raciales en educación son arbitrarias e injustas en la práctica. En relación con la salud se argumentó que si se usaban las categorías estandarizadas de color/raza, las políticas nunca alcanzarían a la mayoría de la población con un perfil genético mestizo común que, a su vez, podría estar relacionado con la salud: las categorías se superpondrían en términos genéticos y la medicina tendría que tratar a las personas a partir de sus ancestrías.[56] Del mismo modo, las políticas dirigidas a la población "negra", definidas para incluir *pretos* (negros) y *pardos* (morenos), probablemente estarían mal direccionadas, como demostraron los estudios en que los *pardos* resultaron estar genéticamente más cerca de los *brancos* que de los *pretos*.[57]

En el fondo de esos debates estaba la convicción de algunos de que la acción afirmativa basada en la raza/color no va con Brasil; que se trata de una importación ajena a la realidad del país. En este contexto, el *mestiço* representa la figura que encarna la centralidad de la mezcla racial para la nación brasileña y —sin importar la innegable presencia del racismo y de una desigualdad estructurada racialmente— que sirve para resistir la idea de robustecer la diferencia raza/color por medio de ciertas políticas públicas con la pretensión de progresar. De nuevo, esos debates se dan en el marco de un clima multiculturalista ligado por ejemplo a las reformas constitucionales de 1988, y del reconocimiento oficial de las lacras del racismo a mediados de la década de 1990, así como a varias medidas legales a favor de afrodescendientes e indígenas, entre las cuales las cuotas universitarias raciales y las políticas sólo fueron las más polémicas.

[55] S. Pena y M. Bortolini, "Pode a genética definir quem deve se beneficiar das cotas universitárias e demais ações afirmativas?", *Estudos Avançados,* 18 (50), 2004, pp. 31-50.

[56] S. Pena, "Razões para banir o conceito de raça da medicina brasileira", *História, Ciências, Saúde – Manguinhos,* 12 (2), 2005, pp. 321-346.

[57] N. Santos, *op. cit.,* 2009.

En Colombia el escenario resultó ser bastante diferente. Las reformas multiculturales en ese país han sido más amplias y hondas en comparación con las de otros países latinoamericanos. En ellos se promovieron diversas acciones afirmativas, pero éstas han estado lejos del estilo brasileño y de sus intervenciones en políticas de salud. Con todo, en Colombia ha habido un debate público sobre el multiculturalismo que ha incluido asuntos similares a los descritos para Brasil. Se parte de la idea de que la consagración de la diferencia racial y étnica va en contra del fundamento de la nación y de su historia. Al mismo tiempo se cree que el renovado reconocimiento de las minorías afrocolombianas e indígenas favorecerá la igualdad y combatirá el racismo. La genética, sin embargo, no ha figurado mucho en esos debates, aunque sí lo ha hecho en algunas controversias como la del llamado "robo de genes" indígenas y la necesidad de protegerlos como parte del espacio legal multicultural.[58] El caso colombiano muestra que el mestizaje y el mestizo funcionan como objetos genómicos sin tener que incorporarse directamente en los debates sobre asuntos concretos de las políticas multiculturales.

Llama la atención, para decirlo en términos simples, que en cada uno de los tres países los objetos genómicos han servido para volver a poner en el centro de la nación a la mayoría mestiza y han reinscrito el proceso de mestizaje como el núcleo de la identidad nacional. La investigación genómica reinscribe con eficacia algunas categorías importantes para el multiculturalismo —indígenas, afrodescendientes—, que ya existían, aunque con otros nombres (indios, negros). Pero hay una tendencia clara a centrarse en la categoría que en el censo colombiano de 2005 apareció como "ninguno de los anteriores", es decir, ni indígena ni afrodescendiente (ni *rom,* en ese censo). Es decir, se sigue manteniendo el enfoque en aquello que, incluso en el régimen multiculturalista, aparece como lo no marcado: el mestizo. Además, en Colombia y Brasil hay cierta tendencia a insistir en que esa mayoría mestiza, en medio de la diversidad revelada por las pruebas genéticas, tiene ancestría muy europea. Este hecho emergió parcialmente en proyectos centrados en poblaciones regionales específicas que

[58] C. Barragán, *op. cit.,* 2011.

son vistas como relativamente blancas —los antioqueños en Colombia, los gaúchos en Brasil— pero también en supuestos como que "a pesar de su color de piel, la sobrecogedora mayoría de los brasileños tienen un alto grado de ancestría europea"[59] y "en todas las regiones estudiadas predominó la ancestría europea".[60] Por último, y como ya se señaló, muchos de los estudios encontraron dominancia de ADNmt indígena y de cromosoma Y europeo, lo cual se aviene bien con la narrativa con sesgo de género en la que fueron varones europeos los que conquistaron sexualmente a las mujeres indígenas y africanas, idea que está en la raíz del mito del mestizaje y que reitera la mezcla y la dominación de la blanquitud masculina.

En resumen, la investigación genómica en los tres países puede verse como una reafirmación naturalista del mestizaje latinoamericano y también de su especificidad. La intensa deriva multicultural en la región ha estado influida por los desarrollos transnacionales de activismo reivindicador de los grupos originarios, así como por las organizaciones multilaterales internacionales (como la Iglesia, la ONU o la Fundación Ford).[61] Los Estados latinoamericanos tomaron esta deriva debido a la presión interna de las minorías y porque con ello podían acercarse a los estándares de una democracia moderna liberal o neoliberal.[62] La investigación genómica que destaca el mestizaje no desactiva el multiculturalismo —más bien lo refuerza en algunos aspectos— pero resalta una particularidad latinoamericana: la mayoría en la nación es mestiza, por lo que en esa región se ha sido multicultural *desde siempre*, y a su manera.

[59] S. Pena, *op. cit.*, 2009, p. 875.

[60] S. Pena, *op. cit.*, 2011, p. 5. En el artículo de 2009 se presentan datos para personas autoclasificadas como *blanco;* la muestra *negra* tiene 37% de ancestría europea (*negros —pretos* en el censo— son 8% de la población nacional). En el artículo de 2011, la preponderancia de la ancestría europea se presenta en términos del promedio de las contribuciones ancestrales de las muestras de individuos (*blancos, pardos* y *negros* juntos) en cuatro de las grandes regiones.

[61] P. Bourdieu y Loïc Wacquant, "On the cunning of imperialist reason", *Theory, Culture and Society,* 16 (1), 1999, pp. 41-58; E. Telles, "US foundations and racial reasoning in Brazil", *Theory, Culture and Society,* 20 (4), 2003, pp. 31-47; P. Wade, *op. cit.*, 2010.

[62] Ch. Hale, "Neoliberal multiculturalism: The remaking of cultural rights and racial dominance in Central America", *PoLAR: Political and Legal Anthropology Review,* 28 (1), 2005, pp. 10-28.

La investigación genómica frente a la ciudadanía

¿Cuáles son las consecuencias de la investigación genómica sobre el mestizaje y la diversidad para la ciudadanía y la igualdad en una sociedad multicultural? Esta discusión tiene su principal escenario en la vinculación frecuente de ciertos padecimientos con determinadas ancestrías.[63] Es éste un modo importante en el que la ciudadanía y la desigualdad pueden entenderse usando una compleja articulación de lo biológico y lo cultural. Durante la exploración de posibles conexiones entre ancestría, población y enfermedad, los genetistas pueden cuestionar la racialización de ciertos desórdenes, como ocurre en Brasil con la anemia falciforme, que es un desorden que se transmite siguiendo patrones mendelianos.[64] En el caso de desórdenes más complejos, donde el papel de las causas genéticas es mucho menos claro, las cosas pueden tomar otro rumbo. Se pueden asignar etiquetas étnicas o raciales categóricas y generalizarse a las poblaciones. Por ejemplo, en la investigación sobre la diabetes en poblaciones mexicoamericanas "desigualdades en salud se convierten en diferencias biológicas", lo que lleva a que "la etnicidad sea patologizada por la empresa biomédica".[65] Para Montoya no se trata simplemente del resultado de un uso irreflexivo de la raza y la etnicidad en la investigación biomédica, puesto que los investigadores generalmente no creen en las "razas" como entidades biológicas válidas, y mucho menos de que algunos investigadores sean racistas, pues sus esfuerzos apuntan a tratar de beneficiar poblaciones minoritarias. Es más bien el resultado de un deslizamiento entre modos descriptivos de hablar sobre las poblaciones étnico-raciales, por ejemplo referirlas como "mexicana" o como poseedoras de ciertos patrones estadísticos de variación biológica y modos de hablar atributivos que

[63] L. Braun, A. Fausto-Sterling, D. Fullwiley *et al.*, "Racial categories in medical practice: how useful are they?", *PLoS Medicine,* 4 (9): e271, 2007; A. Fausto-Sterling, "Refashioning race: DNA and the politics of health care", *Differences: A Journal of Feminist Cultural Studies,* 15 (3), 2004, pp. 1-37; J. Fujimura, T. Duster y R. Rajagopalan, "Introduction: Race, genetics, and disease: Questions of evidence, matters of consequence", *Social Studies of Science,* 38 (5), 2008, pp. 643-656; M. Montoya, *op. cit.,* 2011.

[64] P. Fry, *op. cit.,* 2005; S. Pena, *op. cit.,* 2005.

[65] M. Montoya, *op. cit.,* 2011, pp. 185, 186.

vinculan esas poblaciones a propensiones genéticas como la diabetes.[66] Como consecuencia de esa patologización no se presta la atención necesaria a los determinantes sociales de los problemas de salud, en particular a los de grupos minoritarios. Algunos académicos sostienen, además, que las asociaciones de la ancestría o de la identidad étnica con la enfermedad darían espacio para construir responsabilidades y culpas morales. Por ejemplo, si se cree que alguien con altos niveles de ancestría amerindia está más expuesto a sufrir diabetes, habrá quien adentro y afuera del gremio médico considerará que esa persona tiene una mayor responsabilidad moral de regular su estilo de vida para que sea "saludable". Cualquier falla que se perciba en el cumplimiento de esa responsabilidad hace a los ciudadanos, y a los que comparten ese tipo de ancestría, menos dignos.[67] Por otro lado, compartir rasgos genéticos asociados a enfermedades puede desembocar en un activismo social asociado a nuevas responsabilidades, entre ellas un compromiso con el Estado y con las empresas biomédicas.[68]

Nuestra investigación se enfocó en un pequeño número de estudios de caso, razón por la que hacer generalizaciones para un mayor número de países resulta poco prudente. Sin embargo, juzgando con base en nuestros hallazgos, ese tipo de efectos son insignificantes todavía. Pese a la evidente preocupación del Estado mexicano por los altos niveles de diabetes y obesidad en el país y pese a las investigaciones que exploran vínculos entre esos problemas y las características genéticas de la población mexicana, no es claro a la fecha que se estén creando diferencias de ciudadanía, aunque aspectos transnacionales relevantes podrían estar involucrados.[69] En Brasil la situación es diferente, pues algunos genetistas intervinieron en los debates en torno a la acción afirmativa, criticando ésta y apoyando políticas sociales. Los programas de

[66] *Ibid.*, p. 184.

[67] Rose y Novas, 2005.

[68] P. Fry, *op. cit.*, 2005; D. Heath, R. Rapp y K. Taussig, "Genetic citizenship", en D. Nugent y J. Vincent (eds.), *A companion to the anthropology of politics*, Blackwell, Nueva York, 2007.

[69] Si los migrantes mexicanos y los mexicoamericanos son culpados de su propia enfermedad, como ha afirmado Montoya (M. Montoya, *op. cit.*, 2011), esto podría tener implicaciones en las políticas migratorias y en el trato que se les dé en los Estados Unidos.

acción afirmativa y la ciencia genómica han tenido sólo el alcance de dejar claro que ni el movimiento social negro ni las políticas afirmativas hacia los "negros" están apoyados en lo genético.

En general, los efectos de la genómica sobre la ciudadanía en Latinoamérica han sido indirectos y relacionados con la imagen de que indígenas y afrodescendientes se ubican fuera del núcleo de la nación. La comunidad genética imaginada que emerge de la investigación genómica es esencialmente mestiza. Lo mestizo es simultáneamente un territorio jerarquizado con base en diferentes proporciones de ancestrías genéticas parentales. Los grupos indígenas y afrodescendientes que luchan por derechos y un trato igualitario reaparecen en ese escenario antes que como grupos culturales diferentes dentro de la nación multicultural, como elementos *externos* que luchan por entrar en ella.

Comparaciones entre los escenarios

Comparar implica separar. Sin embargo, para que una comparación tenga sentido es necesario que los "casos" que están siendo contrastados caigan bajo un marco común. Si el marco es lo que se pone en primer plano es posible resaltar las conexiones existentes entre los casos, sus orígenes comunes y las interacciones entre ellos. Si lo que se pone al frente, en cambio, son los casos mismos, se tiende a ocultar lo común y los vínculos, produciendo mayor contraste y separación entre ellos.

Comparaciones regionales

La comparación entre los Estados Unidos y Brasil (y otros lugares de América Latina, por extensión) es clásica en los estudios sobre la raza en las Américas. Recurrieron a ella numerosos académicos e intelectuales durante todo el siglo XX. El aspecto más destacado de esa comparación ha sido el contraste entre una sociedad con mucha segregación racial basada en categorías raciales rígidas en la que la mezcla estaba limitada, frente a una sociedad mezclada mucho menos segregada racialmente y con categorías raciales difusas. El debate sobre la naturaleza y validez de ese aparente contraste ha dado muchas vueltas. Sin embargo, si traemos a un primer plano el marco en el que la comparación ha tenido lugar podemos ver ambos casos como variantes de procesos comunes y ubicar las interacciones entre ellos: la comparación ha sido hecha casi siempre por intelectuales que, moviéndose entre ambos países, intentan contrastarlos para servir a intereses particulares que exigen la diferencia.[70]

La genómica está desempeñando en todo esto un papel interesante. Más allá de su importancia dentro de los marcos nacionales, la ciencia genómica es por su naturaleza una empresa en extremo internacional: los científicos colaboran entre ellos tanto dentro de América Latina como con otros científicos en Norteamérica, Asia y Europa, publican en las mismas revistas científicas nacionales e internacionales, usan los mismos conjuntos de datos internacionales a la vez que sus propios datos son usados por todos. Claramente, los diferentes laboratorios, y conforme a estándares más o menos comunes, operan en un amplio marco internacional. En ese marco, las poblaciones de América Latina aparecen como una opción, como un tipo de población más del mundo. Tal como señaló un investigador colombiano: "[el mestizo] desde el punto de vista genético es un concepto universal, sólo que se ha afianzado más en América Latina".[71] Desde esta perspectiva, el intento de vincular ancestrías específicas con enfermedades específicas podría verse como parte de una empresa global. La diabetes tipo 2 puede estar vinculada con variantes genéticas de poblaciones presentes en el sur de Asia, poblaciones que tienen frecuencias altas de esta enfermedad. La especificidad diabética de la ancestría amerindia se desvanece bajo esta mirada.

[70] P. Fry, "Politics, nationality, and the meanings of 'race' in Brazil", *Daedalus,* 129 (2), 2000, pp. 83-118 ; A. Marx, *Making race and nation: A comparison of South Africa, the United States, and Brazil,* Cambridge University Press, Cambridge, 1998; M. Seigel, *Uneven encounters: Making race and nation in Brazil and the United States,* Duke University Press, Durham, NC, 2009; P. Wade, "Images of Latin American mestizaje and the politics of comparison", *Bulletin of Latin American Research,* 23 (1), 2004, pp. 355-366.

[71] Entrevista hecha por Olarte Sierra y Díaz del Castillo.

Por el otro lado, como hemos visto en esta sección y en el capítulo VIII, algunos genetistas de América Latina han querido distinguir a las poblaciones de la región: mexicanos, brasileños, latinoamericanos, sudamericanos; un acto de motivaciones poscoloniales que busca asegurar la soberanía genómica y combatir el eurocentrismo de la toma de muestras, los conjuntos de datos y de la investigación médica y farmacéutica.[72] Cada país, también, se ha representado como esencialmente mestizo e, implícitamente, como diferente de los Estados Unidos. En este sentido, la genómica vuelve sobre la vieja comparación entre el Norte y el Sur en términos de relaciones raciales. Pero no se trata de un contraste burdo entre la importancia de la raza en el norte *versus* lo insignificante que resulta en el sur, sino de una contundente afirmación del hecho sobrecogedor de la mezcla genética como distintivamente latinoamericana. Como señalaron los genetistas brasileños citados en el capítulo VIII: "la miscegenación es buena, pues la alternativa es la segregación".[73]

Comparaciones nacionales

Al comparar también hemos buscado en nuestro proyecto desensamblar la idea de un mestizaje latinoamericano. Fuimos desde el inicio conscientes de la dimensión transnacional de las ciencias genómicas, pero empezamos con una hipótesis sobre las diferencias nacionales. A primera vista, parecía haber algunas diferencias claras entre los tres países. El nacionalismo genómico de México, con su instituto financiado por el Estado y su explícita preocupación por la soberanía genómica y la política nacional de salud que se orquestó con esa fuerte instrumentalización del mestizo como el núcleo de la identidad nacional y la relación ambivalente de tantos años con su vecino del norte. La irreductibilidad de la categoría indígena en la investigación genómica, contrapunto de la categoría mestizo, se orquestó con la herencia de las políticas y las prácticas de la ideología del indigenismo (que han sido particularmente relevantes en México). En Brasil, donde era obvio

[72] E. Burchard *et al., op. cit.,* 2005; C. Bustamante, F. de La Vega y E. Burchard, *op. cit.,* 2011; G. Suarez-Kurtz, *op. cit.,* 2011.

[73] Entrevista hecha por Kent.

el enfoque en que todos están genéticamente mezclados, en que las razas no existen y en la presencia de la ancestría africana en la mayoría de la población, encajaba bastante bien con la idea celebrada desde 1930 de los brasileños como democráticamente mezclados en sus tres raíces, con lo que supuestamente se evitaron los traumas raciales que padecían los estadounidenses, y donde la cultura incluye iconos culturales de orígenes negros (como la samba). En Colombia, donde lo que a primera vista resalta es el mayor hincapié en la diversidad genética interna y en el carácter distintivo regional, que se engrana con antiguas representaciones del país como un "país de regiones", lo que se ha visto simultáneamente como fuente de una problemática fragmentación y como causa de una encantadora diversidad.

De alguna manera, esas impresiones iniciales fueron confirmadas. Sin embargo, el nacionalismo metodológico implicado en esas comparaciones y el hecho de que los tres países fueron separados como casos distinguibles, ocultó otros procesos puestos en marcha. El primero, como ya exploramos, fue el marco transnacional compartido de la ciencia genómica que, entre otras cosas, juntó a los científicos en redes internacionales latinoamericanas. Además, que las poblaciones de América Latina se reconocieran y destacaran como esencialmente mestizas y, por esa razón, distinguibles de las otras poblaciones de las Américas (y quizá del mundo), no hubiera sido posible sin ese marco transnacional común en el que, como ya señalamos, se hizo un constante hincapié en patrones basados en diferencias de género: ADNmt indígena (y africano) y cromosoma Y del ADN europeo. Hubo otro marco común transnacional centrado en las nociones de mestizaje y nacionalidad. Los tres países han estado preocupados por proteger la soberanía genómica o el patrimonio genético, aunque en México tal cosa se ha institucionalizado mucho más a través del Inmegen y las leyes. Esto tiene que ver con que en los tres países es comparable el papel de lo indígena, a pesar de que la situación de los indígenas y la importancia histórica del indigenismo son muy diferentes en cada sitio. En los tres países la categoría de indígena o amerindio soporta connotaciones de aislamiento y separación ligados a una ideología indigenista. Fue así cada vez más claro que los tres países están vinculados entre sí y tienen historias comunes cuando se les observa en un contexto global.

La segunda dimensión que ocultan las comparaciones nacionales, quizá la más interesante, tiene que ver con la variedad que caracteriza a cada país. Lo anterior ha sido muy evidente en Brasil, puesto que allí la investigación genómica está bastante desarrollada y repartida entre muchos laboratorios. Además, genetistas como Sidney Santos, que trabajó en Belém, en la Amazonia, y Maria Cátira Bortolini, que tuvo como sede a Porto Alegre, al sur del país, se enfocaron en la especificidad y la diversidad interna de las poblaciones ubicadas en las regiones en las que trabajaron. En el caso de Bortolini no se trató solamente de una categoría regional sino de un grupo étnico: los gaúchos, cuyos miembros se consideran étnicamente distintos.[74] Vemos cómo los diferentes laboratorios presentan múltiples versiones del "Brasil".

La diversidad de la investigación genómica fue menos evidente en México donde, debido al centralismo, el Inmegen tiende a dominar el paisaje y ha asegurado su posición como un punto de paso obligatorio para cualquiera que desee hacer investigación genómica en el país. En México una dimensión diferente de la variedad interna se ha manifestado en los cambios que ha sufrido el Inmegen con el tiempo. Como se relató en el capítulo III, con Gerardo Jiménez Sánchez, el primer director del instituto, la investigación estuvo centrada en crear "una genómica nacional". Cuando Xavier Soberón llegó a ese cargo, en 2009, tal objetivo cambió: se enfocaron menos en la soberanía genómica y se prestó ma-

[74] A. Marrero, C. Bravi, S. Stuart *et al.*, "Pre- and post-Columbian gene and cultural continuity: The case of the Gaúcho from southern Brazil", *Human Heredity,* 64 (3), pp. 160-171, 2007; A. Marrero, F. Pereira, B. de Almeida *et al.*, "Heterogeneity of the genome ancestry of individuals classified as white in the state of Rio Grande do Sul, Brazil", *American Journal of Human Biology,* 17 (4), 2005, pp. 496-506; E. Rodrigues, Teresinha de Jesus Brabo Ferreira Palha y Sidney Emanuel Batista dos Santos, "Allele frequencies data and statistic parameters for 13 STR loci in a population of the Brazilian Amazon Region", *Forensic Science International,* 168 (2-3), 2007, pp. 244–247; S. Santos, J. Rodrigues, A. Ribeiro-dos-Santos *et al.*, "Differential contribution of indigenous men and women to the formation of an urban population in the Amazon region as revealed by mtDNA and Y-DNA", *American Journal of Physical Anthropology,* 109 (2), 1999a, pp. 175-180.

yor interés a las colaboraciones internacionales, se usaron los conjuntos de datos generados por el Proyecto de Diversidad Genómica de la Población Mexicana (que ya consultaban investigadores no mexicanos), y se concentraron entre otras cosas en secuenciar genomas indígenas completos para buscar variantes atípicas. Las razones de esos cambios son complejas. López Beltrán, García Deister y Ríos Sandoval (capítulo III) han concluido que "el carácter centralizado y claramente nacionalista" que Jiménez Sánchez dio al Inmegen no tenía lugar "en las estructuras de la investigación genética, que tiende a ser reticular y a configurarse en grandes consorcios". En cualquier caso, queda claro que no hay una sola manera para referir al patrón de la genómica mexicana ni una sola forma en que la genómica represente a la nación.

Colombia también tiene una importante pluralidad. En Medellín nos ocupamos de un laboratorio que está muy bien situado en las redes internacionales de la ciencia genómica, y que ha prestado gran interés a la población local antioqueña, la cual es vista como una "población aislada" con una historia genealógica y genética particular (véase el capítulo VII). En Bogotá, en tanto, trabajamos con un laboratorio dirigido por investigadores mucho más jóvenes, menos conectado internacionalmente y cuyo enfoque conscientemente autorreflexivo destaca la fragilidad y contingencia del conocimiento genómico y de las categorías poblacionales (véase el capítulo V). En principio, muchos investigadores están de acuerdo con la idea de que Colombia es un país regionalmente diverso, pero los énfasis se establecen de acuerdo con la especificidad de las poblaciones regionales.

Lo que esa comparación nos está diciendo es que, a pesar de que la nación o "América Latina" pueden haber sido marcos de referencia para alguna ciencia genómica, esas entidades son constantemente atravesadas por los elementos comunes a las naciones o regiones más importantes, así como por la diversidad que hay al interior de cada una de ellas, lo cual, en parte, se encuentra orquestado por el carácter transnacional de la ciencia genómica. No existe una escala de resolución en la cual una unidad irreductible de análisis comparativo pueda darse por sentada: debemos estar siempre atentos a las interconexiones de las redes que están en juego.

Reflexiones finales

¿Qué intervenciones esperamos hacer con este proyecto? En primer lugar, nuestra investigación trató de esclarecer las maneras específicas en que la investigación genómica reconceptualiza la raza. Es decir, buscamos ir más allá de la idea de que la raza resurge y se refuerza en la genómica —la raza, después de todo, nunca ha desaparecido—,[75] y específicamente mostramos los efectos de las tecnologías genómicas. La individualización de la cuantificación de las ancestrías, por ejemplo, produce una finitud ilimitada de diferencias y pertenencias que fracturan las categorías raciales. Sin embargo, la raza mantiene su estructura, apoyada en los puntos de referencia ancestrales clave que son de naturaleza racialista. También está la forma en que los análisis del ADNmt y el del cromosoma Y multiplican la noción de ancestría y los carga de sesgos de género. Es importante entender cómo la investigación genómica simultáneamente estabiliza y desestabiliza la raza y hace lo mismo con otras ideas de ancestría biogeográfica que son de tipo racial.

En segundo lugar, queremos destacar la forma en que las ideas sobre mestizaje circulan en la investigación genómica y en los debates sobre el carácter de la nación. En el contexto de las reformas políticas multiculturales y de los movimientos sociales es clave reconocer que la mayor parte de la ciencia genómica está poniendo al mestizaje y al mestizo en un primer plano, y hace que los imaginarios de la nación giren en torno a una idea genómicamente naturalizada del mestizaje o *mestiçagem*.

Tercero, es importante reflexionar sobre "América Latina". Esta construcción regional aparece como un lugar en el que es posible dar contenido específico al lenguaje molecular y bioinformático que las tecnologías genómicas ofrecen al pensamiento racializado. Es también el lugar que hace las veces de hogar de una noción robusta de mezcla racial o "mestizaje". Noción que puede actuar como una fuente de capital global en la investigación genómica (los "latinoamericanos"

[75] J. Reardon, *op. cit.*, 2005.

como una población científicamente interesante y redituable) y en el multiculturalismo político (en su mezclada diversidad y "tolerancia" a la hibridación, América Latina ha sido desde siempre multicultural). Por último, América Latina, como unidad, pierde su coherencia cuando nos enfocamos en la circulación transnacional de conocimientos y en la multiplicidad interna de la práctica genómica. Nuestro enfoque en laboratorios y proyectos genéticos específicos, que entre todos los existentes abarca a unos pocos, muestra cómo las nuevas versiones de la raza están siendo continuamente ensambladas globalmente a través de las prácticas locales.

Apéndice

METODOLOGÍA Y CONTEXTO

En las páginas siguientes se describen brevemente *a)* el alcance de la investigación en genética y especialmente de la genética de poblaciones humanas en cada país, y *b)* la cobertura del trabajo realizado por el equipo del proyecto en cada país: los casos de estudio presentados en los capítulos IV-VI representan sólo aspectos particulares de tal cobertura.

Investigación genética en Brasil

Michael Kent,
Ricardo Ventura Santos[1]

En Brasil, la genética de poblaciones humanas es un campo de estudio bien establecido que ha crecido constantemente desde la década de 1950.[2] Hoy en día existen 26 programas de posgrado en genómica reconocidos por el Estado, 21 de los cuales incluyen el doctorado. La amplia mayoría de esos programas se localizan en universidades públicas. La conferencia anual de la Sociedade Brasileira de Genética normalmente atrae entre 3000 y 4000 delegados. La investigación se lleva a cabo con fondos públicos, en particular por conducto de CAPES y CNPQ, los dos principales consejos federales de investigación, así como de los consejos de investigación de los estados individuales de Brasil. Existen niveles elevados de internacionali-

[1] Véase, por ejemplo, "El 85.5 por ciento de las madres colombianas tiene origen indígena", *El Tiempo,* 12 de octubre de 2006, <http://www.eltiempo.com/archivo/documento/CMS-3283433>; "Listo, el mapa genómico de los mexicanos", *El Universal,* 9 de marzo de 2007, <http://www.eluniversal.com.mx/nacion/149089.html>. Otro ejemplo es el mapa de México usado en el perfil de Facebook del proyecto de la diversidad genómica, CANDELA.

[2] F. Salzano (ed.), *Recordar é viver: A história da Sociedade Brasileira de Genética,* Sociedade Brasileira de Genética, Ribeirão Preto, 2011.

zación, con un grado de colaboración considerable entre grupos de investigación de otros países de América Latina, los Estados Unidos y Europa, así como de numerosas publicaciones en revistas científicas internacionales.

Por la amplitud del campo de la genética en Brasil, elegimos concentrar nuestra atención en genética de poblaciones humanas, y en particular en la investigación que explora la ancestría y formación de las poblaciones humanas brasileñas. Esta área de la genética constituye en sí misma un campo de estudio relativamente grande y autónomo. La investigación sobre la constitución genética de la población brasileña ha adquirido elevados niveles de transparencia pública en la primera década del siglo XXI (véanse los capítulos I y IV).

Identificamos tres laboratorios de particular importancia, los cuales se localizan respectivamente en la Universidade Federal de Minas Gerais (UFMG) en Belo Horizonte, coordinado por Sérgio Pena; en la Universidade Federal do Rio Grande do Sul (UFRGS) en Porto Alegre, la institución donde Francisco Salzano y Maria Cátira Bortolini trabajan, y en la Universidade Federal do Pará (UFPA) en Belém, donde nos concentramos en el trabajo de Sidney Santos y sus colaboradores. En esos laboratorios los genetistas han investigado sobre las poblaciones indígenas locales y las antiguas rutas migratorias hacia América, así como sobre la constitución de las poblaciones no indígenas de Brasil desde inicios de la colonización en el siglo XVI. Ambas áreas operan en la práctica como campos distintos. La investigación realizada con muestras indígenas se enfoca sobre todo en las rutas migratorias y en los procesos microevolutivos a largo plazo. En los estudios de poblaciones mezcladas, las poblaciones indígenas aparecen principalmente como poblaciones parentales. Puesto que nuestros intereses radicaron en *raza, mestizaje* y *nación,* nos concentramos principalmente en el estudio del último. Sin embargo, cuando fue relevante, también prestamos atención a estudios conducidos en poblaciones indígenas, así como a la investigación en genética médica y forense.

Cada uno de esos tres laboratorios se sitúa en distintas macrorregiones de Brasil, respectivamente en el sudeste, el sur y el norte (lo que abarca la mayor parte de la región del Amazonas). Esas regiones se perciben como diferentes en términos socioculturales y fenotípicos, con elementos relativamente más europeos en el sur e indígenas en el norte, mientras que al sudeste se le considera con frecuencia como representativo de todo Brasil. Los tres laboratorios han adoptado aproximaciones un poco diferentes al estudio de la ancestría en Brasil, por lo que han surgido imágenes disímiles de la constitución genética de la nación (véase "Conclusiones"). Localizado en la región sudeste, el trabajo de Sérgio Pena se enfoca primordialmente en la dimensión nacional y en los aspectos genéticos que unen a la población brasileña, mientras que los investigadores de la UFPA en el norte y de la UFRGS en el sur han prestado atención en particular a la diferenciación regional dentro de Brasil, aunque los investigadores de ambas instituciones también participan en proyectos dirigidos a la caracterización de la composición genética de toda la población brasileña. La elección de dividir los esfuerzos de la investigación en tres laboratorios distintos nos permitió explorar la variedad de estudios genéticos sobre poblaciones humanas brasileñas.

Los tres laboratorios mantienen lazos estrechos con grupos de investigación extranjeros en los Estados Unidos, el Reino Unido, Argentina, Colombia, México, Alemania y Portugal. Sin embargo, mientras que las publicaciones relacionadas con poblaciones indígenas suelen resultar de colaboraciones internacionales, los artículos de enfoque específico sobre la ancestría y formación de otras poblaciones brasileñas contemporáneas tienen por lo regular autores brasileños. En los tres laboratorios, los investigadores tienden a publicar sus artículos sobre la ancestría de las poblaciones brasileñas contemporáneas en revistas destacadas en los campos de antropología biológica y genética humana, tales como *American Journal of Physical Anthropology*, *American Journal of Human Biology*, y *American Journal of Human Genetics*, entre otros.[3]

El financiamiento de la investigación desarrollada por esos laboratorios sigue por lo general el patrón que se indicó anteriormente. El laboratorio de la UFPA obtiene fondos adiciona-

[3] Estos investigadores también han publicado artículos, principalmente sobre poblaciones indígenas y genética medicinal, en revistas de primer orden en ciencia general, tales como *Nature, Proceedings of the National Academy of Sciences* y *Science.*

les mediante un contrato con el ministerio público para realizar pruebas de paternidad. Además de su trabajo en el laboratorio de la UFMG, Sérgio Pena es propietario de una empresa privada —Laboratório Gene— que ha realizado una gran variedad de estudios genéticos en el ámbito comercial desde la década de 1980.

Para el proyecto presente, Ricardo Ventura Santos estableció contactos con investigadores de los tres laboratorios al servirse de intercambios y colaboraciones previas. El acceso al trabajo de campo etnográfico de Michael Kent se negoció en los laboratorios de la UFRGS y la UFPA. Santos y Kent realizaron una extensa entrevista con Sérgio Pena, y una gran cantidad de datos sobre el trabajo de Pena se encuentra disponible en sus propios libros, publicaciones y apariciones en medios populares audiovisuales y escritos. La participación del asistente de investigación para el proyecto actual, Verlan Valle Gaspar Neto, se enfocó predominantemente en la sistematización y análisis de ese material.[4]

Las etnografías de laboratorio que llevó a cabo Kent en la UFRGS y la UFPA involucraron una variedad de aproximaciones metodológicas, incluyendo acompañar diariamente a los investigadores en sus rutinas, mantener charlas casuales y grabar entrevistas informales, así como la participación en clases y debates, y el análisis de la producción científica de los laboratorios, como artículos, hipótesis y reportes de investigación. Tal involucramiento se extendió tanto a miembros establecidos del personal académico como a investigadores de posgrado. Las etnografías se dividieron en dos fases. Durante la primera, el trabajo de campo se concentró ampliamente en el mapeo y análisis de diversos estudios realizados en esos laboratorios que fueran relevantes para el tema central del presente proyecto —la articulación entre investigación genética sobre poblaciones humanas e ideas acerca de etnicidad, raza, mezcla y nación— así como las perspectivas de los genetistas sobre esos asuntos. Esta fase de investigación se llevó a cabo en la

[4] Véase V. Gaspar Neto y R. V. Santos, *op. cit.*, 2011; V. Gaspar Neto, R. V. Santos y M. Kent, "Biorrevelações: Testes de ancestralidade genética em perspectiva antropológica comparada", en R. V. Santos, S. Gibbon y J. F. Beltrão (eds.), *Identidades emergentes, genética e saúde: Perspectivas antropológicas*, pp. 233-267, Garamond y Fiocruz, Rio de Janeiro, 2012.

UFRGS durante los meses de junio y julio de 2010, y en la UFPA durante agosto del mismo año.

Durante la segunda fase del trabajo de campo —en octubre y noviembre de 2010— Kent se concentró en un caso de estudio específico en cada laboratorio. En la UFRGS el caso elegido consistió en un proyecto de investigación sobre el perfil genético regional de los Gaúchos, los habitantes de la región rural de la Pampa de Rio Grande do Sul, con un enfoque particular en la conexión entre los Gaúchos y los indígenas charrúas. La investigación se presenta en el capítulo IV. Finalmente, el caso de estudio llevado a cabo en la UFPA se concentró en la articulación entre la expansión de los recursos del laboratorio y el cambio en su enfoque de investigación, que fue de la población amazónica a la brasileña como un todo. Como sólo ha sido posible incluir un caso de estudio en el presente libro, este último se publicará en alguna otra parte. Sin embargo, algo de la evidencia que generó se discute en el análisis comparativo de categorías y prácticas de laboratorio en el capítulo VII.

Investigación genética en Colombia

María Fernanda Olarte Sierra,
Adriana Díaz del Castillo H.

En Colombia la investigación genética tiene tres ejes: genética de poblaciones humanas, médica y forense. La investigación en genética de poblaciones se realiza en diferentes laboratorios a lo largo del país, y no se encuentra necesariamente ligada a agencias estatales, pero existe colaboración entre éstas y las privadas. La investigación en genética médica también se lleva a cabo en instituciones públicas como el Instituto Nacional de Salud, mientras que la genética forense se entrelaza con organizaciones legales como la Fiscalía (el ministerio público) o, para los casos de pruebas de paternidad, las Comisarías de Familia (agencias de prestaciones sociales). El financiamiento para la investigación académica proviene de Colciencias (la agencia de financiamiento del Estado), de las universidades y del Banco de la República (el banco del Estado). Las instituciones públicas como el Instituto Nacional de Salud pueden recibir financiamiento del Estado. Toda la investigación sobre genética humana se basa en el punto de vista de que la población colombiana proviene de tres etnias, y de que los niveles de mestizaje varían de región en región.[5]

Elaborar sobre la identidad nacional: genética de población

La investigación sobre genética de población se percibe como una contribución al entendimiento de la historia continental y nacional de la población y de los procesos de mezcla.[6] Los genetistas poblacionales han creado información sobre la ancestría. Se presta gran atención a la composición ancestral de los individuos, basada en el estudio de ADNmt, ADN del cromosoma Y y ADN autosómico. Los laboratorios por lo general producen sus propios datos, pero en ocasiones también usan los de otros colegas genetistas colombianos tales como Paredes,[7] así como datos creados por otros genetistas latinoamericanos.

[5] J. Builes, M. Bravo, A. Montoya *et al.*, "Population genetics of eight new Y-chromosomal STR haplotypes in three Colombian populations: Antioquia, Chocó and Cartagena", *International Congress Series,* 1261 (0), 2004, pp. 310-312; W. Rojas, M. Parra, Omer Campo *et al.*, "Genetic make up and structure of Colombian populations by means of uniparental and biparental DNA markers", *American Journal of Physical Anthropology,* 143 (1), 2010, pp. 13-20: J. Yunis, L. Acevedo, D. Campo *et al.*, "Population data of Y-S T R minimal haplotypes in a sample of Caucasian-Mestizo and African descent individuals of Colombia", Forensic Science International, 151 (2-3), 2005, pp. 307-313; E. Yunis, *op. cit.*, 2009.

[6] G. Bedoya, P. Montoya, J. García *et al.*, "Admixture dynamics in Hispanics: A shift in the nuclear genetic ancestry of a South American population isolate", *Proceedings of the National Academy of Sciences of the United States of America,* 103 (19), 2006, pp. 7234-7239; N. Mesa, M.. Mondragón, I. Soto *et al.*, "Autosomal, mtDNA, and Y-chromosome diversity in Amerinds: Pre- and post-Columbian patterns of gene flow in South America", *American Journal of Human Genetics,* 67 (5), 2000, pp. 1277-1286; M. Rey, J. Gutiérrez, B. Schroeder *et al.*, "Allele frequencies for 13 STR's from two Colombian populations: Bogotá and Boyacá", *Forensic Science International,* 136 (1-3), 2003, pp. 83-85; A. Ruiz-Linares, D. Ortiz-Barrientos, M. Figueroa *et al.*, "Microsatellites provide evidence for Y chromosome diversit y among the founders of the New World", *Proceedings of the National Academy of Sciences of the United States of America,* 96 (11), 1999, pp. 6312-6317.

[7] M. Paredes, A. Galindo, M. Bernal *et al.*, "Analysis of the codis autosomal

Tras el Congreso Nacional de Genética de 2008, el genetista William Usaquén intentó crear una base de datos nacional con la información genética de la población con tal de permitir un entendimiento más claro de las variaciones en la constitución genética del país. Los genetistas dieron la bienvenida al proyecto, pero hasta ahora no se ha tomado ninguna medida concreta en su favor.

Descubrimos que todos los estudios de genética de poblaciones humanas comparten la idea de la geografía nacional regionalizada, la cual, sostenemos, posee connotaciones racializadas. Sin embargo, esa regionalización se manifiesta de múltiples maneras, dependiendo de cada laboratorio y, en ocasiones, de los mismos genetistas.[8] Los genetistas consideran tales estudios como medios valiosos para el fortalecimiento de la identidad nacional y la disminución del racismo. Se espera que la evidencia científica de que todos son una gran mezcla socave las actitudes racistas.

Genética médica: un futuro más sano

La promesa de un futuro más sano es el punto de partida para muchos genetistas en Colombia. La genética médica recibe una considerable cantidad del financiamiento para la investigación genética; ésta va desde el estudio del papel que desempeña el mestizaje en la expresión de enfermedades como la diabetes, la hipertensión, el síndrome metabólico y el Alzheimer, por mencionar algunos, hasta la epidemiología genética, la cual se interesa en hallar el fundamento genético de padecimientos como el cáncer, la depresión, la esclerosis múltiple y la genotoxicidad. Algunos laboratorios llevan a cabo análisis citogenéticos y realizan diagnósticos genéticos de numerosos desórdenes bioquímicos. En este caso, también, el papel de la mezcla se considera primordial.

STR loci in four main Colombian regions", *Forensic Science International,* 137 (1), 2003, pp. 67-73.

[8] Véase M. Olarte Sierra y A. Díaz del Castillo H., "'We are all the same, we all are mestizo': On populations, nations, and discourses in genetics research in Colombia", *Science as Culture,* 18 de octubre de 2003.

Ciencia forense: la necesidad de marcadores genéticos específicos para Colombia

La genética forense, una actividad importante para los genetistas colombianos, es la fuente principal de perfiles genéticos locales. La genética forense ha contribuido al desarrollo de la genética en general, a través del uso de nuevas tecnologías y de la generación constante de datos.

En Colombia la genética forense comenzó con pruebas de paternidad y se expandió con la identificación de cuerpos de víctimas que habían desaparecido durante conflictos armados prolongados. El Instituto Colombiano de Bienestar Familiar (ICBF) se ha encargado de asignar paternidad. Durante los primeros años de la década de 1960, las pruebas de paternidad se basaron en medidas antropométricas. De 1972 a 1998 se empleó la identificación de grupos sanguíneos y, a partir de 1995, pruebas de ADN. No obstante, no había una población referencial para comparar los resultados. Para identificar genéticamente a una persona, el perfil genético individual (frecuencias de alelos) debía compararse con una población referencial dada con el fin de lograr establecer la probabilidad de que el perfil perteneciera a otro individuo de la población.[9]

En 2003, Manuel Paredes y sus colaboradores del Instituto Nacional de Medicina Legal y Ciencias Forenses en Colombia, y del Instituto de Medicina Legal de la Universidad de Santiago de Compostela en España publicaron un artículo en *Forensics Science International* que presentaba un cuadro de frecuencias de alelos de la población colombiana. Se recolectaron datos de 1 429 muestras a lo largo del país y se organizaron en cuatro regiones. El ICBF decidió que la tabla de Paredes habría de emplearse como el parámetro oficial en cuestiones de pruebas de paternidad. El Instituto de Medicina Legal y la fiscalía pública adoptaron el cuadro para tratar con todos los demás casos forenses, incluyendo aquellos relacionados con la Ley de Justicia y Paz de 2005 (Usaquén, comunicado personal, 2010), cuyo objetivo era compensar a las víctimas del conflicto armado y alentar la desmovilización de fuerzas ar-

[9] A. M'charek, *op. cit.*, 2005a.

madas ilícitas, y que creó una división en la fiscalía pública dedicada a la exhumación de cuerpos de víctimas.[10]

Nuestra investigación en Colombia

Investigamos cuatro laboratorios de genética humana.[11] En el laboratorio *A* realizamos una etnografía por 18 meses; el laboratorio *B* constituyó un caso de seguimiento, y se estudiaron los laboratorios *C* y *D* por medio de entrevistas a fondo. Las distintas aproximaciones metodológicas respondieron a nuestro grado de acceso a los laboratorios, a los genetistas que en ellos laboraban y al tipo de investigación que conducían. El financiamiento de esos laboratorios proviene de las universidades a las que pertenecen, de Colciencias y, ocasionalmente, del banco del Estado.

El laboratorio *A* corresponde al Instituto de Genética de la Universidad Nacional de Colombia en Bogotá; en específico, a su grupo de investigación, Genética de Poblaciones e Identificación. Uno de los aspectos del trabajo de ese grupo se presenta como caso de estudio en el capítulo v.

El laboratorio *B* pertenece a la Facultad de Ciencias de una universidad pública. Posee un especial interés en cuantificar y clasificar el grado de mestizaje en la población de la región donde se localiza el laboratorio.[12] Los investigadores se concentran en epidemiología genética y prestan especial atención al papel del mestizaje en la expresión de enfermedades y en la historia poblacional del país. El laboratorio cuenta con más de 15 años de experiencia, reflejados en varias publicaciones y proyectos. Tiene más de 15 estudiantes (pasantes, de maestría y doctorado) y cerca de 15 investigadores que se especializan en diversas áreas. Algunos de sus miembros viajan al extranjero para expandir sus habilidades. Algunos de los proyectos reciben financiamiento de instituciones foráneas.

[10] Artículo 48, Ley 975, 2005.

[11] Nombramos tan sólo el único laboratorio con el que trabajamos de cerca. Hemos omitido los nombres de los demás laboratorios porque uno de ellos solicitó permanecer en el anonimato.

[12] Aquí, *mestizaje* se refiere al porcentaje de ancestría africana, amerindia y europea de una persona.

El laboratorio *C* pertenece a una universidad privada y es más pequeño que los otros tres. Sin embargo, se halla involucrado en diversos proyectos. Los investigadores se interesan en la epidemiología genética del cáncer y, con anterioridad, lo estuvieron en genética de poblaciones humanas. La práctica de los investigadores que entrevistamos se delimita mediante una concepción de la ciencia como neutral, objetiva y no necesariamente influida por otras disciplinas.

El laboratorio *D* pertenece también a una universidad privada. Entre los laboratorios que investigamos es el único que opera como parte de una facultad de medicina y sus investigadores son principalmente médicos de profesión. Varios grupos trabajan en genética médica, con un grupo pequeño dedicado al estudio de genética de poblaciones humanas y que colabora con investigadores en otras universidades colombianas. Al momento de escribir, se encuentran empleando ADN antiguo para explorar teorías arqueológicas e históricas sobre el poblamiento del continente y del país. Asimismo, investigan la epidemiología genética del cáncer, la genética comparativa (con otras especies) y la historia de la genética y la ciencia.

El panorama de la genética humana en México

Vivette García Deister,
Carlos López Beltrán

El panorama de la genética humana en México es rico en términos de disciplina, objetivos, metodologías, objetos de estudio, organismos de financiamiento e instituciones. Como sucede con otros países latinoamericanos, tal variedad se puede organizar alrededor de tres ejes principales de investigación: genética médica, genética forense y antropología molecular. Todas esas aproximaciones involucran la práctica de la genética de poblaciones humanas, la cual abarca trabajo teórico, de laboratorio y de campo.

La genética médica fue la primera rama de la genética de poblaciones humanas en desarrollarse en México. Durante la segunda mitad del siglo xx dependió de técnicas serológicas e inmunológicas, pero el repertorio metodológico de la disciplina se ha actualizado constantemente. La mayor parte de la investigación actual en genética médica, es decir, la identificación de genes relacionados con la susceptibilidad de la población mexicana a padecer y desarrollar enfermedades comunes, se centraliza y lleva a cabo en los institutos nacionales de salud u hospitales del gobierno. Dos de los principales proyectos de investigación sobre síndrome metabólico (obesidad y diabetes) que requieren secuenciación genómica se desarrollan en el Instituto Nacional de Ciencias Médicas y Nutrición Salvador Zubirán y en el Centro Médico Siglo XXI, en la Ciudad de México. Se usan dos poblaciones muestra en las investigaciones: mestizos mexicanos e indígenas. El financiamiento para los proyectos de genética médica proviene del Consejo Nacional de Ciencia y Tecnología y de universidades públicas financiadas por el gobierno. Las organizaciones privadas también desempeñan un papel. La Iniciativa Slim en Medicina Genómica sirve de intermediario entre el Instituto Nacional de Medicina Genómica (Inmegen) y el Instituto Broad del MIT, y aporta apoyo financiero para la investigación de la diabetes y el cáncer. A partir de 2008 la Fundación Coca-Cola ha concedido 8.1 millones de pesos a la Facultad de Química de la Universidad Nacional Autónoma de México. Los fondos han sido instrumentales en la creación de una biblioteca de variantes de genes indígenas (la Genoteca indígena). El objetivo de este proyecto es identificar variantes genéticas de ancestría indígena que podrían hallarse relacionadas con el arranque de la diabetes en la población mestiza mexicana.

La genética forense es aún una rama inmadura de la genética humana en México. La creación de perfiles mediante ADN se usa en pruebas de paternidad y en la identificación de víctimas del crimen o desastres naturales. Según números oficiales, 19 de los 32 estados que integran la República mexicana poseen un laboratorio local de genética, donde se recolectan muestras, aunque no siempre se les procesa. En la Ciudad de México, la Procuraduría General de la República (PGR) se ocupa de la mayoría de los casos relacionados con el crimen organizado y procesa muestras provenientes de otros estados. Aunque el Sistema de Indexado de ADN Combinado del FBI (CODIS, por sus siglas en inglés) se implementó en 2011, la PGR sigue en el proceso de creación de una base de datos nacional de perfiles genéticos. Hasta 2013 se habían identificado menos de 500 cuerpos con el uso de técnicas de genética forense, mientras que el número de víctimas inidentificadas y personas desaparecidas se acerca a las decenas de miles.

La antropología molecular (o genética antropológica) se ocupa principalmente de determinar lazos evolutivos entre poblaciones humanas antiguas y modernas. De particular interés en México es la identificación de patrones migratorios de las poblaciones prehispánicas, y la dinámica de mestizaje del periodo colonial. Sus objetos principales de estudio son el ADN antiguo que se recupera de material óseo histórico y arqueológico, y el ADN contemporáneo obtenido de donadores clasificados ya sea como mestizos o como indígenas. La manipulación de ADN antiguo es metodológicamente complicada dado que con frecuencia las muestras están contaminadas o en condiciones pobres (degradadas), por lo que se requiere el uso de laboratorios altamente especializados. Uno de los laboratorios de ADN antiguo más avanzados en México se localiza en el Laboratorio Nacional de Genómica para la Biodiversidad, en el estado de Guanajuato. El análisis de muestras de ADN contemporáneo se halla más diseminado. Algunas de las instituciones donde se desarrolla ese tipo de investigación son la Escuela Nacional de Antropología e Historia, el Centro de Investigación y Estudios Avanzados y varios centros de investigación de la UNAM. Los antropólogos moleculares cooperan a menudo con genetistas médicos tanto en México como en el extranjero.

La creciente participación de herramientas bioinformáticas en la investigación de la genética humana provocó la creación del Centro de Ciencias Genómicas (CCG) de la UNAM en 2004. En él se educa y prepara a los futuros investigadores en el campo de las ciencias genómicas. La contratación de profesionales genomicistas y bioinformáticos por parte de instituciones de investigación y del gobierno se intensificó aproximadamente a partir del 2007, y los graduados del CCG han comenzado a ocupar las plazas.

Dado el amplio alcance de la genética humana, ¿por qué elegimos concentrarnos en el Inmegen? La escala de la ambición y notoriedad que el Proyecto de Diversidad Genómica de la Población Mexicana (PDGPM) obtuvo entre 2004 y 2009 contrastó de manera drástica con el panorama de la investigación genómica aquí descrita. El Inmegen presentó un sentido de novedad y de marcada diferencia en comparación con los esfuerzos acumulados a lo largo de varias décadas en materia de la investigación genética de poblaciones mexicanas, y aspiró a adueñarse de un espacio que por lo menos algunos genetistas médicos y antropólogos moleculares se disponían a disputarse. Por esa razón, y porque los investigadores del Inmegen fueron tan amables al abrirnos las puertas de sus laboratorios, nos concentramos en esa institución y proyecto. Además, investigar el nacimiento y desarrollo del PDGPM nos facilitó una oportunidad única de entender las maneras en que las categorías de raza, etnicidad y nación se emplean en la escena de la genómica médica por los científicos mexicanos.

BIBLIOGRAFÍA

Abu El-Haj, Nadia, "The genetic reinscription of race", *Annual Review of Anthropology,* 36 (1), 2007, pp. 283-300.

———, *The genealogical science: The search for Jewish origins and the politics of epistemology*, University of Chicago Press, Chicago, 2012.

Acuña-Alonzo, Víctor, Teresa Flores-Dorantes, Janine K. Kruit *et al.*, "A functional ABCA1 gene variant is associated with low HDL-cholesterol levels and shows evidence of positive selection in Native Americans", *Human Molecular Genetics,* 19 (14), 2010, pp. 2877-2885.

Agassiz, Louis, y Elizabeth Cabot Cary Agassiz, *A journey in Brazil*, Boston, Houghton, Osgood, 1879.

Agostoni, Claudia, "Estrategias, actores, promesas y temores en las campañas de vacunación antivariolosa en México: del Porfiriato a la Posrevolución (1880-1940)", *Ciência e Saúde Coletiva* 16 (2) (febrero), 2011, pp. 459-470.

Aguilar Rivera, José Antonio, "Ensoñaciones de unidad nacional: la crisis en la identidad nacional en México y Estados Unidos", *Política y Gobierno* 8 (1), 2001, pp. 195-222.

Aguirre Beltrán, Gonzalo, *La población negra de México, 1519-1810: Estudio etno-histórico*, Ediciones Fuente Cultural, México, 1946.

Aguirre Beltrán, Gonzalo, y Ricardo Pozas Arciniega, *La política indigenista en México*, Instituto Nacional Indigenista, México, 1981.

Alberro, Solange, *Del gachupín al criollo: O de cómo los españoles de México dejaron de serlo*, El Colegio de México, México, 2006.

Alves-Silva, Juliana, Magda da Silva Santos, Pedro E. M. Guimarães *et al.*, "The ancestry of Brazilian mtDNA lineages", *American Journal of Human Genetics*, 67, 2000, pp. 444-461.

Anderson, Benedict R., *Imagined communities: Reflections on the origin and spread of nationalism*, Verso, Londres, 1983.

Andrews, George Reid, *Blacks and whites in São Paulo, Brazil, 1888-1988*, University of Wisconsin Press, Madison, 1991.

Anthias, Floya, y Nira Yuval-Davis, *Racialized boundaries: Race, nation, gender, colour and class and the anti-racist struggle*, Routledge, Londres, 1992.

Anzaldúa, Gloria, *Borderlands/La frontera: The new mestiza*, Aunt Lute, San Francisco, 1987.

Appelbaum, Nancy P., Anne S. Macpherson y Karin A. Rosemblatt, "Introduction: racial nations", en Nancy P. Appelbaum, Anne S. Macpherson y Karin A. Rosemblatt (eds.), *Race and Nation in Modern Latin America,* pp. 1-31, University of North Carolina Press, Chapel Hill, 2003a.

——— (eds.), *Race and Nation in Modern Latin America*, University of North Carolina Press, Chapel Hill, 2003b.

Aréchiga Córdoba, Ernesto, "Educación, propaganda o 'dictadura sanitaria': Estrategias discursivas de higiene y salubridad públicas en el México posrevolucionario, 1917-1945", *Estudios de Historia Moderna y Contemporánea de México,* 33 (033), 2009, pp. 57-58.

Arellano, Jorge, Martha Vallejo, Javier Jiménez, Gregorio Mintz y Roberto R. Kretschmer, "HLA-B27 and Ankylosing Spondylitis in the Mexican Mestizo Population", *Tissue Antigens,* 23 (2), 1984, pp. 112-116.

Arias, William Hernán, Winston Rojas, Sonia Moreno *et al.*, "Estructura y composición genética de una población antioqueña con alta prevalencia de Parkinson juvenil", *Salud UIS, Revista de la Facultad de Salud, Universidad Industrial de Santander,* 38, 2006, pp. 56-57.

Azevedo, Eliane S., "Subgroup studies of black admixture within a mixed population of Bahia, Brazil", *Annals of Human Genetics* 44 (1), 1980, pp. 55-60.

Balibar, Etienne, "Is there a 'neo-racism'?", en Etienne Balibar e Immanuel Wallerstein (eds.), *Race, nation and class: Ambiguous identities*, Verso, Londres, 1991.

Banton, Michael, *Racial theories*, Cambridge University Press, Cambridge, 1987.

Barahona, Ana, *Historia de la genetica humana en México (1870-1970)*, UNAM, México, 2009.

Barkan, Elazar, *The retreat of scientific racism: changing concepts of race in Britain and the United States between the world wars*, Cambridge University Press, Cambridge, 1992.

Barnes, Barry, y John Dupré, *Genomes and what to make of them*, University of Chicago Press, Chicago, 2008.

Barragán, Carlos Andrés, "Molecular vignettes of the Colombian nation: The place(s) of race and ethnicity in networks of biocapital", en Sahra Gibbon, Ricardo Ventura Santos y Mónica Sans (eds.), *Racial identities, genetic ancestry, and health in South America: Argentina, Brazil, Colombia, and Uruguay*, Palgrave Macmillan, Nueva York, 2011, pp. 41-68.

Barragán Duarte, José Luis, "Mapa genético de los colombianos", *Un Periódico 105*, 2007. Consultado el 8 de enero de 2012, <http://historico.unperiodico.unal.edu.co/ediciones/105/15.html>.

Bartra, Roger, *Cultura y melancolía. Las enfermedades del alma en la España del Siglo de Oro*, Anagrama, Barcelona, 2001.

———, *Anatomía del mexicano*, Debolsillo, Random House Mondadori, México, 2005.

Basave Benítez, Agustín Francisco, *México mestizo: análisis del nacionalismo mexicano en torno a la mestizofilia de Andrés Molina Enríquez*, FCE, México, 1992.

Bastide, Roger, y Florestan Fernandes, *Relações raciais entre negroes e brancos em São Paulo*, Editora Anhembí, São Paulo, 1955.

Bastos-Rodrigues, Luciana, Juliana R. Pimenta y Sérgio D. J. Pena, "The genetic structure of human populations studied through short insertion-deletion polymorphisms", *Annals of Human Genetics,* 70 (5), 2006, pp. 658-665.

Becker, Itala Irene Basile, *Os índios Charrua e Minuano na antiga banda oriental do Uruguai,* Editora Unisinos, São Leopoldo, 2002 (Série acadêmica).

Bedoya, Gabriel, Patricia Montoya, Jenny García *et al.*, "Admixture dynamics in Hispanics: A shift in the nuclear genetic ancestry of a South American population isolate", *Proceedings of the National Academy of Sciences of the United States of America,* 103 (19), 2006, pp. 7234-7239.

Bellagio Initiative, *Genome-based research and population health. Report of an expert workshop held at the Rockefeller Foundation Study and Conference Centre in Bellagio, Italy,* 14-20 de abril de 2005, Public Health Genetics, University of Washington, School of Public Health, Centers for Disease Control and Prevention.

Benjamin, Ruha, "A lab of their own: Genomic sovereignty as postcolonial science policy", *Policy and Society* 28 (4), 2009, pp. 341-355.

Benzaquen de Araújo, Ricardo, *Guerra e paz: Casa Grande e Senzala e a obra de Gilberto Freyre nos anos 30*, Editora 34, Rio de Janeiro, 1994.

Bernal, Jaime, "Editorial", *Boletín Expedición Humana 1992,* 1 (1), 1989.

———, "Expedición Humana 1992. A la zaga de la América Oculta: Estudios antropo-genéticos en poblaciones aisladas colombianas". Manuscrito sin publicar (propuesta de investigación enviada a Colencias), 1991a.

Bernal, Jaime, "Qué me ha dado la Expedición Humana", *Boletín Expedición Humana 1992*, 9, 1991b, p. 2.

———, "Hay mucho más en nuestro Aleph: Acto de Clausura de la Gran Expedición Humana", *América Negra*, 6, 1993, pp. 153-156.

———, "Carta a Luis Guillermo Vasco", *Kabuya: Crítica Antropológica*, 2, 1996, pp. 6-7.

———, "Presentación", en Adriana Ordóñez Vásquez (ed.), *Variación biológica y cultural en Colombia*, vol. 1, *Geografía humana de Colombia*, Instituto Colombiano de Cultura Hispánica, Bogotá, 2000, pp. 9-21.

———, "Los estudios genéticos de la Expedición Humana: ¿Cuál es su importancia?", *Expedición Humana*, 2013. Consultado el 5 de abril, <www.javeriana.edu.co/Humana/cifras.html>.

Bernal, Jaime, y Marta Lucía Tamayo, *Instituto de Genética Humana (1980-1994)*, Pontificia Universidad Javeriana, Bogotá, 1994.

Bernstein, Felix, *Die geographische Verteilung der Blutgruppen und ihre anthropologische Bedeutung*, Comitato Italiano per lo Studio dei Problemi della Popolazione / Istituto Poligrafico dello Stato, Roma, 1932.

Birchal, Telma S., y Sérgio D. J. Pena, "The biological nonexistence versus the social existence of human races: Can science instruct the social ethos?", en Sahra Gibbon, Ricardo Ventura Santos y Mónica Sans (eds.), *Racial identities, genetic ancestry, and health in South America: Argentina, Brazil, Colombia, and Uruguay*, pp. 69-99, Palgrave Macmillan, Nueva York, 2011.

Bisso Machado, Rafael, *Negros, mas nem tão Africanos*, tesis de licenciatura, Instituto de Biociências, Universidade Federal do Rio Grande do Sul, Porto Alegre, 2006.

Blanckaert, Claude, "'L'anthropologie personnifiée': Paul Broca et la biologie du genre humain", en Claude Blanckaert (ed.), *Paul Broca: Mémoires d'anthropologie*, pp. i-xliii, Éditions Jean-Michel Place, París, 1989.

Bliss, Catherine, "Mapping admixture by race", *International Journal of Technology, Knowledge and Society*, 4 (4), 2008, pp. 79-83.

———, "Genome sampling and the biopolitics of race", en Samuel Binkley y Jorge Capetillo (eds.), *A Foucault for the 21st century: Governmentality, biopolitics and discipline in the new millennium*, pp. 322-339, Cambridge Scholars, Boston, 2009a.

Bliss, Catherine, *The new science of race: Sociological analysis of the genomic debate over race*, tesis de doctorado, New School of Social Research, Nueva York, 2009b.

———, *Racial taxonomy in genomics, Social Science and Medicine,* 73 (7) , 2011, pp. 1019-1027.

Bolnick, Deborah A., "Individual ancestry inference and the reification of race as a biological phenomenon", en Barbara A. Koenig, Sandra Soo-Jin Lee y Sarah S. Richardson (eds.), *Revisiting race in a genomic age*, pp. 70-85, Rutgers University Press, New Brunswick, NJ, 2008.

Bolnick, Deborah A., Duana Fullwiley, Troy Duster *et al.*, "The science and business of genetic ancestry testing", *Science,* 318 (5849), 2007, pp. 399-400.

Bonfil Batalla, Guillermo, *México profundo: Reclaiming a civilization*, trad. de Philip A. Dennis, Austin, University of Texas Press, Texas, 1996.

———,"Sobre la ideología del mestizaje", en Georgette José Valenzuela (ed.), *Decadencia y auge de identidades*, pp. 88-96, Ediciones Plaza y Valdés, México, 2004.

Bonil Gómez, Katherine, *Gobierno y calidad en el orden colonial: Las categorías del mestizaje en la provincia de Mariquita en la segunda mitad del siglo XVIII*, Universidad de los Andes, Bogotá, 2011.

Bonilla, C., B. Bertoni, S. Gonzalez *et al.*, "Substantial Native American female contribution to the population of Tacuarembo, Uruguay, reveals past episodes of sex-biased gene flow", *American Journal of Human Biology*, 16 (3), 2004, pp. 289-297.

Bornholdt, Luciano Campelo, "What is a Gaúcho? Intersections between state, identities and domination in Southern Brazil", *(con) textos,* 4, 2010, pp. 23-41.

Bortolini, Maria Cátira, "Comments on 'Color, race, and genomic ancestry in Brazil', por R. V. Santos *et al.*", *Current Anthropology* 50 (6), 2009, p. 805.

———, "Resposta ao trabalho de Kent e Santos: 'Os charruas vivem' nos Gaúchos: A vida social de uma pesquisa de 'resgate' genético de uma etnia indígena extinta no Sul do Brasil", *Horizontes Antropológicos,* 18 (37), 2012, pp. 373-378.

Bortolini, Maria Cátira, Wilson Araújo da Silva, Dinorah Castro de Guerra *et al.*, "African-derived South American populations: A history of symmetrical and asymmetrical matings according to sex revealed by bi- and uni-parental genetic markers", *American Journal of Human Biology,* 11 (4), 1999, pp. 551-563.

Bortolini, Maria Cátira, Tania de Azevedo Weimer, Francisco M. Salzano *et al.*, "Evolutionary relationships between black South American and African populations", *Human Biology,* 67, 1995, p. 547.

Bortolini, Maria Cátira, Mark G. Thomas, Lounes Chikhi *et al.*, "Ribeiro's typology, genomes, and Spanish colonialism, as viewed from Gran Canaria and Colombia", *Genetics and Molecular Biology,* 27 (1), 2004, pp. 1-8.

Bortolini, Cátira, M. A. Zago, F. M. Salzano *et al.*, "Evolutionary and anthropological implications of mitochondrial DNA variation in African Brazilian populations", *Human Biology,* 69 (2), 1997, pp. 141-159.

Bourdieu, Pierre y Loïc Wacquant, "On the cunning of imperialist reason", *Theory, Culture and Society,* 16 (1), 1999, pp. 41-58.

Bowker, Geoffrey C., y Susan Leigh Star, *Sorting things out: Classification and its consequences*, MIT Press, Cambridge, MA, 1999.

Bowler, Peter J., *Evolution: The history of an idea*, University of California Press, Berkeley, 1989.

Bracco, Diego, *Charrúas, guenoas y guaraníes: Interacción y destrucción: Indígenas en el Río de la Plata*, Linardi y Risso, Montevideo, 2004.

Braun, Lundy, Anne Fausto-Sterling, Duana Fullwiley *et al.*, "Racial categories in medical practice: how useful are they?", *PLoS Medicine,* 4 (9): 2007, e271.

Briceño, Ignacio, "La Expedición Humana en el Chocó", *Boletín Expedición Humana 1992,* 4, 1990, p. 2.

Brodwin, Paul, "Genetics, identity and the anthropology of essentialism", *Anthropological Quarterly,* 75, 2002, pp. 323-330.

———, "'Bioethics in action' and human population genetics research", *Culture, Medicine and Psychiatry,* 29 (2), 2005, pp. 145-178.

Brown, Ryan A., y George J. Armelagos, "Apportionment of racial diversity: a review", *Evolutionary Anthropology,* 10, 2001, pp. 34-40.

Builes, J. J., N. Alzate, C. Espinal *et al.*, "Analysis of 16 Y-chromosomal STRS in an African descent sample population of Chocó (Colombia)", *Forensic Science International: Genetics Supplement Series*, 1 (1), 2008, pp. 184-186.

Builes, J. J., M. L. J. Bravo, A. Montoya *et al.*, "Population genetics of eight new Y-chromosomal STR haplotypes in three Colombian populations: Antioquia, Chocó and Cartagena", *International Congress Series*, 1261 (0), 2004, pp. 310-312.

Bustamante, Carlos D., Francisco M. de La Vega y Esteban G. Burchard, "Genomics for the world", *Nature*, 475 (7355), 2011, pp. 163-165.

Canizales-Quinteros, Samuel, "Genética de la obesidad en la población mexicana", trabajo presentado en el Simposio Internacional Inmegen-Nestlé de Nutrigenómica, México, 29-30 de septiembre de 2011.

Carrillo, Ana María, "Los médicos y la 'degeneración de la raza indígena'", *Ciencias*, 60, 2001, pp. 64-71.

Carvajal-Carmona, Luis G., Roel Ophoff, Susan Service *et al.*, "Genetic demography of Antioquia (Colombia) and the Central Valley of Costa Rica", *Human Genetics*, 112 (5), 2003, pp. 534-541.

Carvajal-Carmona, Luis G., Iván D. Soto, Nicolás Pineda *et al.*, "Strong Amerind/white sex bias and a possible Sephardic contribution among the founders of a population in northwest Colombia", *American Journal of Human Genetics*, 67 (5), 2000, pp. 1287-1295.

Carvalho-Silva, Denise, Fabrício R. Santos, Jorge Rocha *et al.*, "The phylogeography of Brazilian Y-chromosome lineages", *American Journal of Human Genetics*, 68, 2001, pp. 281-286.

Castro-Faria, Luiz de, "Pesquisas de antropologia física no Brasil", *Boletim do Museu Nacional*, 13, 1952, pp. 1-106.

———, *Antropologia: Espetáculo e excelência*, Editora UFRJ, Rio de Janeiro, 1993.

Castro-Santos, Luiz Antônio de, "O pensamento sanitarista na Primeira República: Uma ideologia de construção da nacionalidade", *Dados – Revista de Ciências Sociais*, 28 (2), 1985, pp. 193-210.

Caulfield, Sueann, *In defense of honor: sexual morality, modernity, and nation in early-twentieth-century Brazil*, Duke University Press, Durham, NC, 2000.

Cavalli-Sforza, Luigi Luca, Paolo Menozzi y Alberto Piazza, *The history and geography of human genes*, Princeton University Press, Princeton, 1994.

Cerda-Flores, Ricardo M., María C. Villalobos-Torres, Hugo A. Barrera-Saldaña *et al.*, "Genetic Admixture in three mexican mestizo populations based on D1S80 and HLA-DQAI loci", *American Journal of Human Biology: The Official Journal of the Human Biology Council*, 14 (2), 2002, pp. 257-263.

Chadarevian, Soraya de, *Designs for Life: Molecular Biology After World War II*, Cambridge University Press, Cambridge, 2002.

Chadwick, Ruth, y Kare Berg, "Solidarity and equity: New ethical frameworks for genetic databases", *Nature Reviews: Genetics,* 2 (4), 2001, pp. 318-321.

Chakraborty, Ranajit, y Kenneth M. Weiss, "Admixture as a tool for finding linked genes and detecting that difference from allelic association between loci", *Proceedings of the National Academy of Sciences of the United States of America*, 85 (23), 1988, pp. 9119-9123.

Chamberlin, J. Edward, y Sander L. Gilman: (eds.), *Degeneration: The dark side of progress*, Columbia University Press, Nueva York, 1985.

Chong, Natividad Gutiérrez, "Symbolic violence and sexualities in the myth making of Mexican national identity", *Ethnic and Racial Studies*, 31 (3), 2008. pp. 524-542.

Choudhry, Shweta, Natasha Coyle, Hua Tang *et al.*, "Population stratification confounds genetic association studies among Latinos", *Human Genetics*, 118 (5), 2006, pp. 652-664.

CINEP, *Colombia, país de regiones*, CINEP, Bogotá, 1998.

Coimbra, Carlos E. A., Nancy M. Flowers, Francisco M. Salzano *et al.*, *The Xavante in transition: Health, ecology, and bioanthropology in Central Brazil*, University of Michigan Press, Ann Arbor, 2004.

Comaroff, John L., y Jean Comaroff, *Ethnicity, Inc*, University of Chicago Press, Chicago, 2009.

Condit, Celeste Michelle, *The meanings of the gene: Public debates about human heredity*, University of Wisconsin Press, Madison, 1999.

Condit, Celeste Michelle, Roxanne Parrott y Tina M. Harris, "Lay understandings of the relationship between race and genetics: Development of a collectivized knowledge through shared discourse", *Public Understanding of Science*, 11, 2002, pp. 373-387.

Condit, Celeste M., Roxanne L. Parrott, Tina M. Harris *et al.*, "The role of 'genetics' in popular understandings of race in the United States", *Public Understanding of Science*, 13 (3), 2004, pp. 249-272.

Contini, Gianfranco, "I più antichi esempî di «razza»", *Studi di filologia italiana. Bolletino annuale dell'Academia della Crusca, Firenze*, 17, 1959, pp. 319-327.

Contreras, Alejandra V., Tulia Monge-Cazares, Luis Alfaro-Ruiz *et al.*, "Resequencing, haplotype construction and identification of novel variants of CYP2D6 in Mexican Mestizos", *Pharmacogenomics*, 12 (5), 2011, pp. 745-756.

Cooper, Richard S., Jay S. Kaufman y Ryk Ward, "Race and genomics", *The New England Journal of Medicine*, 348 (12), 2003, pp. 1166-1170.

Corrêa, Mariza, *As ilusões da liberdade: A escola Nina Rodrigues e a antropologia no Brasil*, tesis de doctorado, Universidade de São Paulo, 1982.

Corrigan, Oonagh, y Richard Tutton (eds.), *Genetic databases: Socio-ethical issues in the collection and use of DNA*, Routledge, Londres, 2004.

Cunha, Olívia Maria Gomes, *Intenção e gesto: Pessoa, cor e a produção cotidiana da (in)diferença no Rio de Janeiro (1927-1942)*, Arquivo Nacional, Rio de Janeiro, 2002.

Cunningham, Hilary, "Colonial encounters in postcolonial contexts: Patenting Indigenous DNA and the Human Genome Diversity Project", *Critique of Anthropology*, 18 (2), 1998, pp. 205-233.

Dacanal, José Hildebrando, "A miscigenação que não houve", en José H. Dacanal y Sergius Gonzaga (eds.), *RS: Cultural e ideologia*, Mercado Aberto, Porto Alegre, 1980.

Darvasi, Ariel, y Sagiv Shifman, "The beauty of admixture", *Nature Genetics*, 37 (2), 2005, pp.118-119.

De la Cadena, Marisol, *Indigenous mestizos: The politics of race and culture in Cuzco, Peru, 1919-1991*, Duke University Press, Durham, 2000.

De la Peña, Guillermo, "A new Mexican nationalism? Indigenous rights, constitutional reform and the conflicting meanings of multiculturalism", *Nations and Nationalism*, 12 (2), 2006, pp. 279-302.

Deleuze, Gilles, "Postscript on society of control", *October*, 59, 1992, pp. 3-7.

———, *Foucault*, trad. de Seán Hand, Continuum, Londres, 2006.

Dennis, Carina, "Special section on human genetics: The rough guide to the genome", *Nature*, 425 (6960), 2003, pp. 758-759.

Diacon, Todd A., *Stringing together a nation: Cândido Mariano da Silva Rondon and the construction of a modern Brazil, 1906-1930*, Duke University Press, Durham, 2004.

Diamond, Stanley, *In Search of the primitive: A critique of civilization*, Transaction Publishers, New Brunswick, 1993.

Díaz, Luisa Fernanda, *Análisis de 17 loci de STR de cromosoma Y en las poblaciones de Bogotá y Santander con fines genético poblacionales y forenses*, tesis de maestría, Universidad Javeriana, Bogotá, 2010.

Díaz del Castillo H., Adriana, María Fernanda Olarte Sierra y Tania Pérez-Bustos, "Testigos modestos y poblaciones invisibles en la cobertura de la genética humana en los medios de comunicación colombianos", *Interface: Comunicação, Saúde, Educação*, 16 (41), 2012, pp. 451-467.

Dornelles, C. L., S. M. Callegari-Jacques, W. M. Robinson *et al.*, "Genetics, surnames, grandparents' nationalities, and ethnic admixture in southern Brazil: Do the patterns of variation coincide?" *Genetics and Molecular Biology*, 22 (2), 1999, pp. 151-161.

Duster, Troy, *Backdoor to eugenics*, 2a. ed., Routledge, Londres, 2003a.

———, "Buried alive: The concept of race in science", en Alan H. Goodman, Deborah Heath y Susan M. Lindee (eds.), *Genetic nature/culture: anthropology and science beyond the two-culture divide*, University of California Press, Berkeley, 2003b, pp. 258-277.

———, "Comparative perspectives and competing explanations: Taking on the newly configured reductionist challenge to sociology", *American Sociological Review*, 71 (1), 2006a, pp. 1-15.

———,"The molecular reinscription of race: Unanticipated issues in biotechnology and forensic science", *Patterns of Prejudice*, 40 (4-5), 2006b, pp. 427-441.

Edwards, Jeanette, y Carles Salazar (eds.), *European kinship in the age of biotechnology*, Berghahn Books, Oxford, 2009.

Ellison, George T. H., Andrew Smart, Richard Tutton *et al.*, "Racial categories in medicine: A failure of evidence-based practice?", *PLoS Medicine*, 4 (9), 2007, e287.

Epstein, Steven, *Inclusion: The politics of difference in medical research*, University of Chicago Press, Chicago, 2007.

Escobar, Arturo, *Territories of difference: Place, movements, life, redes*, Duke University Press, Durham, NC, 2008.

Fabian, Johannes, *Time and the other: How anthropology makes its object*, Columbia University Press, Nueva York, 2002.

Falcón, Romana, *Españoles y mexicanos a mediados del siglo XIX*, El Colegio de México, México, 1996.

Fausto-Sterling, Anne, *Sexing the body: Gender politics and the construction of sexuality*, Basic Books, Nueva York, 2000.

Fausto-Sterling, Anne, "Refashioning race: DNA and the politics of health care", *differences: A Journal of Feminist Cultural Studies*, 15 (3), 2004, pp. 1-37.

Fawcet de Posada, Louise, y Eduardo Posada Carbó, "En la tierra de las oportunidades: Los sirio-libaneses en Colombia", *Boletín Cultural y Bibliográfico*, 29, 1992, pp. 3-22.

Ferreira, Luiz Otávio, "O ethos positivista e a institucionalização das ciências no Brasil", en Nísia Trindade Lima y Dominichi Miranda de Sá (eds.), *Antropologia brasiliana: ciência e educação na obra de Edgard Roquette-Pinto*, pp. 87-98, Editora UFMG y Editora Fiocruz, Rio de Janeiro, Belo Horizonte, 2008.

Fletcher, Ian Christopher, "Introduction: New historical perspectives on the First Universal Races Congress of 1911", *Radical History Review*, 92, 2005, pp. 99-102.

Fog, Lisbeth, "Emilio Yunis Turbay, perfiles de personajes científicos destacados", *Universia*, 2006. Consultado el 5 de abril de 2013, <http://especiales.universia.net.co/galeria-de-cientificos/ciencias-de-la-salud/emilio-yunis-turbay.html>.

Forbes, Jack D., *Africans and Native Americans: The language of race and the evolution of red-black peoples*, University of Illinois Press, Urbana, 1993.

Foucault, Michel, *The birth of biopolitics: Lectures at the Collège de France, 1978-1979*, trad. de Graham Burchell; Michel Senellart, Arnold I. Davidson, Alessandro Fontana y Francois Ewald (eds.), Palgrave Macmillan, Nueva York, 2008.

Foucault, Michel, Mauro Bertani, Alessandro Fontana *et al.*, *Society must be defended: Lectures at the Collège de France, 1975-1976*, Picador, Londres, 2003.

Franco, M. Helena L. P., Tania A. Weimer y Francisco M. Salzano, "Blood polymorphisms and racial admixture in two Brazilian populations", *American Journal of Physical Anthropology*, 58 (2), 1982, pp. 127-132.

Franklin, Sarah, "Biologization revisited: Kinship theory in the context of the new biologies", en Sarah Franklin y Susan McKinnon (eds.), *Relative values: Reconfiguring kinship studies*, pp. 303-325, Duke University Press, Durham, 2001.

Freire-Maia, Newton, *Brasil: Laboratório racial*, Vozes, Petrópolis, 1973.

French, Jan Hoffman, *Legalizing identities: Becoming black or Indian in Brazil's northeast*, University of North Carolina Press, Chapel Hill, 2009.

Freyre, Gilberto, *Casa-grande e senzala: Formação da familia brasileira sob o regime de economia patriarcal*, José Olympio, Rio de Janeiro, 1946 [1933].

Friedemann, Nina S. de, "Estudios de negros en la antropología colombiana", en Jaime Arocha y Nina de Friedemann (eds.), *Un siglo de investigación social: Antropología en Colombia*, pp. 507-572, Etno, Bogotá, 1984.

———, "La América negra y también oculta: Perfiles etnomédicos y genéticos en el Litoral Pacífico", *Boletín Expedición Humana 1992*, 5, 1990, p. 1.

Friedemann, Nina S. de, y Diógenes Fajardo, "La herencia de Caín: Entrevista con el médico genetista Jaime Bernal Villegas", *América Negra*, 5, 1993, pp. 207-215.

Fry, Peter, "Politics, nationality, and the meanings of 'race' in Brazil", *Daedalus*, 129 (2), 2000, pp. 83-118.

———, *A persistência da raça: ensaios antropológicos sobre o Brasil e a África austral*, Civilização Brasileira, Rio de Janeiro, 2005a.

———, "O significado da anemia falciforme no contexto da 'política racial' do governo brasileiro 1995-2004", *História, Ciências, Saúde – Manguinhos*, 12 (2), 2005b, pp. 370-374.

Fry, Peter, Yvonne Maggie, Marcos Chor Maio *et al.* (eds.), *Divisões perigosas: Políticas raciais no Brasil contemporâneo*, Civilização Brasileira, Rio de Janeiro, 2007.

Fujimura, Joan H., Troy Duster y Ramya Rajagopalan, "Introduction: Race, genetics, and disease: Questions of evidence, matters of consequence", *Social Studies of Science*, 38 (5), 2008, pp. 643-656.

Fujimura, Joan H., y Ramya Rajagopalan, "Different differences: The use of 'genetic ancestry' versus race in biomedical human genetic research", *Social Studies of Science*, 41 (1), 2011, pp. 5-30.

Fullwiley, Duana, "The molecularization of race: Institutionalizing human difference in pharmacogenetics practice", *Science as Culture*, 16 (1), 2007a, pp. 1-30.

———, "Race and genetics: Attempts to define the relationship", *BioSocieties*, 2 (2), 2007b, pp. 221-237.

———, "The biologistical construction of race: 'Admixture' technology and the new genetic medicine", *Social Studies of Science*, 38 (5), 2008, pp. 695-735.

Galanter, Joshua Mark, Juan Carlos Fernández-López *et al.*, "Development of a panel of genome-wide ancestry informative markers to study admixture throughout the Americas", *PLoS Genetics*, 8 (3), <e1002554. doi:10.1371/journal.pgen.1002554>, 2012.

Gall, Olivia, "Identidad, exclusión y racismo: Reflexiones teóricas y sobre México", *Revista Mexicana de Sociología*, 66 (2), 2004, pp. 221-259.

———, *Racismo, mestizaje y modernidad: Visiones desde latitudes diversas*, UNAM, México, 2007.

Gannett, Lisa, "The biological reification of race", *British Journal for the Philosophy of Science*, 55 (2), 2004, pp. 323-345.

García Deister, Vivette, "Mestizaje en el laboratorio, una toma instantánea", en Carlos López Beltrán (ed.), *Genes (y) mestizos: Genómica y raza en la biomedicina mexicana*, UNAM/Ficticia, México, 2011, pp. 143-154.

———, "Mito y patología: avatares genéticos de la indigeneidad y la nación mexicana", ponencia presentada en la XIV Reunión Internacional de Historiadores de México, Katz Center for Mexican Studies, Universidad de Chicago, 2014.

Garrido, Margarita, "'Free men of all colours' in New Granada: Identity and obedience before Independence", en Cristóbal Aljovín de Losada y Nils Jacobsen (eds.), *Political cultures in the Andes, 1750-1950*, pp. 165-183, Duke University Press, Durham NC, 2005.

Gaspar Neto, Verlan Valle, y Ricardo Ventura Santos, "Biorrevelações: Testes de ancestralidade genética em perspectiva antropológica comparada", *Horizontes Antropológicos*, 35, 2011, pp. 227-255.

Gaspar Neto, Verlan Valle, Ricardo Ventura Santos y Michael Kent, "Biorrevelações: Testes de ancestralidade genética em perspectiva antropológica comparada", en Ricardo Ventura Santos, Sahra Gibbon y Jane F. Beltrão (eds.), *Identidades emergentes, genética e saúde: Perspectivas antropológicas*, pp. 233-267, Editora Garamond y Editora Fiocruz, Rio de Janeiro, 2012.

Gaspari, Elio, "O branco tem a marca de Nana", *Folha de São Paulo*, p. A14, 16 de abril de 2000.

Genebase Tutorials, "Learn about Y-DNA Haplogroup Q", 2013. Consultado el 26 de junio, <http://www.genebase.com/learning/article/16>.

Gibbon, Sahra, y Carlos Novas (eds.), *Biosocialities, genetics and the social sciences: Making biologies and identities*, Routledge, Londres, 2007.

Gibbon, Sahra, Ricardo Ventura Santos y Mónica Sans (eds.), *Racial identities, genetic ancestry, and health in South America: Argenti-*

na, Brazil, Colombia, and Uruguay, Palgrave Macmillan, Nueva York, 2011.

Gieryn, Thomas F., "Boundary-work and the demarcation of science from non-science: Strains and interests in professional ideologies of scientists", *American Sociological Review*, 48 (6), 1983, pp. 781-795.

Gilroy, Paul, *Against race: Imagining political culture beyond the color line*, Harvard University Press, Cambridge, MA, 2000.

Gingrich, André, y Richard G. Fox (eds.), *Anthropology, by comparison*, Routledge, Nueva York, 2002.

Gómez, Alberto, "Entre los embera-epena", *Boletín Expedición Humana 1992*, núm. 10, 1991, p. 8.

———, "El Banco Biológico Humano", *Revista Javeriana*, 118 (586), 1992, pp. 9-11.

Gómez Gutiérrez, Alberto, *Al cabo de las velas: Expediciones científicas en Colombia, s. xviii, xix y xx*, Instituto Colombiano de Cultura Hispánica, Bogotá, 1998.

———, Entrevistas con científicos galardonados. Premio de Ciencias Exactas, Físicas y Naturales, Fundación Alejandro Ángel Escobar, 2011. Consultado el 5 de abril de 2013, <http://www.faae.org.co/html/ganadoresanoc.htm>.

Gómez Gutiérrez, Alberto, Ignacio Briceño Balcázar y Jaime Eduardo Bernal Villegas, "Patrones de identidad genética en poblaciones contemporáneas y precolombinas", Fundación Alejandro Ángel Escobar, 2011. Consultado el 5 de abril de 2013, <http://www.faae.org.co/html/resena/2011-identidad-genetica.html? keep This=true&TB_iframe=true&height=380&width=628>.

Gómez Izquierdo, Jorge José, "Racismo y nacionalismo en el discurso de las élites mexicanas", en Jorge José Gómez Izquierdo (ed.), *Caminos del racismo en México*, pp. 117-181, Plaza y Valdés, México, 2005.

Gonçalves, V. F., F. Prosdocimi, L. S. Santos *et al.*, "Sex-biased gene flow in African Americans but not in American Caucasians", *Genetics and Molecular Research*, 6 (2), 2007, pp. 156-161.

Gonçalves, V. F., *et al.*, "Recovering mitochondrial DNA lineages of extinct Amerindian nations in extant homopatric Brazilian populations", *Investigative Genetics*, 1 (1), 2010, pp. 1-13.

González Burchard, Esteban, Elad Ziv, Natasha Coyle *et al.*, "The importance of race and ethnic background in biomedical research and clinical practice", *The New England Journal of Medicine*, 348 (12), 2003, pp. 1170-1175.

González Burchard, Esteban, Luisa N. Borrell, Shweta Choudhry *et al.*, "Latino populations: a unique opportunity for the study of race, genetics, and social environment in epidemiological research", *American Journal of Public Health*, 95 (12), 2005, pp. 2161-2168.

Goodman, Alan H., Deborah Heath y Susan M. Lindee (eds.), *Genetic nature/culture: Anthropology and science beyond the two-culture divide*, University of California Press, Berkeley, 2005.

Gorodezky, C., L. Terán y A. Escobar Gutiérrez, "HLA frequencies in a Mexican Mestizo population", *Tissue Antigens*, 14 (4), 1979, pp. 347-352.

Gotkowitz, Laura (ed.), *Histories of race and racism: The Andes and Mesoamerica from colonial times to the present*, Duke University Press, Durham, NC, 2011a.

———, "Introduction: Racisms of the present and the past in Latin America", en Laura Gotkowitz (ed.), *Histories of race and racism: The Andes and Mesoamerica from colonial times to the present*, pp. 1-53, Duke University Press, Durham, NC, 2011b.

Gould, Stephen Jay, *The mismeasure of man*, Norton, Nueva York, 1996.

Graham, Richard (ed.), *The idea of race in Latin America, 1870-1940*, University of Texas Press, Austin, 1990.

Gray, Ann, *Research practice for cultural studies: Etnographic methods and lived cultures*, Sage, Londres, 2003.

Green, Lance D., James N. Derr y Alec Knight, "mtDNA affinities of the peoples of North-Central Mexico", *American Journal of Human Genetics*, 66 (3), 2000, pp. 989-998.

Grin, Monica, *"Raça": Debate público no Brasil*, Editora Mauad/FAPERJ, Rio de Janeiro, 2010.

Gros, Christian, *Colombia indígena: identidad cultural y cambio social*, CEREC, Bogotá, 1991.

Guardado-Estrada, Mariano, Eligia Juárez-Torres, Ingrid Medina-Martínez *et al.*, "A great diversity of Amerindian mitochondrial DNA ancestry is present in the Mexican mestizo population", *Journal of Human Genetics*, 54 (12), 2009, pp. 695-705.

Guerreiro, João Farias, Ândrea Kely Campos Ribeiro-dos-Santos, Eduardo José Melo dos Santos *et al.*, "Genetical-demographic data from two Amazonian populations composed of descendants of African slaves: Pacoval and Curiau", *Genetics and Molecular Biology*, 22 (2), 1999, pp. 163-167.

Guerrero Mothelet, Verónica, y Stephan Herrera, "Mexico launches Bold Genome Project", *Nature Biotechnology News*, 23 (9), 2005, p. 1030.

Guimarães, Antonio Sérgio, "A desigualdade que anula a desigualdade, notas sobre a ação afirmativa no Brasil", en Alayde Sant'Anna y Jessé Souza (eds.), *Multiculturalismo e racismo: Una comparação Brasil-Estados Unidos*, pp. 233-242, Paralelo 15, Brasilia, 1997.

———, *Racismo e anti-racismo no Brasil*, Editora 34, São Paulo, 1999.

———, "Racial democracy", en Jessé Souza y Valter Sinder (eds.), *Imagining Brazil*, pp. 119-140, Lexington Books, Lanham, MD, 2007.

Hale, Charles R., "Neoliberal multiculturalism: The remaking of cultural rights and racial dominance in Central America", *PoLAR: Political and Legal Anthropology Review*, 28 (1), 2005, pp. 10-28.

Haraway, Donna, "Situated knowledges: The science question in feminism and the privilege of partial perspective", *Feminist Studies*, 14 (3), 1988, pp. 575-599.

———, *Primate visions: Gender, race and nature in the world of modern science*, Routledge, Nueva York, 1989.

———, <*Modest_Witness@Second_Millenium.FemaleManã_Meets_Oncomouse*™>, Routledge, Londres, 1997.

Hardy, John, y Andrew Singleton, "Genomewide Association Studies and Human Disease", *New England Journal of Medicine*, 360 (17), 2009, pp. 1759-1768.

Hartigan, John, "Looking for race in the Mexican Book of Life: Inmegen and the Mexican Genome Project", en John Hartigan (ed.), *Anthropology of race: Genes, biology, and culture*, pp. 125-150, School for Advanced Research Press, Santa Fe, NM, 2013a.

———, "Translating 'race' and 'raza' between the United States and Mexico", *North American Dialogue*, 16 (1), 2013b, pp. 29-41.

Harvey, Joy Dorothy, *Races specified, evolution transformed: The social context of scientific debates originating in the Société d'Anthropologie de Paris*, Harvard University Press, Cambridge, MA, 1983.

Heath, Deborah, Rayna Rapp y Karen-Sue Taussig, "Genetic citizenship", en David Nugent y Joan Vincent (eds.), *A companion to the anthropology of politics*, Blackwell, Nueva York, 2007.

Hedgecoe, Adam, "Geneticization, medicalisation and polemics", *Medicine, Health Care and Philosophy*, 1 (3), 1998, pp. 235-243.

Hering Torres, Max Sebastián, "'Limpieza de sangre': ¿Racismo en la edad moderna?", *Tiempos Modernos*, 9, 2003, pp. 1-16.

Hey, Tony, Stewart Tansley y Kristin M. Tolle (eds.), *The Fourth Paradigm: Data-intensive scientific discovery*, Microsoft Research, Redmond, WA, 2009.

Hindorff, Lucia A., Praveen Sethupathy, Heather A. Junkins *et al.*, "Potential etiologic and functional implications of genome-wide association loci for human diseases and traits", *Proceedings of the National Academy of Sciences of the United States of America*, 106 (23), 2009, pp. 9362-9367.

Hirschhorn, Joel N., y Mark J. Daly, "Genome-wide association studies for common diseases and complex traits", *Nature Reviews Genetics*, 6 (2), 2005, pp. 95-108.

Hobsbawm, Eric, y Terence Ranger (eds.), *The invention of tradition*, Cambridge University Press, Cambridge, 1983.

Hodgen, Margaret T., *Early anthropology in the sixteenth and seventeenth centuries*, University of Pennsylvania Press, Filadelfia, 1964.

Hoffmann, Odile, "Negros y afromestizos en México: Viejas y nuevas lecturas de un mundo olvidado", *Revista Mexicana de Sociología*, 68 (1), 2006, pp. 103-135.

Hoffmann, Odile, y María Teresa Rodríguez (eds.), *Retos de la diferencia: Los actores de la multiculturalidad entre México y Colombia*, Centro de Estudios Mexicanos y Centroamericanos (CEMCA), Centro de Investigación y Estudios Superiores en Antropología Social (CIESAS), Institut de Recherche pour le Développement (IRD), Instituto Colombiano de Antropología e Historia, Publicaciones de la Casa Chata, México, 2007.

Houot, Annie, *Un cacique charrúa en París*, Editorial Costa Atlántica, Montevideo, 2002.

Htun, Mala, "From 'racial democracy' to affirmative action: Changing state policy on race in Brazil", *Latin American Research Review*, 39 (1), 2004, pp. 60-89.

Humes K. R., N. A. Jones, R. R. Ramírez, United States. Bureau of the Census, *Overview of race and Hispanic origin: 2010*, U. S. Dept. of Commerce, Economics and Statistics Administration, U.S. Census Bureau, Washington, D. C., 2011.

Hunemeier, T., C. Carvalho, A. R. Marrero *et al.*, "Niger-Congo speaking populations and the formation of the Brazilian gene pool: mtDNA and Y-chromosome data", *American Journal of Physical Anthropology*, 133 (2), 2007, pp. 854-867.

Inda, Jonathan Xavier, y Renato Rosaldo, *The anthropology of globalization: A reader*, Blackwell, Oxford, 2002.

International HapMap Consortium, "Integrating ethics and science in the International HapMap Project", *Nature Reviews Genetics*, 5 (6), 2004, pp. 467-475.

Izquierdo, Jorge, y María Eugenia Sánchez Díaz de Rivera, *La ideología mestizante, el guadalupanismo y sus repercusiones sociales. Una revisión crítica de la "identidad nacional"*, Universidad Iberoamericana de Puebla/ Lupus Inquisitor, Puebla, 2011.

Jaramillo Uribe, Jaime, *La sociedad neogranadina*, vol. 1, *Ensayos sobre historia social colombiana*, Universidad Nacional de Colombia, Bogotá, 1968.

Jardine, Nicholas, James A. Secord y Emma C. Spary (eds.), *Cultures of natural history*, Cambridge University Press, Cambridge, 1996.

Jasanoff, Sheila, "Ordering knowledge, ordering society", en Sheila Jasanoff (ed.), *States of knowledge: The co-production of science and social order*, pp. 13-45, Routledge, Londres, 2004a.

———, *States of knowledge: The co-production of science and social order*, Routledge, Londres, 2004b.

Jiménez López, Miguel, Luis López de Mesa, Calixto Torres Umaña *et al.*, *Los problemas de la raza en Colombia*, El Espectador, Bogotá, 1920.

Jiménez Sánchez, Gerardo, *Mapa del genoma de los mexicanos. Resumen ejecutivo 2009*, Inmegen, México, 2009.

Jiménez Sánchez, Gerardo, Barton Childs y David Valle, "Human disease genes", *Nature*, 409 (6822), 2001, pp. 853-855.

Johnson, Lyman L., y Sonya Lipsett-Rivera (eds.), *The faces of honor: sex, shame, and violence in colonial Latin America*, University of New Mexico Press, Albuquerque, 1998.

Kahn, Jonathan, "From disparity to difference: How race-specific medicines may undermine policies to address inequalities in health care", *Southern California Interdisciplinary Law Journal*, 15 (1), 2005, pp. 105-129.

———, "Exploiting race in drug development: BiDil's interim model of pharmacogenomics", *Social Studies of Science*, 38 (5), 2008, pp. 737-758.

Kaplan, Judith B., y Trude Bennett, "Use of race and ethnicity in biomedical publication", *Journal of the American Medical Association*, 289 (20), 2003, pp. 2709-2716.

Karafet, Tatiana M., Fernando L. Méndez, Monica B. Meilerman *et al.*, "New binary polymorphisms reshape and increase resolution of the human Y chromosomal haplogroup tree", *Genome Research*, 18 (5), 2008, pp. 830-838.

Katzew, Ilona, *Casta painting: Images of race in eighteenth-century Mexico*, Yale University Press, New Haven, CT, 2005 [2004].

Katzew, Ilona, y Susan Deans-Smith (eds.), *Race and classification: The case of Mexican America*, Stanford University Press, Stanford, CA, 2009.

Keller, Evelyn Fox, *Refiguring life: Metaphors of twentieth-century biology*, Columbia University Press, Nueva York, 1995.

Kent, Michael, "A importância de ser Uros: movimentos indígenas, políticas de identidade e pesquisa genética nos Andes Peruanos", *Horizontes Antropológicos*, 35, 2011, pp. 297-324.

———, "The importance of being Uros: Indigenous identity politics in the genomic age", *Social Studies of Science*, 43 (4), 2013, pp. 534-556.

Kent, Michael, y Ricardo Ventura Santos, "Genes, boleadeiras e abismos colossais: Elementos para um diálogo entre genética e antropologia", *Horizontes Antropológicos*, 18 (37), 2012a, pp. 379-384, 2012a.

———, "'Os charruas vivem' nos Gaúchos: A vida social de uma pesquisa de 'resgate' genético de uma etnia indígena extinta no Sul do Brasil", *Horizontes Antropológicos*, 18 (37), 2012b, pp. 341-372.

Kent, Michael, Ricardo Ventura Santos y Peter Wade, "Negotiating imagined genetic communities: Unity and diversity in Brazilian science and society", *American Anthropologist*, 116, 2014, pp. 736-748. Consultado el 20 de enero de 2015, <http://onlinelibrary.wiley.com/doi/10.1111/aman.12142/full>.

Knight, Alan, "Racism, revolution and indigenismo in Mexico, 1910-1940", en Richard Graham (ed.), *The idea of race in Latin America*, pp. 71-113, University of Texas Press, Austin, 1990.

Koenig, Barbara A., Sandra Soo-Jin Lee y Sarah S. Richardson (eds.), *Revisiting race in a genomic age*, Rutgers University Press, New Brunswick, NJ, 2008.

Krieger, H., N. E. Morton, M. P. Mi *et al.*, "Racial admixture in northeastern Brazil", *Annals of Human Genetics*, 29 (2), 1965, pp. 113-125.

Kropf, Simone P., Nara Azevedo y Luiz Otávio Ferreira, "Biomedical research and public health in Brazil: The case of Chagas' disease (1909-1950)", *Social History of Medicine*, 6, 2003, pp. 111-129.

Kuper, Adam, *The invention of primitive society: Transformation of an illusion*, Routledge, Londres, 1988.

Laboratorio de Genética Humana, "Laboratorio de Genética Humana, 1978-2012", 2013. Consultado el 26 de julio de 2015, <http://geneticahumana.uniandes.edu.co/Laboratorio_Genetica_Humana/Bienvenida.html>.

Lacerda, João Baptista de, "Documents pour servir à l'histoire de l'homme fossile du Brésil", *Mémoires de la Societé d'Anthropologie de Paris*, 2, 1875, pp. 517-542.

———, "Contribuições para o estudo anthropologico das raças indigenas do Brazil. Nota sobre a conformação dos dentes", *Archivos do Museu Nacional*, 1, 1876, pp. 77-83.

———, "Botocudos", en Mello Moraes Filho (ed.), *Revista da Exposição Anthropologica Brasileira*, Typographia de Pinheiro, Rio de Janeiro, 1882a.

———, "A força muscular e a delicadeza dos sentidos nos nosso indigenas", en Mello Moraes Filho, *Revista da Exposição Anthropologica Brasileira*, Typographia de Pinheiro, Rio de Janeiro, 1882b.

———, "A morphologia craneana do homem dos sambaquis", en Mello Moraes Filho (ed.), *Revista da Exposição Anthropologica Brasileira*, Typographia de Pinheiro, Rio de Janeiro, 1882c.

———, *Fastos do Museu Nacional do Rio de Janeiro: Recordações historicas e scientificas fundadas em documentos authenticos e informações veridicas*, Imprensa Nacional, Rio de Janeiro, 1905.

———, *Sur les métis au Brésil*, Imprimerie Devouge, París, 1911.

Lacerda, João Baptista de, y José Rodriguez Peixoto, "Contribuições para o estudo anthropologico das raças indigenas do Brazil", *Archivos do Museu Nacional*, 1, 1876, pp. 47-75.

Lasker, Gabriel Ward, "Photoelectric measurement of skin color in a Mexican mestizo population", *American Journal of Physical Anthropology*, 12 (1), 1954, pp. 115-121.

Latour, Bruno, *Science in action: How to follow scientists and engineers through society*, Milton Keynes, Open University Press, Reino Unido, 1987.

———, "Visualisation and cognition: Drawing things together", en Michael Lynch y Steve Woolgar (eds.), *Representation in scientific practice*, pp. 19-68, MIT Press, Cambridge, MA, 1990.

Latour, Bruno, *We have never been modern*, trad. de Catherine Porter, Harvester Wheatsheaf, Londres, 1993.

———, *Pandora's hope. Essays on the reality of science studies*, Harvard University Press, Cambridge, MA, 1999.

———, "Why has critique run out of steam? From matters of fact to matters of concern", *Critical Inquiry*, 30 (2), 2004, pp. 225-248.

———, *Reassembling the social: An introduction to actor-network-theory*, Oxford University Press, Oxford, 2005.

Latour, Bruno, y Steve Woolgar, *Laboratory life. The social construction of scientific facts*, Princeton University Press, Princeton, NJ, 1986.

Law, John, "Introduction: Monsters, machines and sociotechnical relations", en John Law (ed.), *A sociology of monsters: Essays on power, technology and dominations*, Routledge, Londres, 1991, pp. 1-23.

———, "Actor-network theory and material semiotics", en Bryan S. Turner (ed.), *The new Blackwell companion to social theory*, pp. 141-158, Blackwell, Oxford, 2008.

Leal León, Claudia, "Usos del concepto 'raza' en Colombia", en Claudia Mosquera Rosero-Labbé, Agustín Laó Montes y César Rodríguez Garavito (eds.), *Debates sobre ciudadanía y políticas raciales en las Américas Negras*, pp. 389-438, Universidad Nacional de Colombia, Bogotá, 2010.

Leite, Fabio P. N., Sidney E. B. Santos, Elzemar M. R. Rodriguez *et al.*, "Linkage disequilibrium patterns and genetic structure of Amerindian and non-Amerindian Brazilian populations revealed by long-range X-STR markers", *American Journal of Physical Anthropology*, 139 (3), 2009, pp. 404-412.

Leite, Ilka Boaventura, *Negros no sul do Brasil: invisibilidade e territorialidade*, Letras Contemporâneas, Florianopolis, 1996.

Leonelli, Sabina, "Packaging small facts for re-use: Databases in model organism biology", en Peter Howlett y Mary S. Morgan (eds.), *How well do facts travel?: The dissemination of reliable knowledge*, pp. 325-348, Cambridge University Press, Nueva York, 2011.

Leonelli, Sabina, y Rachel A. Ankeny, "Re-thinking organisms: The impact of databases on model organism biology", *Social Studies of Science*, 43, 2012, pp. 29-36.

Lewontin, Richard C., "The apportionment of human diversity", *Evolutionary Biology*, 6, 1972, pp. 381-398.

Lewontin, Richard C., Steven Rose y Leon Kamin, *Not in our genes: Biology, ideology and human nature*, Pantheon Books, Nueva York, 1984.

Liberman, Anatoly, *The Oxford etymologist looks at race, class and sex*, OUPblog, 2009. Consultado el 27 de agosto de 2011, <http://blog.oup.com/2009/04/race-2/>.

Lima, Nísia Trindade, "Public health and social ideas in modern Brazil", *American Journal of Public Health*, 97, 2007, pp. 1209-1215.

Lima, Nísia Trindade, y Nara Britto, "Salud y nación: Propuesta para el saneamiento rural. Un estudio de la *Revista Saúde* (1918-1919)", en Marcos Cueto (ed.), *Salud, cultura y sociedad en América Latina*, pp. 135-158, Instituto de Estudos Peruanos, Organización Panamericana de la Salud, Lima, 1996.

Lima, Nísia Trindade, y Gilberto Hochman, "Condenado pela raça, absolvido pela medicina: O Brasil descoberto pelo movimento sanitarista da Primeira República", en Marcos Chor Maio y Ricardo Ventura Santos (eds.), *Raça, ciência e sociedade*, pp. 23-40, Editora Fiocruz, Rio de Janeiro, 1996.

Lima, Nísia Trindade, Ricardo Ventura Santos y Carlos Everaldo Álvares Coimbra Jr, "Rondonia de Edgard Roquette-Pinto: Antropologia e projeto nacional", en Nísia Trindade Lima y Dominich Miranda de Sá (eds.), *Antropologia brasiliana: Ciência e educação na obra de Edgard Roquette-Pinto*, pp. 99-121, Editora UFMG y Editora Fiocruz, Belo Horizonte y Rio de Janeiro, 2008.

Lindee, Susan, y Ricardo Ventura Santos, "The biological anthropology of living human populations: World histories, national styles and international networks", *Current Anthropology*, 53 (S5), 2012, pp. S3-S16.

Lippman, Abby, "Prenatal genetic testing and screening: Constructing needs and reinforcing inequities", *American Journal of Law and Medicine*, 17 (1-2), 1991, pp. 15-50.

Lisker, Rubén, "Studies on some hereditary haematological characteristics in the Mexican population. Abnormal hemoglobins in 7 indigenous and mestizo groups", *Gaceta Médica de México*, 93, 1963, pp. 289-297.

———, *Estructura genética de la población mexicana: Aspectos médicos y antropológicos*, Salvat Mexicana de Ediciones, México, 1981.

Lisker, Rubén, R. Perez-Briceño, J. Granados *et al.*, "Gene frequencies and admixture estimates in a Mexico City population", *American Journal of Physical Anthropology*, 71 (2), 1986, pp. 203-207.

Lisker, Rubén, E. Ramírez y V. Babinsky, "Genetic structure of autochthonous populations of Meso-America: Mexico", *Human Biology,* 68 (3), 1996, pp. 395-404.

Lomnitz, Claudio, *El antisemitismo y la ideología de la Revolución mexicana*, FCE, México, 2010a (Centzontle).

———, "Los orígenes de nuestra supuesta homogeneidad: Breve arqueología de la unidad nacional en México", *Prismas,* 14 (1), 2010b, pp. 17-36.

———, "Por mi raza hablará el nacionalismo revolucionario (Arqueología de la unidad nacional)", *Nexos,* febrero, 2010c, pp. 42-51.

Lomnitz-Adler, Claudio, *Exits from the labyrinth: Culture and ideology in the Mexican national space,* University of California Press, Berkeley, 1992.

Lopes, Maria Margaret, *As ciências naturais e os museus no Brasil no século XIX*, tesis de doctorado, Universidade de São Paulo, 1993.

López Beltrán, Carlos, *El sesgo hereditario: Ámbitos históricos del concepto de herencia biológica,* UNAM, México, 2004.

———, "Hippocratic bodies: Temperament and castas in Spanish America (1570-1820)", *Journal of Spanish Cultural Studies,* 8 (2): 2007, pp. 253-289.

———, "Sangre y temperamento: Pureza y mestizajes en las sociedades de castas americanas", en Carlos López Beltrán y Frida Gorbach (eds.), *Saberes locales: Ensayos sobre historia de la ciencia en América Latina,* pp. 289-342, El Colegio de Michoacán, Zamora, México, 2008.

——— (ed.), *Genes (y) mestizos: Genómica y raza en la biomedicina mexicana,* Ficticia Editorial, México, 2011.

López Beltrán, Carlos, y V. García Deister, "Aproximaciones científicas al mestizo mexicano", *História, Ciências, Saúde – Manguinhos,* 20 (2), 2013, pp. 391-410.

López Beltrán, Carlos, y Francisco Vergara Silva, "Genómica Nacional: El Inmegen y el genoma del mestizo", en Carlos López Beltrán (ed.), *Genes (y) mestizos: Genómica y raza en la biomedicina mexicana,* pp. 99-142, Ficticia Editorial, México, 2011.

López de Mesa, Luis, *De cómo se ha formado la nación colombiana,* Editorial Bedout, Medellín, 1970 [1934].

Maca-Meyer, Nicole, Ana M. González, José M. Larruga *et al.,* "Major genomic mitochondrial lineages delineate early human expansions", *BMC Genetics,* 2 (1): 13, 2001.

Magnoli, Demétrio, *Uma gota de sangue: História do pensamento racial*, Editora Contexto, São Paulo, 2009.

Maio, Marcos Chor, "Estoque semita: A presença dos judeus em *Casa Grande y Senzala*", *Luso-Brazilian Review*, 36 (1), 1999, pp. 95-110.

———, "UNESCO and the study of race relations in Brazil: Regional or national issue?", *Latin American Research Review*, 36 (2), 2001, pp. 118-136.

Maio, Marcos Chor, y Simone Monteiro, "Tempos de racialização: O caso da 'saúde da população negra' no Brasil", *História, Ciências, Saúde – Manguinhos* 12 (2), 2005, pp. 419-446.

———, "Política social com recorte racial no Brasil: O caso da saúde da população negra", en Marcos Chor Maio y Ricardo Ventura Santos (eds.), *Raça como questão: História, ciência e identidades no Brasil*, pp. 285-314, Editora Fiocruz, Rio de Janeiro, 2010.

Maio, Marcos Chor, y Ricardo Ventura Santos (eds.), *Raça, ciência e sociedade*, Centro Cultural Banco do Brasil, Fiocruz, Rio de Janeiro, 1996.

———, "Política de cotas raciais, os 'olhos da sociedade' e os usos da antropologia: O caso do vestibular da Universidade de Brasília (UnB)", *Horizontes Antropológicos*, 11 (23), 2005, pp. 181-214.

——— (eds.), *Raça como questão: História, ciência e identidades no Brasil*, Editora Fiocruz, Rio de Janeiro, 2010.

Mallon, Florencia E., *Peasant and nation: The making of postcolonial Mexico and Peru*, University of California Press, Berkeley, 1995.

———, "Constructing *mestizaje* in Latin America: Authenticity, marginality and gender in the claiming of ethnic identities", *Journal of Latin American Anthropology*, 2 (1), 1996, pp. 170-181.

Manolio, Teri A., Francis S. Collins, Nancy J. Cox *et al.*, "Finding the missing heritability of complex diseases", *Nature*, 461 (7265), 2009, pp. 747-753.

Mao, Xianyun, Abigail W. Bigham, Rui Mei *et al.*, "A genomewide admixture mapping panel for Hispanic/Latino populations", *American Journal of Human Genetics*, 80 (6), 2007, pp. 1171-1178.

Marks, Jonathan, *Human biodiversity: Genes, race, history*, Aldine de Gruyter, Nueva York, 1995.

———, "The legacy of serological studies in American physical anthropology", *History and Philosophy of the Life Sciences*, 18, 1996, pp. 345-362.

Marks, Jonathan, "'We're going to tell these people who they really are': Science and relatedness", en Sarah Franklin y Susan McKinnon (eds.), *Relative values: Reconfiguring kinship studies*, Duke University Press, Durham, NC, 2001.

Marrero, Andrea Rita, "Os Gaúchos: Sua história evolutiva revelada a partir de marcadores genéticos", Programa de Pós-Graduação em Genética e Biologia Molecular, tesis de maestría, Universidade Federal do Rio Grande do Sul, Porto Alegre, 2003.

Marrero, Andrea Rita, Fábio Pereira das Nieves Leite, Bianca de Almeida Carvalho *et al.*, "Heterogeneity of the genome ancestry of individuals classified as white in the state of Rio Grande do Sul, Brazil", *American Journal of Human Biology*, 17 (4), 2005, pp. 496-506.

Marrero, Andrea Rita, Claudio Bravi, Steven Stuart *et al.*, "Pre- and post-Columbian gene and cultural continuity: the case of the Gaúcho from southern Brazil", *Human Heredity*, 64 (3): 2007a, pp. 160-171.

Marrero, Andrea Rita, Wilson A. Silva-Junior, Claudia M. Bravi *et al.*, "Demographic and evolutionary trajectories of the Guarani and Kaingang natives of Brazil", *American Journal of Physical Anthropology*, 132 (2), 2007b, pp. 301-310.

Martínez, María Elena, *Genealogical fictions: Limpieza de sangre, religion, and gender in colonial Mexico*, Stanford University Press, Stanford, CA, 2008.

Martinez-Alier [Stolcke], *Verena, Marriage, colour and class in nineteenth-century Cuba: A study of racial attitudes and sexual values in a slave society*, 2a. ed., University of Michigan Press, Ann Arbor, 1989 [1974].

Martínez-Cortés, G., I. Nuño-Arana, R. Rubi-Castellanos *et al.*, "Origin and genetic differentiation of three Native Mexican groups (Purépechas, Triquis and Mayas): Contribution of CODIS-STRS to the history of human populations of Mesoamerica", *Annals of Human Biology*, 37 (6), 2010, pp. 801-819.

Marx, Anthony, *Making race and nation: A comparison of South Africa, the United States, and Brazil*, Cambridge University Press, Cambridge, 1998.

Massin, Benoit, "From Virchow to Fischer: Physical anthropology and 'modern race theories' in Wilhelmine Germany", en George W. Stocking Jr. (ed.), *Volksgeist as method and ethic: Essays on Boasian ethnography and the German anthropological tradition*, pp. 79-154, University of Wisconsin Press, Madison, 1996.

Matory, J. Lorand, "The 'New World' surrounds an ocean: Theorizing the live dialogue between African and African American cultures", en Kevin Yelvington (ed.), *Afro-Atlantic dialogues: Anthropology in the diaspora*, pp. 152-192, School of American Research Press, Santa Fe, NM, 2006.

Mayr, Ernst, *The growth of biological thought: Diversity, evolution, and inheritance*, Harvard University Press, Cambridge, MA, 1982.

Mazumdar, Pauline M. H., *Species and specificity: An interpretation of the history of immunology*, Cambridge University Press, Cambridge, 1995.

McClellan, Jon, y Mary-Claire King, "Genetic heterogeneity in human disease", *Cell*, 141 (2), 2010, pp. 210-217.

M'charek, Amade, "Technologies of population: Forensic DNA testing practices and the making of differences and similarities", *Configurations*, 8 (1), 2000, pp. 121-158.

———, *The Human Genome Diversity Project: An ethnography of scientific practice*, Cambridge University Press, Cambridge, MA, 2005a.

———, "The mitochondrial Eve of modern genetics: Of peoples and genomes, or the routinization of race", *Science as Culture*, 14 (2), 2005b, pp. 161-183.

Medina, Andrés, y Carlos García Mora, *La quiebra política de la antropología social en México: La polarización (1971-1976)*, UNAM, México, 1983.

Mendoza, Roberto, Ignacio Zarante y Gustavo Valbuena, *Aspectos demográficos de las poblaciones indígenas, negras y aisladas visitadas por la Gran Expedición Humana* (Terrenos de la Gran Expedición Humana. Serie de Reportes de Investigación 6), Pontificia Universidad Javeriana, Bogotá, 1997.

Mesa, Natalia R., María C. Mondragón, Iván D. Soto *et al.*, "Autosomal, mtDNA, and Y-chromosome diversity in Amerinds: Pre- and post-Columbian patterns of gene flow in South America", *American Journal of Human Genetics*, 67 (5), 2000, pp. 1277-1286.

Miller, Marilyn Grace, *Rise and fall of the cosmic race: The cult of mestizaje in Latin America*, University of Texas Press, Austin, 2004.

Mjoen, Jon Alfred, "Cruzamento de raças", *Boletín de Eugenía*, 3 (32), 1931, pp. 1-6.

Mol, Annemarie, *The body multiple: Ontology in medical practice*, Duke University Press, Durham, NC, 2003.

Montagu, Ashley, *Man's most dangerous myth: The fallacy of race*, Columbia University Press, Nueva York, 1942.

Monteiro, John M., "As 'raças' indígenas no pensamento brasileiro do Império", en Ricardo Ventura Santos y Marcos Chor Maio (eds.), *Raça, ciência e sociedade*, pp. 15-22, Rio de Janeiro, Editora Fiocruz, 1996.

Montoya, Michael J, "Bioethnic conscription: Genes, race, and Mexicana/o ethnicity in diabetes research", *Cultural Anthropology*, 22 (1), 2007, pp. 94-128.

———, *Making the Mexican diabetic: Race, science, and the genetics of inequality*, University of California Press, Berkeley, CA, 2011.

Morning, Ann, "Ethnic classification in global perspective: A cross-national survey of the 2000 census round", *Population Research and Policy Review*, 27 (2), 2008, pp. 239-272.

Mosquera Rosero-Labbé, Claudia, y Ruby Ester León Díaz (eds.), *Acciones afirmativas y ciudadanía diferenciada étnico-racial negra, afrocolombiana, palenquera y raizal. Entre Bicentenarios de las Independencias y Constitución de 1991*, Universidad Nacional de Colombia, Bogotá, 2010.

Motta, Athayde, "Genética para as massas", 2000a. Consultado el 11 de octubre de 2000, <www.afirma.inf.br>.

———, "Genética para uma nova história", 2000b. Consultado el 11 de octubre de 2000, <www.afirma.inf.br>.

———, "Saem as raças, entram os genes", 2002. Consultado el 15 de septiembre de 2002, <www.afirma.inf.br>.

———, "Contra a genética, o conhecimento", 2003. Consultado el 4 de febrero de 2003, <www.afirma.inf.br>.

Moutinho, Laura, *Razão, 'cor' e desejo: Uma análise comparativa sobre relacionamentos afetivo-sexuais 'inter-raciais' no Brasil e África do Sul*, Editora da UNESP, São Paulo, 2004.

Munanga, Kabengele, *Rediscutindo a mestiçagem no Brasil: Identidade nacional versus identidade negra*, Editora Vozes, Petrópolis, 1999.

Nagel, Joane, *Race, ethnicity, and sexuality: Intimate intersections, forbidden frontiers*, Oxford University Press, Oxford, 2003.

Nascimento, Alexandre do, *et al.*, "120 anos da luta pela igualdade racial no Brasil: Manifesto em defesa da justiça e constitucionalidade das cotas", 2008. Consultado el 22 de julio de 2013, <http://media.folha.uol.com.br/cotidiano/2008/05/13/stf_manifesto_13_maio_2008.pdf>.

Nash, Catherine, "Gendered geographies of genetic variation: Sex, gender and mobility in human population genetics", *Gender, Place and Culture* 19 (4), 2012a, pp. 409-428. Consultado el 1 de noviembre de 2012, <http://dx.doi.org/10.1080/0966369X.2011.625085>.

———, "Genetics, race and relatedness: Human mobility and difference in the Genographic Project", *Annals of the Association of American Geographers*, 102, 2012b, pp. 1-18.

———, "Genome geographies: Mapping national ancestry and diversity in human population genetics", *Transactions of the Institute of British Geographers*, 38 (2), 2012c, pp. 193-206.

Navarrete, Federico, *Las relaciones interétnicas en México*, vol. 3, *La pluralidad cultural en México*, UNAM, México, 2004.

Nelkin, Dorothy, y Susan Lindee, *The DNA mystique: The gene as cultural icon*, W. H. Freeman, Nueva York, 1996.

Nelson, Alondra, "Bio science: Genetic genealogy testing and the pursuit of African ancestry", *Social Studies of Science*, 38 (5), 2008a, pp. 759-783.

———, "The factness of diaspora: The social sources of genetic genealogy", en Barbara A. Koenig, Sandra Soo-Jin Lee y Sarah S. Richardson, *Revisiting race in a genomic age*, pp. 253-258, Rutgers University Press, New Brunswick, NJ, 2008b.

Nelson, Diane M., *A finger in the wound: Body politics in quincentennial Guatemala*, University of California Press, Berkeley, 1999.

Nelson, Matthew R., Katarzyna Bryc, Karen S. King *et al.*, "The Population Reference Sample, POPRES: A resource for population, disease, and pharmacological genetics research", *American Journal of Human Genetics*, 83 (3), 2008, pp. 347-358.

Nelson, Matthew R., Daniel Wegmann, Margaret G. Ehm *et al.*, "An abundance of rare functional variants in 202 drug target genes sequenced in 14,002 people", *Science*, 337 (6090), 2012, pp. 100-104.

Oehmichen, Cristina, "La multiculturalidad de la Ciudad de México y los derechos indígenas", *Revista Mexicana de Ciencias Políticas y Sociales* (189), 2003, pp. 147-169.

Olarte Sierra, María Fernanda, *Achieving the desirable nation: Abortion and antenatal testing in Colombia: The case of amniocentesis*, tesis de doctorado, Universidad de Ámsterdam, 2010.

Olarte Sierra, María Fernanda, y Adriana Díaz del Castillo H., "'We are all the same, we all are mestizo': On populations, nations, and discourses in genetics research in Colombia", *Science as Culture*, 18 de octubre de 2013.

Oliveira, Lúcia Lippi, *A questão nacional na primeira república*, Brasiliense, São Paulo, 1990.

Oliven, Ruben George, *A parte e o todo: A diversidade cultural no Brasil-nação,* 2a. ed., Editora Vozes, Petrópolis, 2006 (Colecão Identidade brasileira).

Ordóñez Vásquez, Adriana (ed.), *Variación biológica y cultural en Colombia,* vol. 1, *Geografía humana de Colombia*, Instituto Colombiano de Cultura Hispánica, Bogotá, 2000.

Orlove, Benjamin, "Down to earth: Race and substance in the Andes", *Bulletin of Latin American Research*, 17 (2), 1998, pp. 207-222.

Ottensooser, Friedrich, "Cálculo do grau de mistura racial através dos grupos sangüíneos", *Revista Brasileira de Biologia,* 4, 1944, pp. 531-537.

———, "Analysis of trihybrid populations", *American Journal of Human Genetics*, 14, 1962, pp. 278-280.

Palha, Teresinha de Jesus Brabo Ferreira, Elzemar Martins Ribeiro-Rodrigues, Ândrea Ribeiro-dos-Santos *et al.*, "Male ancestry structure and interethnic admixture in African-descent communities from the Amazon as revealed by Y-chromosome STRS", *American Journal of Physical Anthropology,* 144 (3), 2011, pp. 471-478.

Pallares-Burke, Maria Lúcia Garcia, *Gilberto Freyre: Um vitoriano dos tropicos*, Editora UNESP, São Paulo, 2005.

Palmié, Stephan, "Genomics, divination, 'racecraft'", *American Ethnologist*, 34 (2), 2007, pp. 205-222.

Pálsson, Gísli, *Anthropology and the new genetics*, Cambridge University Press, Cambridge, 2007.

———, "Genomic anthropology: Coming in from the cold?", *Current Anthropology*, 49 (4), 2008, pp. 545-568.

———, "Biosocial relations of production", *Comparative Studies in Society and History*, 51 (2), 2009, pp. 288-313.

Paredes, Manuel, Aída Galindo, Margarita Bernal *et al.*, "Analysis of the CODIS autosomal STR loci in four main Colombian regions", *Forensic Science International* 137 (1), 2003, pp. 67-73.

Parra, Flávia C., Roberto C. Amado, José R. Lambertucci *et al.*, "Color and genomic ancestry in Brazilians", *Proceedings of the National Academy of Sciences of the United States of America*, 100 (1), 2003, pp. 177-182.

Patterson, Nick, Alkes L. Price y David Reich, "Population structure and eigenanalysis", *PLoS Genetics,* 2 (12): e190, 2006.

Paz, Octavio, *El laberinto de la soledad*, Cuadernos Americanos, México, 1950.

Pena, Sérgio D. J. (ed.), *Homo brasilis: Aspectos genéticos, lingüísticos, históricos e sócio – culturais da formação do povo brasileiro*, FUNPEC-RP, Ribeirão Preto, 2002.

———, "Razões para banir o conceito de raça da medicina brasileira", *História, Ciências, Saúde – Manguinhos*, 12 (2), 2005, pp. 321-346.

———, "Ciência, bruxas e raça", *Folha de São Paulo,* São Paulo, 2 de agosto de 2006. Consultada el 23 de junio de 2010, <http://www.jornaldaciencia.org.br/Detalhe.jsp?id=39579>.

———, "Brazilians and the variable mosaic genome paradigm", en Oliver Mayo y Carolyn Leach (ed.), *Fifty years of human genetics: A festschrift and liber amicorum to celebrate the life and work of George Robert Fraser*, pp. 98-104, Adelaide, Wakefield, 2007.

———, *Humanidade sem raças?*, Publifolha, São Paulo, 2008.

Pena, Sérgio D. J., Denise R. Carvalho-Silva, Juliana Alves-Silva *et al.*, "Retrato molecular do Brasil", *Ciência Hoje*, 27 (159), 2000, pp. 16-25.

Pena, Sérgio D. J., y Maria Cátira Bortolini, "Pode a genética definir quem deve se beneficiar das cotas universitárias e demais ações afirmativas?", *Estudos Avançados*, 18 (50), 2004, pp. 31-50.

Pena, Sérgio D. J., L. Bastos-Rodrigues, J. R. Pimenta *et al.*, "DNA tests probe the genomic ancestry of Brazilians", *Brazilian Journal of Medical and Biological Research*, 42 (10), 2009, pp. 870-992.

Pena, Sérgio D. J., Giuliano di Pietro y Matheus Fuchshuber-Moraes *et al.*, "The genomic ancestry of individuals from different geographical regions of Brazil is more uniform than expected", *Plos One* 6: e17063, 2011.

Penchaszadeh, Victor B., "Forced disappearance and suppression of identity of children in Argentina: experiences in genetic identification", en Sahra Gibbon, Ricardo Ventura Santos y Mónica Sans (eds.), *Racial identities, genetic ancestry, and health in South America: Argentina, Brazil, Colombia, and Uruguay,* pp. 213-243, Palgrave Macmillan, Nueva York, 2011.

Petryna, Adriana, *When experiments travel: Clinical trials and the global search for human subjects*, Princeton University Press, Princeton, NJ, 2009.

Pick, Daniel, *Faces of degeneration: A European disorder, c. 1848-1918*, Cambridge University Press, Cambridge, 1989.

Pimenta, Juliana R., Luciana W. Zuccherato, Adriana A. Debes *et al.*, "Color and genomic ancestry in Brazilians: A study with forensic microsatellites", *Human Heredity*, 62 (4), 2006, pp. 190-195.

Poole, Stafford, "The politics of limpieza de sangre: Juan de Ovando and his circle in the reign of Philip II", *Americas*, 55 (3), 1999, pp. 359-389.

Prado, Paulo, *Retrato do Brasil: Ensaio sobre a tristeza brasileira*, Oficinas Gráficas Duprat-Mayença, São Paulo, 1928.

Price, Alkes L., Nick Patterson, Fuli Yu *et al.*, "A genomewide admixture map for Latino populations", *The American Journal of Human Genetics*, 80 (6), 2007, pp. 1024-1036.

Pritchard, J. K., M. Stephens y P. Donnelly, "Inference of population structure using multilocus genotype data", *Genetics*, 155 (2), 2000, pp. 945-959.

Procesoscensales, *Raza y racismo en Colombia* (video, 3 partes), 2011, <http://www.youtube.com/watch?v=LDHXls8wdu0&p=292C776DB8B3121B>.

Provine, Wiliam B., "Geneticists and the biology of race crossing", *Science*, 182: 1973, pp. 790-796.

———, "Geneticists and race", *American Zoologist,* 26, 1986, pp. 857-887.

PUJ, "A la zaga de la América oculta: Gran Expedición Humana 1992", *Innovación y Ciencia*, 1 (1), 1992, pp. 14-19.

Rabinow, Paul, "Artificiality and the enlightenment: From sociobiology to biosociality", en Jonathan Crary y Sanford Kwinter (eds.), *Incorporations*, pp. 234-252, Zone Books, Nueva York, 1992.

———, *Essays on the anthropology of reason*, Princeton University Press, Princeton, NJ, 1996.

———, *French DNA: Trouble in purgatory*, University of Chicago Press, Chicago, 1999 [2002].

Rahier, Jean Muteba, "Introduction: Mestizaje, mulataje, mestiçagem in Latin American ideologies of national identities", *Journal of Latin American Anthropology*, 8 (1), 2003, pp. 40-50.

———, "From invisibilidad to participation in state corporatism: Afro-Ecuadorians and the constitutional processes of 1998 and 2008", *Identities: Global Studies in Power and Culture*, 18 (5), 2011, pp. 502-527.

Ramos, Alcida, *Indigenism: Ethnic politics in Brazil*, University of Wisconsin Press, Madison, 1998.

Ramos, Catherine, *Controversia en torno al proyecto "expedición humana" del Instituto de Genética Humana de la Universidad Javeriana: ¿Sangre para DracUSA?*, tesis de licenciatura, Universidad Nacional de Colombia, Bogotá, 2004.

Rappaport, Joanne, *Intercultural utopias: Public intellectuals, cultural experimentation and ethnic pluralism in Colombia*, Duke University Press, Durham, NC, 2005.

———, "Buena sangre y hábitos españoles: Repensando a Alonso de Silva y Diego de Torres", *Anuario Colombiano de Historia Social y de la Cultura*, 39 (1), 2012, pp. 19-48.

Reardon, Jenny, "The Human Genome Diversity Project: A case study in coproduction", *Social Studies of Science*, 31 (3), 2001, pp. 357-388.

———, *Race to the finish: Identity and governance in an age of genomics*, Princeton University Press, Princeton, 2005.

———, "Race without salvation: Beyond the science/society divide in genomic studies of human diversity", en Barbara A. Koenig, Sandra Soo-Jin Lee y Sarah S. Richardson (eds.), *Revisiting race in a genomic age*, pp. 304-319, Rutgers University Press, New Brunswick, NJ, 2008.

Renique, Gerardo, "Sonora's anti-chinese racism and Mexico's post-revolutionary nationalism, 1920s-1930s", en Nancy P. Appelbaum, Anne S. Macpherson y Karin A. Rosemblatt (eds.), *Race and nation in modern Latin America*, pp. 212-236, University of North Carolina Press, Chapel Hill, 2003.

Restrepo, Eduardo, "Imágenes del 'negro' y nociones de raza en Colombia a principios del siglo XX", *Revista de Estudios Sociales*, 27, pp. 46-61, 2007.

———, *Intervenciones en teoría cultural*, Editorial Universidad del Cauca, Popayán, 2012.

Restrepo, Eduardo, y Axel Rojas (eds.), *Conflicto e (in)visibilidad: Retos de los estudios de la gente negra en Colombia*, Editorial Universidad del Cauca, Popayán, Colombia, 2004.

———, *Inflexión decolonial: Fuentes, conceptos y cuestionamientos*, Editorial Universidad del Cauca, Popayán, 2010.

Rey, Mauricio, José Andrés Gutiérrez, Blanca Schroeder *et al.*, "Allele frequencies for 13 STR's from two Colombian populations: Bogotá and Boyacá", *Forensic Science International*, 136 (1-3), 2003, pp. 83-85.

Reynolds, Larry T., y Leonard Lieberman (eds.), *Race and other mis-*

adventures: Essays in honor of Ashley Montagu in his ninetieth year, General Hall, Dix Hills, Nueva York, 1996.

Ribeiro, Guilherme Galvarros Bueno Lobo, Reginaldo Ramos de Lima, Cláudia Emília Vieira Wiezel *et al.*, "Afro-derived Brazilian populations: Male genetic constitution estimated by Y-chromosomes STRS and AluYAP element polymorphisms", *American Journal of Human Biology*, 21 (3), 2009, pp. 354-356.

Ribeiro, Silvia, "El mapa genómico de los mexicanos", *La Jornada*, 3 de abril de 2005.

Ribeiro-Rodrigues, Elzemar, Teresinha de Palha, Eloisa Bittencourt *et al.*, "Extensive survey of 12 X-STRS reveals genetic heterogeneity among Brazilian populations", *International Journal of Legal Medicine*, 125 (3), 2011, pp. 445-452.

Roberts, Dorothy, "Race and the new biocitizen", en Ian Whitmarsh y David S. Jones (eds.), *What's the use of race? Modern governance and the biology of difference*, MIT Press, Cambridge, MA, 2010.

Rodrigues, Elzemar Martins Ribeiro, Teresinha de Jesus Brabo Ferreira Palha y Sidney Emanuel Batista dos Santos, "Allele frequencies data and statistic parameters for 13 STR loci in a population of the Brazilian Amazon Region", *Forensic Science International*, 168 (2-3), 2007, pp. 244-247.

Rodríguez Garavito, César, Tatiana Alfonso Sierra e Isabel Cavelier Adarve, *Informe sobre discriminación racial y derechos de la población afrocolombiana: Raza y derechos humanos en Colombia*, Universidad de los Andes, Facultad de Derecho, Centro de Investigaciones Sociojurídicas (CIJUS), Observatorio de Discriminación Racial, Ediciones Uniandes, Bogotá, 2009.

Rojas, Madelyn, Ángela Alonso, Leonardo Eljach *et al.*, "Análisis de la estructura de la población de La Guajira: Una visión genética, demográfica y genealógica", en William Usaquén, *Validación y consistencia de información en estudios de diversidad genética humana a partir de marcadores microsatélites,* tesis de doctorado, pp. 63-101, Universidad Nacional de Colombia, Bogotá, 2012.

Rojas, Winston, María Victoria Parra, Omer Campo *et al.*, "Genetic make up and structure of Colombian populations by means of uniparental and biparental DNA markers", *American Journal of Physical Anthropology*, 143 (1), 2010, pp. 13-20.

Romero, Rosa Elena, Ignacio Briceño, Rocío del Pilar Lizarazo *et al.*, "A Colombian Caribbean population study of 16 Y-chromosome

STR loci", *Forensic Science International: Genetics* 2 (2), e5-e8, 2008.

Rondón, Fernando, Julio César Osorio, Ángela Viviana Peña *et al.*, "Diversidad genética en poblaciones humanas de dos regiones colombianas", *Colombia Médica*, 39 (2), 2008, pp. 52-60.

Roquette-Pinto, Edgard, *Rondonia (anthropologia-ethnographia)*, Archivos do Museu Nacional, 20, Imprensa Nacional, Rio de Janeiro, 1917.

———, *Seixos rolados*, Mendonça, Machado, Rio de Janeiro, 1927.

———, "Nota sobre os typos anthropologicos do Brasil", en *Actas e trabalhos do primeiro congresso brasileiro de eugenia*, 1, Rio de Janeiro, 1929.

———, *Ensaios de anthropologia brasiliana*, Companhia Editora Nacional, São Paulo, 1933.

———, *Ensaios brasilianos*, Cia Editora Nacional, São Paulo, 1942.

Rose, Nikolas, *The politics of life itself: Biomedicine, power and subjectivity in the twenty-first century*, Princeton University Press, Princeton, NJ, 2007.

Rose, Nikolas, y Carlos Novas, "Biological citizenship", en Aihwa Ong y Stephen J. Collier (eds.), *Global assemblages: Technology, politics, and ethics as anthropological problems*, pp. 439-463, Blackwell Publishing, Oxford, 2005.

Ruiz-Linares, Andrés, Daniel Ortiz-Barrientos, Mauricio Figueroa *et al.*, "Microsatellites provide evidence for Y chromosome diversity among the founders of the New World", *Proceedings of the National Academy of Sciences of the United States of America*, 96 (11), 1999, pp. 6312-6317.

Ruppert, Evelyn, "Numbers regimes: From censuses to metrics", CRESC *Working Papers Series 68*, Open University, Milton Keynes, Reino Unido, 2009.

Rusnock, Andrea, "Quantification, precision, and accuracy: Determinations of population in the Ancien Régime", en M. Norton Wise (ed.), *The values of precision*, Princeton University Press, Princeton, NJ, 1997, pp. 17-38.

Rutsch, Mechthild, *Entre el campo y el gabinete. Nacionales y extranjeros en la profesionalización de la antropología mexicana (1877-1920)*, Instituto Nacional de Antropología e Historia/UNAM, México, 2007.

Sá, Guilherme José da Silva e, Ricardo Ventura Santos, Claudia Rodrigues-Carvalho *et al.*, "Crânios, corpos e medidas: A constituição do acervo de instrumentos antropométricos do Museu Nacional na passagem do século XIX para o XX", *História, Ciências, Saúde – Manguinhos*, 15 (1), 2008, pp. 197-2008.

Saade Granados, Marta, "El mestizo no es 'de color'. Ciencia y política pública mestizófilas (México, 1920-1940)", tesis de doctorado, Escuela Nacional de Antropología e Historia (ENAH)-INAH, México, 2009.

Safier, Neil, "Global knowledge on the move: Itineraries, Amerindian narratives, and deep histories of science", *isis*, 101 (1), 2010, pp. 133-145.

Sahlins, Marshall, "Two or three things that I know about culture", *Journal of the Royal Anthropological Institute*, 5 (3), 1999, pp. 399-416.

Sala de Prensa del Gobierno Federal, "Discurso del Presidente Calderón en la presentación del Mapa del Genoma de los Mexicanos", Comunicado sin publicar, 11 de mayo de 2009.

Salas, Alberto, *Crónica florida del mestizaje de las indias siglo XVI*, Editorial Losada, Buenos Aires,1960.

Salek, Silvia, "BBC delves into Brazilians' roots", BBC World News, 10 de julio de 2007, <http://news.bbc.co.uk/1/hi/6284806.stm>.

Salzano, Francisco M. (ed.), *The ongoing evolution of Latin American populations*, Thomas, Springfield, IL, 1971.

———, "Human races: Myth, invention, or reality?", *Interciencia*, 22 (5), 1997, pp. 221-227.

———, (ed.), *Recordar é viver: A história da Sociedade Brasileira de Genética*, Sociedade Brasileira de Genética, Ribeirão Preto, 2011.

Salzano, Francisco M., y Sídia Maria Callegari-Jacques, *South American Indians: A case study in evolution*, Clarendon Press, Oxford, 1988.

Salzano, Francisco M., y Maria Cátira Bortolini, *The evolution and genetics of Latin American populations*, Cambridge University Press, Cambridge, 2002.

———, "Genes dos gaúchos para deduzir a história genética da América e a evolução de sua ocupação nativa", Canal Ciencia, 2003. Consultado el 29 de julio de 2013, <http://www.canalciencia.ibict.br/pesquisa/0162-Genes-dos-gaúchos-e-a-historia-genetica-das-americas.html>.

Salzano, Francisco M., y Newton Freire-Maia, *Populações brasileiras: Aspectos demográficos, genéticos e antropológicos*, Editora Nacional/EDUSP, São Paulo, 1967.

Salzano, Francisco M., *Problems in human biology: A study of Brazilian populations*, Wayne State University Press, Detroit, 1970.

Samper, José María, *Ensayo sobre las revoluciones políticas y la condición social de las repúblicas colombianas (hispano-americanas): Con un apéndice sobre la orografía y la población de la Confederación Granadina*, Imprenta de E. Thunot y Cia, París, 1861.

Sánchez-Girón, Francisco, Beatriz Villegas-Torres, Karla Jaramillo-Villafuerte *et al.*, "Association of the genetic marker for abacavir hypersensitivity HLA-B*5701 with HCP5 Rs2395029 in Mexican Mestizos", *Pharmacogenomics*, 12 (6), 2011, pp. 809-814.

Sánchez-Guillermo, Evelyne, "Nacionalismo y racismo en el México decimonónico: Nuevos enfoques, nuevos resultados", *Nuevo Mundo Mundos Nuevos* (enero 30), 2007. Consultado el 13 de septiembre de 2012, <http://nuevomundo.revues.org/3528>.

Sanders, James, *Contentious republicans: Popular politics, race, and class in nineteenth-century Colombia*, Duke University Press, Durham, NC, 2004.

Sandoval, C., A. de la Hoz, y E. Yunis, "Estructura genética de la población colombiana: Análisis de mestizaje", *Revista Facultad de Medicina de la Universidad Nacional de Colombia*, 41, 1993, pp. 3-14.

Sanín, Javier, "Editorial: La Gran Expedición Humana", *Revista Javeriana*, 118 (586), 1992, pp. 7-8.

Sans, Mónica, "Admixture studies in Latin America: From the 20th to the 21st century", *Human Biology*, 72 (1), 2000, pp. 155-177.

Sans, Mónica, Gonzalo Figueiro, Carlos Sanguinetti *et al.*, "The 'last Charrúa Indian' (Uruguay): Analysis of the remains of Chief Vaimaca Perú", 2010. Consultado el 25 de marzo de 2013, <http://precedings.nature.com/documents/4415/version/1/files/npre20104415-1.pdf>.

Sansone, Lívio, *Blackness without ethnicity: Constructing race in Brazil*, Palgrave Macmillan, Nueva York, 2003.

Santos, Eduardo José Melo dos, Ândrea Kelly Campos Ribeiro-dos-Santos, João Farias Guerreiro *et al.*, "Migration and ethnic change in an admixed population from the Amazon region (Santarém, Pará)", *Brazilian Journal of Genetics*, 19 (3), 1996, pp. 511-515.

Santos, Ney P. C., Elzemar M. Ribeiro-Rodrigues, Ândrea K. C. Ribeiro-dos-Santos *et al.*, "Assessing individual interethnic admixture and population substructure using a 48-insertion-deletion

(INSEL) ancestry-informative marker (AIM) panel", *Human Mutation,* 31 (2), 2009, pp. 184-190.

Santos, Ricardo Ventura, "A obra de Euclides da Cunha e os debates sobre mestiçagem no Brasil no início do século XX: Os Sertões e a medicina-antropologia do Museu Nacional", *História, Ciência, Saúde – Manguinhos*, 5 (suplemento), 1998, pp. 237-253.

———, "Indigenous peoples, postcolonial contexts and genomic research in the late 20th century", *Critique of Anthropology*, 22 (1), 2002, pp. 81-104.

———, "Indigenous peoples, bioanthropological research, and ethics in Brazil: Issues in participation and consent", en George T. H. Ellison y Alan H. Goodman (eds.), *The nature of difference: Science, society and human biology*, pp. 181-202, CRC Press, Boca Raton, FL, 2006.

———, "Guardian angel on a nation's path: Contexts and trajectories of physical anthropology in Brazil in the late nineteenth and early twentieth centuries", *Current Anthropology*, 53 (S5), 2012, pp. S17-S32.

Santos, Ricardo Ventura, y Marcos Chor Maio, "Race, genomics, identity and politics in contemporary Brazil", *Critique of Anthropology*, 24, 2004, pp. 347-378.

———, "Anthropology, race, and the dilemmas of identity in the age of genomics", *História, Ciências, Saúde – Manguinhos*, 12, 2005, pp. 447-468.

Santos, Ricardo Ventura, Peter Fry, Simone Monteiro *et al.*, "Color, race and genomic ancestry in Brazil: dialogues between anthropology and genetics", *Current Anthropology*, 50 (6), 2009, pp. 787-819.

Santos, Sidney E. B., J. D. Rodrigues, Â. K. Ribeiro-dos-Santos *et al.*, "Differential contribution of indigenous men and women to the formation of an urban population in the Amazon region as revealed by mtDNA and Y-DNA", *American Journal of Physical Anthropology*, 109 (2), 1999a, pp. 175-80.

Santos, Sidney E.B., Ândrea Kely Campos Ribeiro dos Santos, Eduardo José Melo dos Santos *et al.*, "The Amazonian microcosm", *Ciência e Cultura,* 51 (3-4), 1999b, pp. 181-190.

Schneider, H., João Farias Guerreiro, Sidney Emanuel Batista dos Santos *et al.*, "Isolate breakdown in Amazonia: The blacks of the Trombetas river", *Revista Brasileira de Genética*, 10 (3), 1987, pp. 565-574.

Schramm, Katharina, David Skinner y Richard Rottenburg (eds.), *Identity politics and the new genetics: Re/creating categories of difference and belonging*, Berghahn, Oxford, 2011.

Schwaller, Robert C., "'Mulata, hija de negro e india': Afro-indigenous mulatos in early colonial Mexico", *Journal of Social History*, 44 (3), 2011, pp. 889-914.

Schwarcz, Lilia Moritz, *O espetáculo das raças: Cientistas, instituições e questão racial no Brasil, 1870-1930,* Companhia das Letras, São Paulo, 1993.

Schwartz, Ernesto, *Genomic sovereignty and the creation of the Inmegen: Governance, populations and territoriality*, tesis de maestría, University of Exeter, 2008.

———, *Genomic Sovereignty and the "Mexican genome": An ethnography of postcolonial biopolitics*, tesis de doctorado, University of Exeter, 2011.

Schwartz-Marín, Ernesto, e Irma Silva-Zolezzi, "'The map of the mexican's genome': Overlapping national identity, and population genomics", *Identity in the Information Society*, 3 (3), 2010, pp. 489-514.

Schwartz-Marín, Ernesto, Peter Wade, Eduardo Restrepo, Areli Cruz-Santiago y Roosbelinda Cárdenas, "Colombian forensic genetics as a form of public science: The role of race, nation and common sense in the stabilisation of DNA populations", sin publicar, 2013.

Seigel, Micol, *Uneven encounters: Making race and nation in Brazil and the United States*, Duke University Press, Durham, NC, 2009.

Serre, David, y Svante Pääbo, "Evidence for gradients of human genetic diversity within and among continents", *Genome Research*, 14 (9), 2004, pp. 1679-1685.

Seyferth, Giralda, "A antropologia e a teoria do branqueamento da raça no Brasil: A tese de João Batista de Lacerda", *Revista do Museu Paulista*, 30, 1985, pp. 81-98.

———, "Roquette-Pinto e o debate sobre raça e imigração no Brasil", en Nísia Trindade Lima y Dominichi Miranda de Sá (eds.), *Antropologia brasiliana: Ciência e educação na obra de Edgard Roquette-Pinto,* pp. 147-177, Editora UFMG y Editora Fiocruz, Rio de Janeiro, 2008.

Shriver, Mark D., y Rick A. Kittles, "Genetic ancestry and the search for personalized genetic histories", en Barbara A. Koenig, Sandra Soo-Jin Lee y Sarah S. Richardson (eds.), *Revisiting race in a genomic age*, pp. 201-214, Rutgers University Press, New Brunswick, NJ, 2008.

Sicroff, Albert A., *Los estatutos de limpieza de sangre: Controversias entre los siglos* XV *y* XVII, trad. de Mauro Armiño, Taurus, Madrid, 1985.

Sieder, Rachel (ed.), *Multiculturalism in Latin America: Indigenous rights, diversity and democracy*, Palgrave Macmillan, Houndmills, Reino Unido, 2002.

Silva-Zolezzi, Irma, Alfredo Hidalgo-Miranda, Jesús Estrada-Gil *et al.*, "Analysis of genomic diversity in Mexican Mestizo populations to develop genomic medicine in Mexico", *Proceedings of the National Academy of Sciences of the United States of America*, 106 (21), 2009, pp. 8611-8616.

Simpson, Bob, "Imagined genetic communities: Ethnicity and essentialism in the twenty-first century", *Anthropology Today*, 16 (3), 2000, pp. 3-6.

Sivasundaram, Sujit, "Sciences and the global: On methods, questions, and theory", *isis*, 101 (1), 2010, pp. 146-158.

Skidmore, Thomas, *Black into white: Race and nationality in Brazilian thought*, Oxford University Press, Nueva York, 1974.

Skinner, David, "Racialised futures: Biologism and the changing politics of identity", *Social Studies of Science*, 36 (3), 2006, pp. 459-488.

———,"Groundhog day? The strange case of sociology, race and 'science'", *Sociology*, 41 (5), 2007, pp. 931-943.

Skipper, Magdalena, Ritu Dhand y Philip Campbell, "Presenting ENCODE", *Nature*, 489 (7414), 2012, p. 45.

Smedley, Audrey, *Race in North America: Origin and evolution of a worldview*, Westview Press, Boulder y Oxford, 1993.

Smith, Carol A., "The symbolics of blood: Mestizaje in the Americas", *Identities: Global Studies in Power and Culture*, 3 (4), 1997, pp. 495-521.

Souza, Vanderlei S., Carlos E. A. Coimbra Jr., Ricardo Ventura Santos y Rodrigo C. Dornelles, "História da genética no Brasil: Um olhar a partir do 'Museu da Genética' da Universidade Federal do Rio Grande do Sul (UFRGS)", *História, Ciências, Saúde – Manguinhos*, 20 (2), 2013, pp. 675-694.

Souza-Lima, Antonio Carlos de, *Um grande cerco de paz: Poder tutelar, indianidade e formação do Estado no Brasil*, Vozes, Petrópolis, 1995.

Speed, Shannon, "Dangerous discourses: Human rights and multiculturalism in neoliberal Mexico", *PoLAR: Political and Legal Anthropology Review*, 28 (1), 2005, pp. 29-51.

Spencer, Frank (ed.), *History of physical anthropology: An encyclopedia*, Garland Publishing, Nueva York, 1997.

Star, Susan Leigh, "Power, technology and the phenomenology of conventions: On being allergic to onions", en John Law (ed.), *A sociology of monsters: Essays on power, technology and dominations*, pp. 26-56, Londres, Routledge, 1991.

Star, Susan Leigh, y James R. Griesemer, "Institutional ecology, 'translations' and boundary objects: Amateurs and professionals in Berkeley's Museum of Vertebrate Zoology, 1907-1939", *Social Studies of Science*, 19 (3), 1989, pp. 387-420.

Steil, Carlos Alberto (ed.), *Cotas raciais na universidade: Um debate*, Editora UFRGS, Porto Alegre, 2006.

Stengers, Isabelle, "Diderot's egg: Divorcing materialism from eliminativism", *Radical Philosophy*, 144 (7-15), 2007.

Stepan, Nancy, *The idea of race in science: Great Britain, 1800-1960*, Macmillan & St Antony's College, Oxford, Londres, 1982.

Stepan, Nancy L., "Biology and degeneration: Races and proper places", en Edward Chamberlin y Sander L. Gilman (eds.), *Degeneration: The dark side of progress*, pp. 97-120, Columbia University Press, Nueva York, 1985.

———, *"The hour of eugenics": Race, gender and nation in Latin America*, Cornell University Press, Ithaca, Nueva York, 1991.

Stephens, Sharon, "Physical and cultural reproduction in a post-Chernobyl Norwegian Sami community", en Faye D. Ginsburg y Rayna Rapp (eds.), *Conceiving the new world order: The global politics of reproduction*, pp. 270-288, University of California Press, Berkeley, 1995.

Stern, Alexandra, "Buildings, boundaries, and blood: Medicalization and nation-building on the U.S.-Mexico border, 1910-1930", *The Hispanic American Historical Review*, 79 (1), 1999, pp. 41-81.

———, *Mestizophilia, biotypology, and eugenics in post-revolutionary Mexico: Towards a history of science and the state, 1920-1960*, University of Chicago, Mexican Studies Program, Center for Latin American Studies, Chicago, 2000.

———, "Eugenics and racial classification in modern Mexican America", en Ilona Katzew y Susan Deans-Smith (eds.), *Race and classification: The case of Mexican America*, pp. 151-173, Stanford University Press, Stanford, CA, 2009.

Stocking, George W., Jr., *Race, culture and evolution: Essays in the history of anthropology*, Free Press, Nueva York, 1968.

———, *Race, culture and evolution: Essays on the history of anthropology*, 2a. ed., Chicago University Press, Chicago, 1982.

——— (ed.), *Bones, bodies, behavior: Essays on biological anthropology*, University of Wisconsin Press, Madison, 1988.

Stolcke, Verena, "Invaded women: Gender, race, and class in the formation of colonial society", en Margo Hendricks y Patricia Parker (eds.), *Women, 'race,' and writing in the early modern period*, Routledge, Londres, 1994.

———, "Talking culture: New boundaries, new rhetorics of exclusion in Europe", *Current Anthropology*, 36 (1), 1995, pp. 1-23.

Strathern, Marilyn, *After nature: English kinship in the late twentieth century*, Cambridge University Press, Cambridge, 1992.

Stutzman, Ronald, "El mestizaje: An all-inclusive ideology of exclusion", en Norman E. Whitten (ed.), *Cultural transformations and ethnicity in modern Ecuador*, pp. 45-94, University of Illinois Press, Urbana, 1981.

Suárez-Díaz, Edna, "Indigenous populations in Mexico: Medical anthropology in the work of Ruben Lisker in the 1960s", *Studies in History and Philosophy of Biological and Biomedical Sciences*, 47, 2014, pp. 108-117. <http://dx.doi.org/10.1016/j.shpsc.2014.05. 011>.

Suárez, Edna, y Ana Barahona, "La nueva ciencia de la nación mestiza: Sangre y genética humana en la posrevolución mexicana (1945-1967)", en Carlos López Beltrán (ed.), *Genes (y) mestizos. Genómica y raza en la biomedicina mexicana*, pp. 65-96, Ficticia Editorial, México, 2011.

Suarez-Kurtz, Guilherme, "Pharmacogenetics in the Brazilian population", en Sahra Gibbon, Ricardo Ventura Santos y Mónica Sans (eds.), *Racial identities, genetic ancestry, and health in South America: Argentina, Brazil, Colombia, and Uruguay*, pp. 121-135, Palgrave Macmillan, Nueva York, 2011.

Suárez y López-Guaso, Laura, y Rosaura Ruiz-Gutiérrez, "Eugenesia y medicina social en el México posrevolucionario", *Ciencias*, 2001, 60-61, pp. 80-97.

TallBear, Kim, "Narratives of race and indigeneity in the Genographic Project", *Journal of Law, Medicine & Ethics*, 35 (3), 2007, pp. 412-424.

Tandon, Arti, Nick Patterson y David Reich, "Ancestry informative marker panels for African Americans based on subsets of commercially available SNP arrays", *Genetic Epidemiology,* 35 (1), 2011, pp. 80-83.

Tarica, E., *The inner life of mestizo nationalism,* University of Minnesota Press, Minneapolis, 2008 (Cultural Studies of the Americas, vol. 22),.

Taussig, Karen-Sue, *Ordinary genomes: Science, citizenship, and genetic identities,* Duke University Press, Durham, NC, 2009.

Taussig, Karen-Sue, Rayna Rapp y Deborah Heath, "Flexible eugenics: Technologies of the self in the age of genetics", en Alan H. Goodman, Deborah Heath y Susan M. Lindee (eds.), *Genetic nature/culture: Anthropology and science beyond the two-culture divide,* University of California Press, Berkeley, 2003.

Telles, Edward E., "US foundations and racial reasoning in Brazil", *Theory, Culture and Society,* 20 (4), 2003, pp. 31-47.

———, *Race in another America: The significance of skin color in Brazil,* Princeton University Press, Princeton, NJ, 2004.

Tennessen, Jacob A., Abigail W. Bigham, Timothy D. O'Connor *et al.,* "Evolution and functional impact of rare coding variation from deep sequencing of human exomes", *Science,* 337 (6090) (June 7), 2012, pp. 64-69.

Tenorio Trillo, Mauricio, "Del mestizaje a contrapelo: Guatemala y México", *Istor,* 24, 2006, pp. 67-94.

Teresa de Mier, fray Servando, "Sobre el origen de los españoles y la mezcla de su sangre", en *Cartas de un americano 1811-1822,* Secretaría de Educación Pública, México, 1987 [1811].

Terreros, Grace Alexandra, *Determinación de la variación de las secuencias de las regiones HVI y HVII de la región control del DNA mitocondrial en una muestra de la población Caribe colombiana,* tesis de maestría, Universidad Javeriana, Bogotá, 2010.

Thielen, Eduardo Vilela, Fernando A. P. Alves y Jaime L. Benchimol, *A ciência a caminho da roça: Imagens das expedições científicas do Instituto Oswaldo Cruz (1903-1911),* Editora Fiocruz, Rio de Janeiro, 1991.

Thomson, Sinclair, "Was there race in colonial Latin America? Identifying selves and others in the insurgent Andes", en Laura Gotkowitz (ed.), *Histories of race and racism: The Andes and Mesoa-*

merica from colonial times to the present, pp. 72-91, Duke University Press, Durham, NC, 2011.

Titmuss, R., *The gift relationship: From human blood to social policy*, Pantheon Books, Nueva York, 1971.

Torres Carvajal, María Mercedes, *La variabilidad genética: Una herramienta útil en el estudio de poblaciones humanas*, tesis de doctorado, Universidad de los Andes, Bogotá, 2005.

Torroni, Antonio, James V. Neel, Ramiro Barrantes *et al.*, "Mitochondrial DNA 'clock' for the Amerinds and its implications for timing their entry into North America", *Proceedings of the Natural Academy of Sciences of the United States of America*, 91 (3), 1994, pp. 1158-1162.

Trueba Lara, José Luis, *Los chinos en Sonora: una historia olvidada*, Instituto de Investigaciones Históricas, Universidad de Sonora, Hermosillo, 1990.

Tsing, Anna L., *In the realm of the diamond queen: Marginality in an out-of-the-way place*, Princeton University Press, Princeton, 1993.

Tutton, Richard, "Person, property, and gift: Exploring languages of tissue donation to biomedical research", en Richard Tutton y Oonagh Corrigan (eds.), *Genetic databases: Socio-ethical issues in the collection and use of DNA*, Routledge, Londres, 2004, pp. 13-98.

Twine, France W., *Racism in a racial democracy: The maintenance of white supremacy in Brazil*, Rutgers University Press, New Brunswick, NJ, 1998.

Uribe, Consuelo, *Estudio sobre la interdisciplinariedad en la Universidad Javeriana. El caso de la Facultad de Estudios Interdisciplinarios*, sin publicar, 2010.

Uribe, María Victoria, y Eduardo Restrepo (eds.), *Antropología en la modernidad: Identidades, etnicidades y movimientos sociales en Colombia*, Instituto Colombiano de Antropología, Bogotá, 1997.

Usaquén, William, *Validación y consistencia de información en estudios de diversidad genética humana a partir de marcadores microsatélites*, tesis de doctorado, Universidad Nacional de Colombia, Bogotá, 2012.

Van Cott, Donna Lee, *The friendly liquidation of the past: The politics of diversity in Latin America*, University of Pittsburgh Press, Pittsburgh, 2000.

Vargas, A. E., A. R. Marrero, F. M. Salzano *et al.*, "Frequency of CCR-5delta32 in Brazilian populations", *Brazilian Journal of Medical and Biological Research*, 39 (3), 2006, pp. 321-325.

Vasconcelos, José, *The cosmic race: A bilingual edition*, trad. de Didier T. Jaén, Johns Hopkins University Press, Baltimore, 1997 [1925].

Vergara Silva, Francisco, "'Un asunto de sangre': Juan Comas, el evolucionismo bio-info-molecularizado, y las nuevas vidas de la ideología indigenista en México", en Josefina Mansilla Lory y Xavier Lizarrga Cruchaca (eds.), *Miradas plurales al fenómeno humano*, Instituto Nacional de Antropología e Historia, México, en prensa.

Villalobos-Comparán, Marisela, M. Teresa Flores-Dorantes, M. Teresa Villarreal-Molina *et al.*, "The FTO gene is associated with adulthood obesity in the Mexican population", *Obesity*, 16 (10), 2008, pp. 2296-2301.

Villella, Peter B., "'Pure and noble Indians, untainted by inferior idolatrous races': Native élites and the discourse of blood purity in late colonial Mexico", *Hispanic American Historical Review*, 91 (4), 2011, pp. 633-663.

Villoro, Luis, *Los grandes momentos del indigenismo en México*, El Colegio de México, México, 1950.

Viqueira, Juan Pedro, "Reflexiones contra la noción histórica de mestizaje", *Nexos*, 1 de mayo de 2010, pp. 76-83.

Wade, Peter, *Blackness and race mixture: The dynamics of racial identity in Colombia*, Johns Hopkins University Press, Baltimore, 1993.

———, "Representations of blackness in Colombian popular music", en Jean M. Rahier (ed.), *Representations of blackness and the performance of identities*, pp. 172-191, Greenwood Press, Westport, Connecticut, 1999.

———, "The Colombian Pacific in perspective", *Journal of Latin American Anthropology*, 7 (2), 2002a, pp. 2-33.

———, *Race, nature and culture: An anthropological perspective*, Pluto Press, Londres, 2002b.

———, "Images of Latin American mestizaje and the politics of comparison", *Bulletin of Latin American Research*, 23 (1), 2004, pp. 355-366.

———, "Rethinking mestizaje: Ideology and lived experience", *Journal of Latin American Studies*, 37, 2005, pp. 1-19.

———, *Race, nature and culture: An anthropological perspective*, Pluto Press, Londres, 2006.

———, "Race, ethnicity and nation: Perspectives from kinship and genetics", en Peter Wade (ed.), *Race, ethnicity and nation: perspectives from kinship and genetics*, Berghahn Books, Oxford, 2007a.

Wade, Peter (ed.), *Race, ethnicity and nation: Perspectives from kinship and genetics*, Berghahn Books, Oxford, 2007b.

———, *Race and sex in Latin America*, Pluto Press, Londres, 2009.

———, *Race and ethnicity in Latin America*, 2a. ed., Pluto Press, Londres, 2010.

Wailoo, Keith, Alondra Nelson y Catherine Lee (eds.), *Genetics and the unsettled past: The collision of DNA, race, and history*, Rutgers University Press, New Brunswick, NJ, 2012.

Wang, Sijia, Cecil M. Lewis Jr., Mattias Jakobsson *et al.*, "Genetic variation and population structure in Native Americans", *PLoS Genetics*, 3 (11), 2007, p. e185.

Wang, Sijia, Nicolas Ray, Winston Rojas, Maria V. Parra *et al.*, "Geographic patterns of genome admixture in Latin American Mestizos", *PLoS Genetics*, 4 (3), e1000037, 2008.

Warman, Arturo, *De eso que llaman antropología mexicana*, Editorial Nuestro Tiempo, México, 1970.

Weismantel, Mary, *Cholas and pishtacos: Stories of race and sex in the Andes*, University of Chicago Press, Chicago, 2001.

Whitmarsh, Ian, y David S. Jones (eds.), *What's the use of race? Modern governance and the biology of difference*, MIT Press, Cambridge, MA, 2010.

Wimmer, Andreas, y Nina Glick Schiller, "Methodological nationalism and beyond: Nation-state building, migration and the social sciences", *Global Networks: A Journal of Transnational Affairs*, 2, 2002, pp. 301-334.

Wise, M. Norton, "Introduction", en M. Norton Wise (ed.), *The values of precision*, pp. 3-13, Princeton University Press, Princeton, NJ, 1997a.

———, "Precision: Agent of unity, product of agreement", en M. Norton Wise (ed.), *The values of precision*, pp. 352-361, Princeton University Press, Princeton, NJ, 1997b.

——— (ed.), *The values of precision*, Princeton University Press, Princeton, NJ, 1997c.

Yang, Jian, Beben Benyamin, Brian P. McEvoy *et al.*, "Common SNPS explain a large proportion of the heritability for human height", *Nature Genetics*, 42 (7), 2010, pp. 565-569.

Yashar, Deborah, *Contesting citizenship in Latin America: The rise of indigenous movements and the postliberal challenge*, Cambridge University Press, Cambridge, 2005.

Yunis Turbay, Emilio, *¡Somos así!*, Editorial Bruna, Bogotá, 2006.

———, *¿Por qué somos así? ¿Qué pasó en Colombia? Análisis del mestizaje,* 2a. ed., Temis, Bogotá, 2009 [2003].

Yunis, J. J., O. García, I. Uriarte *et al.*, "Population data on 6 short tandem repeat loci in a sample of Caucasian-Mestizos from Colombia", *International Journal of Legal Medicine,* 113 (3), 2000, pp. 175-178.

Yunis, Juan J., Luis E. Acevedo, David S. Campo *et al.*, "Population data of Y-STR minimal haplotypes in a sample of Caucasian-Mestizo and African descent individuals of Colombia", *Forensic Science International,* 151 (2-3), 2005, pp. 307-313.

Zarante, Ignacio, "Cifras de la Gran Expedición Humana", 2013. Consultado el 5 de abril de 2013, <www.javeriana.edu.co/Humana/cifras.html>.

Zea, Leopoldo, "La frontera en la globalización", en Leopoldo Zea y Hernán Taboada (eds.), *Frontera y globalización,* pp. 5-13, FCE, México, 2002 (Tierra Firme).

Zembrzuski, V. M., S. M. Callegari-Jacques y M. H. Hutz, "Application of an African ancestry index as a genomic control approach in a Brazilian population", *Annals of Human Genetics,* 70, 2006, pp. 822-828.

Zuñiga, Jean-Paul, "La voix du sang: Du métis à l'idée de métissage en Amérique espagnole", *Annales: Histoire, Sciences Sociales,* 54 (2), 1999, pp. 425-452.

Consultas digitales

"DNA and Immigration. Social, political and ethical implications of DNA analysis for family reunification", disponible en <http://www.immigene.eu/>.

"Y-DNA Haplogroup Q", disponible en <http://www.genetree.com/education/q>.

"Laboratorio de Genética Humana, Uniandes", disponible en <http://geneticahumana.uniandes.edu.co/Laboratorio_Genetica_Humana/Bienvenida.html>.

ACERCA DE LOS AUTORES

ROOSBELINDA CÁRDENAS. Realizó su doctorado en antropología cultural en la Universidad de California, Santa Cruz. También tiene una maestría en estudios latinoamericanos por la Universidad de Texas en Austin. Actualmente es investigadora posdoctoral asociada en el Centro de Raza y Etnicidad de la Universidad Rutgers. Su tesis aborda las articulaciones de la negritud en un momento posterior al giro multicultural de Colombia y de la intensificación del conflicto armado que desproporcionadamente afectó a las comunidades africanas en la región costera del Pacífico.

ADRIANA DÍAZ DEL CASTILLO H. Posee una maestría en antropología médica por la Universidad de Ámsterdam y un grado en medicina por la Universidad Nacional de Colombia. Ha trabajado en instituciones públicas y privadas, tanto en Colombia como en el extranjero. Su investigación se enfoca en la interacción entre salud y sociedad; despliega una aproximación etnográfica y aborda diversos temas, entre ellos el cuerpo, las enfermedades crónicas, las infraestructuras urbanas y el bienestar. Recientemente ha laborado en el campo de los estudios sociales de la ciencia y la tecnología. Ha participado en proyectos sobre genética de poblaciones humanas, ciencias forenses y sistemas informáticos, y la relación que éstos guardan con el desarrollo de la nación colombiana. En la actualidad se desempeña como asesora e investigadora junto con dos grupos de investigación de la Universidad de los Andes en Bogotá.

VIVETTE GARCÍA DEISTER. Estudió la licenciatura en biología en la UNAM, seguida de una maestría en filosofía de la ciencia, que terminó en 2005. En 2009 concluyó su doctorado en estudios sociales de la ciencia y la tecnología en la UNAM. También es profesora adjunta de historia y filosofía de la biología en la UNAM y ha pasado algunos periodos como miembro investigador en el Instituto Max Planck de Historia de la Ciencia en Berlín y en el Departamento de Filosofía de la Universidad de California-Davis. De 2010 a 2013 fue investigadora posdoctoral en antropología social en la Universidad de Manchester. Actualmente es profesora asociada de estudios de ciencia y tecnología en la Facultad de Ciencias de la UNAM.

VERLAN VALLE GASPAR NETO. Posee un doctorado en antropología por la Universidade Federal Fluminense, obtenido con la tesis *La antropología biológica en el Brasil de hoy* (2012). Es maestro en antropología por la misma universidad (2008), y obtuvo un grado en ciencias sociales por la Universidade Federal de Juiz de Fora (2005). Actualmente es profesor asistente en la Universidade Federal de Alfenas, en el estado de Minas Gerais, Brasil.

MICHAEL KENT. Antropólogo social con una maestría de la VU Universidad de Ámsterdam y un doctorado de la Universidad de Manchester. Su investigación para el doctorado se concentró en las transformaciones de las relaciones entre movimientos sociales indígenas y el Estado en los Andes peruanos. Actualmente su investigación explora la relación entre estudios genéticos de ancestría, debates públicos sobre identidad social y conflictos políticos en Brasil, Perú y Uruguay. Se ha desempeñado como profesor en la Universidad de Ámsterdam. Se encuentra afiliado al Departamento de Antropología Social de la Universidad de Manchester.

CARLOS LÓPEZ BELTRÁN. Historiador y filósofo de la ciencia, es investigador titular en el Instituto de Investigaciones Filosóficas de la UNAM. Ha escrito extensamente sobre la historia de la ciencia en México y sobre teorías de la herencia. Entre sus libros se encuentra *El sesgo hereditario, ámbitos históricos del concepto de herencia biológica* y *Genes (y) mestizos: genómica y raza en la biomedicina mexicana*.

MARÍA FERNANDA OLARTE SIERRA. Tiene un doctorado en ciencias sociales, una maestría en antropología médica y una licenciatura en antropología social. Sus intereses de investigación giran en torno a la interacción entre salud, enfermedad, sociedad, ciencia y tecnología. El tema central de su investigación es el entramado de la ciencia, la tecnología y la sociedad con un enfoque en el desarrollo de naciones y los procesos de ciudadanía, vistos a través del lente de los organismos individuales y las prácticas colectivas en Colombia. Ha desempeñado trabajo de campo en Colombia y Holanda y colabora con una red de estudiosos radicados en Europa, América Latina y Norteamérica. Trabaja en el Departamento de Diseño de la Universidad de los Andes, Bogotá.

Eduardo Restrepo. Antropólogo social que ha realizado investigaciones intensivas sobre el concepto de historia y negritud en Colombia, y sobre construcciones de la otredad, el multiculturalismo y los estudios poscoloniales. Sus libros incluyen *Políticas de la teoría y dilemas de los estudios de las colombias negras.* Actualmente trabaja en el Departamento de Estudios Culturales, Pontificia Universidad Javeriana, Bogotá.

Mariana Ríos Sandoval. Posee un grado de maestría en antropología médica por la Universidad de Ámsterdam (2007), que incluyó la tesis *Being a father, being a man: Construction of masculinity and fatherhood among some men in Mexico City.* Antes de ello cursó la licenciatura en biología en la UNAM (2003). En el presente estudia para obtener una maestría en estudios mediáticos por la New School, Nueva York (en sistema abierto y en línea), y es coordinadora de comunicaciones en el Population Council Mexico.

Ricardo Ventura Santos. Antropólogo e investigador principal en la Escuela Nacional de Salud Pública de la Fundación Oswaldo Cruz; es también profesor asociado en el Departamento de Antropología del Museo Nacional de la Universidade Federal de Rio de Janeiro. Ha escrito ampliamente sobre salud, demografía, ciencia y raza en Brasil. Es coautor del libro *The Xavante in transition: Health, ecology and bioanthropology in Central Brazil* (2002), y coeditor de *Raça como questão: História, ciência e identidades no Brasil* (2010), "The biological anthropology of living human populations: World histories, national styles, and international networks" (edición especial de *Current Anthropology,* 2012), así como de *Racial identities, genetic ancestry, and health in South America: Argentina, Brazil, Colombia, and Uruguay* (2011).

Ernesto Schwartz-Marín. Concluyó su doctorado en genómica y sociedad en el egenis (el Centro para la Genómica en la Sociedad del esrc) de la Universidad de Exeter en 2012. Su tesis de doctorado, *Genomic sovereignty and the Mexican genome: An ethnography of postcolonial biopolitics,* explora la construcción de la esfera de soberanía alrededor de la ciencia genómica humana en México. Con anterioridad obtuvo una maestría en genómica y sociedad por la Universidad de Exeter y una licenciatura en relaciones internacionales por el Instituto Tecnológico de Estudios Superiores de Monterrey. Actualmente es miembro investigador en la Universidad de Durham.

Peter Wade. Profesor de antropología social en la Universidad de Manchester; ha escrito ampliamente sobre asuntos de identidades raciales, étnicas y nacionales en Latinoamérica, en particular de Colombia. Sus libros incluyen *Race, ethnicity and nation: Perspectives from kinship and genetics* (ed., 2007), *Race, nature and culture: An anthropological perspective* (2002) y *Race and sex in Latin America* (2009).

Genómica mestiza. Raza, nación y ciencia en Latinoamérica, de Carlos López Beltrán y colaboradores, se terminó de imprimir y encuadernar en julio de 2017 en Impresora y Encuadernadora Progreso, S. A. de C. V. (iepsa), Calz. San Lorenzo, 244; 09830 Ciudad de México. La edición consta de 2 500 ejemplares.